■ 民族社会发展研究丛书

中国特色社会主义民生思想研究

邓磊 著

中国社会科学出版社

图书在版编目（CIP）数据

中国特色社会主义民生思想研究／邓磊著．—北京：中国社会科学出版社，2019.6

ISBN 978-7-5203-4738-9

Ⅰ.①中… Ⅱ.①邓… Ⅲ.①中国特色社会主义—人民生活—思想评论 Ⅳ.①D669.3

中国版本图书馆 CIP 数据核字（2019）第 149461 号

出 版 人	赵剑英
责任编辑	孔继萍
责任校对	王　龙
责任印制	郝美娜

出　　版	中国社会科学出版社
社　　址	北京鼓楼西大街甲 158 号
邮　　编	100720
网　　址	http://www.csspw.cn
发 行 部	010-84083685
门 市 部	010-84029450
经　　销	新华书店及其他书店

印刷装订	环球东方（北京）印务有限公司
版　　次	2019 年 6 月第 1 版
印　　次	2019 年 6 月第 1 次印刷

开　　本	710×1000　1/16
印　　张	21
插　　页	2
字　　数	330 千字
定　　价	119.00 元

凡购买中国社会科学出版社图书，如有质量问题请与本社营销中心联系调换
电话：010-84083683
版权所有　侵权必究

总　　序

　　湖北民族学院地处神奇美丽的恩施土家族苗族自治州,东连荆楚,南接潇湘,西邻渝黔,北靠陕渝,是一所湖北省政府和国家民委共建的省属普通本科院校。进入 21 世纪以来,学校在科学研究方面取得了显著成绩,同时学科建设形成了特色,服务民族地区经济社会发展的水平得到了较大提升。2003 年,学校"南方少数民族研究中心"获批为湖北省普通高校人文社会科学重点研究基地,以此为依托,该校以"大民族学"学科视域开展科学研究,建设了多个科研平台,如"武陵山少数民族经济社会发展研究基地""武陵山民族理论政策研究基地""鄂西生态文化旅游研究中心""湖北民族研究所";等等。2012 年,由湖北民族学院牵头,协同华中师范大学、三峡大学等高校,联合恩施州相关政府部门以及武陵山片区旅游企业共同组建了"武陵山民族文化与旅游产业发展湖北省协同创新中心";2015 年,学校以民族学学科为主干学科,法学、经济学等为支撑学科,获得了"民族社会发展"省级学科群建设项目,同年还获得了"武陵山民族文化传承与创新"博士点建设对口支持项目。近年来,湖北民族学院民族学学科团队直接服务于国家区域发展战略,积极发掘和整理研究武陵山民族民间文化资源,在区域经济发展、民族文化传承、生态文明建设以及民族区域治理等领域产生了一批具有重大影响的成果,受到学术界以及地方政府部门的高度关注。

　　武陵山片区集革命老区、民族地区和贫困地区于一体,是跨省交界面大、少数民族聚集多、贫困人口分布广的连片特困地区,也是中国区域经济的分水岭和西部大开发的最前沿。近二十年来,在国家的大力支持和当地群众的共同努力下,武陵山片区经济社会发展取得了引人瞩目的成就,特别是在非物质文化遗产挖掘、申报、保护以及文化产业发展方面取得的成绩可圈可点。但我们也清楚地认识到,全面振兴武陵山片区的任务依然还很艰巨,前进的道路还很漫长,如何促进该地区又好又快地发展一直是政府、学者以及当地群众共同面临的主要现实问题。因此在进行经济文化建设的同时,还必须加强对武陵山片区社会发展中的相关问题进行调研与探究,提前规划,为该地区的发展提供参考。

在湖北省"民族社会发展"学科群建设项目和湖北省协同创新中心经费的支持下,呈现在广大读者面前的这套《民族社会发展研究丛书》是湖北民族学院民族学学科团队继《文化多样性与地方治理丛书》编纂之后的又一个跨学科协同研究成果。该系列成果涉及民族学、政治学、法学、经济学、艺术学等多个学科领域,研究区域主要在武陵山片区,研究对象主要为武陵山片区的少数民族,研究内容涉及非物质文化遗产、特色村寨、文化产业、民间信仰以及和谐社会建设;研究成果既有基础理论研究,还有直接服务于民族地区经济社会发展的应用型成果。

丛书的作者大多是接受过系统专业学习和学术训练的高层次研究人员,既有已经在学界崭露头角的中青年专家,也有初出茅庐的青年才俊,虽然有的著作可能还略显稚嫩,但都显示出了每一位研究者较为扎实的基本功底和严谨务实的精神。我们期待该丛书的出版能对民族地区社会发展有所裨益,同时也期望圆满完成"民族社会发展"项目建设任务,在学科基础条件建设、团队建设、创新水平等方面有较大程度的提升。

谭志满
2017年3月12日

摘　　要

民生是关系广大人民群众生活与生计的根本问题。中国共产党作为中国特色社会主义的领导核心，始终把为人民谋利益作为解决民生问题的重要手段，从人民群众的现实利益出发，把民生建设作为社会主义的本质要求、社会治理的首要任务和人类社会全面发展的前提条件置于中国特色社会主义事业的重要位置。

中国特色社会主义民生思想是在具备理论基础、思想渊源、历史依据和现实依据的条件下形成的。马克思主义民生观是中国特色社会主义民生思想的理论基础，中西方民生思想的合理内核是中国特色社会主义民生思想的思想渊源，世界社会主义探索中忽视民生的教训是中国特色社会主义民生思想的历史依据，中国共产党重视民生的实践经验是中国特色社会主义民生思想的现实依据。

中国特色社会主义民生思想的发展大约经历了以下四个阶段：中国特色社会主义民生思想以把党的工作重心由"以阶级斗争为纲"转移到"以经济建设为中心"为标志，萌芽于党的十一届三中全会；以民生的概念在中国共产党的报告中首次提出为标志，形成于党的十六大；以经济民生、政治民生、文化民生、社会民生和生态民生"五位一体"为标志，成熟于党的十八大；以"两个一百年"奋斗目标和中国梦为标志，在十八大以后得以继续深化。

中国特色社会主义民生思想围绕"建设什么样的社会主义民生事业"的理论主题和"怎样发展社会主义民生事业"的实践主题，以人民利益为根本出发点和人的全面发展为落脚点，从中国特色社会主义民生事业的发展目标、建设路径、发展动力、价值取向构建中国特色社会主义民生思想理论体系。

从邓小平理论、到"三个代表"重要思想、再到科学发展观和习近平新时代中国特色社会主义思想，中国特色社会主义民生思想在不断演进。中国特色社会主义民生思想演进表现出民生发展地位逐渐提升、民生发展目标不断升级、民生发展思路渐趋完善、民生建设格局趋向多元、民生建设成就日益扩大的规律，演进过程呈现出人民性、发展性、开放性、系统性、科学性和实践性的特征。

中国特色社会主义民生思想的当代价值在于回归科学社会主义核心价值、丰富中国特色社会主义理论、深化对共产党执政规律认识。中国特色社会主义民生建设就是不断为人的全面发展创造条件的过程，实现人的全面发展是中国特色社会主义民生思想的价值追求。中国特色社会主义民生思想深化了社会主义本质理论，完善了社会主义分配理论，扩展了社会主义发展理论。中国特色社会主义民生思想告诉我们：不改善人民生活是死路一条，社会主义必须是人民共享发展成果，执政必须坚持权为民所用，情为民所系，利为民所谋。

民生是人类社会发展永恒的主题。人类社会的发展，从低级走向高级，从野蛮走向文明，从必然走向自由，无不是以民生问题的解决为前提，越是在高级的社会形态中，民生内容就越广泛，民生的价值就越丰富。人对需求的满足没有终点，科技发展为人的需求提供动力，满足人的需求是民生发展的目标，民生追求永无止境。民生体现人与自然的关系，反映人与人的关系，表达人与社会的关系，改善民生任重道远。民生价值因条件而变化，因时代而变化，因实践而变化，民生价值必须与时俱进。

关键词：民生　利益　中国特色社会主义

目 录

导论 聚焦中国特色社会主义理论热点问题 …………………… (1)
 一 中国特色社会主义民生思想的概念 …………………………… (1)
  (一)中国特色社会主义民生概念的提出 …………………… (1)
  (二)中国特色社会主义民生思想的含义 …………………… (3)
 二 研究中国特色社会主义民生思想的缘起 …………………… (4)
  (一)民生建设是社会主义的本质要求 ……………………… (4)
  (二)民生建设是人民群众的基本诉求 ……………………… (6)
  (三)民生建设是社会治理的首要任务 ……………………… (8)
  (四)民生是人类全面发展的前提条件 ……………………… (9)
 三 中国特色社会主义民生思想的研究现状 …………………… (12)
  (一)关于中国特色社会主义民生思想的思想渊源研究 …… (13)
  (二)关于中国特色社会主义民生思想的核心内容研究 …… (18)
  (三)关于中国特色社会主义民生思想的演进历程研究 …… (22)
  (四)关于中国特色社会主义民生思想的主要特征研究 …… (26)
 四 中国特色社会主义民生思想研究的思路、方法与创新 …… (29)
  (一)中国特色社会主义民生思想研究的思路 ……………… (29)
  (二)中国特色社会主义民生思想研究的方法 ……………… (31)
  (三)研究中国特色社会主义民生思想的创新 ……………… (32)

第一章 中国特色社会主义民生思想的形成和发展 …………… (34)
 一 中国特色社会主义民生思想的形成条件 …………………… (34)

（一）理论基础：马克思主义民生观 …………………………（34）
（二）思想渊源：中西方民生思想的合理内核 …………………（53）
（三）历史依据：苏联社会主义探索中忽视民生的教训 ………（61）
（四）实践经验：中国共产党重视民生的积极探索 ……………（65）
二 中国特色社会主义民生思想的演进历程 ……………………（71）
（一）萌芽于改革开放初期：邓小平对国计民生的总体设计 …（72）
（二）世纪之交的发展："三个代表"重要思想指导民生建设 …（75）
（三）全面建设小康时期的丰富：科学发展观引领民生发展 …（77）
（四）中国特色社会主义新时代的深化：习近平治国理政
　　　实践中的民生思考 …………………………………………（80）

第二章　中国特色社会主义民生思想的主要内容 …………………（82）
一 民生发展目标：社会主义现代化 ………………………………（82）
（一）共同富裕是社会主义民生发展的本质要求 ………………（83）
（二）从总体小康到全面建设小康社会 …………………………（89）
（三）和谐社会是中国人民的不懈追求 …………………………（95）
（四）全面建成小康社会为社会主义现代化奠定坚实基础 ……（100）
二 民生建设路径：全面协调统筹发展 ……………………………（107）
（一）物质文明和精神文明两手抓 ………………………………（107）
（二）物质文明、精神文明、政治文明三位一体 ………………（116）
（三）物质文明、精神文明、政治文明、生态文明并重 ………（125）
（四）中国特色社会主义"五位一体"民生建设格局 …………（135）
三 民生发展动力：推进制度建立完善 ……………………………（147）
（一）先富带后富的制度设计为共同富裕奠定基础 ……………（148）
（二）"四个尊重"的制度保障为财富涌流提供源泉 …………（154）
（三）统筹兼顾是民生事业科学发展的根本方法 ………………（161）
（四）全面深化改革和全面从严治党强化制度支撑 ……………（165）
四 民生价值取向：坚持人民主体地位 ……………………………（172）
（一）改善人民生活的民生利益观 ………………………………（173）
（二）发展人民利益的执政为民理念 ……………………………（177）

(三)以人为本的民生发展观 …………………………………… (180)
　　(四)以人民为中心的民生发展思想 …………………………… (186)

第三章　中国特色社会主义民生思想的演进特征 ……………… (194)
　一　中国特色社会主义民生思想演进的人民性 ………………… (194)
　　(一)信仰人民:尊重人的现代主体性精神 …………………… (194)
　　(二)演进的人民性之现实表达:始终以人民利益为
　　　　依归与服务人民 …………………………………………… (196)
　　(三)演进的人民性之探源:理论根源、意识引领与
　　　　民主支撑 …………………………………………………… (199)
　二　中国特色社会主义民生思想演进的发展性 ………………… (202)
　　(一)中国特色社会主义民生思想演进过程中
　　　　继承与创新的统一 ………………………………………… (202)
　　(二)演进的发展性之现实表达:理论演进、主体
　　　　接替与政策延续 …………………………………………… (204)
　　(三)演进的发展性之探源:理论本质、实践依据与制度基础 … (207)
　三　中国特色社会主义民生思想演进的开放性 ………………… (209)
　　(一)中国特色社会主义民生思想具有鲜明的时代特色 …… (209)
　　(二)演进的开放性之现实表达:兼容并包与格局拓展 ……… (211)
　　(三)演进的开放性之探源:思想先导、世界眼光与
　　　　社会主义民生逻辑 ………………………………………… (214)
　四　中国特色社会主义民生思想演进的系统性 ………………… (217)
　　(一)整体性与阶段性的统一 …………………………………… (218)
　　(二)宏观性与微观性的统一 …………………………………… (219)
　　(三)演进的系统性之探源:政治定力、顶层设计与
　　　　网络化治理 ………………………………………………… (221)
　五　中国特色社会主义民生思想演进的科学性 ………………… (225)
　　(一)中国特色社会主义民生思想蕴含历史唯物主义和
　　　　唯物辩证法 ………………………………………………… (225)
　　(二)演进的科学性之现实表达:理论关联与多重扬弃 ……… (227)

（三）演进的科学性之探源：理论灵魂、政治领导力与
　　　　制度保障 …………………………………………………（229）
六　中国特色社会主义民生思想演进的实践性 ………………（232）
　　（一）中国特色社会主义民生思想与民生实践的辩证关系 …（232）
　　（二）演进的实践性之现实表达：问题导向与实践担当……（235）
　　（三）演进的实践性之探源：真理标准、实践哲学与
　　　　政治行动力 ……………………………………………（237）

第四章　中国特色社会主义民生思想的当代价值 ……………（241）
　一　回归科学社会主义核心价值 …………………………………（241）
　　（一）社会生产力的发展为人的全面发展奠定物质基础 ……（242）
　　（二）民生保障体系建立为人的全面发展奠定制度基石 ……（245）
　　（三）教育和科技的发展为人的全面发展提供强大动力 ……（250）
　二　丰富中国特色社会主义理论 …………………………………（253）
　　（一）深化了社会主义本质理论 ………………………………（254）
　　（二）完善了社会主义分配理论 ………………………………（259）
　　（三）扩展了社会主义发展理论 ………………………………（264）
　三　深化共产党执政规律的认识 …………………………………（269）
　　（一）不改善人民生活是死路一条 ……………………………（269）
　　（二）社会主义必须是人民共享发展成果 ……………………（274）

结语　民生是人类社会发展永恒的主题 ………………………（279）
　一　民生追求永无止境 ……………………………………………（279）
　　（一）人对需要的满足没有终点 ………………………………（280）
　　（二）科技发展为人的需求提供动力 …………………………（282）
　　（三）满足人的需求是民生发展的目标 ………………………（285）
　二　改善民生任重道远 ……………………………………………（288）
　　（一）民生体现人与自然的关系 ………………………………（288）
　　（二）民生反映人与人的关系 …………………………………（291）
　　（三）民生表达人与社会的关系 ………………………………（294）

三　民生价值与时俱进 ·· (297)
　（一）民生价值因条件而变化 ································· (298)
　（二）民生价值因时代而变化 ································· (300)
　（三）民生价值因实践而变化 ································· (303)

参考文献 ··· (307)

后记 ··· (321)

导 论

聚焦中国特色社会主义理论热点问题

民生是关系广大人民群众生活与生计的根本问题。中国共产党作为中国特色社会主义的领导核心，从人民群众的现实利益问题出发关注民生、重视民生、保障民生、改善民生，始终把为人民谋利益作为解决民生问题的重要手段和目的。2007年，党的十七大报告第一次把民生问题单列出来，提到前所未有的高度，明确了民生建设在中国特色社会主义总体布局中的重要地位。党的十八大报告又指出解决好人民最关心最直接最现实的利益问题，努力让人民过上更好的生活，唱响了民生建设的时代强音。党的十八届三中全会，开启了中国改革开放的新征程。从深入推进户籍改革到赋予农民更多财产权利，从人口计生政策重大调整到改变"一考定终身"，民生改革的新举措让广大人民群众感受时代的进步，体味社会的温暖，这就是中国特色社会主义民生事业的特有魅力。

一 中国特色社会主义民生思想的概念

中国特色社会主义民生思想是马克思主义中国化的最新理论成果之一，具有鲜明的中国特色、中国气派、中国风格。对"中国特色社会主义民生思想"概念进行合理的界定，是展开全书论述的前提和基础。

（一）中国特色社会主义民生概念的提出

党的十一届三中全会决定，把党和国家的工作重心由"以阶级斗争为纲"转移到"以经济建设为中心"，中国特色社会主义民生的探索之路开启。1985年4月，邓小平指出："贫穷不是社会主义，社会主义要消灭贫穷。"①1987年4月，邓小平第一次明确提出"三步走"战略，"第一步是八十年代翻一番"，"第二步是到本世纪末，再翻一番，人均达到一千美元"，"在下世纪用三十年到五十年再翻两番，大体上达到人均四千美元"。②1992年1月至2月，邓小平南方谈话提出了许多经典的观点。例如，从战略高度指出了改善民生的重要性，认为"不改善人民生活，只能是死路一条"。③提出了判断民生发展的"三个有利于"标准。从社会主义的本质角度论述了民生建设的目标、途径和手段，认为"社会主义的本质，是解放生产力，发展生产力，消灭剥削，消除两极分化，最终达到共同富裕"。④邓小平作为改革开放和中国特色社会主义现代化建设的总设计师，他一生高度关注民生，致力于改善民生，其论断、思想和理论无不蕴含着其深刻的民生思想。但是在他的论述中从未出现过"民生"一词。

十三届四中全会以来，江泽民作为党的第三代中央领导集体的核心，十分重视民生问题，把民生问题提到了特殊的新高度。1997年9月，江泽民在十五大报告中明确提出："展望下世纪，我们的目标是，第一个十年实现国民生产总值比二〇〇〇年翻一番，使人民的小康生活更加宽裕，形成比较完善的社会主义市场经济体制，再经过十年的努力，到建党一百年时，使国民经济更加发展，各项制度更加完善；到世纪中叶建国一百年时，基本实现现代化，建成富强民主文明的社会主义国家。"⑤进一步细化了邓小平民生"三步走"战略中的第三步，称为民生"新三步走"战略。1999年2月，江泽民在内蒙古考察工作时指出："在整个现代化建设的过程中，都必须努力使广大工人、农民、知识分子和其他群众共同享受到经济社会发展的成果，使他们不断得到看得见的物质文化利益，从而使他们愈来愈深刻地认识到实行改革开放和实现社会主义现代化是祖国的富强之道，也是自己的富裕之道，也从而使他们更加自觉地为之

---

① 《邓小平文选》第3卷，人民出版社1993年版，第116页。
② 同上书，第226页。
③ 同上书，第370页。
④ 同上书，第373页。
⑤ 《江泽民文选》第2卷，人民出版社2006年版，第4页。

共同奋斗。这是我们的事业不断发展并取得最终成功的根本保证。"①
2002年11月，江泽民在党的十六大报告中指出："就业是民生之本，扩大就业，促进再就业，关系改革发展稳定的大局，关系人民生活水平的提高，关系国家的长治久安，不仅是重大的经济问题，也是重大的政治问题。"② 这是在中国共产党的报告中首次提出民生的概念，它标志着中国特色社会主义民生思想开始形成。

（二）中国特色社会主义民生思想的含义

以邓小平、江泽民、胡锦涛和习近平为代表的党中央领导集体的民生论断，丰富和发展了中国特色社会主义民生思想，同时也是中国特色社会主义理论体系的重要组成部分。但是，从党的历史文献中无法找到"中国特色社会主义民生思想"这一概念。

1. 民生思想的基本逻辑

一般意义上来讲，民生思想是指对民生的基本观点和根本看法。然而，我们认为民生思想有传统意义和现代意义的差别。传统意义的民生思想只看到了公民物质方面的需求，主要解决生存问题，也就是保障公民活下去的基础条件，主要是吃、穿、住、用、行等基本问题。而现代意义的民生远不只是满足物质需求，解决生存问题。随着时代的发展，民生被赋予了新的含义。现代意义的民生思想不仅要看到公民的基本生存需要，还需重视公民的政治需求、文化需求和精神需求，以及公民的生命价值、健康价值和尊严价值等内容。在当今时代民生不只是解决温饱，而是更加富裕；不只是人的生存，而是人的全面发展。我们所讨论的"民生"是现代意义上的民生。

"哲学家们只是用不同的方式解释世界，而问题在于改变世界。"③ 因而民生思想应该包括两个方面的内容，一个是认识论层面的，另一个是实践论层面的。在认识论层面上，一般是关于民生问题的基本观点和根本看法，主要涉及民生的内涵、本质、结构、特征、价值、地位、功能

---

① 江泽民：《论有中国特色社会主义》，中央文献出版社2002年版，第111—112页。
② 同上书，第506页。
③ 《马克思恩格斯全集》第1卷，人民出版社1995年版，第61页。

等。这是民生思想的基础内容。在实践论层面上，一般是民生建设的基本观点和根本看法，主要涉及民生建设的理想目标、原则、方法、路径、步骤等一系列问题。这是民生思想的重要内容。因此，我们所讨论的"民生思想"是现代意义上的，包含了认识层面和实践层面两方面的内容，是认识论与实践论的有机统一。这就构成了讨论和研究"民生思想"的基本逻辑。

2. 中国特色社会主义民生思想的概念

学术界最早阐释中国特色社会主义民生思想概念的是广西师范大学政治与行政学院的谭培文学者。他认为："中国特色社会主义民生思想是马克思主义中国化的产物，是马克思主义民生思想与中国具体国情相结合的理论创新成果。"[①] 但总的来说，学界对中国特色社会主义民生思想的基本含义的讨论并无统一认识。根据目前掌握的资料来看，主要有窦孟朔、苏献启、范拥军等的范围界定说、贺方彬等的层级界定说、张晓梅等的形成来源说、韩文乾等的特征界定说等。

学者们对中国特色社会主义民生思想概念的表述都还不够准确，定义普遍太长，想把所有问题都阐述清楚，反而没有抓住问题的实质所在。因此，按照对"民生思想"逻辑结构的划分，笔者认为：中国特色社会主义民生思想是指在中国特色社会主义理论指导下形成和发展起来的，关于民生问题和民生建设的基本观点和根本看法。

二 研究中国特色社会主义民生思想的缘起

为何要研究中国特色社会主义民生思想呢？研究中国特色社会主义民生思想有什么意义？主要是基于以下几点考虑的。

（一）民生建设是社会主义的本质要求

民生建设是社会主义的本质要求，是中国特色社会主义事业的有机组成部分。马克思主义诞生以来，对什么是社会主义和怎样建设社会主

[①] 谭培文：《马克思主义与马克思主义民生思想中国化》，《衡阳师范学院学报》2008 年第 2 期，第 27 页。

义的认识经历了较长时间的探索。马克思恩格斯并未对共产主义的第一阶段——社会主义做出具体的预测，只是指出了一些基本特征，如：生产力高度发达，能创造比资本主义更发达的生产力和劳动生产率；实现了生产资料全部归社会所有，建立单一的生产资料公有制；在整个社会范围内有计划地调节生产和分配，实行产品经济，没有商品生产和货币流通；消费品的分配实行"各尽所能、按劳分配"的原则；无产阶级专政的国家政权已经消亡，国家失去了政治性质，但仍有维护生产资料公有制和按劳分配的管理职能。① 在列宁的领导下，布尔什维克党缔造世界上第一个社会主义国家。斯大林创立了"苏联模式"，苏联在短期内成为唯一能够和美国抗衡的社会主义国家。在毛泽东的领导下，伟大的中国人民推翻了"三座大山"，建立了新中国，从此中国人民开始了美好新生活。但他们对什么是社会主义的认识并不清楚，在思想认识和实践发展中还走了不少弯路，犯过一些错误。因此，邓小平指出："我们总结了几十年搞社会主义的经验。社会主义是什么，马克思主义是什么，过去我们并没有完全搞清楚。"② 邓小平从"贫穷不是社会主义""不能有穷的社会主义""穷的共产主义在马克思主义学说中是不存在的"这些基本观点出发，总结毛泽东探索社会主义的经验教训，对社会主义的本质做出了实事求是的分析。邓小平在社会主义本质的论述中，特别强调的共同富裕，是广大人民群众的富裕，而不是极个别或者部分人的富裕。社会主义本质就内含了民生建设的要求，只有坚持民生建设、服务民生，才能实现最广大人民群众的根本利益，充分体现社会主义的本质，体现社会主义的优越性。

　　加快保障和改善民生建设也是党和国家努力奋斗的共同目标。中国共产党是中国工人阶级先锋队，同时是中国人民和中华民族的先锋队，始终代表着中国最广大人民群众的根本利益，始终关注民生、重视民生，关心和改善群众生活，始终全心全意为人民群众服务，这是党赢得人民群众信任和支持的源头活水。改革无疑是一场深刻的社会革命，在带来

---

　　① 邓磊：《邓小平社会主义经济发展动力思想研究》，湖北人民出版社2008年版，第229页。

　　② 《邓小平文选》第3卷，人民出版社1993年版，第137页。

经济社会飞速发展的同时,也导致了社会利益和社会关系的重新调整。阶级阶层关系趋于复杂化,产生了许多新的社会阶层和利益集团,工人、农民作为最基础的劳动群众,为改革发展做出了巨大牺牲和贡献。我们党要坚持长期执政,就必须加强中国特色社会主义民生建设,不断增强和扩大党的群众基础。"只有一心为公,立党才能立得稳;只有一心为民,执政才能执得好。一个马克思主义政党,如果不能顺民意、谋民利、得民心,就会动摇立党之本,削弱执政之基,阻塞力量之源。"[1] 因此,只有切实解决好民生问题,把经济社会发展的成果运用于提高人民群众生活水平和生活质量上,让人民群众得到实惠,才能保持党同人民群众的血肉联系,才能增强党的阶级基础和扩大党的群众基础。

(二) 民生建设是人民群众的基本诉求

马克思曾构建了"三级阶梯"式的需要理论。第一阶梯是人的生存或生理需要。既包括吃、喝、排泄、睡眠等"原有个体生命的再生产"需要,也包括生育等"新的个体生命的再生产"或种的繁衍的需要。第二阶梯是人的谋生或占有需要。人要满足自己的自然生存或生理需要,就必须从事劳动和生产(占有活动)。第三阶梯是人的自我实现和全面发展的需要。在人的劳动和生产(谋生或占有)活动发展的基础上,人的高级需要也就产生和发展起来了。后来,马斯洛又构建了"五层宝塔"式的需要理论,把人的需要分为生理需要、安全需要、爱和归属的需要、尊重的需要和自我实现的需要五种类型。他认为,五种基本需要之间是一种相互联系、依次上升的关系,共同构成了一个"有相对优势关系的等级体系"。生存权和发展权是首要人权,没有生存权、发展权,其他一切人权均无从谈起。这是我国在人权问题上的基本观点。这些需求无不与民生息息相关,体现着广大人民的基本需求,民生建设是广大人民群众最基本的诉求。[2]

---

[1] 胡锦涛:《用"三个代表"重要思想武装头脑指导实践推动工作》,《求是》2004年第1期,第11页。

[2] 于爱涛:《和谐社会视阈下民生问题现实诉求和实践路径》,上海交通大学硕士学位论文,2011年,第17页。

人民群众的民生诉求是一个由低级到高级、由简单到复杂、由抽象到具体，不断发展的过程，在中国特色社会主义的实践中不断赋予新的内涵。在传统时期，民生需求主要是满足基本生存的物质保障。例如，社会救济、最低生活保障状况、基础性的社会保障、义务教育、基础性的公共卫生、基础性的住房保障等。这是民生诉求的底线。在当代，民生需求除了满足充分就业、进行基本的职业技能培训、消除歧视问题、提供公平合理的社会流动渠道，以及基本权益保护问题等，还要求享受到较高层面的社会福利和精神满足。

随着经济社会的发展和人民群众综合素质的提高，民生诉求的层次也随之明显提升，具体表现在以下几个方面。一是从"填饱肚子"到"追求幸福"相关诉求逐渐增加。早在1984年，全国99%的生产队选择了家庭联产承包责任制，中国人均粮食拥有量达到800斤，已接近世界平均水平。人民的温饱问题逐渐得到解决。但由于种种原因，人民群众的主观幸福感不强，对幸福的追求已成为近年来群众诉求理论研究和实践的热点。二是从"要求重视"到"享受尊严"相关诉求逐渐增加。时任总理温家宝曾不止一次地提到民众的"尊严"。2008年，温家宝面对四川绵阳唐家山堰塞湖受灾群众时亲笔写下"尊严，刚强"二词；2010年，温家宝在春节团拜会上说："新的一年，我们要更加努力工作，切实解决好民生问题……我们所做的一切，都是为了让人民生活得更加幸福、更有尊严"。人们对自身尊严更加看重，诉求更高。三是从"服从安排"到"要求平等"相关诉求逐渐增加。社会公平正义缺失是当今社会的一个严重问题，分配不公、司法不公等社会不公现象严重损害党和政府形象，影响到群众的切身利益。因此，党的十八大报告明确提出要加强社会公平保障体系的建设，营造公平的社会环境。四是从"直接利益"到"非直接利益"相关诉求逐渐增加。改革开放以来，个人的力量得到了巨大释放，"利益"已经取得合法性，被广大群众所追捧，绝大部分民生诉求集中于直接利益相关领域，而随着群众综合素质和公益意识的提高，与群众自身利益无直接联系的各种诉求呈明显增加之势。

人民群众是热爱生活的民众，民生需求正在不断丰富，民生建设的需求也越来越迫切。习近平同志在十八届中央政治局常委同中外记者见面会上指出："我们的人民热爱生活，期盼有更好的教育、更稳定的工作、更满意的收入、更可靠的社会保障、更高水平的医疗卫生服务、更舒适的居住条件、更优美的环境，期盼孩子们能成长得更好、工作得更好、生活得更好。人民对美好生活的向往，就是我们的奋斗目标。"① 民生建设是广大人民群众的基本诉求，党和政府就理应更加注重保障和改善民生，使人民群众生活得更加幸福、快乐。

（三）民生建设是社会治理的首要任务

党的十六大以来，中国共产党对民生建设重要性的认识不断深化，不断提升民生建设在中国特色社会主义事业总体布局中的位置。2002年11月，"民生"一词首次出现在党的报告之中，江泽民在十六大报告中提出了"就业是民生之本"的论断。2006年党召开十六届六中全会，"社会问题"首次成为中央全会的会议议题，会议通过了建设社会主义和谐社会的总体目标，并按"以发展社会事业和解决民生问题为重点，优化公共资源配置，注重向农村、基层、欠发达地区倾斜，逐步形成惠及全民的基本公共服务体系"②的要求来完善社会管理创新。民生问题与社会问题首次结合，民生建设作为社会管理创新的重点工作之一受到重视。2007年，党的十七大报告高度重视社会建设，从原来的"三位一体"扩展为经济建设、政治建设、文化建设、社会建设"四位一体"的总体布局，并提出必须在经济发展的基础上，更加注重社会建设，着力保障和改善民生的要求。民生建设的地位再次得到提高，发展成为社会建设的重点工程。2012年，党的十八大报告将中国特色社会主义事业发展到"五位一体"的宏伟布局，更加突出了民生建设的位置，强调加强社会建设，必须以保障和改善民生为重点。2013年，党的十八届三中全会提出了"社会治理"的新概念。这次会议实现了民生建设思路的重大转变，进一步丰富了中国特色社会主义民生建设的时代内涵。

实践证明，现代化是世界各国发展的必由之路，从"社会管理"到

---

① 习近平发表讲话（全文），http://news.163.com/12/1115/12/8GBOUFK90001124J.html。

② 中共中央关于构建社会主义和谐社会若干重大问题的决定，http://cpc.people.com.cn/GB/64162/64168/64569/72347/6347991.html。

"社会治理",是实现社会主义现代化的必然要求。社会治理体系和治理能力现代化将为我国社会主义现代化建设提供坚实有力的体制机制保障。从顶层设计提出社会治理,"既是对人民群众从追求温饱转向追求安全的需求的回应,也是维护最广大人民群众根本利益,最大限度增加和谐因素的社会治理方式的创新;既强调新时期要形成一个由政府、社会组织、企事业单位、社区及个人等主体共同参与的治理机制,又是人民群众共同参与国家治理的主体地位的充分体现"。[①]

民生建设是社会治理的根本出发点和落脚点,是社会治理的首要任务。社会治理是治国理政思路的重大转变,从社会控制到社会管理,再到社会治理。这一转变必须坚持民生取向,说到底社会治理的根本目标就是要让广大人民过上幸福的生活。因此,必须从站在维护最广大人民根本利益的高度,努力提高人民物质文化生活水平。把解决影响社会和谐稳定的突出问题和人民群众最关心最直接最现实的利益问题作为治理的突破口,及时反映和协调人民群众各方面各层次利益诉求,把人民群众满意不满意作为创新社会治理体制的出发点和落脚点,依靠人民群众开创新形势下社会治理新局面。社会治理与人民幸福安康息息相关,必须将民生建设作为社会治理的首要任务,加快推进社会体制改革。社会治理必须从维护最广大人民根本利益的高度,努力提高人民物质文化生活水平。创新社会治理不只是把"人民"挂在嘴边,重要的是必须时时刻刻把"人民"放在心上,切实保障人民的利益诉求有机会、有渠道、有效率地得到尊重、实现和维护,社会各个阶层特别是那些弱势群体的利益、要求和愿望得到充分的尊重、考虑和保障,普通群众在向上流动和社会福利的分配等问题上享有平等的机会和平等的权利。总之,社会治理必须坚持把民生建设作为首要任务来抓,确保人民充分享受改革发展带来的巨大红利。

(四) 民生是人类全面发展的前提条件

马克思从辩证唯物论和历史唯物主义的角度厘清了以往形形色色的

[①] 从社会管理走向社会治理,http://www.qstheory.cn/zl/bkjx/201402/t20140228_325808.htm。

抽象、机械的人道说教，提出了人的全面而自由发展的论断。马克思在《共产党宣言》中明确指出，共产主义社会是"代替那存在着阶级和阶级对立的资产阶级旧社会的，将是这样一个联合体在那里，每个人的自由发展是一切人自由发展的条件"。① 后来，马克思在《资本论》中更是明确指出未来社会"是一个更高级的、以每一个人的全面而自由的发展为基本原则的社会形式"。②

马克思的一生都在为人类的解放事业而奋斗。有记者问恩格斯：你认为马克思主义最基本的信条是什么？亲密战友恩格斯用"每个人的自由发展是一切人自由发展的条件"一句话点明了整个马克思主义学说的论纲，即实现每个人的全面而自由的发展是灵魂。他通过对人类发展的历史过程及其表现形式的考察和研究，将人的发展概括为三个阶段。马克思指出："人的依赖关系（起初完全是自然发生的），是最初的社会形式，在这种形式下，人的生产能力只是在狭小的范围内和孤立的地点上发展着。以物的依赖性为基础的人的独立性，是第二大形式，在这种形式下，才形成普遍的社会物质变换、全面的关系、多方面的需求以及全面的能力的体系。建立在个人全面发展和他们共同的、社会的生产能力成为从属于他们的财富这一基础上的自由个性，是第三个阶段。"③ 第一阶段，生产力的极端低下，造成了人与人之间紧密的依赖关系，使得个人成了实现共同体要求的工具。从某种程度上说，这是一种自我牺牲，也必须这样，个人只有在共同体的从属关系中发展自己的才能。第二阶段，人们在自我发展过程中，注重自我的需要、利益和个性，认为他人、社会是自我发展的障碍和威胁。第三阶段，私有制和私有财产被积极扬弃，全体社会成员共同占有生产资料和社会财富，所以每个社会成员都能获得自由而全面的发展，个性得到自由张扬。

马克思在《关于费尔巴哈的提纲》中指出："哲学家们只是用不同的方式解释世界，而问题在于改变世界。"④ 在人的自由全面发展理论中，

---

① 《马克思恩格斯选集》第1卷，人民出版社1995年版，第294页。
② 《马克思恩格斯文集》第5卷，人民出版社2009年版，第683页。
③ 《马克思恩格斯全集》第30卷，人民出版社1995年版，第107—108页。
④ 《马克思恩格斯选集》第1卷，人民出版社1995年版，第57页。

马克思不仅将其作为规定未来共产主义社会的一个基本原则，他首先从批判资本主义社会所造成人的畸形、片面发展入手，充分阐释了人的全面发展的具体内涵。一是人的需要的全面发展。前文提到了马克思的"三级阶梯"式的需要理论。其次他又把人的需要分为物质需要和精神需要，在物质需要满足之后，人的需要更多的会体现在社会关系精神层面。二是人的劳动的全面发展。"在共产主义社会里，任何人都没有特殊的活动范围，而是都可以在任何部门内发展，社会调节着整个生产，因而使我有可能随自己的兴趣今天干这事，明天干那事，上午打猎，下午捕鱼，傍晚从事畜牧，晚饭后从事批判，这样就不会使我老是一个猎人、渔夫、牧人或批判者。"① 习近平同志在十八届中央政治局常委同中外记者见面会上指出，人世间的一切幸福都是要靠辛勤的劳动来创造的。只有在劳动的全面发展的基础上，劳动成为人的必须才有可能实现整个人的全面发展。三是人的能力的全面发展。人的能力是人的本质力量的外在体现。人的能力的全面发展就意味着人能全面发展自己的一切能力，即体力和智力、物质生产能力和精神生产能力、社会交往能力、道德修养能力和审美能力等都能得到全面的发展，并能在实践活动中发挥全部才能和力量。全面发展的个人，也就是说能够适应极其不同的劳动需求，并在交替变换中自由发展自己先天和后天各种能力的个人。四是人的个性的全面发展。人的个性的全面发展就是指个人的自我意识及个人特征获得最大限度的发展，它是人的全面发展的综合表现。人们呈现出不同的差异性，即个人的独特性、不可重复性和不可取代性。在未来共产主义社会，人类社会此前所呈现的各种依赖关系将被彻底冲破，人的个性得以充分发展，整个社会将是个性充分发展的自由人联合体。五是人的社会关系的全面发展。马克思认为，"人的本质不是单个人所固有的抽象物，在其现实性上，它是一切社会关系的总和"。② 社会关系围绕劳动实践而展开，社会关系实际上就决定了一个人能发展到何种程度，"个人的全面性不是想象的或设想的全面性，而是他的现实关系和观念关系的全面性"。③ 全

---

① 《马克思恩格斯文集》第1卷，人民出版社2009年版，第537页。
② 《马克思恩格斯选集》第1卷，人民出版社2012年版，第135页。
③ 《马克思恩格斯文集》第8卷，人民出版社2009年版，第172页。

面发展的人并不是抽象、孤立的,而是现实的、具体的社会中的个人,不是"某一个人",而是"每一个人"的全面发展。

马克思早在《德意志意识形态》中就指出:"全部人类历史的第一个前提无疑是有生命的个人的存在。"① 要实现全面发展,前提必须要有生命的个人存在,不然,也就无所谓全面发展。而民生建设最初就旨在保障有生命的个人的存在。从这个意义上说,民生是人全面发展的前提条件,有利于促进人的需要、劳动、能力、个性、社会关系全面发展。实现人的全面自由发展是马克思主义的本质要求,必须以改善民生为前提。在现阶段,我们必须始终要把广大人民群众的根本利益作为一切工作的出发点和落脚点,脚踏实地地改善民生,为实现人的全面自由发展创造良好的前提条件。

三 中国特色社会主义民生思想的研究现状

国外有关民生思想的研究主要是从研究"社会福利"概念开始的。西方的研究者们对于民生状况的研究大多用"福利"二字代替。他们对于福利都有自己不同的认识和看法,比如有些学者认为资源就是福利,占有的资源越多,就认为其福利越高。有些学者主观地去衡量福利,以"幸福感"指数来衡量福利的高低。还有些学者将客观资源和主观感受结合起来进行研究。② 同时,国外学者也没有对中国特色社会主义民生思想进行过系统的研究,多在讨论"中国模式""中国经验"和"中国道路",偶有论及改革开放以来中国民生建设的成就,并没有上升到中国特色社会主义民生思想的高度。

国内学者对中国特色社会主义民生思想的研究,大致是在党的十七大之后才逐步兴起。十七大报告指出"必须在经济发展的基础上,更加注重社会建设,着力保障和改善民生"。③ 从此中国特色社会主义民生思

---

① 《马克思恩格斯选集》第 1 卷,人民出版社 2012 年版,第 146 页。
② 张晓梅:《中国特色社会主义民生思想的发展历程及启示》,江西师范大学硕士学位论文,2012 年,第 1 页。
③ 新华网, http://news.xinhuanet.com/newscenter/2007-10-24/content_6938568_7.htm。

想开始进入国内视野,相关研究呈蓬勃发展的态势。归纳国内学术界已有的研究成果,不难发现学者们主要是围绕中国特色社会主义民生思想的理论渊源、核心内容、演进历程、主要特征等方面进行探讨的。

(一) 关于中国特色社会主义民生思想的思想渊源研究

胡锦涛指出:"《共产党宣言》发表以来近一百六十年的实践证明,马克思主义只有与本国国情相结合、与时代发展同进步、与人民群众共命运,才能焕发出强大的生命力、创造力、感召力。"[①] 中国特色社会主义民生思想是马克思主义的基本原理与中国革命、建设和改革的具体实践相结合,并吸收、升华历史上和同时代的其他优秀思想,不断推动和实现马克思主义民生思想的中国化的成果。中国特色社会主义民生思想的理论渊源到底有哪些? 当前,学术界针对这一问题的论述主要是从以下几个方面进行的。

1. 马克思主义的民生思想

"民生"本身就是一个具有中国特色的概念,在马克思主义的经典文献中,几乎没有对"民生"进行直接表述。但马克思、恩格斯、列宁、毛泽东等马克思主义经典作家文本中的思想传统是宝贵的思想财富,中国特色社会主义民生思想直接来源于马克思主义理论体系中的民生思想,这为学术界所普遍公认。但是,对马克思民生思想具体内容的概括还是存在较大差异。

学者们普遍采用的研究方法是通过经典文本进行解读,将马克思主义经典作家的民生思想进行逻辑总结。吴苑华等学者认为,关切"民生"是一个不可忽视的马克思传统。这个传统与马克思世界观的生成和理论主题的置换始终相联系。[②] 王贤斌等学者认为,马克思恩格斯民生思想的逻辑起点是人的需要,逻辑主线是人的实践,逻辑终点是人的全面自由发展。[③] 李江凌等学者认为,在列宁看来,关注民生是无产阶级政党的重

---

① 新华网, http://news.xinhuanet.com/newscenter/2007-10-24/content_6938568_7.htm。
② 吴苑华:《关切"民生":一个不能忽视的马克思传统》,《马克思主义研究》2008年第6期,第39页。
③ 王贤斌:《马克思恩格斯民生思想的逻辑性解读》,《河海大学学报》(哲学社会科学版) 2011年第3期,第1页。

要职责,维护民生是巩固无产阶级政权的重要前提,解决民生问题的根本之道是社会主义制度,解决民生问题的有效手段是制定和实施正确的政策和策略。① 具体来说,例如王涛就认为,马克思恩格斯的民生思想主要体现在对人的生存和发展的关注上。因此,他指出马克思恩格斯把人及其生活的改善、利益的实现作为自己理论的重要基石。即:以人的生存和发展为根本出发点;以改善无产阶级的生产生活状况为现实诉求;以实现每个人的全面而自由发展为最终目标。② 列宁把马克思主义的一般原理同俄国的具体实际结合起来,继承和发展了马克思主义民生思想,形成了其独特的民生思想。例如,张晓梅认为,"新经济政策的形成,是列宁民生思想的集中体现"。③ 新经济政策蕴含着丰富的民生思想,充分体现了列宁对广大穷苦百姓的关心和爱护,是中国特色社会主义民生思想的重要理论渊源。

毛泽东的民生思想是毛泽东思想的重要组成部分。作为伟大的无产阶级革命家,毛泽东在新民主主义革命、社会主义革命和社会主义建设时期,坚持践行中国共产党的根本宗旨,全心全意为解放和改善最广大人民群众的民生幸福而不懈奋斗。④ 研究者普遍认为毛泽东民生思想即全心全意为人民服务。例如,张恒认为,"毛泽东民生思想集中到一点体现在'全心全意为人民服务'上,毛泽东把'全心全意为人民服务'上升到了中国共产党根本宗旨的高度"。⑤

2. 现代西方民生思想精华

西方国家在现代化的过程中,也面临着纷繁复杂的民生难题。为解决日趋严重的民生问题,各种社会思潮涌现,其中,最具代表性的是空想社会主义的民生思想和福利国家理论。这些民生思想精华为中国特色社会主义民生思想的形成与深化提供了重要的思想养料,对改善民生具

---

① 李江凌:《列宁的民生思想及其当代启示》,《马克思主义与现实》2011年第3期,第58页。
② 王涛:《中国特色社会主义民生建设研究》,山东师范大学出版社2010年版,第28页。
③ 张晓梅:《中国特色社会主义民生思想的发展历程及启示》,江西师范大学硕士学位论文,2012年,第11页。
④ 贺方彬:《论毛泽东的民生观》,《前沿》2011年第2期,第7页。
⑤ 张恒:《中国特色社会主义民生思想研究》,华中师范大学硕士学位论文,2012年,第10页。

有十分重要的借鉴意义。

贺方彬将空想社会主义的民生思想概括为：反对阶级剥削与阶级压迫，追求社会公平正义；实现充分的民主，保障人民各种民生权利；加强社会管理，使整个社会和谐有序，保障社会民生福利等几个方面。他指出，空想社会主义的民生思想反映了在资本主义发展早期被压迫被剥削阶级对于改变现实民生状况的强烈愿望，揭示了社会主义民生的美好理想蓝图，为中国特色社会主义民生观的形成与深化提供了许多有价值的启示，是中国特色社会主义民生思想的重要思想来源之一。①

福利国家是西方民生建设的典范，是20世纪中叶西方一些发达国家建立起来的一种福利制度体系，它强调由国家承担完全责任来满足社会成员的福利需求。② 由于其一改资本主义经典理论——古典自由主义的价值与操作理念，在经济与社会发展中增加了国家的责任和政府对经济的运作，因此，针对福利国家这一社会现象的论争一直是20世纪以来西方最强劲、影响最广泛的理论思潮之一。贺方彬总结认为，福利国家理论及其实践，为中国特色社会主义民生思想的形成与深化提供了许多有价值的启示。③

3. 孙中山先生的民生思想

孙中山先生是中国伟大的民主革命先行者，为改造旧中国耗尽毕生的精力，在历史上建立了不可磨灭的功勋。他提出了"三民主义"，包括民族主义、民权主义和民生主义。其中，民生思想（主义）在孙中山先生的三民主义中占有重要地位。作为孙中山先生的宝贵精神遗产，它对中国特色社会主义民生思想有何影响呢？中国特色社会主义民生思想是否来源于孙中山先生的民生思想？目前学术界还存在较大争议，主要有以下两种观点：

一种观点认为，孙中山的民生思想对中国特色社会主义民生思想有着重要的借鉴意义，是其重要的思想来源之一。周国平、刘小红等认为，

---

① 贺方彬：《中国特色社会主义民生观研究》，中共中央党校出版社2013年版，第84页。
② 景天魁：《民生建设的"中国梦"：中国特色福利社会》，《探索与争鸣》2013年第8期，第5页。
③ 贺方彬：《中国特色社会主义民生观研究》，中共中央党校出版社2013年版，第86页。

中国共产党人正是在继承孙中山民生主义思想合理内核的基础上,与时俱进地把它与中国基本国情相结合,从而成功化解了社会主义革命、建设和改革中的种种社会矛盾和社会问题,实现了民生思想在认识维度、内涵、路径、价值目标等方面的跨越。① 部分学者对孙中山民生思想进行了更加深入的剖析后指出,孙中山在分析中国人民生活现状的基础上,借鉴了欧美各国经验和教训,创造性地提出了解决民生问题的思路,形成较为系统的民生思想。这些思想对我们改善民生,推进和谐社会建设具有重要启示。② 部分学者直接指出,孙中山的民生思想是中国特色社会主义民生思想的重要思想来源之一。中国特色社会主义民生思想的形成是对孙中山先生民生思想理论上的继承和实践上的超越。例如,马铁键就指出,孙中山民生思想与中国特色社会主义民生思想在民生建设目标、建设主体、建设途径、建设保障方面具有很强的一致性。中国特色社会主义民生思想吸收和借鉴了孙中山民生思想的精华,具有鲜明的时代特色,将民生思想发展得更为完善和丰富。③ 孟立永也指出,孙中山的民生思想是中国特色社会主义民生观的重要思想来源之一。党在不同时期汲取了孙中山民生思想的合理内核,又根据各个阶段实际情况,赋予其鲜明的时代特征,形成了具有中国特色的社会主义民生思想。④ 这体现了对孙中山民生思想的理论上的继承和实践上的超越。

另一种观点认为,虽然孙中山的民生思想与中国特色社会主义民生思想有一定的理念共性。但是,二者还是存在诸多差别。例如,王浩斌指出,二者在推进社会发展的时代背景、主体力量、理论性质以及对待科学社会主义的态度等方面都有重大理论分野。⑤ 同时也有学者指出,孙中山的"民生主义"与中国特色社会主义民生思想的本质区别是哲学基

---

① 周国平等:《孙中山的民生主义理想与中国共产党的现实跨越》,《求实》2011年第11期,第26页。

② 张顺昌:《论孙中山民生思想及当代价值》,《广东社会科学》2010年第1期,第96页。

③ 马铁键:《孙中山民生思想与中国特色社会主义民生观之比较》,《青春岁月》2013年第2期,第326页。

④ 孟立永:《中国特色社会主义民生观对孙中山民生思想的继承与超越》,《世纪桥》2013年第12期,第7页。

⑤ 王浩斌:《民生社会主义与中国特色社会主义的理论分野》,《昆明理工大学学报》(社会科学版)2008年第10期,第8页。

础的不同。谭培文就指出，孙中山"民生主义"的哲学基础是历史唯心主义，而中国特色社会主义民生思想始终秉持的是历史唯物主义原则，是以历史唯物论为根本理论指导的。[1]

4. 传统文化中的民本思想

中国传统文化源远流长，其中蕴含着十分丰富的民本思想。纵观中国文明，重视民生、关注民生，是历代帝王将相治国之道，也是历代仁人志士的理想主义和现实主义重要的思想渊源。因此，有部分学者认为传统文化中的民本思想是中国特色社会主义的重要思想源泉。

陈兰芝认为，善于"以史为鉴"的中国共产党人批判地继承了中国古代民本思想的"合理内核"，中国共产党民生思想是对中国传统民本思想的扬弃与超越，[2] 张晓梅梳理了春秋战国时期、隋唐时期、明清时期等优秀的"民本"思想后总结到："传统民本思想反映了人民群众的愿望和要求，社会的不断发展和进步也暴露了历代传统民生思想的历史局限性和其不合理性，但是其精华为后人所批判地继承，也成为中国特色社会主义民生思想的重要的理论借鉴。"[3] 王延隆指出："中国特色社会主义民生理论扎根于中华民族的土壤，深受中华优秀文化的滋润。"[4]

但是，学者们也清醒地认识到这种"民本"思想的局限性。例如，张晓梅指出："中国古代大多数统治者都能重视民生，关心民众疾苦，然而传统社会的统治者们关注民生，从根本上来说是为了维护统治阶级的利益，而不是站在老百姓的角度切实为百姓谋福利。"[5] 王延隆也指出："传统民生思想的历史局限性也非常明显，民生思想的大前提是承认君主统治的至高无上和绝对的合理性。统治者们关注民生，从根本上说是为

---

[1] 谭培文：《马克思主义与马克思主义民生思想中国化》，《衡阳师范学院学报》2008年第1期，第26页。

[2] 陈兰芝：《论中国共产党的民生观》，《中共郑州市委党校学报》2009年第1期，第40页。

[3] 张晓梅：《中国特色社会主义民生思想的发展历程及启示》，江西师范大学硕士学位论文，2012年，第16页。

[4] 王延隆：《中国特色社会主义民生理论研究》，浙江农林大学硕士学位论文，2010年，第5页。

[5] 张晓梅：《中国特色社会主义民生思想的发展历程及启示》，江西师范大学硕士学位论文，2012年，第16页。

了维护统治阶级的根本利益和统治，而不是真正为老百姓谋福利。"①

（二）关于中国特色社会主义民生思想的核心内容研究

如何概括与提炼中国特色社会主义民生观的核心内容？学界对此看法不一，学者们针对这一问题，从理论形态发展、党的民生经验、历时性的角度和共时性的角度等方面进行了归纳总结。目前，主要形成了以下几类成果。

1. 从理论形态发展中抽象

中国特色社会主义民生思想的核心内容是中国特色社会主义理论体系中的重要组成部分。有部分学者根据中国特色社会主义的理论成果，总结、抽象出邓小平理论、"三个代表"重要思想、科学发展观、习近平新时代中国特色社会主义思想中所蕴含的中国特色社会主义民生思想的核心内容。

例如，吴波认为，在中国特色社会主义理论体系中处处闪耀着民生关怀的深刻思想。他分别梳理了邓小平理论（特别是社会主义本质论）、"三个代表"重要思想和科学发展观中所蕴含的民生思想。他指出，共同富裕是邓小平理论的民生目标；人民的根本利益是"三个代表"重要思想的出发点和归宿；科学发展观坚持以人为本。② 还有少部分学者对邓小平理论、"三个代表"重要思想和科学发展观中的民生思想进行了探讨。例如，肖冬梅、陈湘舸等人就认为，邓小平理论形成和发展自始至终地与中国的民生问题紧紧联系在一起，解决民生问题是邓小平理论的主旋律，解决中国民生问题成为邓小平理论矢志不移的目标。肖冬梅则从解决民生问题的角度对邓小平理论中的民生思想进行了总结。③ 蒋淑晴就指出，社会主义本质理论回答了发展民生的根本途径、制度保障和民生目标；社会主义改革开放理论找到了发展民生的动力源泉；党的建设理论

---

① 王延隆：《中国特色社会主义民生理论研究》，浙江农林大学硕士学位论文，2010年，第6页。

② 吴波：《中国特色社会主义理论体系中的民生思想初探》，《经济与社会发展》2011年第7期，第44—45页。

③ 肖冬梅、陈湘舸：《解决中国民生问题：邓小平理论矢志不移的目标追求》，《探索》2009年第4期，第14页。

指明了解决民生问题的核心力量;"一国两制"的天才构想蕴含了为中华民族谋永福的博大民生情怀。① 王彩霞认为,在实现"中国梦"的进程中、在全面深化改革的进程中、在全面推进党的建设的进程中、在全方位拓展发展理念的进程中推进了中国特色社会主义民生思想的新发展。②

2. 从党的民生经验中概括

中国共产党是中国特色社会主义的领导核心。胡锦涛在庆祝中国共产党成立 90 周年的大会上强调指出:"回顾 90 年中国的发展进步,可以得出一个基本结论:办好中国的事情,关键在党。"③ 中国共产党的历史就是一部为最广大人民群众利益奋斗的历史,就是一部不断推动民生建设的历史。因此,有部分学者则认为中国特色社会主义民生思想的核心内容,应该从改革开放以来中国共产党认识和解决民生问题的基本经验来总结概括。

例如,张远新和庞超梳理了中国共产党民生建设的历史和经验。他们认为,中国特色社会主义民生思想包括,充分认识改善民生的重要性、复杂性与长期性;用不断发展的马克思主义民生理论指导改善民生实践;始终坚持并加强党的领导,充分发挥政府的主导作用与人民群众的主体力量;强调发展,用发展的方式解决民生难题;注重制度建设,实现改善民生的规范化与法制化;开阔视野,积极汲取国外改善民生的经验教训。④ 同时,郭华茹和张菊香认为,改善民生是中国共产党的根本价值取向,改善民生始终是贯穿其中不变的灵魂和主线,是中国共产党一以贯之的伟大实践。⑤ 钱昌照和周建华认为,中国共产党高度关注民生、注重解决民生问题,积累了丰富的历史经验:"解决民生问题的根本保证是坚持党的领导,基础是发达的生产力,主体是人民群众,根本方法是统筹

---

① 蒋淑晴:《邓小平理论之民生关怀思想论略》,《江西科技师范学院学报》2011 年第 1 期,第 13 页。

② 王彩霞:《习近平对中国特色社会主义民生思想的新发展》,《内蒙古统战理论研究》2017 年第 6 期,第 42—45 页。

③ 新浪网,http://news.sina.com.cn/c/2011 - 07 - 01/121322740351.shtml。

④ 张远新、庞超:《党领导我国民生建设的历史考察及经验启示》,《毛泽东邓小平理论研究》2010 年第 4 期,第 22 页。

⑤ 郭华茹、张菊香:《中国共产党改善民生的伟大实践和基本经验》,《社会主义研究》2009 年第 6 期,第 39 页。

兼顾，基本目标是公平正义，出发点和落脚点是人民群众的根本利益，重要保障是制度建设。"①

3. 从历时性的角度来总结

多数学者认为中国特色社会主义民生思想的核心内容，是改革开放以来中央领导集体民生思想的主要内容相加之和。因此，他们主张从历时性角度分别提炼以邓小平、江泽民、胡锦涛、习近平等为代表的民生思想的主要内容，并以此来展现中国特色社会主义民生思想的核心内容。

康洪将邓小平、江泽民和胡锦涛的民生思想分别概括为：实现共同富裕的"富民"思想；代表最广大人民群众根本利益的"利民"思想；以改善民生为重点的社会建设的"重民"思想。② 刘强和韩太平详细梳理了党的领导人在民生思想领域的内容和贡献，将中国特色社会主义民生思想的主要内容论述为包括：以改革发展求共同富裕——邓小平民生思想的阿里阿德涅之线，内容主要包括：确立共同富裕民生理念；提出改善民生的战略步骤及目标；强调以经济建设为中心，发展生产力是解决民生问题的根本路径；以是否符合人民群众利益作为衡量民生工作得失成败的基本尺度。"代表最广大人民群众的根本利益"——江泽民民生思想的普罗米修斯之火，内容主要包括：提出党要始终代表最广大人民群众根本利益的民生新理念；确立全面建设小康社会的民生新目标；提出人民群众共享改革发展成果的民生新思路。以人为本——胡锦涛民生思想的精神实质，内容主要包括：确立"以人为本"的民生价值理念；发展是解决民生问题的"总钥匙"；坚持"权为民所用""利为民所谋"，加快推进以改善民生为重点的社会建设。③ 于慧颖较为详细地总结了邓小平、江泽民和胡锦涛的民生思想。他指出，邓小平民生思想的主要内容包括，以生产力为导向的民生本质论；以"共同富裕"为核心的民生发展论；以"小康"为目标的民生阶段论；以"三个有利于"为准绳的民

---

① 钱昌照、周建华：《中国共产党解决民生问题的历史经验》，《赣南师范学院学报》2011年第5期，第43页。
② 康洪：《中国共产党民生思想的回顾与思考》，《湖南师范大学社会科学学报》2011年第3期，第66—67页。
③ 刘强、韩太平：《党的主要领导人的民生思想及理论贡献》，《湖南社会科学》2011年第4期，第29页。

生标准论。江泽民民生思想的主要内容包括，以改善人民生活水平为目的的民生思想；以发展促民生为手段的民生思想；以"深化爱民之心，恪守为民之责，善谋富民之策，多办利民之事"为特征的民生思想；以"关心困难群体疾苦"为要务的民生思想；以"全面建设小康社会"为特点的民生思想。胡锦涛民生思想的主要内容主要包括，建立社会保障体系；重点解决困难群众就业；保证教育公平；维护社会稳定等。①

此外，还有部分学者对邓小平、江泽民和胡锦涛、习近平的民生思想进行了专题研究。例如，翟晓琳就重点研究了新时期邓小平民生思想。她从基本要求、根本路径、方针政策、制度保障和方法论原则等诸多方面详细论述了邓小平民生思想的具体内容。② 赵立永指出江泽民的民生思想主要包括，"高度关注人民群众的安危冷暖；解决不同阶段的具体民生问题，不断改善人民生活；加强社会建设，创新社会管理；提出了在民生改善工作中的正确态度与方法；提出了在民生改善过程中应当注意避免的问题；关注民生就是要关注人的自由全面发展问题"。③ 宋瑞平从经济、政治、文化、社会和生态五个方面高度概括了胡锦涛民生思想。他指出，"经济层面上，使人民群众生活富裕；政治层面上，保障人民群众的政治权利；文化层面上，丰富人民群众的文化生活；社会层面上，加强和创新社会管理体制；生态层面上，使人民群众的生存环境良好"。④ 王东认为，习近平总书记关于民生的重要论述主要体现在：发展民生事业必须推进中国特色社会主义的理论创新；发展民生事业必须坚持党的全面领导；民生事业发展必须坚持人民主体与群众路线；民生事业发展必须注重方法论，让民生政策惠及大众，取得实效。⑤

4. 从共时性的角度来提炼

有部分学者反对历时性的总结，认为中国特色社会主义民生思想的

---

① 于慧颖：《中国共产党民生思想研究》，中国社会科学出版社2012年版，第173—194页。
② 翟晓琳：《新时期邓小平改善民生思想研究》，人民出版社2011年版，第12页。
③ 赵立永：《江泽民民生思想研究》，湘潭大学硕士学位论文，2011年，第28页。
④ 宋瑞平：《胡锦涛民生思想研究》，河南理工大学硕士学位论文，2012年，第21—25页。
⑤ 王东：《习近平民生思想的理论与实践逻辑》，《新西部》2018年4月中旬刊，第4—6页。

核心内容并不是中央领导人民生思想的简单拼盘或相加，而应该从共时性角度，即中国特色社会主义民生思想所具有的普遍性、共同性来总结。

例如，张弥在总结中国特色社会主义民生理论的核心内容时指出："民生基本目标、民生基本原则、民生路线和民生保障体系共同构成了中国特色社会主义民生理论的主体。"① 无独有偶，窦孟朔等人从民生建设的角度总结了中国特色社会主义民生思想。他们指出中国特色社会主义民生思想，"是中国共产党人在进行民生建设的伟大实践中逐步形成、发展起来的，其内容丰富、博大精深，涵盖民生建设主体、目标、原则、途径、保障、标准等方面"。② 万泽民和王延隆指出，全心全意为人民服务是中国特色社会主义民生理论的核心；共同富裕是中国特色社会主义民生理论的目标；社会建设理论是中国特色社会主义民生理论的集中体现。③ 刘良军认为，中国特色社会主义民生思想的核心内容包括，民生目的论——不断提高人民生活水平，是我们党一切工作的根本出发点和归宿点；民生基础论——用发展的办法解决民生问题；民生重点论——关切弱势群体的生产与生活；民生途径论——发展是执政兴国的第一要务，大力发展先进生产力，民生目标论——人民的生活将更加幸福美好。④ 樊伟卫认为，中国特色社会主义民生理论滥觞于广大人民群众的生产生活中所出现的具体问题，包括教育、就业、收入分配、社会保障、社会管理五个领域的问题。⑤

（三）关于中国特色社会主义民生思想的演进历程研究

中国特色社会主义民生思想产生于何时？又是如何演进的？学术界

---

① 张弥：《论中国特色社会主义民生理论的初步形成》，《中国特色社会主义研究》2009年第6期，第101页。

② 窦孟朔等：《论中国特色社会主义民生观》，《河北师范大学学报》（哲学社会科学版）2009年第1期，第5页。

③ 万泽民、王延隆：《中国特色社会主义的民生理论探析》，《山东省经济管理干部学院学报》2010年第6期，第44页。

④ 刘良军：《论建党九十年来中国共产党的民生观》，《中共贵州省委党校学报》2011年第2期，第24页。

⑤ 樊伟卫：《中国特色社会主义民生理论及价值探析》，东北师范大学出版社2011年版，第16页。

存在较大差异，不同的学者，对中国特色社会主义民生思想的演进历程有不同的划分思路。有的学者将其划分为两个阶段，有的学者又划分为三个阶段。纵观学术界目前的成果，学者们主要是以党的重大历史会议、中央领导集体交替、事物变化发展状态、民生变化发展类型为线索，梳理中国特色社会主义民生思想的演进历程。主要有以下成果：

1. 以党的重大历史会议为线索

中国共产党自1921年成立以来，走过了90多年的光辉战斗历程。在这一段艰难探索的岁月中，有过很多重大会议，在历史选择的关口，很大程度上影响了中国革命和国家建设与改革的发展方向。"党的十一届三中全会揭开了党和国家历史的新篇章，是建国以来我党历史上具有深远意义的伟大转折。"[①] 1992年，十四大确定了我国经济体制改革的总目标是建立社会主义市场经济体制。2002年，党的十六大系统地阐述了"三个代表"重要思想，并首次在党的报告中提出"就业是民生之本"。[②] 按照这一发展脉络，学术界关于中国特色社会主义民生思想的起点和演进，有两种不同的认识。

一种观点认为，中国特色社会主义民生思想的演进开始于党的十一届三中全会。例如，董一冰和程守梅，系统梳理了新中国成立以来中国共产党改善民生的历程，他们认为党的十一届三中全会是中国特色社会主义民生思想的起点，他们将中国特色社会主义民生思想的演进历程分为三个阶段，"一是从党的十一届三中全会到党的十四大：改善民生的恢复发展阶段；二是从党的十四大到党的十六大：改善民生的深入发展阶段；三是党的十六大至今：改善民生快速提升阶段"[③]。卢继元将中国特色社会主义民生思想的演进分为三个阶段。"第一阶段：从十一届三中全会到十四大，物质文明建设为民生问题的解决奠定初步基础；第二阶段：从十四大到十六大，社会主义市场经济体制改革目标的确立为民生问题的解决找到基本路径；第三阶段：十六大新世纪新阶段科学发展观的提

---

① 中国国情，http://guoqing.china.com.cn/2012-08-30/content_26379232.htm。
② 中国政府网，http://www.gov.cn/test/2008-08-01/content_1061490_5.htm。
③ 董一冰、程守梅：《新中国成立以来中国共产党改善民生的历程及基本经验》，《理论探讨》2009年第4期，第41—43页。

出为民生问题的解决提供根本指南。"[1] 无论何种表达,这种以十一届三中全会、十四大、十六大为时间节点的划分方法得到了学界多数认可。在此基础上,不同学者的切入视角及研究内容也存在一些差异。例如,魏建克通过考察民生观(思想)话语转换来梳理中国特色社会主义民生观(思想)的演进历程,他指出,中国特色社会主义民生思想"经历了民族富强话语,改革、发展、稳定话语和社会和谐话语阶段"。[2]

另一种观点认为,中国特色社会主义民生思想的演进开始于党的十六大。例如,周国平和孙志明等学者认为,党对民生问题的实践探索与理论创新可以划分为三个阶段,"一是新中国成立到改革开放以前,改善民生的良好开端与曲折发展;二是党的十一届三中全会至20世纪末,改善民生的恢复与推进;三是新世纪新阶段改善民生的全新局面"。[3] 按照这一分法,中国特色社会主义民生思想就只有两大阶段。张秀阁等学者持有相同的观点,他们认为可以将中国共产党民生思想演变分为四个阶段,其中以改革开放(十一届三中全会)和十六大为时间节点,将中国特色社会主义民生思想分为"改革开放到党的十六大,这是中国共产党民生思想大发展的时期;党的十六大至今,这是党高度关注并着重解决民生问题,人民生活大大改善,民生建设上升到体现以人为本、追求幸福感的新时期"。[4]

2. 以中央领导集体交替为线索

中国共产党始终关注民生问题,"民生接力棒"也在党的几代领导集体手中依次传递。改革开放以来,以邓小平、江泽民、胡锦涛和习近平为代表的中央领导集体,在中国特色社会主义民生思想创新和实践发展中做出了突出贡献。部分学者以中央领导核心交替为线索,主要整理了邓小平、江泽民、胡锦涛三代领导人重要的民生思想(论断),以此梳理

---

[1] 卢继元:《中国特色社会主义民生建设的历史进程及其基本经验》,《唯实》2011年第11期,第15—16页。

[2] 魏建克:《改革开放三十年中国共产党的民生观话语》,《中共郑州市委党校学报》2009年第2期,第8页。

[3] 周国平、孙志明:《新中国成立以来党对民生问题的实践探索与理论创新》,《党史文苑》2011年第8期,第4—7页。

[4] 张秀阁等:《中国共产党民生思想的历史演变及其基本经验》,《党史文苑》2011年第9期,第7页。

中国特色社会主义民生思想的演进历程。

单孝虹认为，中国特色社会主义民生思想可以分为三个阶段，分别是"改革开放以来，以邓小平为代表的第二代领导集体的民生观（思想）；以江泽民为代表的第三代领导集体的民生观（思想）；以胡锦涛为代表的中央领导集体的民生观（思想）"[①]。这种划分方法得到了一定程度的认可，而且学术界多数成果都是按照此逻辑进行推演的。但是，不同的学者针对中央核心领导人物对民生思想的演进贡献进行了具体描述和定位，还是存有很大差别。例如，窦孟朔等学者指出了中国特色社会主义民生思想演进的三个阶段——以邓小平为代表的民生思想是中国特色社会主义民生思想的孕育阶段；以江泽民为代表的民生思想是中国特色社会主义民生思想的萌芽阶段；以胡锦涛为代表的民生思想才标志着中国特色社会主义民生思想的初步形成。[②] 樊伟卫指出，"以邓小平为代表的党的中央领导集体对民生问题的理论积淀；以江泽民为代表的党的中央领导集体对民生问题认识的深入发展；以胡锦涛为代表的党的中央领导集体对民生问题的理论创新"[③]。张晓梅指出："邓小平民生思想：中国特色社会主义民生思想的奠基之作；江泽民民生思想：中国特色社会主义民生思想的继承发展；胡锦涛民生思想：中国特色社会主义民生思想的最新成果。"[④] 而吴少进则从民生建设的路径梳理了中国特色社会主义民生思想的演进过程，他指出："以邓小平为代表的中共党人推动改革开放发展民生；以江泽民为代表的中共党人强调全面创新丰富民生；以胡锦涛为代表的中共党人谋求科学发展改善民生。"[⑤]

[①] 单孝虹：《中国共产党民生观演进探析》，《毛泽东思想研究》2008年第5期，第132—133页。

[②] 窦孟朔等：《论十六大以来中国特色社会主义民生观形成发展》，《科学社会主义》2011年第2期，第106页。

[③] 樊伟卫：《中国特色社会主义民生理论及价值探析》，东北师范大学硕士学位论文，2011年，第1页。

[④] 张晓梅：《中国特色社会主义民生思想的发展历程及启示》，江西师范大学硕士学位论文，2012年，第3页。

[⑤] 吴少进：《中国共产党解决民生问题路径的历史轨迹》，《湖北民族学院学报》（哲学社会科学版）2012年第6期，第132—134页。

3. 以民生发展状态类型为线索

任何事物都处在变化、发展的状态之中，这是一条普遍真理。中国特色社会主义民生思想的演进也是一个变化、发展的过程。学术界以民生发展状态类型为线索的研究成果，主要有以下几种观点。

高汝伟总结了新中国成立 60 多年来中国共产党民生理念的变化发展。他认为，中国特色社会主义民生思想先后经历了由"发展型、普惠型到和谐型"的演进。① 庞超则从中国特色社会主义民生思想内涵的变化来解读其发展历程，他指出，中国特色社会主义民生思想依次经历了"生存型、发展型、和谐型等历史发展阶段"。② 杨娜从民生建设理念出发指出，中国特色社会主义民生思想经历了"共同富裕观、'三个代表'观、以人为本观"。③ 而周国平和孙志明则从另外一个视角总结了中国特色社会主义民生思想的发展，并指出："改进民生：邓小平的小康理念和改革开放举措；普惠民生：江泽民的'三个代表'理念和'三位一体'发展举措；改善民生：胡锦涛的科学发展理念和重民为民举措。"④

（四）关于中国特色社会主义民生思想的主要特征研究

改善民生是中国特色社会主义始终如一的奋斗目标，学者们从不同角度对中国特色社会主义民生思想的特点进行了高度概括。但是，目前针对这一领域的研究还是众说纷纭，呈现碎片化的状态。学术界从不同维度剖析中国特色社会主义民生思想的理论蕴意、内在逻辑和显著特征，对于进一步深化中国特色社会主义民生思想的研究，把握其未来趋向，增强其指导实践、改善和发展民生等方面都具有重大的意义。

1. 在认识本质中归纳

本质是一事物区别于其他事物的属性，是事物本身所固有的根本的

---

① 高汝伟：《建国以来中国共产党民生思想的历史演进》，《求索》2009 年第 11 期，第 198 页。
② 庞超：《生存型、发展型、和谐型——中国特色社会主义民生思想的形成、创新与完善》，《求实》2010 年第 1 期，第 47 页。
③ 杨娜：《中国共产党民生建设的进程、经验及启示》，《广西社会科学》2011 年第 12 期，第 12—13 页。
④ 周国平、孙志明：《新中国成立以来党对民生问题的实践探索与理论创新》，《党史文苑》2011 年第 8 期，第 5—7 页。

属性。学术界不少学者力图总结中国特色社会主义民生思想的本质特征。其中,有以下几种代表性的观点。例如,潘玲霞认为,共同富裕与成果共享是中国特色社会主义民生思想的本质。她指出,中国特色社会主义民生思想的特点是"历史与时代的结合;理论与实践的结合;继承和创新的结合"。[①] 宋丽的从人的全面发展理论视角出发,她将中国特色社会主义民生思想的本质特征概括为两点,一是"以人的生存和发展为根本出发点;二是以改善无产阶级的生活状况为现实诉求"[②]。魏建克从理论品质的角度将中国特色社会主义民生思想的特征概括为"实事求是、与时俱进、以人为本"。[③] 然而,张敏则将中国特色社会主义民生思想的特征概括为"创新性、系统性、实践性"。[④] 同时,沙占华则将中国特色社会主义民生思想的特点总结为"继承和创新性;鲜明的现实针对性;鲜明的实践性"。[⑤] 郑流云总结认为十六大以来中国特色社会主义民生思想的基本特征包括"人民性、实践性及创造性"。[⑥]

2. 在强调重点中整理

把握中国特色社会主义民生思想的特征需要坚持以重点论为指导,这样才能在众多理论特征中掌握其精髓。杨燕妮在梳理民生思想发展历程的基础上,总结了中国特色社会主义民生思想一系列的特点,即"重视发展经济,认为发展是党执政兴国的第一要务;坚持统筹兼顾,推动均衡发展,注重处理好公平与效率的关系;坚持全心全意为人民服务的

[①] 潘玲霞:《"共同富裕"与"成果共享"——中国特色社会主义理论体系中的民生思想》,《社会主义研究》2009年第1期,第43页。

[②] 宋丽的:《马克思人的全面发展理论视角下的中国特色社会主义民生建设》,中南民族大学硕士学位论文,2012年,第15—16页。

[③] 魏建克:《改革开放三十年中国共产党的民生观话语》,《中共郑州市委党校学报》2009年第2期,第9—10页。

[④] 张敏:《中国特色社会主义民生思想初探》,《湖南大众传媒职业技术学院学报》2009年第5期,第105页。

[⑤] 沙占华:《中国共产党民生思想的历史演进及其实践经验》,《理论导刊》2011年第9期,第39页。

[⑥] 郑流云:《十六大以来中国共产党民生思想探析》,《兰州学刊》2010年第3期,第43页。

根本宗旨，促进人的全面发展"。① 王海则将中国特色社会主义民生思想的基本特点总结归纳为"精髓的传承性、内容的层级性、发展的阶段性、坚定的人民性"②。

3. 在整体内容中梳理

全面系统地看问题是马克思主义者的一种优秀品质。理解中国特色社会主义民生思想的主要特点，也要全面系统地把握。不少学者得出许多优秀的研究成果。例如，贺方彬通过系统地解答"什么是民生，怎么样保障和改善民生"这一民生思想的基本问题，将中国特色社会主义民生思想的特点概括为"理论性与实践性的统一；阶级性与人民性的统一；科学性与价值性的统一；现实性与理想性的统一；继承性与创新性的统一；板块性与整体性的统一；普遍性与特殊性的统一"。③ 韩文乾则认为中国特色社会主义民生具有"历史性与现实性的统一；主导性与参与性的统一；递增性与逐层性的统一；全面性与协调性的统一"④ 等基本特征。窦孟朔等人认为中国特色社会主义民生思想的起点为十六大，他们指出，中国特色社会主义民生思想是"目的与手段的统一；全面与重点的统一；共建与共享的统一"。⑤

综上，我们不难发现中国特色社会主义民生思想已有的研究还是存在诸多不足，主要集中在以下几个方面：（1）对中国特色社会主义民生思想形成条件研究不够。目前的成果较多的是在探讨其理论渊源或者思想渊源，而缺乏对中国特色社会主义民生思想形成的历史依据和实践经验的探讨。（2）对中国特色社会主义民生思想动态发展研究不够。目前的研究多数是一种静态的归纳，而缺乏对这一思想体系的动态研究，其动态发展的特征没有很好地体现出来。（3）对中国特色社会主义民生思

---

① 杨燕妮：《中国共产党民生思想的历史发展及主要特点论析》，《经营管理者》2010年第9期，第311页。

② 王海：《中国共产党民生思想特点探析》，《中共福建省委党校学报》2010年第5期，第30—33页。

③ 贺方彬：《论中国共产党民生观的基本特点》，《南都学坛》2011年第6期，第103页。

④ 韩文乾：《试论中国特色社会主义民生观的基本特征》，《河北大学学报》（哲社版）2012年第5期，第49页。

⑤ 窦孟朔等：《论十六大以来中国特色社会主义民生观形成发展》，《科学社会主义》2011年第2期，第109页。

想系统性研究不够。现有的研究中多集中在对邓小平、江泽民、胡锦涛，包括习近平在内的个人的民生思想研究，缺乏在中国特色社会主义理论体系中的系统把握，缺乏整体性。(4) 对中国特色社会主义民生思想的研究方法较为单一。目前，研究者多数采用的是文献研究和引用文献研究①的方式，不可避免地出现重复研究的现象，研究成果的准确性有待考证。因此，在未来的研究中，需要进一步拓展研究思路，创新研究范式，完整准确地把握和研究中国特色社会主义民生思想，从整体性、历史性和发展性等方面进行更深入的研究。

四 中国特色社会主义民生思想研究的思路、方法与创新

鉴于现有研究存在的不足，本书的研究中需要进一步拓展研究思路，创新研究方法，完整准确地把握和研究中国特色社会主义民生思想。具体来说，主要有以下几个方面的内容。

（一）中国特色社会主义民生思想研究的思路

利益范畴是马克思主义历史唯物主义的基本范畴。马克思认为，利益是人类社会活动的动因，是思想意识的基础和社会冲突的根源，因为"'思想'一旦离开'利益'，就一定会使自己出丑"②，而且"人们为之奋斗的一切，都同他们的利益有关"。③ 马克思明确地将"利益"纳入对社会存在基础的认识之中，"每一社会的经济关系首先是作为利益表现出来的"。④ 他也曾指出："首先是为了经济利益而进行的，政治权力不过是

---

① 引用文献研究：是由南京大学社会学系风笑天教授提出的概念。他认为，社会科学研究方式主要有调查研究、实地研究、文献研究、实验研究四种方式。但是，部分学者采取在论文中直接引用他人已经发表的论文中的数据结果资料表格等经验材料，作为自己分析和论证的依据。这就是引用文献研究方式。他认为，从严格意义上说，这种方法并不符合我们关于研究方法的定义和类型划分，甚至也不应该归为经验研究的范畴中。
② 《马克思恩格斯全集》第 2 卷，人民出版社 1957 年版，第 103 页。
③ 《马克思恩格斯全集》第 1 卷，人民出版社 1995 年版，第 187 页。
④ 《马克思恩格斯全集》第 3 卷，人民出版社 1995 年版，第 209 页。

用来实现经济利益的手段"。① 邓小平也曾明确指出:"革命是在物质利益的基础上产生的,如果只讲牺牲精神,不讲物质利益,那就是唯心论。"②

"任何社会改革和社会革命归根到底都必须重新调整人们的利益关系,以促进和推动社会生产的发展,以满足人们的物质文化需要(在阶级社会中是以满足某个利益集团的利益需要为目的),社会主义更应如此。"③ 利益问题是贯穿于中国特色社会主义的民生思想的一条红线。从承认追求物质利益的合理性到代表广大人民群众的根本利益,再到协调利益矛盾、构建和谐社会,无不与利益密切相关。党和国家领导人也高度重视民生问题,高度重视人民利益。邓小平曾明确提出"全心全意为人民服务,一切为人民利益作为每一个党员的最高准绳"。④ 江泽民指出,"在整个社会生产和建设发展的基础上,不断使人民得到日益增加看得见的利益,始终是我们共产党人的神圣职责"。⑤ 胡锦涛强调,要"努力使我们的方针政策更好地体现人民群众的利益,使先进生产力和先进文化更快更好地体现人民群众的利益,使先进生产力和先进文化更快更好地发展起来,不断让人民群众得到实实在在的利益"。⑥ 习近平强调"我们任何时候都必须把人民利益放在第一位"。⑦

因此,我们的研究拟将以人民利益为研究的切入点,主要回答以下几个问题:

1. 中国特色社会主义民生思想为什么能够形成?
2. 中国特色社会主义民生思想的核心内容有哪些?
3. 中国特色社会主义民生思想的演进规律是什么?

---

① 《马克思恩格斯选集》第4卷,人民出版社1995年版,第250页。
② 中国共产党新闻网,http://cpc.people.com.cn/GB/64162/64168/64563/65371/4441902.html。
③ 王伟光:《马克思恩格斯关于利益问题的理论探索》,《中共中央党校学报》1997年第4期,第33页。
④ 《邓小平文选》第1卷,人民出版社1994年版,第257页。
⑤ 中共中央宣传部:《"三个代表"重要思想学习纲要》,学习出版社2003年版,第116—117页。
⑥ 中央保持共产党先进性教育活动领导小组办公室:《保持共产党先进性教育读本》,党建读物出版社2005年版,第257页。
⑦ 习近平:《始终坚持和充分发挥党的独特优势》,《求是》2012年第15期,第7页。

4. 中国特色社会主义民生思想的当代价值是什么？
5. 中国特色社会主义民生思想与人的全面发展的关系是什么？

(二) 中国特色社会主义民生思想研究的方法

毛泽东曾经用过河要有桥或船的生动形象的比喻，深刻说明了方法的重要性。他指出："我们不但要提出任务，而且要解决完成任务的方法问题。我们的任务是过河，但是没有桥或没有船就不能过。不解决桥或船的问题，过河就是一句空话。不解决方法问题，任务也只是瞎说一顿。"① 因此，研究中国特色社会主义民生思想必须要坚持科学的研究方法，特别是坚持马克思主义的指导，坚持马克思主义的基本理论、基本原则和基本方法，这样才能更好地理解和把握中国特色社会主义民生思想的核心要义。

1. 坚持唯物史观的研究方法

唯物史观是马克思一生中最伟大的发现之一。社会发展史，从根本上说，就是人类追求美好生活的过程，唯物史观正是为人类如何获得美好生活提供了科学梳理和引导。"意识在任何时候都只能是被意识到了的存在，而人们的存在就是他们的现实生活过程。"② 因此，研究中国特色社会主义民生思想必须坚持唯物史观。研究思想问题不可能离开具体的历史生存境遇，只有坚持唯物史观的研究方法，才能保证在研究中国特色社会主义民生思想的过程中，不可超越一定的社会的物质基础。

2. 坚持全面系统的研究方法

中国特色社会主义民生思想是中国特色社会主义理论体系的重要组成部分，是通过多个方面、多个维度体现出来的，是一个思想体系。因此，只有坚持全面系统的科学方法来研究中国特色社会主义民生思想，才可能比较全面地把握和理解中国特色社会主义民生思想。否则，就会一叶障目，只见树木、不见森林。中国特色社会主义民生思想理应成为邓小平理论、"三个代表"重要思想、科学发展观和"中国梦"等中国特色社会主义理论体系的重要内容。采用系统研究方法就是把中国特色社

---

① 《毛泽东选集》第1卷，人民出版社1991年版，第139页。
② 《马克思恩格斯全集》第3卷，人民出版社1960年版，第29页。

会主义民生思想看作一个系统，全面地研究其产生条件、核心内容、演进规律、当代价值等。

3. 坚持科学原则和价值原则相统一的研究方法

科学原则指的是从客观现实出发来考察事物的一种方法，它表明应把事物放到特定的现实生活世界中来研究，遵循的是现有原则和事实性原则。价值原则指的是从人的主体性去考察事物的方法，包括价值认同和价值评判。科学性与价值性的统一是马克思辩证法中重要的一环。中国特色社会主义民生思想是科学性与价值性的统一。因此，在研究其思想内核时，应当坚持科学原则和价值原则的有机统一。既要把价值原则建立在科学原则的基础之上，又要把科学原则控制在价值原则之内，二者不可偏废。

4. 运用文献的研究方法

由于研究问题较为特殊，文献研究就成为研究中国特色社会主义民生思想的主要方法。从一般意义上讲，中国特色社会主义民生思想，是以改革开放为起点的。要准确理解和把握这些思想观点和根本看法，其最佳途径就是回到马克思主义经典文献之中，对与此相关的历史文本进行系统整理和研究，并在这一过程中尽量避免解读经典文献时的主观臆断和片面理解，要尊重原文，还原思想（理论）观点和根本看法的真实面目。在研究过程中，我们主要以《马克思恩格斯选集》（第1—4卷）、《列宁选集》（第1—4卷）、《邓小平文选》（第1—3卷）、《江泽民文选》（第1—3卷）、《高举中国特色社会主义伟大旗帜，为全面夺取建设小康社会会新胜利而奋斗》、《坚定不移沿着中国特色社会主义道路前进，为全面建成小康社会而奋斗》、《十一届三中全会以来历次党代会·中央全会报告·公告·决议》（上、下册）等为核心文献进行整理分析，提炼思想精华。

（三）研究中国特色社会主义民生思想的创新

"创新是一个民族进步的灵魂，是一个国家兴旺发达的不竭动力，也是一个政党永葆生机的源泉。"[①] 追求真理没有止境，科学研究也要力求

---

① 新华网，http://news.xinhuanet.com/ziliao/2003-01-20/content_697148.htm。

创新。本书的拟创新之处主要有以下几点：

第一，本书拟以人民利益为主线，以我国改革开放以来的历史轨迹为背景，以十一届三中全会以来党的领导集体对人民利益的价值认同、价值追求和价值目标为核心，着重探索中国特色社会主义民生思想的产生条件、核心内容、演进规律、当代价值等，从研究的主题内容上创新了中国特色社会主义民生思想研究。

第二，本书坚持唯物史观的指导，坚持科学原则与价值原则的有机统一，运用系统科学的研究方法，重点突出中国特色社会主义民生思想的整体性、历时性和发展性，从而有利于全面地理解和把握其思想内核，从研究方法上创新了中国特色社会主义民生思想研究。

第 一 章

中国特色社会主义民生思想的形成和发展

中国特色社会主义民生思想是以马克思主义民生观为理论基础、以中西方民生思想的合理内核为思想渊源，在总结民生建设的经验与教训的基础上形成和发展起来的思想体系。中国特色社会主义理论体系是中国共产党人在改革开放40年以来推进马克思主义中国化的整体理论成果，中国特色社会主义民生思想也是马克思主义民生观中国化的整体理论成果，即中国特色社会主义民生建设过程中形成的当代中国马克思主义民生思想，是中国特色社会主义理论体系的重要组成部分。

一 中国特色社会主义民生思想的形成条件

作为中国特色社会主义民生思想的主要理论创新主体，中国共产党在推进社会主义民生建设的实践过程中始终坚持马克思主义民生观与中国具体实际相结合，并实现了对中国传统民本思想和西方民生思想的继承、扬弃与超越，同时，吸取苏联和我国改革开放前传统社会主义民生建设模式的历史教训，总结长期以来中国共产党认识和解决民生问题的宝贵思想方法和实践经验，从而形成了中国特色社会主义民生思想。

（一）理论基础：马克思主义民生观

民生是人民群众基本生存和生活状态的总称，集中反映了人民群众的发展机会、发展能力和生活权益的状况。因此，民生问题是有关国民生计、涉及广大人民群众根本利益的问题。马克思主义的本质是人的解放学说，这一理论宝库蕴含着丰富而深刻的科学社会主义民生思想。马克思主义经典作家对于民生问题的理论思考和价值分析，以及对民生问题的前因后果的论述和解决路径的探索，众多理论主张围绕民生这个共同的理论主题经过几代人跨时空、跨地域的汇聚，最后形成了马克思主义民生观。马克思、恩格斯、列宁都处于阶级分化严重、阶级矛盾尖锐的社会环境中，他们深切同情广大无产者、贫苦人民受压迫和剥削的不幸遭遇，关注人的生存和发展等民生问题，并在博采众长、推陈出新的基础上，结合实际，具体分析，对民生问题提出了丰富的思想内涵和理论样式。马克思、恩格斯、列宁等马克思主义经典作家集体智慧的结晶使得马克思主义民生观得以产生和发展，并在无产阶级革命的实践中不断进行内涵性的扩展，在社会主义国家建设的实践中不断实现理论性的延伸。内涵丰富的马克思主义民生观在与中国具体实际相结合的过程中，为中国特色社会主义民生思想的形成和发展提供了直接的理论基础。

1. 马克思恩格斯民生思想[①]

马克思恩格斯在创立科学社会主义理论时，是从关注现实人的生存和发展入手的。马克思恩格斯说："一切人类生存的第一个前提，也就是一切历史的第一个前提，这个前提是：人们为了能够'创造历史'，必须能够生活。"[②] 不仅如此，马克思恩格斯还把整个科学社会主义最终的目标确定为一切人的全面而自由发展，并从生产力、生产关系、上层建筑三个层次构建起科学社会主义的逻辑结构和理论大厦。关注民生是科学社会主义的创立动因，民生发展是科学社会主义的最终归宿，因而马克思恩格斯的民生思想，也就构成了科学社会主义理论的重要组成部分。

第一，民生思想的根本出发点：人的生存和发展。

尊重人民群众的历史地位。人类历史在本质上是一种社会存在，是以人民群众为承担者的物质生产活动，而人民群众又是物质生产力中最具能动性的主体因素，以人民群众为体现者的物质生产力是社会存在和

[①] 本部分见邓磊、田桥《马克思恩格斯民生思想探微》，《社会主义研究》2014年第4期。
[②] 《马克思恩格斯选集》第1卷，人民出版社1995年版，第78—79页。

发展的根本动力，因此，人民群众必然成为社会历史的主体。人民群众是社会历史存在和发展的主体表现在"人们自己创造自己的历史"。① 第一，人民群众是社会物质财富的创造者，以人民群众为主体的生产活动奠定了社会存在和发展的坚实基础。人民群众基于需要本身而进行物质生产。马克思恩格斯指出："人们为了生活，首先就需要吃喝住穿以及其他一些东西。因此第一个历史活动就是生产满足这些需要的物质资料，即生产物质生活本身。"② 人民群众为了满足自身需要创造了吃、穿、住、行等必需的生活资料，从而在这一过程中实现了物质资料的生产和社会财富的创造。第二，人民群众是社会精神财富的创造者，以人民群众为主体的实践活动为精神财富的创造提供了必要的物质条件。马克思、恩格斯坚决反对青年黑格尔派将"精神"与"群众"对立起来，深刻批判了唯心史观把人民群众看成是什么也不创造的"精神的空虚"的谬论，并指出要"从市民社会作为国家的活动描述市民社会，同时从市民社会出发阐明意识的所有各种不同理论的产物和形式，如宗教、哲学、道德等等"。③ "批判的批判"并不能真正创造什么，人民群众的生活和实践才是一切精神财富产生和发展的源泉。并且，人民群众还通过实践直接创造丰硕的精神财富。第三，人民群众是社会变革和发展的决定力量，以人民群众为主体的阶级斗争是阶级社会发展的直接动力。在阶级社会中，生产关系的变革、社会制度的更迭和社会形态的演变，都是通过人民群众革命的实践实现的。人民群众通过推动生产力的发展而不断破除旧的生产关系，创造新的社会关系，从而成为社会进步和发展的决定力量。尊重人民群众的历史主体地位是发展民生的先决条件。只有明白了这一点，才能在社会主义革命和建设事业中自觉发挥群众首创精神，调动群众的积极性、主动性和创造性，充分发动人民群众的主体力量。

关心人民群众的现实需要。马克思恩格斯认为，需要是人的本性，是现实人生存和发展的基本欲求，而且人的需要是多维度、多层次的全面需要。人是生物人（自然人），也是社会人，因而具有自然的和社会的

---

① 《马克思恩格斯选集》第1卷，人民出版社1995年版，第585页。
② 同上书，第79页。
③ 同上书，第92页。

双重属性,也必然具有自然的和社会的双重需要。人的自然需要是维持生命活动的生存需要,如对衣、食、住的需要,对光、空气的需要等;人的社会属性即人所处的经济地位与生产关系决定人的社会需要,包括经济、政治和文化等方面的需要。恩格斯在《自然辩证法》中进一步把人的需要划分为三个不同的层次:生存需要、享受需要和发展需要。生存需要是人最基本的生存与发展的条件,是人民群众最迫切的需要。在生存需要得到满足之后,享受性的需要随着生产力的提高逐渐发展起来。恩格斯指出:"人类的生产在一定的阶段上会达到这样的高度:能够不仅生产生活必需品,而且生产奢侈品,即使最初只是为少数人生产。这样,生存斗争假定我们暂时认为这个范畴在这里仍然有效,就变成为享受而斗争,不再是单纯为生存资料斗争,而是也为发展资料斗争,为社会的生产发展资料而斗争。"[①] 发展需要是人为了自由个性的充分发展、个体价值的全面实现以及社会文明程度的提高而产生的理性欲求的需要,因而是人的最高层次的需要。发展需要既包括人们在物质领域内自由从事劳动的需要,也包括人们在诸如思想道德、科学文化、艺术宗教等精神领域内自由发展的需要。但是,恩格斯揭露到人的这些需要并没有被满足,"在资本主义生产方式下,生产所达到的高度使社会不能够消耗掉所生产出来的生活资料、享受资料和发展资料,因为生产者大众被人为地和强制地拒之于这些资料之外"。[②] 因此,发展民生首先就是要满足人的生存与发展的基本需要。人的需要永无止境,人的需要与满足需要的现实条件之间的冲突及其产生、发展和解决的过程,不断推动着人需要的满足和社会的进步。

改善无产阶级的生活状况。无产阶级是大工业的产物,伴随着资本主义的发展,无产阶级受到的剥削不断加重,与资产阶级的矛盾不断激化。马克思恩格斯所处的时代,正是资本主义生产力的蓬勃上升期,同时也是整个处于社会最底层的无产阶级受剥削和压迫最为深重的时期。马克思恩格斯揭露了资本主义制度的剥削本质,并阐明资本主义剥削制度是整个无产阶级遭受贫困和压迫的根源。在资本主义条件下,掌握生

---

① 《马克思恩格斯选集》第4卷,人民出版社1995年版,第623页。
② 同上书,第372—373页。

产资料的资产阶级是靠牺牲无产者的利益来进行社会生产的。无产者只是整个资产阶级的财产,他们附属于资本,处于被奴役的地位,他们的劳动只有在有人需要的时候才能卖掉,因而生活是没有保障的。马克思恩格斯在《共产党宣言》中指出:"农奴曾经在农奴制度下挣扎到公社成员的地位,小资产者曾经在封建专制制度的束缚下挣扎到资产者的地位。现代的工人却相反,他们并不是随着工业的进步而上升,而是越来越降到本阶级的生存条件以下。工人变成赤贫者,贫困比人口和财富增长得还要快。"[1] 马克思恩格斯还进一步指出了推翻资本主义制度是改善无产阶级生活状况的前提条件,而且推翻资产阶级统治的最佳时机即将到来。随着资本主义的进一步发展及其生产过程中的矛盾的不断凸显,"资产阶级不能统治下去了,因为它甚至不能保证自己的奴隶维持奴隶的生活,因为它不得不让自己的奴隶落到不能养活它反而要它来养活的地步。社会再不能在它统治下生存下去了,就是说,它的生存不再同社会相容了"[2]。资产阶级打着改善无产阶级生活状况的旗号而实质上却是为了维护自身统治,采取一些社会保障措施(如救济贫民、抚恤伤残等)来缓和阶级矛盾,维系资本主义制度,但是资本主义制度的剥削本质以及资产者的无穷贪欲决定了资产阶级的一切自救与弥补的手段都将在无产阶级真正成熟并联合起来共同反抗他们的时候失去效用。到那时,无产阶级必将撕下资产阶级的虚伪面纱,彻底推翻他们的政治经济统治,从而实现共产主义对资本主义的替代,为自身生存和发展问题的彻底解决创造条件。

第二,民生的最终奋斗目标:人的自由而全面发展。

从"以物为本"到"以人为本"。马克思恩格斯尖锐地批判了封建统治对人的奴役,在专制制度统治下的动物般的庸人世界里,占绝大多数的被统治者是封建统治者的奴隶。为此,"必须推翻那些使人成为被侮辱、被奴役、被遗弃和被蔑视的东西的一切关系"[3],"必须唤醒这些人的

---

[1] 《马克思恩格斯选集》第 1 卷,人民出版社 1995 年版,第 284 页。
[2] 同上。
[3] 同上书,第 10 页。

自尊心，即对自由的要求"①。随着自身经济实力的增强，资产阶级日益谋求自身政治地位的提高，并联合下层平民推翻了封建专制统治，建立起资本主义制度。资产阶级在不到一百年里创造了超过过去一切世代的巨大生产力，并"无情地斩断了把人们束缚于天然尊长的形形色色的封建羁绊"②，但是取而代之的却是剥削得更隐蔽也更残酷的"资本羁绊"。马克思恩格斯指出资本主义社会里人受物统治的状况，"废除封建制度，实行政治改革，也就是说，表面上承认理性从而使非理性真正达到顶点，从表面上看这是消灭了农奴制，实际上只是使它变得更不合乎人性和更普遍……人已经不再是人的奴隶，而变成了物的奴隶"。③ 马克思恩格斯还从社会价值的角度揭露了资本主义社会"以物为本"的实质。从人与人的关系角度来说，"以物为本"表现为资本对雇佣劳动的压迫。资产阶级为了维护自身政治经济利益建立和发展起雇佣劳动制度，并在这种制度下靠牺牲劳动者利益来实现资本的发展，"在资本主义体系内部，一切提高社会劳动生产力的方法都是靠牺牲工人个人来实现的；一切发展生产的手段都变成统治和剥削生产者的手段"④。所以在资本主义社会，资本的增殖和人的贬值是相统一的过程。自由和平等仅成为资产阶级谋求政治资本的幌子，如果非要找出现实的对应，便只能体现在资本自由和平等地剥削雇佣劳动上面。从人与自然的关系角度来说，"以物为本"的实质在于物质财富的增长成为衡量社会发展进步的唯一尺度。人与生产的关系出现异化和颠倒，生产作为外在于人的物质形态，本是服务于人的手段，却表现为人的目的，让人的存活依附于物质生产，也让人的发展服从于物质财富的增长。马克思恩格斯十分重视人的本性的实现，"以人为本"的思想贯穿于他们理论活动的始终。恩格斯曾说，"人只需要了解自己本身，使自己成为衡量一切生活关系的尺度，按照自己的本质去估价这些关系，真正依照人的方式，根据自己本性的需要，来安排世界"。⑤ 马克思恩格斯深刻批判了资本主义社会以物为本、以人为手段的

---

① 《马克思恩格斯全集》第1卷，人民出版社2002年版，第409页。
② 《马克思恩格斯选集》第1卷，人民出版社1995年版，第274—275页。
③ 同上书，第24—25页。
④ 《马克思恩格斯选集》第2卷，人民出版社1995年版，第258—259页。
⑤ 《马克思恩格斯全集》第3卷，人民出版社1995年版，第521页。

弊病，并且通过创立科学社会主义理论，提出尊重和符合人的本性的经济形态，从而实现社会生产力的发展与人的全面而自由发展的统一。

变"异化劳动"为"自由自觉的活动"。马克思恩格斯认为，劳动作为人的"自由自觉的活动"，是人区别于动物的本质。但在资本主义社会中，劳动发生了异化，变成了异化劳动。劳动者的劳动及其产品反对、奴役、控制劳动者的劳动形态，因而人的本质也发生了异化。马克思恩格斯进一步指出异化劳动的四个表现形态：一是劳动者同他的劳动产品的异化，"即劳动的产品，作为一种异己的存在物，作为不依赖于生产者的力量，同劳动相对立……工人对自己的劳动的产品的关系就是对一个异己的对象的关系"①，劳动者生产的产品越多，反而占有和消费的产品越少，越受他的产品的奴役；二是劳动者的生命活动与劳动的自身异化，劳动者在强制性和剥削性的劳动活动中，不能自由支配他的活动，丧失了他自身，而他的个人的生命反对他的活动，从而形成自我异化；三是人和人的类本质的异化，人的类本我是自由的存在物、创造性的存在物和社会联系的存在物，类本质是"自由自觉的活动"，并通过实践改造对象世界来实现类的生活的对象化，但在资本主义社会，"异化劳动把自主活动、自由活动贬低为手段，也就把人的类生活变成维持人的肉体生存的手段"②，因而人的类本我也就变成对象化的我，人的类本质也就变成异己的本质；四是人与人的关系的异化，"通过异化的、外化的劳动，工人生产出一个对劳动生疏的、站在劳动之外的人对这个劳动的关系。工人对劳动的关系，生产出资本家……对这个劳动的关系"③，换言之，工人生产出不生产的资本家对其生产和产品的支配，所以这种异化在资本主义社会表现为工人和资本家的对立。异化劳动导致异化民生，劳动者受异己力量的支配而成为不自由的人，而且自身的劳动成果也被资本家所占有，资本积累在不断增多，可劳动者的生活状况却越来越恶劣。马克思恩格斯揭露私有财产和雇佣劳动制是异化劳动产生的前提，并指出"共产主义是私有财产即人的自我异化的积极扬弃，因而是通过人并且为

---

① 《马克思恩格斯选集》第1卷，人民出版社1995年版，第41页。
② 同上书，第47页。
③ 同上书，第50页。

了人而对人的本质的真正占有"①，因而要通过消灭私有制、消灭剥削的共产主义革命来实现人向自身和社会的复归。恩格斯在《反杜林论》等著作中还描述了人的自由自觉的活动状态，在共产主义社会，生产资料为社会所有，其对人的奴役和产品对生产者的统治将被消除，人摆脱了异己的、支配着人的自然规律和生活条件，成为自然界的自觉的和真正的主人，成为自己创造自己历史的自由行动的主人。当生产劳动不再是奴役人的手段，人不再受限于生产资料和社会分工的支配而可以遵循自身发展的需求自由选择相关的生产活动时，也就是每个人都获得全面发展和表现自我的机会的时候，"异化劳动"就变为"自由自觉的活动"，从而实现人类从必然王国进入自由王国的飞跃。

个人发展与社会发展相一致。一方面，从人与人的角度看，人的全面而自由的发展表现在个体发展与类发展相互依赖、辩证统一上。"人的全面而自由的发展"中的"人"是一个反映类与个体辩证统一的概念，类的全面而自由的发展是个体的全面而自由的发展的目标和导向，个体的全面而自由的发展是类的全面而自由的发展的前提和基础。在马克思恩格斯看来，人的生存发展各层次各方面的需要和个性自由发展的实现以及社会实践和交往达到一定的深度和广度是个人全面发展赖以实现的基础，而它们受到一定经济、政治、文化的历史条件的制约，并只有在社会关系极大丰富的基础上才可能实现，因此全面发展的个人不是自然的产物，而是社会历史的产物和类的发展的产物。人的全面而自由的发展的基本内涵应包含"类"与"个人"两个层面：首先从个人的层面说，人的全面而自由的发展主要体现在个人的个体自觉性、能动性和创造性的充分发展，以及个性自由和个人价值的全面实现等方面；其次从人类整体的层面来说，人的全面而自由的发展主要体现在类的自觉性和类能力的充分发展，社会关系的丰富和发展，以及类的自由解放和类本质的实现上。另一方面，从人与社会的角度看，人的全面而自由的发展表现在个人发展和社会发展相辅相成、协调统一上。社会的发展为人的全面自由发展提供必不可缺的物质基础和精神条件，直接影响着人发展的方向和路径、环境和动力；同时，人的素质的提升和自身的发展推动社会

---

① 马克思：《1844年经济学哲学手稿》，人民出版社1985年版，第77页。

进步，成为社会发展的内在动力。社会历史发展与人的发展具有内在统一性。在原始社会、奴隶社会和封建社会里受生产力水平的制约，人畏惧自然也依赖自然，单个人是统治者的奴隶，人类是自然的附庸；到了资本主义社会，迅速发展的生产力和普遍的物质交换使人征服自然并改造自然，人从自然的束缚中解放出来，但由于私有制下阶级剥削的存在，广大无产者沦为资本的工具、劳动的手段；而在共产主义社会，消灭了私有制和剥削，高度发展的生产力和极大丰富的社会产品使得人的全面而自由发展成为可能。正如马克思恩格斯所说"代替那存在着阶级和阶级对立的资产阶级旧社会的，将是这样一个联合体，在那里，每个人的自由发展是一切人的自由发展的条件"①，在"自由人的联合体"即无阶级社会，无论是来自人还是物的统治都已不复存在，人并且是一切人都获得解放，从而真正实现全面而自由的发展。

第三，解决民生问题的路径：生产力、生产关系与上层建筑建设。

生产力是民生发展的前提条件。马克思恩格斯强调生产实践活动中的人与自然的关系的发展即生产力的发展是民生发展的绝对必需的前提，因为"如果没有这种发展，那就只会有贫穷、极端贫困的普遍化；而在极端贫困的情况下，必须重新开始争取必需品的斗争，全部陈腐污浊的东西又要死灰复燃"②。而"在共产主义社会高级阶段，在迫使个人奴隶般地服从分工的情形已经消失，从而脑力劳动和体力劳动的对立也随之消失之后；在劳动已经不仅是谋生的手段，而且本身成了生活的第一需要之后；在随着个人的全面发展，他们的生产力也增长起来，而集体财富的一切源泉都充分地涌流之后，只有在那个时候，才能完全超出资产阶级权利的狭隘眼界，社会才能在自己的旗帜上写上：各尽所能，按需分配"③，可见，生产力的高度发展是人们自愿分工和自主劳动以及社会财富涌流的基础，从而也是一切人的全面而自由发展真正实现的前提。生产力的发展蕴于人类改造自然界的实践中，所以作用于自然界的劳动实践也就成为民生发展的重要途径。自然界是一切劳动对象和劳动资料的

---

① 《马克思恩格斯选集》第1卷，人民出版社1995年版，第294页。
② 同上书，第86页。
③ 同上书，第305—306页。

第一源泉，但是原始的、自在的自然并不会完全自觉自动地为人类提供全部的生产生活物质资料。因此，人类必须通过实践活动这一联系中介改造自然，实现人和自然之间的物质交换，获取足够多的生产资料和消费资料来满足人的生存和发展需要，并通过不断的改造实践，创造更丰富的物质精神财富，以实现不断衍生的民生发展需求。"各个人必须占有现有的生产力总和，这不仅是为了实现他们的自主活动，而且也是为了保证自己的生存……对这些力量的占有本身不外是同物质生产工具相适应的个人才能的发挥"①，因而对生产力一定总和的占有意味着个人生活的维系和自身才能的发挥，也就意味着私有制和旧式分工存在性的消失。因此，马克思恩格斯强调，无产阶级在推翻资产阶级统治取得政权后，要实现联合起来的个人对全部生产力总和的占有，并尽可能地发展生产力和增加生产力的总量。

　　生产关系是民生发展的现实基础。虽然民生发展要以生产力的发展为前提，但马克思恩格斯从不把民生问题的解决简单归结为生产力的发展。他们认为，"人的本质不是单个人所固有的抽象物，在其现实性上，它是一切社会关系的总和"。② 社会关系实际上决定着一个人的发展程度和水平，因而，人的解放与全面而自由发展，必须建立在彻底否定那些使人被蔑视、被剥削和被奴役的一切旧的社会关系的基础之上，也就是彻底消灭资本主义社会私有制的基础之上。生产力是民生发展的物质支撑，正因为如此，在资本主义社会以前人始终没有解决关乎生存的困扰，而之后却出现了资本主义生产力越发展而人的发展却越片面、越不自由的悖论，其中的根源就是以资本为中心的充满剥削性质的雇佣关系。雇佣与剥削是资本主义生产关系的实质所在，它们在推动生产力快速发展和社会资本不断积累的同时，也给广大无产阶级带来无尽的贫困和苦难。资本主义生产关系下社会化大生产和资本主义私人占有之间的矛盾是资本主义制度的基本矛盾，进而导致无产阶级和资产阶级的对立，个别工厂中生产的有组织性和整个社会中的无政府状态之间的对立。这对基本矛盾的不断尖锐化决定了资产阶级的灭亡和无产阶级的胜利是同样不可

---

① 《马克思恩格斯选集》第1卷，人民出版社1995年版，第129页。
② 同上书，第56页。

避免的。"社会所拥有的生产力已经不能再促进资产阶级文明和资产阶级所有制关系的发展；相反，生产力已经强大到这种关系所不能适应的地步，它已经受到这种关系的阻碍"①，资本主义生产关系必然会被更高级的生产关系所取代。马克思恩格斯曾说："由社会全体成员组成的共同联合体来共同地和有计划地利用生产力；把生产发展到能够满足所有人的需要的规模；结束牺牲一些人的利益来满足另一些人的需要的状况；彻底消灭阶级和阶级对立；通过消除旧的分工，通过产业教育、变换工种、所有人共同享受大家创造出来的福利，通过城乡的融合，使社会全体成员的才能得到全面发展。"②所以，要解决好民生问题，必须在发展生产力的基础上，建立合理的生产关系并不断发展和完善，使之适应生产力的发展要求而非超前或滞后，使之成为生产力发展的动力而非桎梏，从而实现生产力和生产关系的和谐统一。

无产阶级国家政权是民生发展的政治保障。生产力的发展和生产关系的变革也只有在无产阶级夺取政权后才具备可行性。无产阶级生活状况的改善要以无产阶级革命运动为前提，全人类的自由解放要以无产阶级国家政权的建立为基础。马克思恩格斯指出："工人革命的第一步就是使无产阶级上升为统治阶级，争得民主。无产阶级将利用自己的政治统治，一步一步地夺取资产阶级的全部资本，把一切生产工具集中在国家即组织成为统治阶级的无产阶级手里，并且尽可能快地增加生产力的总量。"③理论一经群众所掌握就会在实践中发挥巨大的力量，人民群众觉醒起来就会掌握"批判的武器"，并诉诸"武器的批判"即无产阶级革命来推翻资产阶级的政治统治，建立起无产阶级国家政权。在这个过程中，人打破奴役的枷锁，冲出束缚的牢笼，逐步得到个性的解放和自由的发展，人民群众的生活状况不断改善，民生得以充分发展起来。马克思恩格斯在《哥达纲领批判》中构想、描绘了未来共产主义的政治蓝图。一是物质财富极大丰富，社会实行按需分配。生产力高度发达的社会物质条件保证了劳动人民享受真正的平等权利，劳动上的差别不会引起人与

---

① 《马克思恩格斯选集》第1卷，人民出版社1995年版，第278页。
② 同上书，第243页。
③ 同上书，第293页。

人之间的占有和消费上的任何形式或者事实上的不平等，而且人受物统治的状况也将会终结，人摆脱异己规律的统治成为真正意义上社会结合的可以自由支配自己行动的人。二是阶级差别和阶级统治即将消失，以政治解放为前提的共同富裕将会实现。马克思在《论犹太人的问题》中指出："政治解放当然是一大进步；尽管它不是普通的人的解放的最后形式，但在迄今为止的世界制度内，它是人的解放的最后形式。不言而喻，我们这里指的是现实的、实际的解放。"① 人类的解放是一个历史：通过阶级斗争实现无产阶级专政，使人获得政治解放；进而在无产阶级国家政权的基础上变革生产关系，消灭私有制和阶级分化，实现生产力的极大发展，使人获得经济和社会解放。

2. 列宁民生思想

列宁在领导俄国社会主义革命与建设的实践过程中，很好地运用了马克思与恩格斯关于社会主义民生建设的理论思想，并依据实践的要求提出了一些新的民生发展观点，形成了内涵丰富而富有实践特色的列宁民生思想。列宁把民生提升到国家政权的高度，强调了无产阶级政党关注民生的重要职责以及发展民生对巩固无产阶级政权的重要意义，他主张加强社会主义建设以改善民生，通过教育、劳动就业、社会保障等社会手段切实解决民生问题。为了解决"战时共产主义"政策造成的粮食危机和经济危机，列宁从解决人民的生存和发展问题出发实行了新经济政策。列宁指出："最大限度地提高生产力和改善工人和农民的生活状况，利用私人资本主义并把它纳入国家资本主义的轨道，全面支持地方的首创精神，同官僚主义和拖拉作风作斗争。"② 这段话阐明了新经济政策的实质和发展目标。具体到实践方面，以粮食税、商业、贸易自由和国家资本主义等为主要内容的新经济政策的实施，促进了生产发展，搞活了城乡经济，缓和了工农矛盾，巩固了工农联盟；同时，也创造出了一条经济文化落后的国家建立和发展社会主义的新道路。

第一，把民生提升到国家政权的高度。

关注和发展民生是无产阶级政党的重要职责和执政要求。列宁非常

---

① 《马克思恩格斯文集》第1卷，人民出版社2009年版，第32页。
② 《列宁全集》第41卷，人民出版社1986年版，第393页。

关注广大劳动人民的生活状况，他揭露了俄国资本主义发展带来的巨大罪恶，商品生产替代自然经济的旧制度虽然推动了生产力的发展，但是却导致了严重的阶级分化（人民分化为资产阶级和无产阶级），资本家在利润的诱导下不断加深对工人的奴役、压迫、剥削的程度，所以导致了一个"二律背反"的结果，即无产阶级创造的劳动产品越多，而相对于资产阶级的生活状况却越加贫困。列宁要求社会民主工党要关注和揭露广大劳动人民、工人阶级的贫困生活状况以及卑微的社会地位，他进一步强调，"所有的社会民主党人都认为必须组织工人阶级的经济斗争，必须在这个基础上到工人中间进行鼓动，即帮助工人去同厂主进行日常斗争，叫他们注意压迫的种种形式和事实，从而向他们说明联合起来的必要性"。[①] 也就是说，无产阶级政党必须揭露资产阶级隐藏在私有制和雇佣制下的充满欺诈性的血淋淋的罪恶，使无产阶级认识到自己被剥削的处境，激发他们的革命热情，并领导他们为改变自己的生存状况而斗争，并且这个斗争要从争取更好工资待遇和福利保障的经济斗争，逐步转移到推翻建立在压迫和掠夺基础上的资产阶级政治统治的政治斗争上去。十月革命胜利后，列宁强调，成为执政党的布尔什维克政党不能脱离工人阶级，要一如既往地关注工农，他在俄共（布）第十次代表大会上指出，"立即采取一系列的措施，竭力改善工人的生活状况，减轻他们的困苦"[②]，这是对所有党的机关和苏维埃机关提出的要求，即必须着力改善工农民众的生活状况。无论是在布尔什维克执政前还是执政后，列宁始终把关注和发展民生作为无产阶级政党的重要职责，把维护工人阶级和人民群众的利益作为无产阶级政党的重要宗旨。

改善和维护民生对巩固无产阶级政权和发展社会主义事业具有重要意义。十月革命胜利后，列宁领导建立了第一个社会主义国家。列宁认为，民生问题是关乎整个新生工农政权和苏维埃俄国生死存亡的问题。列宁指出，"我们必须对这样的严重问题提起重视，动用一切可以动用的条件满足群众的生活。这是严峻的考验，人民群众的检验。我们的工作

[①] 《列宁全集》第4卷，人民出版社1984年版，第162页。
[②] 《列宁全集》第41卷，人民出版社1986年版，第76页。

必须实现群众的利益……这就是我们的任务"①。作为执政党的布尔什维克政党必须高度重视民生，努力改善工人群众的生活，这是执政的任务和目标。也只有这样，才能经过人民的检验，获得民众的拥护和支持，从而才能有牢靠的执政基础，巩固党的执政地位。工人群众是苏维埃共和国的根本和基础，苏维埃政权的巩固离不开这个基础的巩固。在建设社会主义这一十分艰巨的事业中遇到困难的时候，苏维埃政权都会向工人阶层呼吁，发挥广大工人的力量来克服困难，不断前行。可见，只有充分调动千千万工人群众的中坚力量参加国家建设和新经济生活建设，苏维埃社会主义事业才能建成。除了工人阶级，列宁认为也必须关切农民的利益，只有正确地对待千百万农民群众，工人群众的生活才有保障，才能发挥农民的力量建设社会主义。鉴于孟什维克党和社会革命党忽视农民土地问题的深刻教训，在苏维埃政权建立之初，列宁就颁布了《土地法令》，把土地平均分配给农民，满足农民对土地的迫切要求，维护贫困农民的生存权益。国内革命时期，苏维埃人民饱受饥饿、困苦和疾病的折磨，苏维埃政权风雨飘摇，面对内忧外患的困境，列宁强调，务必要保证工人阶级的粮食供给，务必要维护农民阶级的利益，因为这关系到新生苏维埃政权的生死存亡。但是，由于战时共产主义政策的实施，农民被迫无偿上交粮食，自身生计难以保障，所以在国内革命战争结束后，苏俄工农关系十分紧张，农民骚乱和暴动屡次发生，1921年春天国内矛盾尤为尖锐，列宁强调"必须立刻采取迅速的、最坚决的、最紧急的办法来改善农民的生活状况和提高他们的生产力"②，要正确处理工农关系，既要保障工人的生活，又要保障农民的基本利益，不断巩固工农联盟，从而维护苏维埃政权的稳定。

第二，加强社会主义建设以改善民生。

坚实的经济基础是解决民生问题的前提。因此，要调动一切积极因素，大力发展社会生产力，创造尽可能多的物质财富。列宁秉承马克思主义唯物史观，将发展生产力看成是社会主义的根本任务，看成是改善民生的重要物质保障。所以他清楚地认识到："无产阶级取得国家政权以

---

① 《列宁全集》第43卷，人民出版社1987年版，第301页。
② 《列宁全集》第41卷，人民出版社1986年版，第207页。

后，它的最主要最根本的需要就是增加产品数量，大大提高社会生产力。"① 十月革命胜利后，俄国经济几乎陷入完全崩溃的状态，民生凋敝，列宁从俄国实际出发进一步指出，改善和维护民生，必须先致力于经济建设，社会化大生产状况的任何改善都会巩固无产阶级的地位，并且他反复强调"要以大力提高全国生产力作为决定苏维埃政权全部经济政策的主要点和基本点"②，通过大生产以解决严重粮荒饥荒、物资产品贫乏和人民生活贫困等问题。

解决劳动者就业问题，依靠劳动者的劳动来改善民生。列宁始终把人民群众的利益放在首位，他认为只有保障人人都有工作，人人都有事做，人民的生活状况才会逐步改善，社会也才会和谐稳定地向前发展。在列宁看来，工人是人类社会的首要的生产力，所以他强调，在一个经济遭到破坏的国家里，拯救劳动者是第一要务。而采取积极措施扩大劳动者就业，保障其生存和发展的经济来源，促进自我提升与发展就是对劳动者最有效的拯救。对此，列宁提出关注劳动力教育、培养青年劳动者、吸收妇女参加劳动、组织劳动竞赛、成立劳动介绍所等一系列劳动就业保障措施，以吸引更多的劳动者积极地参与到社会主义建设中，从而发挥人民群众的积极性和首创精神，依靠民众的共同劳动来改造旧的经济条件，推动生产力发展和社会的稳定发展。

构建社会保障制度，稳步推进民生建设。列宁高度重视社会保障建设的作用，只有建立起社会保障制度，才能为民生发展提供制度支撑，才能为解决民生问题提供坚强后盾。所以他反复强调，除了大力发展社会生产力以外，必须加强各项人民福利建设，要从各方面保障人民的生存权利，改善劳动人民的生活状况，提高劳动人民的生活质量，稳步推进民生建设，从而保证社会全体成员享受到充分的福利，并且实现自由的全面发展。列宁强调了社会保障是国家义不容辞的责任，任何个人或团体都无法代替。因而，他在带领苏维埃人民进行社会主义建设的过程中，逐步建立了以国家保险、住房条件改善、医疗卫生事业建设为主要内容的社会保障体系，从而奠定了社会主义国家社会保障制度的基础。

---

① 《列宁全集》第42卷，人民出版社1987年版，第369页。
② 《列宁全集》第36卷，人民出版社1985年版，第414页。

第三,"新经济政策"中的民生思想。

其一,以粮食税保障农民基本生活,通过自由贸易促进粮食生产的民生思想。1921年3月,俄共(布)十大决定开始在全国实行"新经济政策",其主要内容包括用粮食税代替余粮收集制,实行市场贸易自由和商品交换。列宁清楚认识到余粮收集制下农民的基本生活资料得不到保障,而且全国粮食危机也愈发严重,于是他在保障农民基本利益的基础上提出了粮食税政策。列宁十分重视商品交换,坚定推行粮食税政策,他认为:"应该把商品交换提到首要地位,把它作为新经济政策的主要杠杆。"① 商品交换和市场关系的逐步恢复,使广大农民手中有了用以改善自己的生活状况的物质基础,即可自由支配的余粮和其他劳动产品。农民在同工人换取生活和消费所必需的工业产品的过程当中,有利于农民和无产阶级建立正常的关系,从而巩固他们之间的经济联盟,使农民和工人的生活和生产都走上正常的轨道。同时,粮食税政策也保障了国家税收的稳定性。允许市场自由贸易和商品交换又为满足农民生活需求提供了有效途径,从而进一步刺激和调动了农民的生产积极性,促进农业的恢复和发展,提高了农民的生活水平和质量,这也是实行粮食税的重要目的之一。

其二,允许多种经济成分并存发展,有效满足劳动人民多方面需求的民生思想。在列宁看来,除了社会主义公有经济以外,还要允许小农、小手工业、富农、城市私人资本、小经济和小企业等多种经济形式的存在和发展,尽管他们或多或少带有资本主义经济的色彩,关键是要掌握它们为社会主义服务。列宁主张,在这些不同的经济形式之间开展自由贸易和商品交换活动,形成市场这个商业运作的载体,以推动不同经济成分的协调发展,促进商业和活跃整个国民经济的发展。对此,列宁强调,执政的布尔什维克政党必须全力抓住商业发展这个关键环节,这既是牢牢掌握无产阶级国家政权的必然要求,也是建成社会主义社会经济关系的必由之路。与国内革命战争时期对工业企业普遍实行国有化的做法不同,"新经济政策"在大力发展公有经济的前提下,也允许发展私有经济,并鼓励农民、手工业者和小商品生产者发展以及私人企业的投资

---

① 《列宁全集》第41卷,人民出版社1986年版,第327页。

与经营。

其三，发展国家资本主义以改善人民生活状况的民生思想。列宁认为，国家资本主义有利于发展社会主义生产力，有助于增强改善民生的物质基础。基于此，他提出："我们应该利用资本主义（特别是要把它纳入国家资本主义的轨道）作为小生产和社会主义之间的中间环节，作为提高生产力的手段、途径、方法和方式。"① 概言之，培植国家资本主义是实现从小生产到社会主义的过渡的捷径，这是一个创新性的提法，实现了对资本主义祸害论的摒弃，以及对传统社会主义建设理论的突破和发展。为了保证社会主义的方向和道路，列宁对国家资本主义作了这样的界定："是我们能够加以限制、能够规定其范围的资本主义。"② 可见，国家资本主义的领导者是广大无产阶级，仍然在公有制经济的掌控范围之内，仍然符合社会主义建设的基本原则和要求。为了提高对资本主义经济的利用效率，充分发挥国家资本主义对社会主义经济建设和民生改善的积极作用，同时又不损害公有制经济的主体性，列宁基于俄国的发展实际提出了租借制、租让制、合作制和代购代销制这四种模式的国家资本主义，具体政策包括引进西方资本开发国内矿产资源，学习西方先进的技术经验，购买先进农业机器和工具等。

3. 毛泽东思想的民生思想

毛泽东思想是中国共产党最早的本土化（民族化）的指导思想，这一理论体系蕴含独具特色、内容丰富的民生思想。从如何在根本上改变近代中国半殖民地半封建社会的处境、如何在根本上结束中国人民被奴役被剥削的生活状况，到如何开展社会主义建设、如何不断提高人民群众的生活水平，毛泽东关于改善民生的论述始终以中国人民的根本利益为基础和起点。

第一，改善民生是党的根本政策和执政之基。

改善人民群众的生活状况是党的根本路线和根本政策，体现了党的根本宗旨。中国共产党将马克思恩格斯提出的为实现无产阶级利益而奋斗的共产党的立党宗旨与中国革命和解放事业相结合，把"全心全意为

---

① 《列宁选集》第4卷，人民出版社2012年版，第510页。
② 同上书，第670页。

人民服务"看作是党的立党宗旨。毛泽东曾说:"我们这个队伍完全是为着解放人民的,是彻底地为人民的利益工作的。"① 中国共产党领导的工农红军以及之后的人民解放军,来源于群众,是群众利益最忠实的代表,始终把人民群众的利益放在首要位置。毛泽东进一步强调要把"为群众打算"落实到行动中去,不要讲无用的空话,而要给人民实实在在的物质福利。而且,毛泽东把改善群众生活提升到了党的根本路线和根本政策的高度,并要求全体党员干部都要仔细研究和贯彻落实。

只有依靠群众解决民生问题,才能巩固党的执政地位。中国共产党领导中国人民取得了新民主主义革命的胜利,建立了新中国,中国共产党也由此成为执政党。1949年3月,毛泽东在党的七届二中全会上作报告,他语重心长地告诫全党同志:"务必使同志们继续地保持谦虚、谨慎、不骄、不躁的作风,务必使同志们继续地保持艰苦奋斗的作风。"② 党群关系不仅关乎革命和建设事业能否成功,而且关乎革命和建设事业成功了能否巩固。因此,毛泽东要求党内同志坚决摒弃官僚主义习气,保持与人民群众的血肉关系、鱼水关系,深入实际,调研考察。在毛泽东看来,关心群众才能获得群众信赖。要倾听群众呼声,切实为群众谋利益,认真解决人民群众的民生问题,提高人民群众的生活水平,中国共产党才能真正得到人民的支持和拥护,不断扩大和夯实群众基础,党才能永葆生机和活力。

第二,争取民族解放和实现国家独立是解决民生问题的政治前提。

毛泽东坚持辩证法的思维抓住问题的核心,言简意赅地指出了,中华民族和帝国主义之间的矛盾,是中国近代社会各种矛盾中最主要的矛盾。尤其是在1900年八国联军侵华战争之后,这一矛盾更为突出和明显。没有实现国家的独立和中华民族的解放,改善民众的生存状况就是一句空话。在半殖民地半封建的旧中国,人民群众深受帝国主义、国民党反动派和封建地主官僚的压迫和剥削,生活十分贫困窘迫,人民的生存权都难以得到保证。毛泽东清楚地认识到要改变人民受奴役和掠夺的现状,就必须"用革命的方法,坚决彻底干净全部地消灭一切反动势力,不动

---

① 《毛泽东选集》第3卷,人民出版社1991年版,第1004页。
② 《毛泽东选集》第4卷,人民出版社1991年版,第1438—1439页。

摇地坚决打倒帝国主义，打倒封建主义，打倒官僚资本主义"。① 辛亥革命结束了延续两千多年的封建帝制，还要通过新的民主革命打倒帝国主义的侵略和统治，并在全国范围内推翻国民党的反动统治，真正实现民族独立和解放，建立人民当家作主的新中国，建立一个无产阶级领导的以工农联盟为基础的社会主义国家。只有这样，才能使广大人民群众在经济上获得翻身，在政治上获得解放，从而才能为解决民生问题、改善人民生活状况创造根本的政治前提。

第三，建立社会主义制度是解决民生问题的制度保障。

毛泽东指出："中国革命的终极的前途，不是资本主义的，而是社会主义和共产主义的。"② 在他看来，只有社会主义才能救中国，只有建立社会主义制度，才能从根本上解决中国的民生问题。新中国成立以后，面临的首要难题就是如何恢复遭到长期战乱破坏的国民经济，改善和提高人民生活水平，对此，毛泽东认为只有建立起社会主义制度，才能消灭生产资料的私人占有，实现全社会成员对生产资料的共同占有，从而为民生改善奠定物质基础，同时在根本上消灭剥削和压迫，不断改善人民群众的民生状况。如何实现从新民主主义向社会主义的过渡？毛泽东提出了过渡时期"一化三改"的战略方针。集体化是"一化三改"的路径，社会主义公有制是"一化三改"的核心。例如在农业发展上，毛泽东就主张实行合作化和集体化道路，他说："就农业来说，只有在农村中一步一步地实行社会主义制度，才能使农业生产和农民生活普遍地提高。"③ 事实也证明，在不断推进社会主义工业化建设，并基本完成了对农业、手工业和资本主义工商业的社会主义改造后，我国初步建立起社会主义基本制度，推动了社会经济的全面发展，为我国民生问题的解决提供了坚实的制度保障。

第四，大力发展社会主义生产力是改善民生的根本途径。

毛泽东坚持唯物史观的基本观点，始终认为大力发展生产力，进行社会主义经济建设是彻底解决民生问题的根本的途径。毛泽东认为发展

---

① 《毛泽东选集》第4卷，人民出版社1991年版，第1375页。
② 《毛泽东选集》第2卷，人民出版社1991年版，第650页。
③ 《毛泽东经济年谱》，中央文献出版社1993年版，第334—335页。

经济、增加财政收入是进行革命战争和改善群众生活的物质基础。"只有开展经济战线方面的工作，发展红色区域的经济，才能使革命战争得到相当的物质基础，才能使我们的广大群众都得到生活上的相当的满足。"新中国成立之后，毛泽东更加重视生产力的建设和发展，他提出，发展生产力是改善人民生活的根本途径，没有发展好生产就不会有好的生活。社会主义的优越性决定了社会主义要实现生产力的高度发展，因此，毛泽东提出了实现国家工业化的目标，使中国由落后农业国转变为先进工业国，最终建设成一个生产力高度发达的社会主义现代化国家。国家富强是改善民生的前提，但是这并不意味着要以牺牲人民的基本利益为代价来发展生产，毛泽东强调要兼顾生产发展与改善人民生活，并通过生产力的发展努力满足人民群众日益增长的物质文化需要。

（二）思想渊源：中西方民生思想的合理内核

中国特色社会主义民生思想并非无源之水，无本之木，它深受中西方民生思想的影响，有着极其深厚的历史文化土壤。在中国特色社会主义民生思想的产生和发展过程中，中国传统的民本思想、孙中山的民生主义思想和西方人本主义思想都起到了十分重要的作用，中国特色社会主义民生思想是对这三者的批判继承和辩证扬弃。

1. 中国传统的民本思想

在中国传统民本思想中，"民"是一个与"君主"和"官府"相对应的政治性概念，多指除君主、百官之外的广大民众；"本"，原义为根据，一般引申为某种事物存在不可或缺的基础和前提条件；而民本，就是"以民为本"。中国自古就有很多充满人文关怀的先进思想家、政治家，把民看作是国家的根本和社稷的根基，他们提出了诸多有关国计民生的观点和论述，这些大政治家、思想家的智慧共同汇集成了中国传统民本思想。总体来说，经过历朝历代的发展和完善，传统民本思想是中国古代历史上的一种治国安邦的政治学说。传统民本思想本质上是一种治民思想，不过这种治民在统治策略和治国经验上通常表现为亲民爱民、安民济民、利民惠民、养民教民等思想和措施，民本思想的内容可归纳概括为民惟邦本的重民思想、民贵君轻的贵民思想、为政以德的亲民思想和利民富民的安民思想。

第一，民惟邦本的重民思想。

中国传统民本思想一直把民作为政权稳定、国家兴盛的基础和根本，强调统治者要以民为本。《尚书·五子之歌》中就有记载，"皇祖有训，民可近，不可下，民为邦本，本固邦宁"。[1] 人心向背关系国之兴衰，正所谓"政之所兴，在顺民心；政之所废，在逆民心"。[2] 国计民生，相辅相成。民生问题不仅关系到百姓的生计，更关系到社会治乱、社稷安危和国家存亡。管子也充分认识到了民本的重要性，提出："以人为本。本理则国固，本乱则国危。"[3] 周公道："欲至于万年，惟王子子孙孙永保民。"[4] 贾谊鉴于秦朝灭亡的历史教训，曾云："国以民为安危，君以民为威侮，吏以民为贵贱，此之谓民无不为本也。"[5]《淮南子·泰族训》中也有"国主之有民也，犹城之有基，木之有根，根深则本固，基美则上宁"[6] 的论述。诸如强调民本的观点，不胜枚举，这充分体现了"民无不为本"的思想。例如，"可爱非君，可畏非民，天子者，有道则人推而为主，无道则人弃而不用，诚可畏也"，[7] 中国历史上很多朝代的统治者把百姓安居乐业当作自身的治世追求，并将践行民本思想作为一种道。

第二，民贵君轻的贵民思想。

中国传统的民本思想是在尊君与重民的关系中发展演变的，民与君之间的关系由君主至上发展为君民同重再至民贵君轻。传统民本思想强调民众在社会政治生活中的重要作用，民众的支持拥戴是君主统治的社会基础，并提出君权民与、民贵君轻的主张。孟子曾说："民为贵，社稷次之，君为轻。……诸侯危社稷，则变置。牺牲既成，粢盛既洁，祭祀以时，然而旱干水溢，则变置社稷。"[8] 孟子所说的大意就是国以民为本，社稷为民而设，君主的地位主要取决于国家和社稷的兴衰存亡。这正如

---

[1] 陈戌国点校：《四书五经》，岳麓书社2002年版，第169页。
[2] 谢浩范、朱迎平：《管子全译》，贵州人民出版社1996年版，第26页。
[3] 同上书，第357页。
[4] 陈戌国点校：《四书五经》，岳麓书社2002年版，第257页。
[5] 阎振益、钟夏：《新书校注》，中华书局2000年版，第338页。
[6] 杨有礼注说：《淮南子》，河南大学出版社2010年版，第674页。
[7] 吴兢：《贞观政要》，时代文艺出版社2001年版，第363页。
[8] 杨伯峻：《孟子译注》第4卷，中华书局1986年版，第166页。

唐太宗所言："舟所以比人君，水所以比黎庶，水能载舟，亦能覆舟。"①《吕氏春秋》有言"天下非一人之天下，天下人之天下也"②，自尧舜以来，君王的天下之位不是为了自己的私利，而是为了天下人之利。立君为民、民本君末的思想自古以来传承演变，到明末清初时期，经过李贽、黄宗羲等思想家的演绎发展而达到顶峰。

第三，为政以德的亲民思想。

"民惟邦本"，故治国要以民为本，继而要求君主"仁政爱民""为政以德"，此乃治国理政之关键。儒家学派开创者孔子提出："为政以德，譬如北辰居其所而众星共之"（《论语·为政》）。"尚德治，倡仁政"，首先要修己志仁，提高君主和官吏的道德修养，才能做到"明德慎罚"；其次，教民趋善是为政以德的重要手段，并且道德教化比刑罚管制更有效用，在严厉的刑罚管制下，民众虽然不敢犯罪，却没有廉耻之心；在道德教化潜移默化的影响下，民众不仅有廉耻之心，更是民心归顺。最后，忧民爱民是为政以德的基本要求，孟子认为，君王要乐民之所乐、忧民之所忧，只有真正关心百姓的安危冷暖，才能施仁政于万民，造福瑞于百姓。倘若君王可以做到如此，百姓就会自然尊奉和臣服于君王，并主动为国家和君王分忧解难。

第四，利民富民的安民思想。

"政之急者，莫大乎使民富且寿也。"③ 统治者只有采取诸如制民之产、节用裕民、轻徭薄赋等有利于民生的经济措施，让人民安居乐业，才能实现社会稳固安定。管仲曾说，"凡治国之道，必先富民"。要兴"人本"，统治者就必须"厚民生"，对广大民众"爱之，利之，益之，安之"。④ 在封建农业社会中，"务本裕民以固治"是历代统治者的共同主张。东汉王符就提出，"夫为国者以富民为本……夫富民者以农业为本……守本离末，则民富；离本守末，则民贫"。⑤ 唐太宗也提出，"凡事

---

① 吴兢：《贞观政要》，济南出版社1993年版，第247页。
② 许维通：《吕氏春秋集释上》，中华书局2009年版，第25页。
③ 王国轩、王秀梅：《孔子家语》，中华书局2009年版，第117页。
④ 谢浩范、朱迎平：《管子全译》，贵州人民出版社1996年版，第165页。
⑤ 董仲舒：《春秋繁露》第8卷，上海古籍出版社1989年版，第2—3页。

皆须务本。国以人为本，人以衣食为本"①。另外，正如管子所言，"仓廪实而知礼节，衣食足则知荣辱"，也只有务本保民，才能真正实现国富民安。

2. 孙中山民生主义思想

关于民生的含义，孙中山认为民生不仅包括人民群众维持生活的物质资料及其获取的谋生之道，还包括社会为保障国计民生而实施的社会经济政策。他指出："民生就是人民的生活———社会的生存，国民的生计，群众的生命便是。"② 关于民生的地位，孙中山认为实现民生主义是解决一切社会问题的基本前提。"民生就是政治的中心，就是经济的中心，和种种历史活动的中心。"③ 民生问题是一切社会问题的原问题，民生活动是一切社会活动的原动力。民生凋敝，阻碍经济的改良和社会文明的建设。因为民生不遂，导致社会道德退步和公平正义缺失。只有实行民生主义，才能解决各种社会问题，民权才得以保障，民众才能过上幸福的生活。孙中山还反复强调民生主义与社会主义在本质上的一致性。他在1924年发表演说指出："民生主义就是社会主义，又名共产主义，即是大同主义。"④ 共产主义社会是民生的理想和目标，民生主义是实现共产主义的路线和方针。总结孙中山关于民生的论述，他的民生主义思想内容主要包括四个方面：一是平均地权的民生思想，二是节制资本的民生思想，三是振兴实业的民生思想，四是发展教育的民生思想。

第一，平均地权的民生思想。

孙中山指出："我们要解决中国的社会问题……就是要全国人民都可以得安乐，都不致受财产分配不均的痛苦。"⑤ 如何实现财产的公平分配？孙中山提出了"共产"的路径。20世纪初的中国社会战乱不安，物价日涨，贫富分化不断加剧。以消除社会两极分化为目标，以国利民福为旨归，孙中山提出了"平均地权"的主张。在他看来，地主对土地权的独占就是对人类共同财产的侵占，这是导致经济不公平的源头，也是社会

---

① 吴兢：《贞观政要》，济南出版社1993年版，第467页。
② 孙中山：《三民主义》，岳麓书社2000年版，第167页。
③ 同上书，第188页。
④ 同上书，第167页。
⑤ 同上书，第205页。

等级化和社会分化的重要致因。"平均地权"共涉及土地所有制、地价和税收三个层面的问题，其一是承认土地为农民私人所有；其二是核定地价，即"核定天下地价。其现有之地价，仍属原主所有；其革命后社会改良进步之增价，则归于国家，为国民所共享"①；其三是私人将土地的估价呈报政府，国家就价征税。"平均地权"的具体实施办法包括：国家立法（规定土地法、地价税法及土地征收法）、"照价取税"、"照价收买"（在公共事务需要时，国家可依报价征收购买私人土地）、"涨价归公"以及"土地税收用以经营公共事业"。在"平均地权"的基础上，孙中山进一步提出了"耕者有其田"的思想，即国家要给没有土地的农民适当分配一些土地，并给予农业生产物资上的资助。

第二，节制资本的民生思想。

孙中山认为，私人资本家操纵国计民生是一个巨大的隐患。因此，他提出"节制资本"，正是为了限制私人垄断资本独占经济利益，从而防止少数资本家垄断国家财富，防止社会贫富悬殊和阶级分化与对抗。在这里值得注意的是，孙中山并不是反对资本，而是"节制资本"；也不是反对资本家，而是反对资本家垄断国计民生。如何有效实现资本的节制？孙中山提出了两个方面的措施，一是要通过税收、国家管理的办法来节制私人资本，以保障民生。他指出："凡本国人及外国人之企业，或有独占的性质，或规模过大为私人之力所不能办者，如银行、铁道、航路之属，由国家经营管理之，使私有资本制度不能操纵国民之生计。"② 这也就是说，在掌控国家经济命脉的重要行业和关键领域，国家必须占据主导地位，而不能由私人资本以及外国人操纵。二是要大力发展国家资本主义，以增添民生发展动力。由于中国生产力落后，社会产品供给严重不足，要发展国家资本主义。国家资本既是抑制私人资本垄断的坚实基础，又是创造国民财富的不竭源泉。

第三，振兴实业的民生思想。

孙中山认为，中国国力衰弱，民众贫困，只有振兴实业，民众才能脱贫，国家才能富强。因此他强调，中国实现"统一之后，要解决民生

---

① 《孙中山全集》第1卷，中华书局2006年版，第297页。
② 《孙中山全集》第9卷，中华书局2006年版，第120页。

问题，一定要发达资本，振兴实业。振兴实业的方法很多，第一是交通，第二是矿产，第三是工业"①。孙中山在他辞去大总统职务后的一段时间里，秉持"实业救国"的理念，一心致力于中国的实业建设与发展，为推动铁路修筑、港口开辟、农林矿产资源开发和工农业发展做出了重大贡献，他还提出通过"借资合办""华洋合股""批与外人承筑"等方式利用外资推动中国实业的发展，从而创造就业机会，增加社会财富，解决民生问题，造福国民。

第四，发展教育的民生思想。

中国国弱民贫的原因在于实业的落后，实业落后的原因在于国民素质的落后，归根结底，在于教育的落后。基于此，孙中山主张大力发展教育，这是中国由穷变富，由弱变强的必然之路。孙中山认为，发展教育主要包括三个方面的内容：第一，提倡普及教育，让人人都能读书，让全体国民都有受教育的机会，从而提高国民素质，促进民族文化发展；第二，提倡和普及义务教育，国家和政府要承担学费和书籍费用，并适当补助学生的衣食住行，从而使贫困学生都能够读书上学；第三，提倡兴办各种类型的教育，进行因材施教，教育要充分发挥每个人的不同才能，满足社会的不同需求，"资质不能受高等教育者，亦按其性之所近，授以农、工、商技艺，使有独立谋生之材"②，因此，孙中山要求在发展高等教育的同时，还要发展好社会职业教育。

3. 西方的民生思想

"民生问题"是西方思想的一个传统理论主题，众多西方思想家对民生问题的关注和论述，酿生了西方历史悠久、博大精深的民生思想。柏拉图在《理想国》一书中探讨了教育、道德、文艺、民主、宗教、婚姻自由、男女权利与地位等社会领域的民生问题，由此开创了西方民生理想主义的先河。西方民生理想主义从柏拉图开始，往后演变发展的理论形态表现为：15世纪莫尔的"乌有之乡"民生思想；17世纪康帕内拉的"太阳城"民生思想；以约翰·格雷为代表的"人类理智幸福论"民生思想；以欧文、圣西门和傅立叶为主要代表的近代空想社会主义民生思想；

---

① 孙中山：《三民主义》，岳麓书社2000年版，第202页。
② 《孙中山全集》第2卷，中华书局2006年版，第523页。

当代个别思想家的民生理想主义色彩等。亚里士多德认为人类的存在、生产和财产是实现生存价值、获得幸福的最实实在在的东西，他从柏拉图那里把民生从理想王国拉回到现实社会，由此开启了西方民生现实主义的辉煌历程。西方民生现实主义自亚里士多德开始，发展演变十分迅速，主要理论形态表现为：以西塞罗和斯宾塞为主要代表的自然民生主义；以马西略和马基雅维利为主要代表的权力民生主义；以霍布斯、洛克和孟德斯鸠为主要代表的权利民生主义；以密尔和拉斯基为主要代表的自由民生主义等。近代以来，伴随着西方工业革命的全球化进程，中国被卷入资本主义世界市场，西方的商品、器物还有制度、文明先后流入或者是被引进到中国，当然，这其中也包括西方的各种民生思想。改革开放以来，中西在文化上交流逐渐深入，西方学者关切民生问题的思维进路，不仅体现在中国学术界的学者思想中，而且也在一定程度上影响着中国特色社会主义民生思想的形成和发展。

第一，以权利为主要价值的民生思想。

西方的以权利为主要价值的民生思想起源于文艺复兴运动，经过启蒙运动、资产阶级革命运动而形成和发展。14世纪兴起的文艺复兴运动的核心理念是"人文主义"，强调人的价值和尊严。这种价值和尊严可以看作是人的权利的隐形话语。启蒙运动的核心内容是理性主义，强调科学、民主、平等、自由等理念。英国思想家洛克提出天赋人权理论，主张人的生存权、财产权是与生俱来的并且是不可剥夺的权利，从而充分肯定了人的价值和尊严，否定了神权和贵族特权。法国思想家伏尔泰从科学和民主出发，对封建教会和君主专制进行了尖锐猛烈的批判。卢梭强调人是生而平等的，平等是天赋的，也是不可转让的权利，人在政治上的平等表现为政治参与的平等。关于人的权利的保障，卢梭提出社会契约论的思想，防止"公意"遭受侵犯，进而保证个人自由和平等的权利；孟德斯鸠第一次系统阐述了"三权分立"的学说，通过权力制衡来达到防止专制，保障自由的效果。启蒙运动思想家的政治主张直接和代表资产阶级及广大民众利益的各种政治的、经济的要求结合起来，从而成为资产阶级革命的政治蓝图和纲领。随着资产阶级政治制度设计的不断改进，人的权利得到更充分的保障和实现，以权利为主要价值的民生思想在不断丰富和完善。

第二，以福利为主要价值的民生思想。

"民生"一词在西方发达国家中没有一个标准化的概念，但其含义与"福利（welfare）"一词十分贴切。第二次世界大战后，西方发达国家为了尽快改善公民的生活状况，尝试扩大政府的福利功能，建立社会福利制度（某种程度上也可以称为社会保障制度），这些福利制度内容广泛，涉及生育、教育、就业、医疗、保险、养老等"从摇篮到坟墓"的各个方面，覆盖面很广，涵盖了儿童、妇女、老人、残疾等各个社会群体，并且福利标准比较高，公共服务十分完善。西方福利制度有深厚的理论基础，包括福利经济学的社会保障理论、凯恩斯主义经济学社会保障理论、新剑桥学派的社会保障理论、货币主义的社会保障理论、供给学派的社会保障理论等，也正是由于这些不同学派的社会保障理论，福利制度才得以不断发展和完善。英国首相撒切尔夫人曾经把福利制度形象地比喻为"一张安全网"，用来为那些没有能力就业和自我生存的社会民众提供最低的生活保障。西欧发达资本主义国家的福利制度不仅保障了社会民众最基本的生活，而且也为他们提供了改善自己生活的机会和途径。社会福利制度是西方发达国家解决民生问题在国家层面的制度安排，对改善和发展民生起到了十分重要的作用。

第三，以生态为主要价值的民生思想。

工业革命以来，科学技术和社会生产力突飞猛进，然而越来越多的社会问题也在不断出现：环境污染、资源短缺、生态破坏、人口暴涨、交通拥挤等，这些问题伴随全球化蔓延并逐步遍及整个世界。特别是20世纪的两次世界大战更是对生态环境造成了巨大的破坏。在这一背景下，西方国家陆续兴起生态民生主义的研究热潮，许多学者从人类生存和发展的角度出发，开始反思工业文明，提出创建生态文明。1962年，蕾切尔·卡逊的名著《寂静的春天》问世，这部著作记录了卡逊艰难的为生态事业奔波的人生之旅，引发了人们对生态的极大关注，促进了全球环境运动的发展。在这之后，西方生态民生思想走进了绿色生态运动和绿色政治时代。与此同时，西方学者们也试图从政府职能、社会管理、公民责任等角度探索在资本主义制度框架下克服或至少实质性缓解人类面临的生态环境挑战的对策和路径，并先后兴起了"生态现代化""绿色国家""环境公民权"和"环境全球管治"等主要理论流派。此外，1968

年，来自十个国家的约 30 名不同学科、不同领域的学者共同建立了罗马俱乐部，并对人口、农业生产、自然资源、工业生产与环境污染等做了重要研究，并出版了《增长的极限》，提出了经济增长与生态平衡关系的思考，唤起了全球对环境与发展问题的极大关注。"可持续发展""绿色GDP"等概念的提出也有着巨大的影响，推动了社会经济发展理念的更新和进步。

（三）历史依据：苏联社会主义探索中忽视民生的教训

十月革命一声炮响，世界上第一个社会主义国家和社会主义苏维埃政权由此诞生[①]。在 20 世纪中叶，社会主义运动伴随着民族解放运动蓬勃发展，东欧和亚洲的一系列国家相继走上了社会主义道路，社会主义阵营不断壮大。以苏联为首的社会主义国家先后建立起社会主义制度，并对如何建设、巩固和发展社会主义进行了积极的探索，取得了巨大的成就，但也经历了很多挫折和失误，并由此导致了严重的后果，例如在民生问题上的失误就是苏联东欧社会主义国家分裂解体的重要因素。"以史为鉴，可以知兴替"，苏联忽视民生的教训以及我国在"文化大革命"时期忽视民生的教训为改革开放以来中国特色社会主义民生思想的形成和发展提供了重要借鉴。

苏联曾是冷战时期唯一能够与美国相抗衡的社会主义国家，无论是在军事还是在工业上都有强大的实力。但是，由于苏联长期实行高度集权的政治经济体制，这种僵化的模式引发了很多政治和经济问题，特别是民生建设长期受到忽视，苏联人民的物质文化生活无法得到改善。关于苏联解体的原因，学界存在"生活水平低下说""经济落后说""斯大林模式说"等观点，这也表明苏联长期忽视民生是苏联解体的重要推手。

1. 国民经济结构失调，人民生活水平日趋落后

优先发展重工业，经济代价沉重。斯大林清楚地认识到苏联在工业建设和国民经济上的落后，因此，他要求在十年之内让苏联跑完西方资

[①] 俄历 1917 年 10 月 25 日十月革命爆发，列宁领导建立了社会主义苏维埃政权。在三年国内战争结束后，1922 年 12 月 30 日以俄罗斯、白俄罗斯、乌克兰和外高加索等苏维埃社会主义共和国合并而成的苏联正式成立。

本主义国家100多年的路程。虽然社会主义建设的决心十分坚定，但是想法难免有些急功近利和不切实际。他提出"赶上并超过西方"是苏联社会经济发展的主要任务，所以要以最快的速度搞工业化建设，在最短的时间内消灭国家的落后状况。斯大林把优先发展重工业放在了第一位，使苏联在20世纪中叶就跃升为欧洲第一大、世界第二大的工业强国。成效不可否定，但是弊端也不小，而且越来越明显。由于忽视了经济发展的客观规律，导致农业生产和工业生产极度不平衡，结果使苏联为重工业的发展付出了极大的代价，造成了农业生产、农业生活都受到严重损害，"从1926年到1940年，重工业增长18.4倍，年均增长速度为21.2%；轻工业增长6.2倍，年均增长速度为14.1%；农业只增长0.26倍，年均增长速度只有1.5%"[①]。斯大林之后的苏联领导人继续高喊"赶上和超过发达资本主义国家"的口号，把"优先发展重工业"奉为圭臬，坚持走高投入低效益的发展路子。资源配置大幅度向重工业、军事工业倾斜，导致整个国民经济比例失调，农业和轻工业长期陷于停滞状态。

　　轻工业发展落后，生活资料短缺。苏联长期重工轻农、片面发展军事工业的政策使农业、轻工业和第三产业得不到有效的发展，许多生产日用消费品的轻工业部门，技术水平十分落后，生产原料极其不足，产量十分有限。重、轻、农比例严重失调，导致重工业产品积压，而由于轻工业和农业发展滞后，民众日用消费品则供不应求、十分短缺，这种畸形的产业结构严重影响了苏联整个国民经济的健康发展，严重制约了苏联人民生活质量的提高。由于基本生活条件难以保障，广大下层人民苦不堪言，怨声载道，并通过一些抗议活动表达不满，寻求改变。从20世纪50年代中期开始，在苏联各大城市就屡屡发生工人因劳动报酬较低、食品供应不足、生活条件困难的抗议事件，虽然没有形成大规模的、持续性的动乱，但从频率上就已经充分体现出苏联民生的凋敝程度以及民众的不满心理。国家工业的建设、公共事业的发展、科技的进步、军事实力的增强都应该直接或者间接地被用来增进民众福利、提高民众生活水平，当民众纳税没有购买到相应的公共服务时，就会对政府失去信

---

① 陆南泉、姜长赋：《苏联兴亡史论》，人民出版社2002年版，第407页。

心，产生强烈的不满情绪。当苏联盲目加快工业发展速度，却没有致力于人民利益的改善的时候，其实就已经走上了一条必将被人民遗弃的不归路。

2. 忽视农民农业问题，民生基础不稳固

农民利益难保障，生产积极性低。从1929年开始，苏联大规模开展农业集体化运动，将个体小农私有经济转变为社会主义大集体经济。到1933年，以集体农庄为基本组织形式的农业集体化基本完成，全国2000多万农户转变为20多万个集体农庄。集体农庄按国家行政指令进行农业生产，对所有农产品实行义务交售制，农民没有对农产品的处理权和对农庄的经营管理权。斯大林承认农业在国民经济中的基础地位以及为工业发展供应原料的积极作用，却没有认识到过度牺牲农业来发展工业无异于割股充饥。农业集体化运动最直接的目的是为社会主义工业化服务，并非以发展农业经济、保护农业利益为根本出发点，事实上农民的利益在很大程度上确实无法得到保障。斯大林不顾当时农业机械化设备严重短缺和农民文化素质低下的实际情况，片面强调建立农业集体生产组织的意义，结果导致一些农民不接受、甚至抵制农业集体化运动。而被强迫加入集体农庄的农民，缺乏责任心、生产积极性和劳动纪律性，经常旷工、迟到、逃避集体农庄劳动，从而导致许多集体农庄农业生产秩序混乱，生产效率低下，农产品质量低劣。

农业发展水平低，粮食问题严重。在农业集体化过程中，农民并没有享受到其劳动果实，大部分粮食被国家收购用来偿还进口工业设备的贷款，农民只有极少部分的粮食用以维持生存。所以，农业集体化道路在某种程度上是一条牺牲农业、发展工业的道路。苏联谷物总产量在不断下降，而国家收购量却在不断增加，导致粮食危机不断加重。据统计，在1932年至1933年期间，苏联爆发了席卷乌克兰、伏尔加河流域和西西伯利亚的大饥荒，饿死人数超过百万。1946年发生干旱自然灾害，农业生产萎缩，粮食总产量锐减，又导致了长达一年的大饥荒，因饥饿死亡的人数接近80万人。[①] 赫鲁晓夫上台后，他进行了农业改革，但仍然实

[①] 参见沈志华主编《苏联历史档案选编》第23卷，社会科学文献出版社2003年版，第643—650页。

行集体农庄制度。而且，他还单凭个人喜好，不结合苏联实际，盲目开展"大规模垦荒种玉米"和"草田轮作制"运动，均以失败而告终。勃列日涅夫时期，农业发展水平停滞不前，粮食问题仍未能得到有效解决。戈尔巴乔夫执政后，他开始实行租赁承包制，改变农村的经济体制，以此来调动农民的生产积极性，发展农业生产，但是由于操之过急，农业反而出现了倒退，粮食产量迅速下跌。由于长期以来的农业生产倒退，导致苏联在20世纪60年代从粮食出口大国逐步变为一个粮食进口国，并在20世纪70年代成为世界最大粮食进口国。与此同时，因为食品短缺，苏联只能实行粮食定量配给制。苏联农业发展水平滞后，粮食问题日益严重，导致人民基本物质资料得不到保障，从而为苏联国民经济的崩溃乃至苏联解体埋下了致命的祸根。

3. 执政党脱离群众，背弃人民利益

官僚主义、特权现象严重，贪污腐化成风，引起劳动人民极度不满。在高度集权和僵化的政治体制下，官僚主义滋生膨胀，特权、腐败现象层出不穷，进而形成一个"官僚特权阶层"。这个阶层主要包括各级党政军机构、国企、农庄的领导干部，尤其是那些高级领导干部。官僚特权阶层在斯大林时期就已形成，到勃列日涅夫时期人数进一步增多。官僚特权阶层与普通劳动人民的收入差距、社会待遇不断扩大。领导干部按级别享受高薪、别墅、汽车、内部餐厅、特供食品、休假等许多特权。1936年访苏的安德烈·纪德目睹到这一现象时就曾这样预言："照苏联现在这样进行下去，则资本主义制度下最受我指责的东西，不久就要恢复起来了。工资差异愈变愈大，社会阶级重新形成，官僚分子得到胜利。"[①]经济地位和生活方式上的巨大差别，必然导致领导干部与劳动人民在思想感情上的联系日益疏远。苏联共产党党内官僚主义、特权现象十分严重，由于任命制和终身制而不受群众监督的领导干部逐渐脱离人民，高居于人民之上，对人民疾苦毫不关心。更为严重的是，一些官僚特权阶层私欲膨胀，以权谋私，贪污腐败，想尽一切手段侵吞国家财产，严重败坏党的形象和声誉，损害国家和人民的利益，从而引起劳动人民的极

---

① [法]安德烈·纪德：《从苏联归来》，郑超麟译，辽宁教育出版社1999年版，第144页。

度痛恨和不满,使苏联领导层与人民大众的矛盾越来越深。在苏联解体前后,一些官僚特权阶层趁机将大量国家财富据为己有,为了让自身攫取的财富合法化,他们不惜站到以叶利钦为首的亲资本主义联盟中,急切推翻社会主义制度。

(四) 实践经验:中国共产党重视民生的积极探索

改革开放之前,中国共产党在社会主义革命与建设中对民生问题的解决给予高度重视,并进行了积极的探索,积累了丰富的实践经验,从而为中国特色社会主义民生思想的形成和发展留下了许多有益的启示和借鉴。

1. 新民主主义革命时期中国共产党的民生思想及实践(1921—1949)

在新民主主义革命时期,中国共产党不断探索中国革命的发展规律,寻找中国社会的发展出路,并在革命与战争的烽火中,在解放劳动大众的伟大实践活动中,锤炼和积淀了丰富的民生思想。

第一,建党初期和大革命时期(1921—1927)中国共产党的民生思想及实践。

中国共产党在建党初期和大革命时期的民生思想及实践主要集中于工人和农民两大领域。第一,领导工人运动,帮助工人争取劳动待遇的改善。近代以来,中国各城市的广大工人受到了帝国主义、封建资本主义和官僚资本主义的多重压迫,工作待遇低,人民生活苦不堪言。分散的工人缺乏领导者使他们团结起来,形成一个阶级的力量来发出自己的声音。以马克思主义无产阶级专政理论为指导的中国共产党正好扮演了这一角色,深入到工人中去,以马克思主义理论指导工人运动的开展,充分发挥工人阶级的革命力量。中国共产党的一大纲领提出,要支援工人阶级,推翻资本家阶级的政权,消灭资本家私有制,实现无产阶级的专政,并以此作为党的奋斗目标。同年8月,中国共产党在上海成立了中国劳动组合书记部,集中力量组织和领导了许多反帝反封建的工人运动,推动了工人运动的蓬勃发展。为了更好地领导工人运动,党的二大提出建立工会组织,要求共产党作为劳动运动的"先锋"和"头脑",要更好地率领工会运动的开展。为了改善工人阶级的生活状况,党的二大提出了诸多切实可行的措施和办法,例如,实行八小时工作制;改善工人待遇和工作条件；废除包工制；工厂设立工人医院及其他卫生设备，改善工人医疗条件；对女工和童工给予相应的保护措施；工厂要为工人购买保险；保护失业工人的再就业制度等。第二，高度重视农民问题，保障农民的土地权益。党建立初期的重心是领导工人运动，但随着革命形势的发展，工人运动不断受挫，毛泽东等共产党人开始积极关注农民和农村，并意识到中国革命的成功离不开农民阶级这支最广泛最重要的力量，"农民问题乃国民革命的中心问题，农民不起来参加并拥护国民革命，国民革命不会成功"①。毛泽东在《中国社会各阶级的分析》中指出："工人阶级是我们革命的领导力量。一切半无产阶级、小资产阶级（包括农民），是我们最接近的朋友。"至此，党进一步认识到了农民是无产阶级最可靠的同盟军。为了更好地联系农民、团结农民和依靠农民，党提出了"重农""重地"的民生理念，并在《告农民书》中首次提出"耕地农有"的主张。之后，党的五大又明确提出了农民政纲，强调要无代价地没收地主租给农民的土地，坚决地没收祠堂、寺庙、外国教堂等所谓公有的田地，还要没收农业公司的土地，然后分配给农民。

第二，土地革命时期（1927—1937）中国共产党的民生思想及实践。

打土豪、分田地是中国共产党在土地革命时期的改善民生工作的核心内容。国民革命失败后，国民党反动派发起"四一二政变"，对共产党人进行大清剿和大屠杀，又由于城市起义屡屡失败，中国共产党革命的重点被迫从城市转向农村。"八七会议"清算了陈独秀的右倾错误，决定开展土地革命和武装反抗国民党统治的总方针。1927年秋收起义后，毛泽东领导创建了中国第一个农村革命根据地——井冈山革命根据地。为了更好地开展根据地的土地革命，以毛泽东为代表的中国共产党人先后制定了《土地问题决议案》（1928年6月）、《井冈山土地法》（1928年12月）、《兴国土地法》（1929年4月）、《土地革命法》（1930年10月）、《中华苏维埃共和国土地法》（1931年11月）等多部法律条例，并确定了党在土地革命时期的总路线：消灭地主阶级，保护中小工商业者，对富农要限制，对中农要联合，对贫农要依靠，以农民土地所有制代替封建半封建的土地所有制。在井冈山革命根据地时期，毛泽东发动群众打

---

① 《毛泽东文集》第1卷，人民出版社1993年版，第37页。

土豪，分田地，废除封建剥削土地所有制，土地革命得到了很好的开展，从而使广大贫困农民在经济上分到了土地，在政治上翻了身。毛泽东还领导革命根据地军民进行经济建设，努力发展生产，一方面有效改善了工农群众的生活状况，另一方面也粉碎了国民党的经济封锁，巩固了红色政权。毛泽东在总结井冈山和其他革命根据地建设实践经验的基础上，先后撰写了《中国的红色政权为什么能够存在？》（1928年10月）、《井冈山的斗争》（1928年11月）、《星星之火，可以燎原》（1930年1月）等著作，提出了"工农武装割据"的革命思想，指出中国革命必须在中国共产党的领导下，以革命根据地为重要依托，以土地革命为基本内容，以武装斗争为主要形式，走"农村包围城市"的革命道路。

第三，抗日战争时期（1937—1945）中国共产党的民生思想及实践。

抗日战争爆发后，抵御日本帝国主义侵略成为中华民族的主要任务。中国共产党提出要把民族抗战与改善人民生活、争取人民民主结合起来，并在《抗日救国十大纲领》中详细说明了改善人民生活的办法，例如，改善工人、职员、教员和抗日军人的待遇；优待抗日军人的家属；废除苛捐杂税；减租减息；救济失业；调剂粮食；赈济灾荒等。更重要的是，党注重把重视民生的思想落实到实践中，在各抗日根据地开展了一系列民生建设的实践探索。第一，以生产促民生。毛泽东强调要"实事求是地发展公营和民营的经济"[①]，以极大精力去发展公营经济"是为了解决数万党政军的生活费的主要部分"[②]，以保障财政的供给；共产党员要深入农村，帮助农民组织合作社等劳动互助团体，促进民营生产的发展，以改善农民群众的生活。在各抗日根据地，鼓励军民开荒种地，进行粮食生产，并且尽可能降低赋税，从而减轻民众的负担，保障民众的生活。对待因战争而四处流离的移民和难民，党实行优待移民、难民的政策，规定移民、难民开荒可以拥有土地所有权，可以不交公粮和减少义务劳动。在党的生产民生思想及优良政策的积极影响下，陕甘宁边区开荒种粮效果明显，据记载，到1943年年底，开荒面积将近98万亩，小麦、玉

---

① 《毛泽东选集》第3卷，人民出版社1991年版，第895页。
② 中国人民大学中共党史系资料室编：《中共党史教学参考资料》第8卷，中国人民大学1980年内部出版，第497页。

米等各类粮食总产量达到 180 万石，全边区家家户户都有余粮，民众的生活状况得到实质性改善。第二，以民主促民生。民主是解决民生问题的根本保证，人民独立和自由，群众的丰衣足食都要以民主为前提。1939 年 6 月，毛泽东在延安高级干部会议上强调，争取民主、改善民生都应该与反对投降、继续抗战的运动联结起来，"只有抗日才有实行民主可能，只有抗日与民主才有改善民生的可能。这是今日政治形势中的实际，应该明白"。[①] 在党的民主民生思想的指导下，各抗日根据地实行直接、平等、普遍的选举制度，并采用"三三制"政权组织形式，民生建设取得了丰硕的实践成果："陕甘宁边区人民是比任何未实行民主的地区，过着穿暖吃饱愉快的生活，且正在摆脱愚昧和不健康的状态。"[②]

第四，解放战争时期（1945—1949）中国共产党的民生思想及实践。

中国共产党在解放战争时期的民生思想及实践主要体现在农村土地民生和城市生产民生两大方面。一是加快土地革命，促进农业生产。在抗日战争时期，为了争取和团结国内各社会阶层人民统一抗日，中国共产党实行的是"地主减租减息"政策，而并非没收地主的土地。抗日战争胜利后，以反奸清算和减免租息为主要内容的群众运动广泛深入地开展。1946 年 5 月 4 日的《中共中央关于土地制度的指示》标志着"减租减息"政策的废除。为了满足广大农民获得土地的迫切要求，中共中央决定实行"没收一切地主土地分配给农民"的政策，支持农民从地主手中获得属于自己的土地，消灭封建土地制度，实现"耕者有其田"。毛泽东还强调土地革命后，要尽快恢复和发展解放区的农业生产，这也是土地改革的直接目的。他指出："在任何地区，一经消灭了封建制度，完成了土地改革任务，党和民主政府就必须立即提出恢复和发展农业生产的任务，将农村中的一切可能的力量转移到恢复和发展农业生产的方面去。"[③] 二是解放城市后，着力恢复和发展生产事业。随着解放战争在全国范围内不断取得胜利，党的工作重心也开始由农村逐步转移到城市，由革命战争逐步转向经济恢复和建设上来。对此，毛泽东强调："从我们

---

① 《毛泽东文集》第 2 卷，人民出版社 1993 年版，第 221 页。
② 《延安民主模式研究资料选编》，西北大学出版社 2004 年版，第 32 页。
③ 《毛泽东选集》第 4 卷，人民出版社 1991 年版，第 1316 页。

接管城市的第一天起,我们的眼睛就要向着这个城市的生产事业的恢复和发展。"① 这涉及如何管理城市的问题,解决的关键是要抓好生产建设这个中心工作,尽快恢复工业,促进工人就业,改善人民生活水平。

2. 新中国成立至改革开放前中国共产党的民生思想及实践(1949—1978)

在新中国成立至改革开放前的近三十年中,中国共产党在政治、经济、文化、教育等领域采取了一系列正确的方针、政策和路线,从而使我国的民生建设取得了很大的成就。在政治民生领域,社会主义新中国的建立让人民当家作主得以实现,人民的权利得到法律的保障;在经济民生领域,中国共产党领导中国人民恢复了国民经济,进行了社会主义"三大改造",初步建立社会主义制度,使社会生产力得到了解放和发展;在文化民生领域,扫盲运动的大力开展提升了人民群众的文化素质,促进了社会主义文化的迅速发展。总之,各个行业和领域都初步显示出蓬勃发展的生机和活力。

第一,国民经济初步恢复时期(1949—1952)中国共产党的民生思想及实践。

新中国成立伊始,交通、工厂、公共设施被严重破坏,生产萎缩,国内经济一穷二白、千疮百孔,亟待复兴,社会失业众多,民生困苦。为尽快恢复国民经济,改善人民生活,中国共产党在推进农村土地改革、稳定市场秩序和恢复发展工商业等方面做了积极的探索。一是推进农村土地改革,解放农村生产力。新中国成立后,1950年6月颁布的《中华人民共和国土地改革法》标志着在全国范围内开展土地改革运动。依靠贫农和雇农的力量,对中农要团结,对富农进行中立,有步骤地有分别地消灭封建土地制度,促进农业生产的发展,这是土地改革的总路线和总政策。土地改革的基本内容是没收地主的土地分给无地少地的农民,把封建剥削的土地所有制转变为农民的土地所有制。土改运动的胜利,消灭了封建土地所有制,解放和发展了农业生产力,改善了农民的生活状况,进一步巩固了工农联盟,为国民经济的恢复和发展创造了有利条件。二是稳定经济秩序,调整工商业。新中国成立初期,国内物价上涨

---

① 《毛泽东选集》第4卷,人民出版社1991年版,第1428页。

剧烈，通货膨胀严重，经济秩序十分混乱。为了稳定市场秩序，中国共产党加强了金融管理，实行通货紧缩政策，在短时间内结束了物价飞涨的局面，使经济发展和人民生活重回正常轨道。在公有制经济尚未完全发展起来的时候，工商业的发展必须依赖于私有企业的作用。对此，毛泽东也指出私营工厂和私营商业在促进商品流通、增加社会生产以及解决社会失业问题等方面的积极作用，因此要善于引导并创造适当的发展环境。从1950年上半年开始，为了缓和紧张的劳资关系和公私关系，党决定对私营工商业做出调整，以促进国民经济的恢复和发展。

第二，社会主义改造时期（1952—1956）中国共产党的民生思想及实践。

1953年9月，中共中央制定了过渡时期的总路线和总任务，从新中国成立到社会主义改造基本完成的过渡时期内，要实现"一化三改"，"一化"即指逐步实现国家的社会主义工业化，"三改"包括三个方面：一是对个体农业实行社会主义改造，带领农民走互助合作的道路，建立集体所有制性质的农业合作社；二是对手工业实行社会主义改造，使小规模的手工业生产转变为手工业供销合作社，再到手工业生产合作社以及合作工厂；三是对资本主义工商业进行社会主义改造，主要采用"公私合营"和"国家赎买"的办法。截至1956年年底，我国基本上完成了三大改造，初步建立了社会主义制度，实现了多种所有制的新民主主义经济向纯公有制的社会主义经济的转变。社会主义"一化三改"体现了中国共产党以生产促民生的思想，即通过大力发展社会主义生产力来满足人民生活需要。毛泽东认为，"所谓社会主义生产关系比旧时代生产关系更能够适合生产力发展的性质，就是指能够容许生产力以旧社会所没有的速度迅速发展……因而使人民不断增长的需要能够逐步得到满足的这样一种情况"[①]，要把生产力的解放与人的改造结合起来，要以生产力的解放促进社会主义各项事业的改造和发展。

第三，全面建设社会主义十年时期（1956—1966）中国共产党的民生思想及实践。

社会主义改造基本完成至"文化大革命"前的这十年，是我国社会

---

① 《毛泽东文集》第7卷，人民出版社1999年版，第214页。

主义建设曲折发展的十年。1956年4月，毛泽东在发表"论十大关系"的讲话中强调社会主义建设中要协调好重工业与轻工业和农业的关系、处理好经济建设与国防建设的关系、国家和生产单位与生产者个人的关系等十对大的关系。1956年9月，中共八大科学分析了国内的主要矛盾，并提出了把我国由一个落后的农业国建成一个先进的工业国的目标。1958年5月，党的八大二次会议研究通过了社会主义建设的总路线和指导要求："鼓足干劲，力争上游，多快好省地建设社会主义。"八大对国内主要矛盾的分析是基本正确的，党的八大二次会议提出社会主义建设的总路线也具有科学性和合理性，但由于党在宣传、执行总路线的过程中，盲目追求高速度，片面追求高产量，从而导致了"大跃进"运动和人民公社化运动的发生。在这高度政治性的生产建设运动中，"高指标""瞎指挥""浮夸风""共产风"等"左"倾错误严重泛滥。急于求成，夸大主观能动性，不按照经济发展的客观规律办事，扰乱了国民经济秩序，影响了工农业生产。再加上遭遇自然灾害，使得50年代末我国经济遭受重创，人们生活十分困难。到1960年冬，党中央开始纠正农村工作中的"左"倾错误，1961年1月，在周恩来的建议下，中共八届九中全会批准了"八字"方针，并从"调整""巩固""充实""提高"四个方面采取一系列经济措施全面贯彻"八字"方针，促使我国经济得到恢复和发展，农轻重比例得到调整，市场物价趋向稳定，人们生活状况得到了一定程度的改善。

二 中国特色社会主义民生思想的演进历程

中国共产党十一届三中全会实现了伟大的历史转折，开启了改革开放的历史新征程。从此，摈弃传统的社会主义建设模式，建立一种具有中国特色的新型社会主义模式，成为崭新的历史主题。一部改革开放史，就是一部中国特色社会主义事业建设史，也就是中国特色社会主义民生思想的发展史。中国特色社会主义民生思想萌芽于以邓小平同志为核心的第二代党中央领导集体执政下的改革开放初期，发展于以江泽民同志为核心的党中央领导集体执政下的改革开放推进期，在以胡锦涛同志为总书记的党中央领导集体执政期进一步丰富，并在以习近平同志为核心的党中央领导集体执政期继续深化和完善。改革开放 40 年以来，历届中国共产党领导集体在不同时代条件和具体发展阶段下不断创新民生建设理论，推进民生实践，体现了对马克思主义民生观的继承、发展、创新以及实践运用。

（一）萌芽于改革开放初期：邓小平对国计民生的总体设计

以邓小平为核心的党的第二代中央领导集体执政下的改革开放初期（1978—1991），是中国特色社会主义民生思想的萌芽阶段。党的十一届三中全会之后，以邓小平为核心的党的第二代中央领导集体坚持解放思想、实事求是的思想路线，把党的工作重心从阶级斗争转到经济建设上来，从解决人民群众的温饱、贫困等民生问题出发，致力于人民生活状况的改善和生活质量的提高，并在纠正以往民生建设的错误观念的基础上，在思想上实现民生建设理论原则的更新与发展，并在政策上提出了民生建设的一系列新举措，从而推动了中国特色社会主义民生思想的萌芽与产生，同时也推进了中国特色社会主义民生实践的发展。

作为马克思主义在中国改革开放新阶段的理论成果，邓小平理论是以邓小平为主要创立者、以建设有中国特色社会主义为主题的，涵盖经济、政治、科技、教育、文化、民族、军事、外交、统一战线、党的建设等方面的一个比较完备的科学理论体系。邓小平是中国特色社会主义民生事业的开辟者，也是中国特色社会主义民生思想的开创者，他一生始终关注和重视民生，并提出了许多关于致力于解决民生问题、改善民生质量的重要观点和论断。邓小平理论是在发展民生的实践中形成的，与中国民生问题紧密相连，蕴含着丰富的民生思想。关心民生、解决民生问题始终是邓小平理论的主旋律，改善人民物质生活、提升人民精神文化水平始终是邓小平理论的出发点和落脚点。

1. 良好开端：中共十一届三中全会

1978 年召开的中国共产党十一届三中全会决定把全党工作的着重点转移到经济建设上来，并将民生建设作为社会主义现代化建设的重要战略任务。党的十一届三中全会以来关于民生发展的一系列方针政策，是中国共产党人对中国特色社会主义民生建设最初的理论思考和实践探索。

农业是国民经济的基础,党的十一届三中全会首先抓住农业这个基础环节来进行社会主义民生建设。面对"文化大革命"以来受到严重破坏的农业生产,党的十一届三中全会要求必须集中精力尽快搞好农业发展,只有实现农业生产的恢复和发展,才能保证国民经济的迅速发展,也才能不断提高人民群众的生活水平。搞好农业生产是基础,没有这个基础,城乡人民的生活就没有保障,民生改善也是空谈。为了促进农业生产,必须关心农民的物质利益,保障农民的民主权利,从而调动其生产积极性。党的十一届四中全会进一步强调了农业建设的重要性,占我国人口百分之八十的农民富裕起来的前提是加快发展农业生产,整个国民经济蓬勃发展的前提是农业现代化的逐步实现,因此要保持农业与工业的平衡,大力改造农业技术和工具,并继续因地制宜地搞好农、林、牧、副、渔各业生产、储运、加工所需要的农业基本建设,不断提高农业生产力。党的十一届三中全会以来,党中央不断纠正生产指导上的主观主义和分配中的平均主义,不断深化农民利益机制的改革,制定了一系列保护和调动农民积极性、恢复农业发展的措施,例如,不再批判"资本主义的尾巴",适当放宽对农民的自留地和家庭副业的限制;取消农产品统派统购,鼓励集市贸易;健全统分结合的双层经营体制,建立健全农业社会化服务体系,疏通和拓宽商品流通渠道等,从而有效调动了农民的积极性,促进了农业生产的恢复和发展,改善了广大农民生活状况。

随着农业状况的改善,党中央又着力调整国民经济的内部比例,实现经济结构的合理化,以实现经济的发展和人民生活的好转。党中央多次强调要解决轻工业和重工业、工业和农业比例失调的问题,促进消费品工业的发展,以适应改善人民生活的需要,并提出要调整产品结构、技术结构、产业结构和所有制结构,逐步改革国有企业的劳动制度和经济体制、推动城镇集体所有制经济的发展,从而更好地解决城镇劳动就业和人民收入不足的问题。

2. 发酵酝酿:中共十二大

邓小平在党的十二大开幕词中讲道:"把马克思主义的普遍真理同我国的具体实际结合起来,走自己的道路,建设有中国特色的社会主义,这是我们总结长期历史经验得出的基本结论。"①"建设有中国特色的社会主义"命题的提出和使用孕育了"中国特色社会主义"这一科学概念，由此，十二大以来有关民生建设的思想理论、政策方针发酵酝酿了"中国特色社会主义民生思想"这一尚处于萌芽状态的思想体系。

关于建设物质和精神两种文明来改善民生的思想。党的十二大报告总结了改革开放以来社会主义民生建设的成就与不足，并提出了党在新的历史时期的总任务，即逐步实现工业、农业、国防和科学技术四个方面的现代化，力争把我国建设成为高度民主、高度文明的社会主义国家。根据总任务的要求，中央指出要大力推进社会主义物质文明和精神文明的建设。一要促进社会主义经济的全面高涨，着重解决好农业发展问题，科学教育问题和能源交通问题，并集中资金进行公共事业建设，继续改善人民生活，不断满足人民日益增长的物质文化需要；二要加快推进社会主义精神文明的建设，加强思想建设、文化建设和道德建设，不断提高人民群众思想觉悟和道德水平。

关于推进农村和城市经济体制改革，改善城乡人民生活的思想。党中央作出了推进经济体制改革的决定，要求继续完善农村家庭联产承包责任制，推进农业产业结构调整，促进粮食生产，并设置和建设农副产品批发市场，积极组织城乡商品交换，以适应人民生活水平不断提高的要求；继续搞活城市小企业，采取措施提高国有大中型企业的活力。为了进一步搞活城乡经济，党中央提出改革工资制度和价格体系，一方面建立起体现按劳分配原则的新的工资制度，逐步提高全国职工工资水平，另一方面实行基本稳定物价的政策，保障人民群众的实际生活水平。

3. 萌芽产生：中共十三大

党的十三大报告全面系统地提出了社会主义初级阶段的理论，为中国特色社会主义民生思想的萌芽产生提供了理论依据，也为党制定和执行正确的民生建设路线政策提供了实践依据。我国正处在社会主义的初级阶段，由于生产力比较落后、商品经济欠发达，因此要实施"坚持以经济建设为中心、坚持改革开放与四项基本原则"的基本路线。落后的社会生产无法满足人民日益增长的物质文化需要，这是我国在社会主义

---

① 《邓小平文选》第3卷，人民出版社1993年版，第3页。

初级阶段面临的主要矛盾。而促进主要矛盾的解决，就必须提高劳动生产率，大力发展商品经济，实现四个现代化（工业、农业、国防和科学技术的现代化），从根本上改善民生状况。这也是中国特色社会主义民生建设的重要目标。党的十三大强调，发展生产力是社会主义社会的根本任务，因此，是否有利于生产力的发展，是否能够提高人民群众的生活水平，就成为中国特色社会主义民生建设的出发点和价值标准。在社会主义初级阶段，实现工业化和生产的商品化、社会化和现代化，是发展社会生产力所要解决的最主要的历史课题。为此，社会主义建设的战略部署大体分三步走：国民生产总值比 1980 年翻一番——解决温饱问题；到 20 世纪末，国民生产总值再增长一倍——总体小康；到 21 世纪中叶，人均国民生产总值达到中等发达国家水平——社会主义现代化。"三步走"战略也给民生建设提出了阶段性任务，要逐步解决人民的温饱问题、让人民生活达到总体小康水平、使人民生活比较富裕。

（二）世纪之交的发展："三个代表"重要思想指导民生建设

以江泽民为核心的党的第三代中央领导集体执政下的改革开放推进期（1992—2002），是中国特色社会主义民生思想的重要发展阶段。党的第三代中央领导集体在继续推进改革开放的实践中，高举中国特色社会主义伟大旗帜，继续坚持并发扬了马克思主义与时俱进的创新精神，提出了"三个代表"重要思想。"三个代表"重要思想与中国特色社会主义事业建设实践的具体环节紧密联系，以建设一个什么样的党和怎样建设党为理论出发点，围绕"代表最广大人民的根本利益"的价值内核进行理论阐发，并扩散渗透到经济民生、政治民生、文化民生等方面，形成了一系列顺应时代发展趋势、促进民生建设和发展的重要理论。从党的十四大到十六大，中国共产党对社会主义民生建设与发展的认识不断深化，坚持用邓小平理论和"三个代表"重要思想指导民生建设，并将中国特色社会主义民生事业推向 21 世纪。

1. 初步提出：中共十四大

1992 年 10 月，中共十四大召开。党的十四大开启了中国改革开放和社会主义现代化建设的新阶段。党的十四大报告从社会主义民生建设的重要地位、任务要求、主要内容等方面概括和总结了中国特色社会主义民生思想的轮廓,标志着中国特色社会主义民生思想体系初步提出。一是指明了中国特色社会主义民生建设的重要地位。改善民生是社会主义建设的重要内容和目标任务。党的十四大确立了邓小平关于建设有中国特色社会主义理论在全党的指导地位,因而也就指明了民生建设在社会主义建设中的重要地位。二是关于中国特色社会主义民生建设的主要内容与措施。党的十四大报告指出,要坚持物质文明和精神文明的全面发展,推动社会全面进步;调整和优化产业结构,加快农业发展,重视基础设施建设和第三产业的发展;建立社会主义市场经济体制,加快经济改革步伐,促进生产发展和社会财富增加;大力发展教育,推动科技进步等。三是提出了社会主义民生建设的具体目标和要求:城乡居民的实际收入水平和消费水平要不断提高;民众的衣食住行条件,应有较多改善;科教、体育、卫生事业要进一步发展,文化生活更加丰富,人民的健康水平继续提高,总之,人民群众的生活质量要逐步得到改善。

2. 初步形成:中共十五大

1997年9月,中共十五大召开。党的十五大报告总结了从党的十四大以来我国在物质文明发展、精神文明建设、人民生活改善等方面所取得的巨大成就,确立了中国特色社会主义民生建设的指导思想,在总体上概述了社会主义民生建设的主要内容,并提出了21世纪社会主义民生建设的新目标,这标志着中国特色社会主义民生思想这一思想体系的初步形成。其一,中国特色社会主义民生建设要坚持以邓小平理论为指导。党的十五大报告指出,马克思列宁主义同中国实际第二次历史飞跃性的结合,产生了"邓小平理论"。党的十五大通过党章修正案,把"邓小平理论"确定为党的指导思想,因而,中国特色社会主义民生建设也要坚持这一正确理论的指导。其二,中国特色社会主义民生建设具体内容是建设社会主义物质文明、精神文明与政治文明。建设社会主义物质文明,即建设有中国特色社会主义的经济,发展社会主义市场经济,增加生产力,努力增加城乡居民的收入,提高人民生活水平,使全国人民过上小康生活。建设社会主义精神文明,即建设有中国特色社会主义的文化,就是发展民族的、科学的、大众喜闻乐见的社会主义文化,繁荣学术和文艺,使之为人民服务,推进精神文明建设,不断提高全民族的思想道德素质和教育科学文化水平。建设社会主义政治文明,即建设有中国特色社会主义的政治，不断丰富社会主义民主的内涵，扩展社会主义民主的实施路径，坚持党的领导、人民当家作主与依法治国的有机统一，实现社会安定和民族团结，依法保障人民的政治权利。

3. 基本形成：中共十六大

2002年11月，党的十六大报告科学地总结了改革开放以来党领导人民建设中国特色社会主义的十条基本经验，并将其归结和统称为"三个代表"重要思想，即我们党必须始终"代表着中国先进生产力的发展要求，代表着中国先进文化的前进方向，代表着中国最广大人民的根本利益"①。"三个代表"重要思想从价值追求、发展动力、发展路径等方面丰富和发展了中国特色社会主义民生思想。其一，社会主义必须追求并实现人的全面发展，这为中国特色社会主义民生建设提供了价值追求。"三个代表"重要思想彰显了社会主义制度的优越性，其价值目标体现在推动社会的全面进步，促进人的素质的全面提升，促进人的全面发展。其二，中国特色社会主义民生建设要相信人民、依靠人民，更要造福于人民。贯彻"三个代表"重要思想，必须尊重劳动、尊重知识、尊重人才、尊重创造，才能最广泛充分地调动一切积极因素，才能集中全国人民的智慧和力量，一心一意谋民生发展；同时，社会主义民生建设要求，把先进的生产力与先进的文化落实到最广大人民的根本利益上来，促进人民生活的改善。其三，中国特色社会主义民生建设要与全面建设小康社会的奋斗目标相结合。报告提出，要在21世纪的头20年里，建设惠及十几亿人口的全面的、发展平衡的、更高水平的小康社会，"使经济更加发展、民主更加健全、科教更加进步、文化更加繁荣、社会更加和谐、人民生活更加殷实"②，这既是中国特色社会主义民生建设的发展路径，也是社会主义民生建设的重要目标，同时也为中国特色社会主义民生思想提供了理论导向。

（三）全面建设小康时期的丰富：科学发展观引领民生发展

从党的十六大到党的十八大（2003—2012），是中国特色社会主义民

---

① 《江泽民文选》第3卷，人民出版社2006年版，第2页。
② 同上书，第543页。

生思想的成熟阶段。理论的成熟依赖于实践的成熟，党的十六大以来，以胡锦涛为总书记的党中央围绕建设中国特色社会主义这个主题，创造性地提出了科学发展观、中国特色社会主义理论体系、建设社会主义新农村、构建社会主义和谐社会等一系列重大战略思想，全面拓展社会主义建设的内涵，极大推进了中国特色社会主义事业的发展，开创了社会主义民生建设的新局面。面对 21 世纪以来我国出现的一系列民生问题，以胡锦涛为总书记的党中央领导集体在社会主义民生建设上不断进行理论创新、实践探索、经验总结，不断丰富中国特色社会主义民生思想，坚持用科学发展观引领民生事业发展。

1. 丰富发展：中共十七大

党的十七大将科学发展观确定为党的指导思想，并首次明确了"中国特色社会主义理论体系"的概念与内涵，将邓小平理论、"三个代表"重要思想、科学发展观一同作为这个理论体系的重要构成内容，而且还指出，中国特色社会主义道路的开辟以及中国特色社会主义理论体系的形成是改革开放以来中国取得一切成就的根本原因。科学发展观理论地位的提升，中国特色社会主义理论体系的形成，使中国特色社会主义民生思想实现了丰富和发展。

中国特色社会主义民生事业的建设与发展，必须坚持和贯彻科学发展观这个重大战略思想。一是要始终以发展为第一要务，以经济建设为中心，不断提高社会生产力，提高经济发展质量和效益，这是社会主义民生建设的根本路径。二是坚持以人为本，切实保障人民各项权益，让发展的成果惠及全体人民，不断满足人民群众日益增长的物质文化需要，促进人的全面发展，这是社会主义民生建设必须坚持的价值标准。三是必须坚持全面协调可持续发展，全面推进经济民生建设、政治民生建设、文化民生建设、社会民生建设，这是社会主义民生建设必须坚持的原则和方法。科学发展观对社会主义民生建设的根本路径、价值标准、原则方法的规定，进一步丰富了中国特色社会主义民生思想的内涵。

加快推进以改善民生为重点的社会建设，这是党的十七大研究通过的重要方针。为了解决与人民群众幸福息息相关的教育、就业、收入分配、养老、社会保障、医疗卫生、食品安全等民生问题，党的十七大报告提出了一系列民生建设的政策措施，诸如：优先发展教育，实现"学有所教",推进从人力资源大国向人力资源强国转变;积极扩大就业,合理分配收入,实现"劳有所得";建立完善基本医疗卫生制度,提高全民健康水平,实现"病有所医";加快建立覆盖城乡居民的社会保障体系,使人民群众基本生活和民生水平得到有效保障,实现"老有所养";推进城镇住房制度改革,加快住房保障制度建设,实现"住有所居";完善社会管理体系,提高社会管理水平,为建设和谐社会提供安定团结的秩序和环境等。概言之,以改善民生为导向的社会建设,形成了社会主义民生建设的具体路径,构建了中国特色社会主义民生思想的主体内容。

2. 进一步完善:中共十八大

"道路自信""理论自信""制度自信""文化自信"这四个自信构成了中国特色社会主义民生建设的动力体系。党的十八大总结了十六大以来中国特色社会主义建设所取得的一系列新的历史性成就:经济总量跃居世界第二,粮食产量实现九年增长,国家财政收入突破10万亿元,科技实力和国际影响力进一步提升等。在民生建设上,人民群众的收入水平和消费水平、生活质量和社会保障水平迈上新台阶。以胡锦涛为总书记的党中央不断加大民生改善力度,全面推进社会医疗体系、社会保障体系、社会救助体系等公共服务体系的建设发展,惠及人民生活的吃、穿、住、行、生、老、病、死等各个方面。党的十八大报告进一步指出,我们之所以能取得这样的历史性成就,靠的是坚定不移高举中国特色社会主义伟大旗帜,坚定走中国特色社会主义道路,坚持中国特色社会主义理论体系的指导以及坚持完善中国特色社会主义制度。坚定道路自信、理论自信、制度自信和文化自信,有利于统合社会主义建设的思想共识,凝聚全党全国各族人民的力量,以更加奋发有为的精神状态致力于建设中国特色社会主义民生事业。

在"全面建设小康社会"的基础上实现"全面建成小康社会"的奋斗目标,坚定了中国特色社会主义民生建设的目标导向。党的十八大报告在综观国际国内大势,全面把握发展机遇的基础上提出确保到2020年实现全面建成小康社会的宏伟目标,并在十七大基础上提出了一系列新的要求:经济建设上要达到国内生产总值和城乡居民人均收入比2010年翻一番的目标;政治建设上要进一步扩大人民民主,加强社会法治;文化建设上要基本建成社会公共文化服务体系,使文化软实力得到显著增强；社会建设上要加快发展公共事业，基本实现公共服务均等化，全面提高人民生活水平。如期建成更高水平、平衡、发展的全面小康社会，离不开社会主义民生建设各个方面的全面协调推进。

大力推进生态文明建设，这是党的十八大的重要主题。生态文明建设的提出使中国特色社会主义总体布局由"四位一体"上升到"五位一体"。"五位一体"的总体布局进一步丰富了中国特色社会主义民生建设的内容，必须全面推进和落实经济民生建设、政治民生建设、文化民生建设、社会民生建设和生态民生建设。在生态文明和生态民生建设上，要建立完善生态保护机制，优化国土空间开发格局，全面促进节约资源，加强对自然生态系统和环境的保护。生态文明建设开创了社会主义民生建设的新时代，着力推进绿色发展、循环发展、低碳发展，形成绿色环保的产业结构、生产方式和生活方式，为人民群众创造良好的生产生活环境，从而将良好的生态环境转化为民生幸福。

（四）中国特色社会主义新时代的深化：习近平治国理政实践中的民生思考

党的十九大报告指出，中国特色社会主义进入了新时代，中国特色社会主义民生思想也进入了深化发展的阶段。以习近平同志为核心的党中央领导集体与时俱进，开拓创新，提出了中国梦这一伟大梦想。由此，社会主义民生建设构成了中国梦的重要组成部分，"中国梦"和"民生梦"紧密联结起来。中国梦，是国家的富强梦，是民族的振兴梦，是人民的幸福梦，这意味着中国特色社会主义民生建设要以国家富强、民族振兴、人民幸福为基本内容和价值追求。中国梦的核心是"两个一百年"的奋斗目标，这意味着社会主义"民生梦"要通过"两个一百年"，如期建成全面小康社会，在2035年基本建成社会主义现代化，在21世纪中叶全面建成富强民主文明和谐美丽的社会主义现代化强国，实现中华民族的伟大复兴。

经过改革开放40年的发展，"中国这头狮子已经醒了"[①]。习近平总书记作为一个坚毅而睿智的总舵手，正肩负起中国成为"雄狮"的历史

---

① 习近平：《中国这头狮子已经醒了》，《绍兴晚报》2014年3月28日。

使命，引领中国走向一个新的时代，走向伟大的民族复兴之路。以习近平总书记为核心的党中央先后提出"五位一体"总布局和"四个全面"战略布局，开创了政治、经济、文化、军事多方面的新政，积极推动中国社会的转型发展。与此同时，在更深的层面，以习近平总书记为核心的党中央正在推动着中国共产党执政理论与法理基础的革新，推动着国家治理方式、治理体系和治理能力的现代化。值得强调的是，中国的现代化并不是所谓"西方化"的回归，而是基于现代新理念的回归。习近平提出"中国梦"，提出社会主义核心价值，正是在建立一种中国关于现代化的新理念，所形成的中国理念、中国道路、中国模式，是对西方现代化困境的超越，是在探索一条中国实现现代化的新道路。

第二章

中国特色社会主义民生思想的主要内容

改革开放 40 年以来，随着世情、国情、党情的变化，不断推动马克思主义民生思想的中国化进程，为中国特色社会主义民生建设的实践开展提供理论指导和方向引领，在这一过程之中，中国共产党这一民生事业建设主体和民生思想创新主体实现了对中国特色社会主义民生思想体系的开创、发展、丰富和完善。中国特色社会主义民生思想体系发展已经走过了 40 年的演进历程，都是围绕"建设什么样的社会主义民生事业、怎样发展社会主义民生事业"这个重要课题，遵循以人民利益为根本出发点和以人的全面发展为落脚点的价值取向，不断发展和完善中国特色社会主义民生思想。基于整体性视角分析和概括，中国特色社会主义民生思想的主要内容包括民生发展目标、民生发展动力、民生建设思路、民生价值取向等方面。

一 民生发展目标：社会主义现代化

邓小平理论构建了解决中国民生问题的基本框架：关于社会主义初级阶段的论述奠定了民生建设的理论前提与现实背景，关于物质精神发展的理论回答了民生建设的发展路径，关于社会主义现代化的设想是民生事业的发展目标。改革开放 40 年以来，中国共产党对中国特色社会主义民生事业发展目标的预想和定位，蕴含于社会主义现代化目标和步骤的探索过程之中。通过改革开放初期 10 年的发展，我国基本解决了温饱问题，20 世纪末全国基本达到总体小康，21 世纪进入全面建设小康，十八大以后朝着决胜全面小康社会的目标而奋斗，在 2020 年开启全面建设社会主义现代化强国的新征程。社会主义现代化始终是贯穿中国特色社会主义民生发展的主线和目标。

（一）共同富裕是社会主义民生发展的本质要求

共同富裕思想是邓小平理论的重要内容，彰显了邓小平理论的民生情怀。在全国范围内基本解决温饱问题，达到总体小康水平，是邓小平设计的改革开放初期民生事业的发展目标。社会主义初级阶段论和社会主义本质论，为我国民生发展规划了实现共同富裕和建设社会主义现代化的长远目标。邓小平曾说："贫穷不是社会主义，发展太慢也不是社会主义……社会主义发展生产力，成果是属于人民的……我们的目的是共同富裕。"[①] 由此可见，共同富裕是社会主义的题中应有之义，社会主义是在生产力高度发达的基础上实现全社会成员的自由全面发展和共同富裕。

1. 贫穷不是社会主义

邓小平提出社会主义本质论，是从系统地纠正"四人帮"错误、重新回到科学社会主义的正确轨道上来开始的。针对在"文化大革命"时期，"四人帮"盲目以"阶级斗争为纲"，忽视生产力的发展和民生建设，叫嚷要搞"穷共产主义，穷社会主义"，邓小平指出："'四人帮'胡说共产主义主要是精神方面的，简直是荒谬之极！"[②] 从而坚决批驳了"宁要穷的共产主义，不能要富的资本主义"这类误国害民的思想。之所以如此，并不是因为邓小平是"四人帮"所扣的"走资本主义道路的当权派"，主张"要富的资本主义"，而是认为"没有穷的共产主义"。恩格斯说，建立社会主义制度后，"通过有计划地组织全部生产，使社会生产力及其成果不断增长，足以保证每个人的一切合理的需要在越来越大的程度上得到满足"[③]。换言之，一切社会成员不仅可以参加社会生产，还

---

① 《邓小平文选》第 3 卷，人民出版社 1993 年版，第 255 页。
② 同上书，第 10 页。
③ 《马克思恩格斯选集》第 3 卷，人民出版社 1995 年版，第 336 页。

可以参加社会产品的分配和社会事务的管理。共产主义社会是生产力高度发展、物质极大丰富的社会，同时也是一切人全面而自由发展的社会。邓小平坚定马克思主义的观点，认为共同富裕是科学社会主义的应有之义。邓小平在1992年的南方谈话中对社会主义的本质进行了创新性的阐释："解放生产力，发展生产力，消灭剥削，消除两极分化，最终达到共同富裕。"① 从而表明了共同富裕是社会主义的本质规定和根本目的。在他看来，"不能有穷的共产主义，同样也不能有穷的社会主义"②。因此，社会主义必须摆脱贫穷。

1987年4月26日，邓小平会见捷克斯洛伐克总理什特劳加尔时指出："我们过去固守成规、关起门来搞建设，导致的结果不好……很长时间处于缓慢发展和停滞的状态，人民的生活还是贫困……结果中国停滞了。这才迫使我们重新考虑问题。"这清晰表明，"贫穷"是迫使邓小平思考"什么是社会主义、怎样建设社会主义"的现实原因。在改革开放前的"左"风时期，整个社会宣传的是"穷革命（贫穷才是支持无产阶级革命）、富则修（富裕便是走修正主义的道路）"，给重视发展生产力戴一顶"唯生产力论"的帽子，把对人民生活水平的重视与提高评判为"经济主义""福利主义"。总之，宁愿要贫穷的社会主义，也不要富裕的资本主义。由于将社会主义简单地理解为公有制、按劳分配和计划经济，社会主义建设中盲目追求高公有制水平、搞吃大锅饭的平均主义、实现指令性计划经济，最后导致了普遍贫穷的社会主义。因此，在新中国成立30多年后，国内人民的生活水平相对资本主义国家整体水平仍然很低，"截至一九七八年，工人的月平均工资只有四五十元，农村的大多数地区仍处于贫困状态"。③ 对此，邓小平深深感到大力发展生产力的紧迫性，发展社会主义生产力已经到了一个不能再耽搁的时间节点上，一旦错过，可能会葬送社会主义事业的前途。

早在1848年的《共产党宣言》中，马克思恩格斯就已经指出："无产阶级将利用自己的政治统治，一步一步地夺取资产阶级的全部资本，

---

① 《邓小平文选》第3卷，人民出版社1993年版，第373页。
② 同上书，第171—172页。
③ 同上书，第10—11页。

把一切生产工具集中在国家即组织成为统治阶级的无产阶级手里,并且尽可能快地增加生产力的总量。"① 显然,无产阶级既是革命的阶级,也是解放和发展生产力的阶级。在社会主义制度建立之前,无产阶级以夺取政权为主要任务;在社会主义制度建立之后,无产阶级以解放和发展社会生产力、巩固无产阶级政权为主要任务。邓小平指出:"搞社会主义,一定要使生产力发达,贫穷不是社会主义。"② 为什么说社会主义一定要有比较发达的生产力?通过概括邓小平的论述,主要有三个方面的原因:其一,要通过发展生产力逐步消灭贫穷,不断改善民生,提高人民的生活水平,这是社会主义的本质所决定的;其二,社会主义是共产主义的第一个历史阶段,只有在社会主义时期大力发展生产力,不断增长社会的物质财富,才能为共产主义的到来创造前提条件;其三,社会主义的优越性在于人民过上物质精神文化需要得到有效满足的、更加平等的和民主的生活,因此必须大力发展社会主义生产力,这是社会主义最终战胜资本主义的物质基础。

2. 两极分化也不是社会主义

两极分化根本上悖于科学社会主义的原则。马克思在《经济学手稿1857—1858年》中对未来社会主义制度生产力发展作出这样的预见:"社会生产力的发展将如此迅速……生产将以所有人的富裕为目的。"③ 由此可见,共同富裕是社会主义的必然要求。根据马克思恩格斯对未来社会的设想,全社会民众共同创造出来的福利即物质财富和精神财富的总和,由全社会成员共同占有和共同享受。恩格斯在《反杜林论》中还指出,在社会主义社会,可以通过社会生产"保证一切社会成员有富足的和一天比一天充裕的物质生活"。④ 这进一步揭示了:社会主义可以通过发展生产力逐步积累和增加社会物质财富,最终使所有人都过上富裕的生活,并在此基础上实现人的体力和智力的充分而自由的运用,即一切人的全面而自由发展。

---

① 《马克思恩格斯选集》第1卷,人民出版社1995年版,第293页。
② 《邓小平文选》第3卷,人民出版社1993年版,第225页。
③ 《马克思恩格斯全集》第46卷(下),人民出版社1980年版,第222页。
④ 《马克思恩格斯选集》第3卷,人民出版社1995年版,第633页。

两极分化与社会主义的根本目的相背离。社会主义不是贫穷的社会，社会主义也不是两极分化的社会。邓小平反复强调，两极分化绝不是社会主义，全国人民的共同富裕才是社会主义的根本目的。因此，在改革开放过程中由于运用市场手段而导致的一些贫富差距扩大现象，必须坚决制止。邓小平在回答美国记者迈克·华莱士时更加明确地指出："社会主义财富属于人民，社会主义的致富是全民共同致富。"① 我们从这里可以清晰地看到，社会主义的财富为全体人民所拥有，而不是为少数人所独有。正如马克思所说，所有社会个人的发达的生产力才是真正的财富，社会主义共同富裕的实质在于全民共同富裕。由是观之，邓小平提出的人民共同富裕是对马克思关于社会主义本义的回归。

"两极分化"与"共同富裕"是一对不可调和的根本性矛盾，如果出现"两极分化"的悲剧，共同富裕的理想目标就会化为泡影。1985年3月，邓小平在全国科技工作会议上发表讲话："如果我们的政策导致两极分化，我们就失败了；如果产生了什么新的资产阶级，那我们就真是走了邪路了。"② 同年8月，他在会见穆加贝时进一步指出，如果在改革开放的过程中贫富差距愈演愈烈，走向了两极分化，那么改革也就失败了。不仅如此，两极分化还会激化阶级矛盾，进一步扩大民族矛盾和区域矛盾，破坏社会稳定，威胁党的领导。从这里可以判断，共同富裕的实现与否事关改革开放成败的大局、事关中国社会主义现代化成败的大局。因此，邓小平再三强调，在制定和执行政策时必须考虑到共同富裕的目标，必须有利于消除两极分化。在这一点上，邓小平曾明确表态："我们的政策是不使社会导致两极分化，就是说，不会导致富的越富，贫的越贫。"③ 改革开放以来，邓小平多次提出"防止两极分化""实现共同富裕"的问题，直到在1993年的最后一次长篇讲话中，他还对共同富裕的问题十分关心："十二亿人口怎样实现富裕，富裕起来以后财富怎样分配，这都是大问题。"④ 这些问题的解决应该坚持这样的原则：我们要的

---

① 《邓小平文选》第3卷，人民出版社1993年版，第172页。
② 同上书，第111页。
③ 同上书，第172页。
④ 中共中央文献研究室编：《邓小平年谱》，中央文献出版社2004年版，第1363页。

发展是避免两极分化的发展，我们要的富裕是共同富裕，而不是资产阶级的富裕。

3. 共同富裕是社会主义民生发展的本质要求

综合邓小平关于共同富裕的思想内涵、实现路径及发展意义的一系列论述，其核心主张是两点：第一，共同富裕作为社会主义的根本原则，必须坚持；第二，共同富裕是社会主义本质的集中体现，是社会主义民生建设的基本要求，必须努力实现。

邓小平的社会主义本质论表明，"解放生产力和发展生产力"是路径和前提，"最终达到共同富裕"是结果和目标。邓小平阐释了共同富裕在社会主义初级阶段的状况和特征："我们是社会主义国家，国民收入分配要使所有的人都得益，没有太富的人，也没有太穷的人，所以日子普遍好过。"① 也就是说，共同富裕是让全社会所有人的整体富裕。另外，邓小平还指出，共同富裕作为社会主义制度不能动摇、必须坚持的原则，直接关系到社会主义最终能否过渡到共产主义。只有实现共同富裕，才能为实现共产主义和人的全面发展创造条件。

在邓小平看来，共同富裕有这样两层属性：其一，"社会主义最大的优越性就是共同富裕"②，或者说，共同富裕是社会主义优越性的最大彰显；其二，共同富裕是社会主义区别于资本主义的最明显特征。换言之，只有社会主义才会实现共同富裕，资本主义必然走向两极分化，这是社会主义本质所决定的，也是资本主义的根本矛盾所决定的。寻根求源，社会主义的共同富裕这一优越性首先要归结于生产资料公有制的优势：在推动社会主义生产力快速发展的同时，保证改革开放和民生建设的成果惠及全体人民。与此相反，生产资料私有制虽然也实现了资本和财富的增长，但同时社会贫困也在不断积累，最终导致贫富悬殊和两极分化。

实现共同富裕，必须在社会主义时期大力发展物质生产力。"社会主义原则，第一是发展生产力，第二是共同富裕。"③ 正如在共产主义社会的高级阶段，只有在自主择业、生产力高度发展，财富充分涌流的基础

---

① 《邓小平文选》第3卷，人民出版社1993年版，第161—162页。
② 同上书，第364页。
③ 同上书，第172页。

上，才能实现各尽所能和按需分配。同样，共同富裕必须建立在发达的物质生产力的基础之上，一个贫穷的社会不可能实现按需分配。邓小平言简意赅地指出："共同致富，我们从改革一开始就讲，将来总有一天要成为中心课题。"① 这既表明了共同富裕这项任务的重要性，也体现了其复杂性、艰巨性和长期性。归根结底，必须抓好解放和发展生产力这个社会主义历史阶段的中心任务，是社会主义的本质，为共同富裕的实现创造物质前提。

必须坚持社会主义制度，这是实现共同富裕的制度保证；必须坚定不移地走中国特色社会主义道路，这是实现共同富裕的道路保障。邓小平指出："社会主义制度就应该而且能够避免两极分化。"② 社会主义不应该出现贫富悬殊，这是社会主义本质的必然要求，也是社会主义相对于资本主义的优越性所决定的；社会主义制度能够避免两极分化，这是因为生产资料公有制保障了社会主义经济始终坚持服务于民的原则，即发展生产力的目的不是为了剥削和资本积累，而是为了满足人民群众的物质文化需要。因此，邓小平反复申明，要坚持同中国实际相结合的马克思主义，坚持走切合实际的中国特色社会主义道路。进一步来说，就是公有制的主体地位必须贯穿于中国特色社会主义事业的全过程。离开解放和发展生产力的公有制，只会导致贫穷的普遍化；而离开公有制为主体的解放和发展生产力，只会是两极分化。针对完全西化、走资本主义道路这类的主张，邓小平坚定反对，因为只有社会主义，才能避免两极分化。由于完全的私有制，资本主义无法摆脱剥削和掠夺，即使有各种社会福利制度，也不能根本消除两极分化。历史证明，"如果不搞社会主义，而走资本主义道路，中国的混乱状态就不能结束，贫困落后的状态就不能改变"③。因此，邓小平旗帜鲜明地指出，建设中国特色社会主义不能走资本主义的邪路，只有走社会主义道路才能发展生产力和改善人民生活。邓小平预测，始终坚持社会主义的分配原则，到20世纪末就可以使全国人民普遍过上小康生活；而如果按资本主义的分配方法，虽然

---

① 《邓小平文选》第 3 卷，人民出版社 1993 年版，第 364 页。
② 同上书，第 374 页。
③ 同上书，第 63 页。

极少数人可以富裕,但绝大多数人仍然处于贫穷落后状态,中国根本无法实现小康社会。

(二)从总体小康到全面建设小康社会

中国共产党的十六大作为进入21世纪的首次党的全国代表大会,着眼于现代化建设的愿景,确立了全面建设小康社会的奋斗目标。全面建设小康社会这个奋斗目标的战略性极其重要:其一,在发展时期上,全面建设小康社会正处于我国扩大和深化对外开放、完善社会主义市场经济体制的关键时期,其意义显而易见;其二,在发展阶段上,从20世纪末的总体小康到21世纪中叶建成富强民主文明的社会主义现代化国家,全面建设小康社会正好处于承前启后的发展阶段,因此,对第三步战略目标的顺利实现起着重要的奠基作用。

1. 小康梦与民生梦

"小康"是一个古老的词汇,最早可追溯到西周时期,《诗经·大雅·民劳》中记载"民亦劳止,汔可小康",小康代表着一种安稳祥和的生活状态。西汉时期戴圣在《礼记·礼运》中详细描绘了"大同"与"小康"这两种理想社会模式:"大道之行也,天下为公。选贤与能,讲信修睦。故人不独亲其亲,不独子其子……是谓大同。""今大道既隐,天下为家,各亲其亲,各子其子,货力为己,大人世及以为礼……是谓小康。"仅次于"大同"的"小康"虽不能达到"天下为公"的境界,但依然呈现礼序井然的安泰之治。后来,宋人洪迈在《夷坚甲志·五郎君》中写道:"然久困于穷,冀以小康。"这里的"小康"所指是人民长期辛劳贫苦,祈求过上宽裕而安逸的生活。在中国近代史上,康有为的"三世说"和孙中山的"三民主义"不同程度地包含了对小康思想的继承和阐发。康有为依据儒家的大同思想,糅合欧洲空想社会主义思想,在《大同书》中描绘了一幅由小康到大同的理想社会蓝图。孙中山认为"民有、民治、民享"是"大同"的标准,在袁世凯任中华民国总统后恐难以实现,但仍以小康期之,即满足人民的衣、食、住、行之需。历经无数朝代,"小康"虽然在不同历史条件下被赋予不同角度的解读,但在多样的文化形态中始终保持"不变"的本质:国泰民安,人民生活富足。几千年来,"小康"早已成为中华民族共同的梦想,象征着中华民族儿女对美好生活的期许和憧憬。

"小康梦"作为中华儿女上下传承、世代为之奋斗的民族梦，积淀着中华民族最根本的理想追求，是维系中华民族发展壮大的不竭动力。只有重拾"小康梦"，才能使中国特色社会主义建设扎根于民族精神的土壤而从中汲取和凝聚力量。改革开放后，邓小平在思考如何从实际出发实现四个现代化的过程中，借用了"小康"的概念，并赋予了其新的内涵。需要指出的是，邓小平所提出的"小康社会"根植于我国在社会主义发展中所积累的宝贵发展经验，契合于社会主义现代化建设的实践，因此与儒家所称颂的基于小农经济和宗法制的"小康"有着根本上的区别。邓小平最早是在1979年12月会见日本首相大平正芳时用"小康"来描述"中国式的现代化"，他说："我们要实现的四个现代化，是中国式的现代化。我们的四个现代化的概念，不是像你们那样的现代化的概念，而是'小康之家'。"① 根据邓小平的预测，通过改革开放20年的努力，中国在20世纪末，可以基本实现一个小康的状态，达到国民生产总值人均1000美元的目标。从那时起，"小康"之梦就与中国特色社会主义建设的宏伟蓝图紧密联系了起来。1982年9月，党的十二大把"工农业总产值翻两番""小康"确定为20世纪末全国经济建设总的奋斗目标。为实现这个总目标，邓小平明确提出了现代化建设"三步走"的战略。1987年10月，党的十三大正式将实现小康作为"三步走"战略构想的第二步发展目标：预计到20世纪末，社会主义现代化建设将取得巨大进展，人民群众的日子不穷不富，过得比较殷实，介于温饱到富裕的中间阶段。

任何一个发展目标都应该是可测量可评定的，否则就会沦为一个空泛的概念。同样，小康梦只有通过具体的民生指标才能获得现实性的含义和价值性的载体。邓小平曾大致设想了20世纪末小康社会的基本蓝图：人民群众的吃穿用不成问题；住房问题得以解决，人均居住面积达到20平方米；城镇基本没有待业人员，就业和社会保障压力小；中小学教育基本普及，教育、文化、体育及社会福利事业发展水平较高；人民群众的思想道德素质提高，精神面貌有很大改善，犯罪行为大大减少。

---

① 《邓小平文选》第2卷，人民出版社1994年版，第237页。

20世纪90年代，国家统计局会同国家计委和农业部先后制定颁布了《全国人民小康生活水平的基本标准》《全国农村小康生活水平的基本标准》和《全国城镇小康水平的基本标准》。在这些衡量标准中，人均GDP作为一个关键指标，反映出经济水平在小康梦实现过程中发挥重要的作用，在很大程度上甚至起决定性的作用。

经过改革开放十多年的奋斗，以邓小平为核心的第二代中共中央领导集体在不断推进中国特色社会主义民生建设的实践中，取得了圆温饱、奔小康等丰硕成果，为小康社会这一社会主义现代化建设的伟大目标缔造了一个良好开端。以江泽民为核心的第三代中央领导集体接过"小康"接力棒，继续以邓小平理论为指导开展民生实践，并坚持贯彻"三个代表"重要思想，开创了中国特色社会主义民生建设史上的一个新的里程碑。

2. 开创中国特色社会主义民生建设新局面

由"小康社会"到"全面建设小康社会"，短短"全面"二字，但标志着中国特色社会主义事业质的飞跃。量变积累民生建设的历史，质变开创民生建设的崭新局面。"全面建设小康社会"是以江泽民同志为核心的第三代中央领导集体在"建立小康社会"构想的基础上提出的民生目标，更是立足于总体小康的基本国情而做出的战略决策。

从温饱到总体小康的奋斗之路并不是一帆风顺的，以江泽民为核心的第三代中央领导集体紧紧依靠全党同志，凝结全国各族人民的力量，努力奋斗、不懈探索、齐心协力战胜来自经济领域、政治领域以及自然界的困难和挑战，才在社会主义民生建设中取得了历史性、跨越性的成就。面对1991年苏联解体的冲击，江泽民强调要保证改革开放和社会主义现代化事业的顺利进行，发展好社会主义民生事业，以看得见的人民生活水平提高、以最实在的民生改善来消除人民的忧虑，增加人民对社会主义前途的信心。中国社会主义民生事业虽然在一定程度上受到了世界社会主义低潮的冲击，但并未因此而停滞不前，而是随着改革开放进一步扩大与深化，不断涌现出新的生机和活力。改革开放以来国企改制造成了大量工人下岗失业，江泽民强调要本着"就业是民生之本"的原则，集中力量做好下岗失业人员的再就业工作，并全面做好扩大就业的各项工作。虽然受亚洲金融经济危机和世界经济波动的影响，但"八五"

计划、"九五"计划的胜利完成使国民经济保持了较快增长,到 2001 年,我国国内生产总值达到 95930 亿元,经济总量跃居世界第六位。而且随着社会主义市场经济体制的建立和完善,商品经济迅速发展,城乡市场繁荣,商品供应充足,城乡居民收入稳步增长,衣食住行情况和生活质量得到了较大改善,人民生活总体上达到了小康水平。

1997 年,江泽民在党的十五大上明确表示我国将在 20 世纪末如期实现小康这一奋斗目标,而且还对 21 世纪的发展目标作了展望和安排:"第一个十年实现国民生产总值比二〇〇〇年翻一番,使人民的小康生活更加宽裕,形成比较完善的社会主义市场经济体制;再经过十年的努力,到建党一百年时,使国民经济更加发展,各项制度更加完善;到世纪中叶建国一百年时,基本实现现代化,建成富强民主文明的社会主义国家。"[1] 江泽民对 21 世纪作出的展望,实际上就是将邓小平所提出的"三步走"战略部署中的第三步发展目标细化为"新三步走"的民生战略步骤。2000 年 10 月,在《中共中央关于制定国民经济和社会发展第十个五年计划的建议》这份由党的十五届五中全会制定的报告中首次提出了"全面建设小康社会"的民生目标。2001 年 7 月,江泽民在庆祝中国共产党成立八十周年大会上讲话指出:"我国已进入了全面建设小康社会、加快推进社会主义现代化的新的发展阶段。"[2] 为此,他要求全党同志奋发工作,继续全面推进改革开放和现代化建设,坚持贯彻党的富民政策,使全国人民都早日过上殷实的小康生活。江泽民在中央党校的"5·31讲话"进一步丰富和发展了全面建设小康社会的思想,他重申了在 21 世纪坚持深化国内改革、扩大对外开放,团结和带领全国各族人民坚定不移地推进全面建设小康社会的奋斗目标。2002 年 11 月,党的十六大作为新世纪的第一次党的全国代表大会,提出了全面建设小康社会的总要求:"要在本世纪头二十年,集中力量,全面建设惠及十几亿人口的更高水平的小康社会,使经济更加发展、民主更加健全、科教更加进步、文化更加繁荣、社会更加和谐、人民生活更加殷实。"[3] "三步走"战略中前两

---

[1] 《江泽民文选》第 2 卷,人民出版社 2006 年版,第 4 页。
[2] 《江泽民文选》第 3 卷,人民出版社 2006 年版,第 292 页。
[3] 同上书,第 543 页。

步的胜利实现,标志着全中国人民脱离贫困、跨越温饱、迈向富裕。

3. 全面小康的实质是民生的全面发展

迈入 21 世纪,意味着总体小康的实现,但是我国正处于并将长期处于社会主义初级阶段,人民日益增长的物质文化需要同落后的社会生产力之间的矛盾仍然是我国社会的主要矛盾,在这样的基本国情下,这种总体小康还具有三方面的局限性仍待克服:低水平、不全面和发展很不平衡。所谓低水平,形象地说,就是刚刚跨过了小康社会的门槛。一方面是生产力和科技还比较落后,工业化水平还很低;另一方面虽然国内经济总量已经达到一定规模,但由于人口众多,人均收入水平较低。2001 年中国人均 GDP 仅有 1038.04 美元,世界排名 109 名,与美国、英国的"年代差"超过了 100 年,与德国、法国的"年代差"超过了 50 年,与日本相差 40 年左右,与韩国、新加坡也相差 20 年以上。[①] 不全面的小康主要是指社会经济、政治、文化等方面尚未实现协调发展。改革开放以来长期以经济建设为中心任务,小康社会的建设更多侧重于物质文明,而思想道德建设和民主法制建设等方面的相对不足不仅无法有效满足人民群众正常的精神文化需求,而且因为精神动力的缺失与消极价值取向的误导在根本上制约了小康建设的整体进程。另外,由于没有正确处理好经济发展与资源、环境、人口的关系,导致生态环境、自然资源和经济社会发展的矛盾日益突出。发展很不平衡的小康,主要表现为地区之间、城乡之间的经济发展水平以及社会各阶层之间的生活水平还存在较大差距。由于历史、政策、地理、环境等因素的综合作用,东部沿海多数地区已经达到小康水平,并正向更加富裕的小康生活迈进,而中部和西部地区经济发展水平则相对落后,地区差距扩大的趋势尚未扭转,相当一部分人还没有达到总体小康的基本标准,甚至还有少数人处于温饱线以下;城乡二元经济结构下,农村贫困人口还为数不少;在先富带动后富政策的推动下,虽然一部分人已先富起来,但贫富差距仍然客观存在,离共同富裕的目标还很远。

全面建设小康社会的总目标是要建设高水平的、发展平衡而全面的

---

① 2001 年中国人均 GDP 的国际差距(年代差),http://www.cas.cn/zt/jzt/ltzt/jjxdhzgx-dhjsdzzzz/zmjjcj/200503/t20050317_ 2670847. shtml2005 - 3 - 17/2015 - 4 - 08。

小康。根据江泽民在党的十六大上提出的全面建设小康社会的具体目标，我们可以得出结论，全面小康意味着社会的全面进步，也意味着民生的全面发展。其一，经过 21 世纪前 20 年的发展，使 2020 年的国内生产总值力争比 2000 年翻两番，并且要实现产业结构的优化和经济效益的提高，这是社会主义经济发展方面的目标。按照这个目标测算，届时中国人均 GDP 约达到 4000 美元，人民收入和消费水平以及社会保障水平将较大幅度提高，人民的生活也会更加殷实和富裕。而且，随着城市（镇）化的快速推进，城镇人口的比重将较大幅度提升，城市化水平和农业现代化水平将较快提高，各阶层贫富差距、城乡发展差距和区域发展差距扩大的趋势将得以扭转并逐步缩减，全社会共同富裕的进程也将加快。其二，社会主义政治发展的目标主要包括两个方面：一是社会主义民主更加健全完善，二是社会主义法制更加完备、更具执行力。民主法制健全、政治文明高度发展、社会秩序良好作为全面小康的基本特征，可以切实尊重和保障人民群众的政治权益、经济权益和文化权益，有效保障人民群众安居乐业。其三，社会主义科教文卫发展方面的目标是："全民族的思想道德素质、科学文化素质和健康素质明显提高，形成比较完善的现代国民教育体系、科技和文化创新体系、全民健身和医疗卫生体系。"[①] 人的全面发展是全面小康社会的核心旨则，在保障人民生存型消费需求的同时，也要创造条件满足群众的发展型和享受型消费需求。科技、教育、文化、卫生事业的发展关系到民生的方方面面，都是全面建设小康社会必不可少的组成部分。其四，人与自然的和谐共处也是全面小康的重要内涵，因此，全面小康离不开经济、社会与资源环境的协调发展。

从性质上归因，先进生产力的发展要求和先进文化的前进方向赋予了全面建设小康社会致力于民生全面发展的实质。从指导思想上探源，"三个代表"重要思想的贯彻落实，是中国特色社会主义民生事业得以迅速而全面发展的关键因素。江泽民在党的十六大报告中所阐明的全面建设小康社会的目标，蕴含了社会主义经济建设、政治建设、文化建设全面发展的基本要求，也体现了中国特色社会主义物质文明、精神文明、政治文明协调发展、迈向更高水平的统一性要求。同时，全面建设小康

---

① 《江泽民文选》第 3 卷，人民出版社 2006 年版，第 543 页。

社会与加快推进现代化建设是并行不悖、相互统一的，最终指向都是实现社会主义现代化，实现中国的繁荣富强，实现中华民族的伟大复兴。全面小康最终的归宿还是人民生活质量的提高。中国共产党人以全人类的解放、人的全面自由发展为最高宗旨，中国特色社会主义民生事业是以实现全国各族人民的生活富裕和幸福为发展的根本目的。只有从最广大人民的根本利益出发，在经济发展的基础上着力保障和改善民生，努力让广大人民群众过上幸福安康的生活，才能始终获得最广泛的群众基础和最可靠的力量源泉，社会主义现代化才能顺利推进，中国特色社会主义事业才能长盛不衰。

（三）和谐社会是中国人民的不懈追求

写入党的十六大报告的全面建设小康社会的发展目标不仅涵盖了经济建设、政治建设、文化建设三个重要领域，而且还涉及社会建设方面，因为它首次纳入了"社会更加和谐"这个具体目标。构建社会主义和谐社会是党的十六届四中全会明确提出的重大战略任务，由此，和谐社会建设取得了与经济建设、政治建设、文化建设同等的地位。和谐社会的执政目标确立，反映出以胡锦涛为总书记的党中央领导集体对民生问题的高度重视、对社会建设的极度关切。2005年2月19日，胡锦涛讲话指出："随着我国经济社会的不断发展，中国特色社会主义事业的总体布局由社会主义经济建设、政治建设、文化建设三位一体发展为社会主义经济建设、政治建设、文化建设、社会建设四位一体。"[①] 基于此，中国特色社会主义民生建设总格局从"三位一体"转变为"四位一体"，民生问题的地位由经济建设的一部分上升到社会建设的重要内容，这是中国特色社会主义民生事业的实践突破，也体现了中国特色社会主义民生思想的理论创新。

1. 和谐社会是社会主义民生建设的目标旨向

千百年来，和谐社会一直都是中国人民的不懈追求，也是人类孜孜以求的社会理想。博爱互助、尚同一义、国泰民安、安居乐业、和谐有

---

① 中共中央文献研究室：《十六大以来重要文件选编》（中），中央文献出版社2006年版，第696页。

序、和睦相处、和衷共济等，既是中国古人赞美追求的"大同社会"，也是西方人神圣向往的"乌托邦""理想国"。我国古代的先哲们把"和"区分为三层境界："烹羹之和""琴瑟之和""政通人和"。也有很多关于"和"的名言，如论和谐之重要性："礼之用，和为贵"（《论语·学而》）；"天时不如地利，地利不如人和"（《孟子·公孙丑下》）等。如论和谐之道："畜之以道，则民和；养之以德，则民合；和合故能谐"（《管子·兵法》）；"政平而不干，民无争心"。"先王之济五味，和五声也，以平其心，成其政也。"（《左传·昭公二十年》）

柏拉图早在《理想国》中就对"正义""和谐"进行了思考：人通过生命智慧对欲望的驾驭而实现个人的灵魂正义，同样，社会通过集体理性驾驭欲望，进而实现社会的正义与和谐。亚里士多德认为，除了社会正义是必要的，友爱也是实现社会和谐必不可少的因素。莫尔的《乌托邦》展示了完美但近乎空想的社会主义国家图景，社会的生产、管理、分配、人民生活等领域都包含和谐的因素。马克思把空想社会主义变成了科学社会主义，并以共产主义社会为最终追求。根据马克思的设想，阶级差别、城乡差别、工农差别在共产主义社会中完全消失，人性解放、自主择业、自愿分工、积极创造、财富涌流成为社会常态，社会不平等和社会冲突不复存在。可见，共产主义社会也是人类迄今为止最理想的和谐社会。

构建社会主义和谐社会是立足于全面建设小康社会全局、着眼于中国特色社会主义总体布局而提出的一项重大战略部署，是中国共产党不懈奋斗的目标。和谐民生社会以经济民生、政治民生、文化民生、社会民生的全面协调发展为基础，包括人与自然的和谐与社会关系的和谐两个方面，体现了21世纪中国马克思主义民生观关于民生社会建设理论的新发展，是中国人民共同愿望的集中表达，是建设富强、民主、文明、和谐的社会主义现代化国家理想的集中反映。

和谐民生社会是中国特色社会主义民生事业的本质属性。中国共产党和社会主义的性质共同决定了中国特色社会主义民生事业的人本取向，反映在民生发展目标上就是致力于建设和谐民生社会。和谐民生社会不仅是中国特色社会主义民生事业的战略目标，也作为一种恰当协调各种社会矛盾的宏观治理方略，规划着我国民生事业的发展态势和历史进程。

人的全面而自由发展贯穿中国特色社会主义民生事业的目标旨向，始终是社会主义民生发展的内在价值追求，而和谐民生社会的构建为教育培养全面发展的人创造了物质前提，为促进人的全面发展提供了制度保障、营造了公平正义的社会环境。

2. 改善民生是构建社会主义和谐社会的关键环节

社会民生发展的和谐程度，是衡量社会主义民生建设的重要标尺。经过20多年的改革开放，伴随着经济的快速发展，中国特色社会主义民生建设取得了巨大成就。我国在21世纪初迈入了总体小康的门槛，人均收入水平、消费水平、生活水平都得到了很大程度的提高。但是，在发展与建设的过程中，在社会转型与探索的过程中，由于经验不足、政策不完善、机制不健全等因素，当然可包括历史遗留、自然环境、国际局势等客观原因，导致出现了很多社会矛盾，如劳资对立日益显性化，农村流动人口与城市户籍人口之间的隔阂不断加深、利益冲突不断加剧，阶层贫富差距、城乡差距、东西部差距继续扩大等。就业难、住房难、看病难、养老难、上学难等一系列涉及全局性的民生问题造成社会的不和谐，民生问题成为亟待解决的重大问题。基于此，党和政府才把改善民生作为社会建设的重点工作，才把和谐社会作为社会主义民生建设的重要任务。

实现人民生活质量的不断改善和提升，是构建社会主义和谐民生社会的基本前提和关键环节。"仓廪实而知礼节，衣食足而知荣辱"，民生问题历来与社会的发展和稳定息息相关。如果民生得不到保障，人民无法安居乐业，就难有国家的安定繁荣和社会的和谐发展。全面建设惠及十几亿人口的更高水平的小康社会，实现社会主义现代化，都有赖于民生问题的切实解决。加快推进以改善民生为重点的社会建设，是正确协调不同利益关系、处理各种社会矛盾、促进社会和谐的必然要求。民生是人民群众最基本的利益需求，是影响社会和谐最直接的因素，因而关切和解决民生问题就是构建和谐社会最基本的着力点。重视与广大人民群众切身利益相关的医疗、住房、就业、教育、养老等民生问题，努力满足人民群众的政治、经济和文化需求；加大民生改善力度，重点扶助困难群体、弱势群体，为其提供基本生存保障和尊严，通过这些执政为民的真实举措改善民生，提高群众生活水平，为构建和谐民生社会奠定坚实基础。

建设和谐民生社会的根本力量在于发挥人民群众的主体作用，只有充分调动广大人民的积极性和主动性，使其支持和投身中国特色社会主义民生事业，才能激发社会的巨大活力和民生创造力。改善民生与调动民力是相辅相成的，只有使广大人民的生存和发展得到切实保障，有效维护他们的合法权益，才能更好地反映民意、集中民智、激发民力，为构建和谐民生社会奠定群众基础。

3. 共建共享是构建社会主义和谐社会的重要原则

以马克思主义唯物辩证法的观点来分析，社会主义和谐民生社会的构建不是一蹴而就的，是一项艰巨复杂的系统工程，是在妥善处理各种社会矛盾中不断前进的过程。矛盾是普遍的，和谐民生社会并不意味着矛盾的绝对消除，也不能实现社会的绝对和谐。民生发展总会遇到新的问题、产生新的矛盾，因此，构建真正的和谐民生社会，需要有一种能够不断化解冲突和解决矛盾的机制，引导发挥矛盾的正向动力作用，使民生事业在矛盾运动中不断发展、保持和谐。这种社会运行机制从宏观的方面来说，就是科学发展观，而具体到微观层面，就是共建共享的价值原则。

2010年3月7日，胡锦涛在参加全国政协委员联组讨论时强调指出，要坚持把"共同建设、共同享有"作为贯穿于和谐社会建设的主线。"共建共享"承载了社会公平正义的价值观念，反映了社会主义和谐社会的本质要求，这是构建和谐民生社会必须坚持共建共享价值原则的重要原因。"共建"与"共享"是一个辩证统一的整体，二者缺一不可。在相互关系上，共享以共建为基础，共建以共享为目的，二者在整体上体现了发展手段与发展目标的统一。没有共建，共享就是一句空话，没有共享，共建就不能持久，二者在整体上体现了建设过程与建设结果的统一。因此，和谐社会的构建要坚持在共建中共享、在共享中共建，和谐民生社会建设人人有责、和谐民生社会之果人人共享，真正实现人民群众建设义务与享受权利的统一。

构建社会主义和谐民生社会以"共建"为出发点。作为一项全体人民的共同事业和宏伟目标，构建社会主义和谐民生社会只有依靠全体社会成员的积极参与和共同努力，才能实现。始终坚持马克思主义唯物史观的中国共产党，肯定人民的主体地位，依靠人民群众这股最根本最持久的力量，传承密切联系群众这个优良的传统，坚定不移地践行群众路线这项最大的政治优势。因此，在构建社会主义和谐社会过程中，加强和改进群众工作十分必要，必须紧紧依靠人民群众，要充分发挥组织群众和引导群众的作用，动员广大农民、工人、知识分子等其他社会阶层人员踊跃投身构建社会主义和谐民生社会的实践，最大限度地团结和凝聚人民群众的建设热情和创造活力，形成一股巨大的合力，推动中国特色社会主义民生事业的发展。

构建社会主义和谐社会以"共享"为落脚点。作为一项造福全体人民的伟大事业，构建和谐民生社会必须让人民群众真正得到实惠。也只有如此，才能使人民群众自觉地参与构建和谐民生社会，使其充满不竭动力。共同享有，就是要始终站在广大人民群众的立场上谋发展、谋利益、谋福祉，使改革发展成果更多更公平惠及广大人民。"立党为公、执政为民"也要求中国共产党必须坚持共享的价值原则，即在构建社会主义和谐民生社会过程中，要充分倾听民生呼声、反映民生诉求，维护民生权益，服务群众要到位、要落实，多为人民群众出实招、办实事、做好事、解难事，为人民群众带来实实在在的好处。

4. 人民共富是构建社会主义和谐社会的必由之路

共建共享和谐社会，是对邓小平"先富带后富"的共同富裕思想的深化和发展。在 21 世纪改革开放的新阶段，继续坚持先富带后富逐步实现共同富裕，是构建社会主义和谐民生社会的必由之路。共同富裕是社会主义的本质规定，这是邓小平再三强调的。胡锦涛在中国共产党第十八次全国代表大会上的报告中，进一步将共同富裕确定为中国特色社会主义的根本原则。由是观之，全面小康社会的建设、社会主义和谐民生社会的建设以及社会主义现代化国家的建设，都必须坚持走共同富裕的道路。

社会主义和谐民生社会必须以一定的经济发展水平和物质财富积累为基础。缺失生产力发展这个必需的实际前提，就必然导致普遍的贫穷和极端的贫困。显然，根据马克思的观点，贫穷不是社会主义，更不是社会主义和谐民生社会。解放和发展生产力这个硬道理，既是中国特色社会主义民生建设的根本途径，也是构建社会主义和谐民生社会的基本前提。只有坚持以经济建设为中心,大力发展社会生产力,才能为构建社会主义和谐民生社会奠定牢固而充分的物质基础。当然,建设和谐民生社会所要求的发展,是科学的发展、统筹的发展。

物质财富匮乏不是社会主义和谐民生社会,贫富两极分化也不是社会主义和谐民生社会。社会结构的协调是社会主义和谐民生社会的内在含义,社会各阶层的共同富裕是社会主义和谐民生社会基本前提。因此,构建和谐民生社会的过程中要能够合理调整社会各成员之间的收入差距,能够有效协调社会各阶层之间的利益关系,保障社会公平正义,使全体人民普遍分享改革发展的成果和收益,朝着共同富裕的目标稳步推进。也只有坚持走共同富裕的道路,不断缩减贫富差距,始终避免两极分化,才不会背离社会主义的方向,才可能实现真正的持久的长效的社会和谐。共同富裕有赖于完善的社会主义制度把社会冲突和矛盾控制在"安全阀"之内,离开制度这个"安全阀",就不可能实现社会的长治久安与和谐稳定。一是完善社会主义分配制度,合理调整国民收入的分配格局,通过税收、财政转移支付等再分配方式解决不同地区、不同产业和不同社会成员之间因基于社会权力、社会资源的占有和分配所形成的贫富差距过大的问题,不断扩大中等收入人群,使社会阶层结构逐步朝着中间大、两头小的"橄榄形"结构发展演变,逐步实现社会各阶层的共同富裕;充分发挥第三次分配的作用,弥补再分配的不足,通过建立社会救助、志愿行动、民间捐赠、慈善事业等形式的第三次分配机制,动员社会各方面力量帮扶弱势群体和困难群体。二是完善社会利益关系的协调机制,综合运用政治、经济、法律、行政等手段,妥善处理新条件下的人民内部矛盾,有效化解新形势下的社会冲突,整合社会阶层利益格局,最大限度地减少不和谐因素,使社会各阶层和睦相处,尤其是要解决好工农群众的地位和利益问题,巩固民生群众基础,促进社会和谐发展。

(四)全面建成小康社会为社会主义现代化奠定坚实基础

煦风化雨,用"四个全面"引领民生方位;润物有声,以全面小康建设造福亿万人民。从"贫穷落后"到"总体小康",从"全面建设小康社会"到"全面建成小康社会"……小康社会奋斗目标的提出和发展,标志着中国特色社会主义民生建设不断开创新阶段、迈上新台阶。

1. 两个百年奋斗目标相辅相成

党的十八大报告提出两个百年奋斗目标：一个是到中国共产党成立100年时全面建成小康社会的目标，一个是到新中国成立100年时建成富强、民主、文明、和谐、美丽的社会主义现代化国家的目标。习近平在参观《复兴之路》展览时提出实现中华民族伟大复兴中国梦的重大命题，两个百年目标构成中国梦的两层具体内涵。

中华民族的昨天，是"雄关漫道真如铁"的曲折历史。实现中华民族伟大复兴的"中国梦"，是从"天朝上国"迷梦破碎的悲痛历史中产生的。1840年的鸦片战争，英帝国主义用坚船利炮打开了中国国门，更打碎了"天朝之梦"，中国从此开始沦为半殖民地半封建社会。在西方列强和帝国主义的侵略下，民族意识与民族精神逐步觉醒，无数仁人志士为民族独立和复兴抛头颅洒热血。中国人民和中华民族在黑暗中进行80余年的艰辛探索后，终于在中国共产党的领导下完成了民主革命、民族独立、人民解放的伟大历史任务，走上实现"中国梦"的人间正道。中华民族的今天，是"人间正道是沧桑"的奋斗进程。新中国成立伊始，中国共产党带领全国各族人民，克服重重困难，历经曲折，为建设一个人民当家作主、繁荣昌盛的社会主义现代化国家而进行了不断探索，为中华民族的繁荣发展奠定了坚实基础。党的十一届三中全会以来，改革开放创造出了令世人惊叹的中国奇迹。道路决定命运，改革开放的巨大成就，证明了中国特色社会主义道路是实现中华民族伟大复兴中国梦的正确道路。中华民族的明天，是"长风破浪会有时"的美好未来。党的十八大报告中所宣告的全面建成小康社会的百年奋斗目标，既融汇了中国人民的生活理想，也勾勒了国家发展的壮丽蓝图，更铺就了民族复兴的富强之路。今天的中国，"比历史上任何时期都更接近中华民族伟大复兴的目标，比历史上任何时期都更有信心、有能力实现这个目标"。①

小康社会自古有之，但作为一种社会形态被明确地纳入百年奋斗目标，是中国共产党人的首创。"全面小康社会"具有两层内涵：一是表示人民群众的生存状态，丰衣足食、全面发展；二是用来表述中国特色社

---

① 习近平：《在参观〈复兴之路〉展览时的讲话》，《人民日报》2012年11月30日第1版。

会主义特定的初级阶段，这个初级阶段也可以理解为全面建设小康社会的阶段。全面建成小康社会，是中国特色社会主义民生事业在21世纪头20年里发展的总目标。"人民热爱生活，期盼有更好的教育、更稳定的工作、更满意的收入、更可靠的社会保障、更高水平的医疗卫生服务、更舒适的居住条件、更优美的环境，期盼着孩子们能成长得更好、工作得更好、生活得更好。"① 这是当代中国人民的民生之梦，是全面小康的群众表达。

全面建成小康社会，实现2020年国内生产总值和城乡居民人均收入在2010年基础上翻一番，真正解决13亿人的民生问题，实现中华民族的根本利益诉求，这是几千年来历朝历代都没有实现过的目标。把人口总数世界第一的大国全部带入全面小康，在一个区域发展状态呈现"四个世界"的大国建成全面小康，这是人类历史上从未有过的伟大壮举。

小康梦与中国梦相互激荡，在内容上，全面建成小康社会的阶段性目标内含于中国梦这个总目标；在发展过程上，全面建成小康社会是实现中国梦的坚定基石，是"实现中华民族伟大复兴中国梦的关键一步"②。只有小康梦"晴空一鹤排云上"，中国梦才能"桃李东风渐次开"。两个一百年奋斗目标是相互衔接的，到2020年全面建成小康社会后，中国特色社会主义事业必须继续朝着21世纪中叶建成富强民主文明和谐美丽的社会主义现代化强国的目标不断推进。因此，从这个意义上来说，"四个全面"战略布局也具有了理论的赓续性质和发展空间。

2. 全面小康社会进入决胜期

全面小康，关键在惠及人群的全覆盖，让全国人民共享全面建成小康社会的成果。习近平总书记提出的一系列全面建成小康社会的论断和要求，从执政伦理层面明确了全面小康社会的价值取向。2012年12月29日，习近平到河北阜平看望慰问困难群众时指出："全面建成小康社会，最艰巨最繁重的任务在农村、特别是在贫困地区。没有农村的小康，特

---

① 习近平：《在十八届中央政治局常委同中外记者见面时的讲话》，《人民日报》2012年11月16日第1版。

② 习近平：《在中阿合作论坛第六届部长级会议开幕式上的讲话》，《人民日报》2014年6月6日第1版。

别是没有贫困地区的小康,就没有全面建成小康社会。"① 其一,全面建成惠及十几亿人口的小康社会,"决不能丢了农村这一头","决不能让困难地区和困难群众掉队"。其二,全面建成小康社会,"一个民族都不能少"。习近平总书记指出必须加快民族地区全面建成小康社会的步伐,"一些民族地区群众困难多,困难群众多,同全国一道实现全面建设小康社会目标难度较大,必须加快发展,实现跨越式发展。"② 其三,"全面建成小康社会,没有老区的全面小康,没有老区贫困人口脱贫致富,那是不完整的"③,因此,决不能让任何一个苏区和老区的群众在全面建成小康社会的进程中掉队。2017年10月11日,习近平总书记出席亚太经合组织工商领导人会议进一步承诺,全面建成小康社会,一个人都不能少。可见,全面建成小康社会的价值取向是,无论何种地域、何种群体、何种层级、何种民族的群众,都应过上全面小康生活,从施政理念层面确立了全面小康社会的价值目标,即不让任何一人、任何一地掉队,要使全部人民、全部地域实现全面小康。没有全民小康,也就没有全面小康。

一百年,充分表明了全面建成小康社会的长期性、复杂性和艰巨性。历经60多年的社会主义探索、20多年的小康社会建设实践,如今,"中国已经进入全面建成小康社会的决定性阶段"。④ 容易的问题基本已经解决了,啃掉硬骨头是全面建成小康社会的最后一环,也是最为重要的一环。现在距实现全面建成小康社会只有几年时间了,这是一个非常重要的时间节点。"行百里者半九十",如果不在这短短的五六年内,直面矛盾,补短板,增短腿,重点解决好"三农"问题、贫困地区和少数民族地区发展问题,那么,不仅全面建成小康社会的目标不能如期完成,更有可能威胁到改革开放40年来的建设成果,甚至使之丧失殆尽。这是民

---

① 习近平:《河北阜平看望慰问困难群众时的讲话》,《人民日报》2012年12月31日第1版。
② 习近平:《在中央民族工作会议暨国务院第六次全国民族团结进步表彰大会上的讲话》,《人民日报》2014年9月30日第1版。
③ 习近平:《羊年春节前夕赴陕西看望慰问广大干部群众代表时的讲话》,《人民日报》2015年1月23日第1版。
④ 习近平:《在中阿合作论坛第六届部长级会议开幕式上的讲话》,《人民日报》2014年6月6日第1版。

生发展无法承受的代价。

全面建成小康社会,关键在于补齐短板,定向用力,从根本上解决发展不平衡、不协调、不可持续的问题。"发展是甩掉贫困帽子的总办法",农村建成全面小康,关键要抓好"三农"问题这个薄弱环节,要推进农业现代化和新农村建设,从而"破除城乡二元结构,推进城乡发展一体化,把广大农村建设成农民幸福生活的美好家园"[①]。广大困难群众依靠自我力量达到全面小康水平较难,因此要深入贫困地区,实施精准扶贫,实现精准脱贫,结对帮扶,扶贫到家;一户一策,扶贫到根;脱贫致富,同步小康。

在"十三五"时期,我国经济发展已经进入新常态,经济发展呈现出"增速换挡、结构优化、动力转换"三大特点:一是经济增长速度从高速转向中高速,增长速度不是一个固定的数,而是控制在一个合理的区间内(底线是6.5%),以保证收入翻两番目标的实现;二是经济向形态更高级、分工更复杂发展,产业迈向中高端,发展方式从规模速度为主逐步转向质量效率并重,经济结构调整从"增量扩能为主转向调整存量、做优增量并举";三是经济发展动力更为多元,由传统增长点转向新的增长点:从主要依靠资源和低成本劳动力等要素投入转向更多依靠科技创新、劳动者素质提高等要素驱动。

"十二五"时期,我国的经济实力、科技实力、国防实力以及国际地位和国际影响力又跃上了一个新台阶,为全面建成小康社会奠定了坚实基础。"十三五"时期是重要的战略机遇期,全面建成小康社会在这个时期进入了决胜阶段。"十三五"时期关系第一个"一百年奋斗目标"能否如期实现,因此必须把握好。但是我们必须清楚认识到,在"十三五"时期,我国经济社会发展仍然面临很多挑战,长期形成的经济结构矛盾难以短时期调整过来、宏观调控体系不够完善、经济发展与社会公平正义、资源生态环境之间的矛盾日益凸显……这些困难如果不尽快解决,很可能使我们在经济上陷入中等收入陷阱,从而阻碍全面建成小康社会决胜的成功。

---

① 习近平:《在湖北考察改革发展工作时的讲话》,《人民日报》2013年7月24日第1版。

3. "五大理念"凝聚小康社会决胜新共识

"建成全面小康，实质就是要解决发展起来之后的问题，从根本上说仍然是发展问题。"① 只有坚持"发展是硬道理"的战略思想，只有坚持不懈的发展，才能让全面建成小康社会的百年民生目标成为现实。经济新常态背景下的发展，更多指的是经济、政治、文化、社会的全面发展和人的素质的综合提升。为了适应经济新常态、把握新常态、引领新常态，中国共产党的十八届五中全会提出了"创新、协调、绿色、开放、共享"的发展理念，并遵循这五大发展理念的主要精神对"十三五"时期经济社会发展进行谋篇布局。经济新常态是新的发展理念形成的社会背景和现实依据，也是新的发展理念的目标旨向：用五大发展理念引领民生发展行动、增强民生发展动力、后置民生发展优势、破除民生发展难题、弥补民生发展短板，从而形成全面建成小康社会的强大合力，赢得全面建成小康社会的全面胜利。这五大发展理念，不是单个理念的创新，作为具有内在联系的集合体的创新，是综合的、系统的理论体系的创新。这五大发展理念是改革开放40年来我国发展经验的集中体现，是贯穿"十三五"乃至更长时期的发展思路、发展主线。这五大发展理念，是党对发展内涵作出的最全面最精确的概括和总结，是马克思主义发展观的与时俱进，是落实"四个全面"的有力支撑。这五大发展理念，反映出新一届中央领导集体经济建设的新思维，反映出新一届中央领导集体对我国发展规律的新认识，是指导建成全面小康社会、发展社会主义民生的新的思想灵魂。这五大理念，相互配合，整体联动，贯彻"十三五"规划的始终，为党带领全国人民成功实现全面建成小康社会这一百年民生奋斗目标，凝练发展的新共识，开拓发展的新境界，提供发展的新动力。

创新发展是实现"五位一体"总体布局下全面发展的关键动力，是建成全面小康社会的根本支撑。"坚持创新发展，必须把创新摆在国家发展全局的核心位置，不断推进理论创新、制度创新、科技创新、文化创

---

① 人民日报社评论部：《"四个全面"学习读本》，人民出版社2015年版，第45页。

新等各方面创新,让创新贯穿党和国家一切工作。"① 创新是重要的发展基点,创新不仅是引领民生发展新方向、培育民生发展新动力,也是拓展民生发展新空间。坚持创新发展,有助于加快形成经济发展新方式,着力提高民生事业发展质量和效益。

协调发展是形成平衡发展结构、提升发展整体效能的有力保障,是推进事业全面进步、持续健康发展的重要保证,是全面建成小康社会之"全面"的内在要求。建成全面小康,必须坚持区域协同、城乡一体、物质文明精神文明并重,促进新型工业化、信息化、城镇化、农业现代化同步发展,进一步增强发展整体性、协调性和平衡性,弥补民生保障、社会事业发展、生态环境保护、贫困人口脱贫等明显短板。

绿色发展是实现生态环境质量总体改善、生态文明永续发展的重要途径,是建成全面小康社会之"人与自然和谐发展新格局"的必由之路。"坚持绿色富国、绿色惠民,为人民提供更多优质生态产品,推动形成绿色发展方式和生活方式,协同推进人民富裕、国家富强、中国美丽。"②从民生事业的发展角度来说,要加快建设主体功能区,发展低碳循环经济,将生态民生建设融入经济民生建设、政治民生建设、文化民生建设、社会民生建设各方面和全过程,实现绿色发展,建设生态小康。

开放发展,是全面建成小康社会顺利进行的必要条件,是全面小康新升级的应然选择。中国的命运与世界的命运息息相关,全国各族人民的幸福安康是全面建成小康的内涵,世界共同繁荣发展是全面建成小康的外延。开放发展要东中西协调,要陆海统筹,推进"一带一路"建设,完善对外开放体制,形成全方位开放战略格局,积极参与全球治理,构建合作共赢的利益共同体,从而为全面建成小康提供新的经济增长点、拓展经济发展空间、培育良好国际环境。

共享发展,是社会主义本质要求的体现,是增进人民福祉的着力点,也是全面建成小康社会的必然结果。"坚持共享发展,必须坚持发展为了人民、发展依靠人民、发展成果由人民共享,作出更有效的制度安排,

---

① 中共中央关于制定国民经济和社会发展第十三个五年规划的建议, http://finance.ifeng.com/a/20151103/14054229_0.shtml, 2015年11月3日/2015年12月15日。

② 同上。

使全体人民在共建共享发展中有更多获得感,增强发展动力,增进人民团结,朝着共同富裕方向稳步前进。"① 共享发展,必须注重机会公平和权利公平,保障改善基本民生,让大多数人受益。共享发展旨在引导广大人民积极参与社会主义现代化建设,让人民群众尤其是困难群体、弱势群体更多分享民生建设成果,从而实现全体人民共同迈入全面小康社会,使全面建成小康社会得到人民群众的支持和认同,也得到国际社会的认可和赞同。

二 民生建设路径：全面协调统筹发展

改革开放40年以来,中国共产党历届中央领导集体在推进民生事业的发展实践中,坚持全面协调、统筹兼顾的基本原则,推进社会主义经济民生、政治民生、文化民生和社会民生的全面、协调、可持续发展,努力满足民生诉求、保障民生权益,不断提升人民生活水平,从而回答了中国特色社会主义民生事业在21世纪科学发展的根本问题,指明了民生发展的方向和路径,沿着中国特色社会主义民生发展道路不断探索。伴随着中国特色社会主义总体布局的不断扩展,中国特色社会主义民生事业的建设格局也由"一个文明"发展到"两个文明""三个文明",由"四位一体"演进到"五位一体"。全面协调统筹发展的建设思路是中国特色社会主义民生事业一以贯之的主线。格局彰显气派,格局决定高度,随着时代发展不断完善的民生建设格局,不断开创中国特色社会主义理论体系的新境界,标注中国特色社会主义民生建设的新道路,决定中国特色社会主义民生思想的新高度。

(一) 物质文明和精神文明两手抓

建设社会主义物质文明,促进经济民生的发展;建设社会主义精神文明,促进文化民生的发展。因为人民群众的需要是物质与文化的双重需要,所以必须实现经济民生与文化民生的全面发展。在最大限度上满

---

① 中共中央关于制定国民经济和社会发展第十三个五年规划的建议,http://finance.ifeng.com/a/20151103/14054229_0.shtml,2015年11月3日/2015年12月15日。

足人民群众日益增长的物质与文化需要,这是物质文明和精神文明两手抓的出发点和落脚点。

1. 建设好两个文明

"文化大革命"十年,民生凋敝。"以阶级斗争为纲",政治不稳定,"四人帮"搞乱了人们的思想,同时,经济建设和生产力发展严重不足,生活物资十分匮乏,社会的精神文化产品基本被单一的样板戏所垄断,因此,无论是在物质上还是在精神上,人民群众生活水平普遍较低。正是在深刻总结传统社会主义建设模式的经验与教训的基础上,邓小平萌发了抓好两个文明的思想。在1979年10月的中国文化艺术工作者第四次代表大会上,邓小平首次明确提出:"我们要在建设高度物质文明的同时,提高全民族的科学文化水平,发展高尚的丰富多彩的文化生活,建设高度的社会主义精神文明。"[①] 这标志着邓小平物质文明与精神文明两手抓理论思想的开端。在改革开放事业不断推进的过程中,邓小平围绕着两个文明建设,从建设有中国特色社会主义的各个领域、针对不同方面的问题,提出了一系列具有开创性、科学性和预见性的理论观点,形成了比较完整的两个文明两手抓的理论。

抓好精神文明建设,具体包括四个方面,以下四个"两手抓"凝聚了邓小平关于两个文明建设的主要思想。其一,一手抓改革开放,一手抓反对资产阶级自由化。1989年9月,邓小平在会见华裔李政道先生时讲到,"四个坚持的对立面是资产阶级自由化"[②],坚持四项基本原则是改革开放的根本立场,反对资产阶级自由化也是改革开放的根本立场。这表明,始终坚持社会主义道路是改革开放的内在要求,而反对资产阶级自由化则是坚持社会主义正确方向的重要保证。其二,一手抓物质建设,一手抓社会主义法制。1986年1月17日,邓小平在中央政治局常委会上明确指出:"搞四个现代化一定要有两手,只有一手是不行的。所谓两手,即一手抓建设,一手抓法制。"[③] 法治文明是社会主义精神文明的重要内容,只有坚定不移地推进社会主义法制建设,才能为物质文明和精

[①] 《邓小平文选》第2卷,人民出版社1994年版,第208页。
[②] 《邓小平文选》第3卷,人民出版社1993年版,第324页。
[③] 同上书,第154页。

神文明建设提供坚实的制度保障。其三,一手抓经济发展,一手抓打击经济犯罪。1982年4月10日,邓小平在中共中央政治局讨论坚决打击经济犯罪活动的讲话中指出:"我们要有两手,一手就是坚持对外开放和对内搞活经济的政策,一手就是坚决打击经济犯罪活动。"① 严厉打击经济犯罪活动,关乎改革开放成败的大局。只有建设文明合法的市场秩序,才能保证对外开放、对内搞活经济的正确方向。其四,一手抓改革开放,一手抓惩治腐败。党的建设关系到改革开放的成败,关系到党和国家的兴衰存亡,同样,政党文化建设、廉政文化建设对社会主义精神文明建设具有重要意义。1989年6月16日,邓小平在同中央领导同志的谈话时着重强调:"我们一手抓改革开放,一手抓惩治腐败,这两件事结合起来,对照起来就可以使我们的政策更加明朗,更能获得人心。"②在邓小平看来,惩治腐败、建设好党是改革开放顺利进行的关键,必须要以端正党风引领全社会风清气正。

坚持物质文明与精神文明两手抓,是对社会主义初级阶段生产与需求这一主要矛盾的有效回应。邓小平反复强调建设好两个文明,其旨向就在于不断提高社会综合生产力,使社会财富越来越多地涌现出来,不断地满足人民群众日益增长的物质和文化需求。坚持物质文明与精神文明两手抓,是建设中国特色社会主义理论的重要战略思想。1985年3月7日,邓小平在全国科技工作会议上指出:"在建设具有中国特色的社会主义社会时,一定要坚持发展物质文明和精神文明。"③ 两个文明两手抓,是推动中国特色社会主义事业全面发展的客观需要。只有建设好两个文明,切实改善人民群众的物质文化生活,才能彰显中国特色社会主义的优越性,才能实现对资本主义的超越。1992年年初,邓小平在南方谈话中又强调了建设有中国特色的社会主义,必须坚持物质文明与精神文明两手抓,不但要发展好经济,也要搞好社会精神文明。两个文明两手抓,是中国共产党在社会主义现代化建设中长期坚持的工作方针和领导艺术。"两手抓"思想体现了辩证唯物主义的矛盾论原理,强调两点论

---

① 《邓小平文选》第2卷,人民出版社1994年版,第404页。
② 《邓小平文选》第3卷,人民出版社1993年版,第314页。
③ 同上书,第110页。

和重点论的统一,既重视主要矛盾,也重视次要矛盾,既看到矛盾的主要方面,也看到矛盾的次要方面,以实现事物的全面发展。其实际运用,就是中国共产党在改革开放的伟大实践中在大力发展物质生产力的同时,要建设好社会主义精神文明。"实践是检验真理的唯一标准",经过改革开放多年的实践检验,闪耀着马克思主义唯物辩证法光辉的"两手抓"理论,是社会主义现代化建设的正确战略方针,是党和国家宝贵的精神财富。

2. 一手抓物质文明

大力发展生产力是社会主义的根本任务,建设好物质文明是中国特色社会主义民生事业发展的基本要求。马克思主义历来认为,社会主义要优于资本主义。那么,生产力发展水平和人民群众的生活水平长期停止在很低的水平是社会主义吗?显然不是!新中国成立至改革开放的30年中,我国社会主义建设走了一段曲折的路程。党的十一届三中全会转移了工作重点,拉开了改革开放的伟大序幕,从此走上了中国特色社会主义的道路。正是在这样的背景下,邓小平提出了社会主义的任务就是"要发展社会生产力"①的论断。党和国家的工作重点转移到经济建设上来,这标志着发展生产力成为社会主义初级阶段全部工作的中心。理所当然,是否有利于发展生产力,有利于摆脱贫穷落后,应当成为我们着手一切改革的出发点和检验改革得失成败的最主要标准。更进一步,我们从增强国家实力与改善民生的角度来审视生产力的发展,就必然要把生产力提升到社会主义现代化建设全局的高度来评判。"对实现四个现代化是有利还是有害,应当成为衡量一切工作的最根本的是非标准"②,所以,在社会主义初级阶段必须集中力量进行社会主义现代化建设,这是发展社会生产力所要解决的重要历史任务。邓小平在1992年南方谈话中提出社会主义本质论,则是站在人类社会发展目标的高度阐明了解放和发展生产力是社会主义制度的自觉要求,其最终目的是实现共同富裕。邓小平还十分强调,生产力发展不起来,人民物质文化生活改善不了,劳动积极性就永远调动不起来。只强调牺牲精神,不重视物质利益,这

---

① 《邓小平文选》第3卷,人民出版社1993年版,第157页。
② 《邓小平文选》第2卷,人民出版社1994年版,第209页。

是唯心论的表现。根据马克思主义唯物史观的原则，发挥人民群众的力量搞社会主义建设，既要讲奉献，也要讲物质利益，而且要实现二者的协调。

改革是发展生产力，也是解放生产力。发展生产力首先要解放生产力。邓小平曾指出："革命不只是搞阶级斗争。生产力方面的革命也是革命，而且是很重要的革命，从历史的发展来讲是最根本的革命。"[1]可见，革命的本质不在于开展阶级斗争，也不在于推动社会制度与社会形态的更迭，而是实现生产力与生产关系的发展。革命是解放生产力，通过新民主主义革命推翻封建主义和帝国主义的统治，通过社会主义革命打倒官僚资本主义，从而解放中国人民的生产力。"改革的性质同过去的革命一样，也是为了扫除发展社会生产力的障碍，使中国摆脱贫穷落后的状态"，[2]邓小平的这句话表明，改革具有革命的性质，也是解放生产力。通过改革开放改变束缚生产力发展的计划经济体制，代之以社会主义市场经济体制，激发社会活力，推动生产力的快速发展。社会主义社会依然要解放生产力，只讲发展生产力是片面的，完整的表达还要加上通过改革解放生产力。社会主义本质论进一步揭示了社会主义条件下还有解放生产力的历史任务，突破长期以来把解放生产力只是同阶级斗争联系到一起的认识。改革是解放生产力的必由之路。具体来说，对于阻碍社会主义生产力发展的上层建筑要坚决进行变革，对于超越了生产力水平的社会主义性质的生产关系，要坚决进行变革，由平均主义到按劳分配就是一个例子。

在生产力极其落后、商品经济不发达的条件下，只有依靠改革才能推动经济发展，才能解决社会主义初级阶段的主要矛盾。改革的旗帜一竖起，农村的土地改革便如火如荼地开展，通过家庭联产承包责任制的建立和推广，极大调动了农民的生产积极性，农业粮食产量和发展效益大幅度增加；紧接着是城市经济体制改革，主要是国有企业改革和计划经济变革，推动了经济发展，提高了人民群众的生活水平。1987年10月，邓小平这样描述改革的成就："经过近九年的努力，百分之九十的农

---

[1] 《邓小平文选》第2卷，人民出版社1994年版，第311页。
[2] 《邓小平文选》第3卷，人民出版社1993年版，第135页。

村人口解决了温饱问题,全国人均国民生产总值提前两年完成了原定十年内翻一番的任务。"① 也就是基本达到了社会主义建设三步走战略的第一个目标——解决温饱问题。邓小平又指出,要加快改革的步伐,朝着小康社会的目标继续进发。

科学技术是第一生产力,要依靠科技进步推动经济发展。20世纪七八十年代以来,随着科学技术进步在社会经济发展中的作用愈加显著,以科技发展为主要动力的经济、军事、国家综合实力的国际竞争日趋激烈。1988年9月5日,邓小平在会见捷克斯洛伐克总统古斯塔夫·胡萨克时说:"马克思说过,科学技术是生产力,事实证明这话讲得很对。依我看,科学技术是第一生产力。"② 这是一个高瞻远瞩的论断,是一个加速我国生产力发展进程的论断。同年9月12日,邓小平在听取中央领导同志工作汇报中谈到科技发展问题,他再次强调了科学技术在生产力中的首要地位。1992年年初,邓小平在南方谈话中指出,正是科学技术这个第一生产力的带动作用,经济产业才能实现迅速的发展。因此,他也提出了中国必须搞好高科技、在世界占有一席之地的要求。邓小平关于科学技术在生产力和社会经济发展中第一位作用的理论概括,充分论证了必须依靠科技和教育来发展经济。只有这样,才能顺利完成推进传统产业革命、迎头赶上世界新技术革命的双重任务,也才能真正实现社会主义现代化。如何推动我国科技和教育的发展?邓小平认为,一方面要加大科教投入,切实解决好科教人员的生活待遇问题,创造人才成长的环境,提供施展才能的舞台;同时要加快科技体制改革,进一步解决科技和经济结合的问题;另一方面,要加快开放的步伐,博采世界各国之所长,大胆吸收和借鉴发达资本主义国家先进的科学技术和管理经验。

发展社会主义生产力要充分利用市场经济的作用。新中国成立后,经过社会主义改造,建立了社会主义制度,同时也形成了高度集中的计划经济体制。由于长期坚持一大二公的公有制经济制度,改革开放初期一直对计划与市场的关系的认识存在误区,简单地将市场等同于资本主义,将计划等同于社会主义。思想上背包袱,害怕发展市场和私有制,

---

① 《邓小平文选》第3卷,人民出版社1993年版,第256页。
② 同上书,第274页。

走上资本主义道路,从而导致改革开放迈不开步子。为了打消发展市场经济会带来私有制,从而破坏社会主义公有制经济这类的顾虑,邓小平强调要在改革中不断完善和发展公有制的实现形式,即在我国社会主义初级阶段,在坚持公有制和按劳分配主体地位的同时,要根据生产力发展的客观要求来确定公有制的实现形式和以公有制为主体的所有制结构。对于计划与市场的关系,邓小平在1987年2月同中央负责同志谈话时指出:"计划和市场都是方法嘛。只要对发展生产力有好处,就可以利用。"① 其核心就在于计划和市场都是发展生产力的方法,判断其属性要看它们为谁服务。如果计划和市场都为建设中国特色社会主义事业所用,那就是社会主义的,关键是要用得好,用得正确。在1992年的南方谈话中,邓小平又强调:"计划多一点还是市场多一点,不是社会主义与资本主义的本质区别。计划经济不等于社会主义,资本主义也有计划;市场经济不等于资本主义,社会主义也有市场。"这番讲话进一步阐明了计划和市场都是发展社会主义生产力的经济手段,从根本上解除了发展市场经济就是走资本主义道路的思想束缚,突破了只有搞计划经济才是纯而又纯的社会主义这样的传统观念。邓小平关于计划与市场的科学论述,奠定了社会主义市场经济体制的理论基础,推动了社会主义市场经济体制的建立,为社会主义物质文明的发展扫清了思想障碍,把建设有中国特色的社会主义推进到了一个新的阶段。

3. 一手抓精神文明

邓小平对社会主义精神文明建设的重要作用、主要内容、根本任务、基本路径等方面作了比较详细的阐述,科学地指导社会主义精神文明建设的开展,并在这一过程中初步形成了关于社会主义精神文明建设的思想理论。1980年12月,邓小平在《贯彻调整方针,保证安定团结》的讲话中着重强调:"我们要建设的社会主义国家,不但要有高度的物质文明,而且要有高度的精神文明。"② 在他看来,如果没有科教文卫事业的发展,没有共产主义的思想、纪律、道德和信念,就没有社会主义精神文明的发展,也就不可能建设好中国特色社会主义。1985年9月,邓小

---

① 《邓小平文选》第3卷,人民出版社1993年版,第203页。
② 《邓小平文选》第2卷,人民出版社1994年版,第367页。

平在中国共产党全国代表会议讲道："只有社会主义才能消除资本主义和其他剥削制度所必然产生的种种贪婪、腐败和不公正现象。"① 这充分表明了,精神文明建设是彰显社会主义制度优越性的内在要求。

科学文化建设和思想道德建设是社会主义精神文明建设的最主要的两个方面。改革开放鼓励致富,但要反对极端个人主义、损人利己、唯利是图、"一切向钱看"的腐朽思想。所以邓小平提出,"为了国家和集体的利益,为了人民大众的利益,一切有革命觉悟的先进分子必要时都应当牺牲自己的利益"。② 也就是说,在肯定个人合法的物质利益的基础上,提倡个人利益服从国家和集体的利益。青少年是祖国的未来,必须加强他们的思想道德教育,因此,"要加强各级学校的政治教育、形势教育、思想教育,包括人生观教育、道德教育"。③ 要教育人民群众尤其是青少年成为"四有"新人,提高全民族的科学文化素质和思想道德素质,这是社会主义精神文明建设任何时候都不能忽略的方针。1983 年 4 月,邓小平在会见印度共产党中央代表团时指出:"建设社会主义的精神文明,最根本的是要使广大人民有共产主义的理想,有道德,有文化,守纪律。"④ 1985 年 3 月,他在全国科技工作会议上再次强调道:要教育全国人民坚持"五讲四美三热爱",做"四有"公民。邓小平还指出,特别要注重教育人民群众尤其是青少年树立社会主义信念,做德智体美全面发展的社会主义接班人,坚定为共产主义崇高理想而奋斗。

科学文化建设和思想道德建设是一项长期任务,造福千秋万代。而面对改革开放后已经出现的种种问题,邓小平认为首先要着眼于党风政风和社会风气的根本好转。而且,"抓精神文明建设,抓党风、社会风气好转,必须狠狠地抓,一天不放松地抓,从具体事件抓起"。⑤ 端正党风政风,是端正社会风气的关键。党员干部要以身作则,发扬艰苦奋斗、廉洁奉公、服从大局的精神,坚守共产主义思想和共产主义道德;要加强全党的组织性和纪律性,全体党员和党的各级组织都要严守党章的规

---

① 《邓小平文选》第 3 卷,人民出版社 1993 年版,第 143 页。
② 《邓小平文选》第 2 卷,人民出版社 1994 年版,第 337 页。
③ 同上书,第 369 页。
④ 《邓小平文选》第 3 卷,人民出版社 1993 年版,第 28 页。
⑤ 同上书,第 152 页。

定，必须服从上级组织，服从党中央。邓小平还指出，要从教育入手切实改善社会风气，由适当的人对影响社会风气的重要思想问题进行周到细致、有充分说服力的教育，对人民群众关心的实际生活问题和时事政策问题进行据实讲解和切实解决；为了防止被资本主义势力侵蚀腐化，要抓好理想纪律教育、共产主义教育和爱国主义教育，提高民族自尊心和自信心。邓小平认为，党风和社会风气的改善都离不开建设一支强有力的思想政治工作队伍。只有加强思想政治工作，精神文明建设才有方向保障。对于向全社会提供精神产品的思想、文化、教育、卫生部门，邓小平作出重要指示："都要以社会效益为一切活动的唯一原则，它们所属的企业也要以社会效益为最高准则。"①根据邓小平的论述，党要加强对精神文明建设的领导，科教文卫部门要积极贯彻党的方针、政策，把社会效益放在首位，生产出更多满足人民群众文化需求的精神产品；而且，还要坚决抵制资本主义腐朽文化在中国的传播，坚决反对资产阶级自由化的宣传和鼓动。

4. 两手抓，两手都要硬

改革开放后，经济发展成为中心任务，物质文明建设取得了举世瞩目的成就。但与此同时，思想政治工作和精神文明建设却没有得到应有重视，其效果不够理想。在1989年政治风波后，邓小平进一步提出了"两手抓，两手都要硬"的观点，使"两手抓"理论得到了进一步深化和完善。1989年6月9日，邓小平在接见首都戒严部队军以上干部时的讲话中严肃指出改革开放十年来教育尤其是思想政治教育的失误，物质文明与精神文明两手抓出现了明显的不足："一手比较硬，一手比较软。一硬一软不相称，配合得不好。"②并要求，今后在制定方针政策中要切实考虑到两个文明协调发展的问题。物质文明与精神文明两手抓，不能只抓一手，也不能一手硬、一手软，而要同时抓，两手都要硬抓。早在1985年3月，邓小平在全国科技工作会议上讲话时就告诫全党，一定要坚持物质文明和精神文明的全面发展，才能建设好具有中国特色的社会主义社会。换言之，只有两个文明都建设好了，才能不断提高人民的生活质

---

① 《邓小平文选》第3卷，人民出版社1993年版，第145页。
② 同上书，第306页。

量，才能实现社会主义现代化的要求，才能说中国特色社会主义事业取得了全面的成功。1992年年初，邓小平在南方谈话中再次强调，要坚持两手抓，物质文明和精神文明都要搞上去，不仅要发展好经济，也要搞好社会秩序和社会风气。

坚持"两手抓、两手都要硬"的方针，这是物质文明与精神文明内在关系的必然要求。一方面，社会主义物质文明建设是精神文明建设的现实载体和物质基础。1984年，邓小平在视察完经济特区后指出："听说深圳治安比过去好了，跑到香港去的人开始回来，原因之一是就业多，收入增加了，物质条件也好多了，可见精神文明说到底是从物质文明来的嘛！"[①] 他在南方谈话中的讲话也充分说明了这一点，只要坚持两手抓，在搞好生产力的同时，就可以发展好社会主义精神文明。另一方面，社会主义精神文明为物质文明的建设提供精神动力；物质文明建设是精神文明建设的基础，精神文明建设可以反作用于物质文明建设。邓小平还从这个角度阐述了社会主义精神文明建设的必要性和重要性：其一，抓好精神文明建设，严厉打击各种犯罪活动，抵御资本主义腐朽思想和各种丑恶现象，为改革开放和经济发展创造一个良好的政治社会环境；其二，通过加强精神文明建设，推动人们解放思想、更新观念，解除计划经济体制下的思想束缚，为物质文明发展提供思想保证和方向指引、精神动力和智力支撑。

（二）物质文明、精神文明、政治文明三位一体

文明是人类所构建的人与人的、人与自然的、人与社会的基于一定自然禀赋和原始规定的生存发展状态。按照人类社会实践活动来区分，物质文明是改造自然的物质生产实践的成果，如第一、二、三产业的生产力；精神文明是科学实验以及精神生产实践的成果，如伦理、哲学、宗教、艺术、道德等，政治文明是改造社会关系实践的制度形态成果，如国体、政体、法律体系等。从文明的社会性意义来说，物质文明、精神文明、政治文明概括了中国特色社会主义民生建设的三大方向——经济民生、文化民生和政治民生。物质文明、精神文明、政治文明"三位

---

① 《邓小平文选》第3卷，人民出版社1993年版，第52页。

一体"即经济民生、文化民生和政治民生"三位一体",是中国特色社会主义民生思想的重要组成部分,是推进中国特色社会主义民生建设的有力思想武器。

1. 三个文明一起抓

建设有中国特色社会主义的经济、建设有中国特色社会主义的政治和建设有中国特色社会主义的文化,是江泽民在党的十五大报告中提出的社会主义初级阶段的基本纲领。这个纲领,是根据邓小平理论,围绕建设富强、民主、文明的社会主义现代化国家的目标所提出来的,是社会主义初级阶段党的基本路线在经济发展、政治发展、文化发展方面的具体展开。党的十三届四中全会以来,以江泽民为核心的第三代中央领导集体,在领导全党和全国人民继续推进改革开放和社会主义民生事业的进程中,提出了一系列关于物质文明建设的新思路和精神文明建设的新论述,推进和发展了邓小平的社会主义文明建设理论,并在物质文明和精神文明"两手抓"思想的基础上,创新性地提出了建设社会主义政治文明,从而形成了"物质文明、政治文明、精神文明"三个文明一体建设的重要思想。2001年1月,江泽民在全国宣传部长会议上提出"政治文明"的概念,法治是社会主义政治建设的重要内容,隶属于政治文明的范畴;德治是社会主义思想建设的重要内容,隶属于精神文明。德治与法治虽然各属不同的范畴,但它们在社会主义建设中的地位和作用都是十分重要的,二者缺一不可。在"5·31"讲话中,江泽民进一步指出,推动社会主义民主政治的创新与发展,进一步提升社会主义政治文明的建设水平,是发展社会主义政治民生的基本内容,也是社会主义现代化建设的重要目标。之后,建设社会主义政治文明在党的十六大上被确定为全面建设小康社会的重要目标,党的十六大报告进一步提出了"发展社会主义市场经济、社会主义民主政治和社会主义先进文化,不断促进社会主义物质文明、政治文明和精神文明的协调发展"[1]的目标。

物质文明、政治文明、精神文明三大领域共同组成了中国特色社会主义这个有机整体,经济民生、政治民生、精神民生构成了中国特色社会主义民生建设的基本内容。社会主义经济建设、政治建设和文化建设

---

[1] 《江泽民文选》第3卷,人民出版社2006年版,第574页。

有各自的目标、原则与路径，物质文明、政治文明和精神文明有各自的发展规律，而又彼此紧密联系、互相渗透、相互影响。"物质资料的生产方式制约着整个社会的经济生活、政治生活和精神生活的过程"，代表生产力发展程度的物质文明为政治文明和精神文明的发展提供物质基础。但不能简单认为政治文明和精神文明是物质文明的派生物，政治文明和精神文明也可以影响甚至在一定条件下决定物质文明的发展。社会主义政治文明所反映的是政治上层建筑的制度化和规范化水平，在一定程度上决定物质文明和精神文明的性质，并为这两个文明的建设提供强大的政治保证和法律保障。文化与经济、政治相互交融，精神文明的进步能够为物质文明和政治文明的建设提供思想保证和方法指导、精神动力和智力支撑。

在思想层面，社会主义物质文明、政治文明和精神文明的全面发展实现了马克思主义中国化的重大发展，实现了社会主义建设理论的重大突破；在实践层面，社会主义物质文明、政治文明和精神文明的全面发展丰富和推进了建设有中国特色社会主义的伟大实践。"三个代表"重要思想是统领"三个文明"全局的行动指南，指导着"三个文明"建设的方向和内容；"三个文明"是具体的目标，体现"三个代表"重要思想的精神实质。始终以全面的发展观坚持"三个文明"一起抓，"三个民生"共同建设，这对于加快全面建设小康社会和社会主义现代化的步伐具有重要意义，对于推进中国特色社会主义民生事业的全面发展具有重要意义。

2. 建设有中国特色社会主义的物质文明

必须坚持不懈地发展先进生产力，建设有中国特色社会主义的物质文明。中国处于并将长时期处于社会主义初级阶段，这是摆在以江泽民为核心的中央领导集体面前的最大实际。落后的社会生产力无法满足人民日益增长的物质文化需要，这个基本矛盾贯穿于社会生活的各个方面。在初级阶段建设中国特色社会主义，必须从人口多、底子薄的基本国情出发，把集中力量发展社会生产力摆在首要位置。江泽民在党的十五大上也明确提出，要牢牢抓住经济建设这个全党全国工作的中心，各项工作都要服从和服务于经济建设，以解决主要矛盾，有效地促进其他社会矛盾的解决。根据马克思主义的观点，生产力是社会发展的最终决定力量，是物质文明的核心要素，只有通过不断改革使社会主义生产关系适应生产力的发展，通过不断调整使社会主义上层建筑适应经济基础的建设，以先进的生产力取代落后的生产力，才能为中国特色社会主义物质文明构筑发达的生产力基础。党的十五大报告提出了"建设有中国特色社会主义的经济"这个新命题，其总体要求就是以"一个中心、两个基本点"为核心，坚持解放和发展生产力，发展社会主义市场经济，创造出高度发达的社会主义物质文明。

国富民强是社会主义物质文明发展的总体目标，是社会主义经济民生建设的基本追求。江泽民指出，"发展经济的根本目的是提高全国人民的生活水平和质量"。① 毫无疑问，大力发展先进生产力，增强国家综合国力，使人民生活日益改善，既是社会主义经济建设的根本任务所在，也是社会主义本质的内在要求。为此，中国共产党领导中国人民建设社会主义物质文明，必须做到始终代表先进生产力的发展要求，也就是"党的理论、路线、纲领、方针、政策和各项工作，必须努力符合生产力发展的规律，体现不断推动社会生产力的解放和发展的要求"。② 国富民强是全面建设小康社会、实现社会主义现代化的关键性的一步，因此，必须要将经济发展的成果惠及全体人民，以国家富强、综合实力的提升带动人民的收入与消费水平的不断提高，进而满足群众多样性的民生需求；同时，要增加公共事业的投入，加快提高教育、医疗、卫生、食品安全等事域的公共服务水平，为人民群众创造一个更方便、更实惠的民生环境；贫困群体的民生也是不可或缺的，所以要增加扶贫开发广度和深度，解决贫困人民的温饱问题，并逐步使他们过上小康生活。

社会主义市场经济体制是社会主义物质文明发展的制度保障。我国经济体制由计划经济向社会主义市场经济转轨基本是在1978年到1993年期间完成的。在这一时期内，社会主义市场经济体制的确立和社会主义市场经济理论的形成经历了三个发展阶段：从党的十一届三中全会到党的十二大，由"完全排斥限制市场经济"到"市场经济是社会主义经济的重要补充"；从党的十二大到党的十三大，由"计划经济为主，市场调

---

① 《江泽民文选》第3卷，人民出版社2006年版，第552页。
② 同上书，第272—273页。

节为辅"到"建立在公有制基础之上的有计划的商品经济";从党的十三大到党的十四大,由"计划经济和市场经济相结合"到"市场在国家宏观调控下对资源配置起基础性作用"。社会主义市场经济是由市场经济与社会主义基本制度结合而成,因此它既不同于传统的社会主义计划经济模式,也区别于资本主义市场经济模式。显然,社会主义市场经济有两个典型的特征:第一个是社会主义特征,即坚持公有制的主体地位与共同富裕的根本目标,这保证了社会主义发展成果始终属于广大人民群众,保证了社会主义物质文明惠及全体人民的民生旨向;第二个是市场经济特征,即市场在资源配置中发挥基础性作用,但由于前一个特征的存在,所以市场经济特征是富有中国特色的,即要以国家宏观调控为前提。从理论发展的角度来说,社会主义市场经济实现了人类社会经济发展方式的创新和突破,赋予了马克思主义政治经济学新的时代内涵。1993 年 11 月,《中共中央关于建立社会主义市场经济体制的决定》在党的十一届三中全会上正式通过,这进一步明确了建立社会主义市场经济体制的基本框架:建立健全集经济手段、法律手段、行政手段为一体的国家宏观调控体系,有效弥补市场在资源配置中的缺陷,保障社会主义市场经济的平稳发展;深化国有企业改革,建立规范完善的现代企业制度;培育和发展统一、开放、竞争、有序的现代市场体系,建设市场诚信机制,激发市场活力并加以正确引导;建立和完善我国基本经济制度,这是社会主义市场经济体制有序运转的基石。一方面巩固和发展国有经济、集体经济等公有制经济,发挥社会主义制度优越性,促进共同富裕,另一方面鼓励、支持和引导个体、私营等各种形式的非公有制经济发展,充分调动社会各方面参与社会主义物质文明建设的积极性。此外,还要建立合理的个人收入分配制度和多层次的社会保障制度,确保改革红利和物质文明建设成果真正惠及民众、由人民共享。坚持和完善按劳分配为主体的多种分配方式,一切有利于民生经济发展的因素竞相迸发;而社会保障制度为民生发展编织了一张安全网,不断提高社会民生发展的最低水平。

3. 建设有中国特色社会主义的精神文明

在整个中国特色社会主义事业建设中,建设社会主义精神文明的战略地位十分重要、发展意义十分突出,它关系到中国特色社会主义民生事业的兴旺发达和社会主义现代化的全面推进。"在抓紧社会主义物质文明建设的同时,必须抓紧社会主义精神文明建设,坚决纠正一手硬、一手软的状况。"① 这是江泽民在党的十三届四中全会上对邓小平提出的"两手抓、两手都要硬"思想的重申和强调。"社会主义社会是全面发展、全面进步的社会,社会主义现代化事业是物质文明和精神文明相辅相成、协调发展的事业。"② 因此,必须坚持物质文明和精神文明一起抓。经济民生与文化民生,缺了任何一个,都不能发展好社会主义民生事业;物质文明和精神文明,缺了任何一个,都不能建设成中国特色社会主义。党的十三届四中全会以后,以江泽民为核心的党中央领导集体不断提高对社会主义精神文明建设的重视程度,大力推进思想政治工作和社会主义思想道德建设,使精神文明建设步入了新的阶段。加强党自身的思想建设,是建设中国特色社会主义精神文明的中心环节。中国共产党代表先进文化的前进方向,建设好社会主义精神文明的关键在党。通过开展"讲学习、讲政治、讲正气"等教育活动,加强纪律教育和民主法制教育,加强党风廉政建设,从而以党的先进性引领社会主义精神文明的发展。"在全社会形成共同理想和精神支柱,是有中国特色社会主义文化建设的根本。"③ 因此,建设中国特色社会主义精神文明,必须把握好社会主义思想道德建设这一重要内容。具体来说,要在全社会倡导爱国主义、集体主义、社会主义思想,广泛进行以为人民服务为核心、集体主义为原则的社会主义道德教育,普遍开展群众性精神文明创建活动,引导人们自觉抵制享乐主义、拜金主义、极端个人主义等腐朽思想,树立正确的世界观、人生观和价值观,从而培育有理想、有道德、有文化、有纪律的社会公民。尤其要加强青少年思想道德教育工作,这是关系国家前途命运的大事,江泽民对全国各界青年提出了"四个统一"的殷切希望:学习文化与加强思想修养的统一、学习书本知识与投身社会实践的统一、实现自身价值与服务祖国人民的统一、树立远大理想与进行艰苦奋斗的统一。

中国特色社会主义精神文明建设必须坚持正确的指导思想,即要用

---

① 《江泽民文选》第1卷,人民出版社2006年版,第60页。
② 《江泽民文选》第3卷,人民出版社2006年版,第276页。
③ 《江泽民文选》第2卷,人民出版社2006年版,第33页。

"三个代表"重要思想统领社会主义精神文明建设。邓小平认为,坚持马克思列宁主义和毛泽东思想的指导是中国特色社会主义事业的根本,因而也是精神文明建设的根本。江泽民毫不动摇地坚持并发展了邓小平关于中国特色社会主义精神文明建设指导思想的观点。他在"5·31"讲话中明确指出:"要坚持和巩固马克思列宁主义、毛泽东思想、邓小平理论在意识形态领域的指导地位,用'三个代表'要求统领社会主义文化建设。"① 党的十六大把马克思主义中国化的重要理论成果——"三个代表"重要思想正式确立为党的指导思想,由此,建设中国特色社会主义精神文明要以"三个代表"重要思想为根本指针,发展中国特色社会主义民生事业要以"三个代表"重要思想为理论指南。

建设有中国特色社会主义的精神文明,要有问题导向、世界眼光和发展思维,即要发展面向现代化、面向世界和面向未来的社会主义先进文化。建设有中国特色社会主义的精神文明要坚持"百花齐放、百家争鸣"的方针,要在弘扬主旋律的基础上提倡多样化发展,促进社会主义文化的大繁荣。建设有中国特色社会主义的精神文明,关键要恪守"为人民服务"的原则,坚持为"社会主义服务"的方向,发展民族的科学的大众的社会主义文化,满足人民群众日益增长的文化需求,不断丰富人们的精神世界和增强人们的精神力量。必须抓好科学教育这个社会主义精神文明建设的基础工程,因为社会主义事业的延续与推进的前提是培养德智体美全面发展的接班人。江泽民在坚持"科学技术是第一生产力"思想的基础上,提出"科学技术是精神文明建设的重要基石"的新论断,大力实施科教兴国战略,不断提高全国各族人民的思想道德素质和科学文化素质。社会主义精神文明的发展既要继承发扬民族优秀文化传统和党的革命文化传统,坚持弘扬和培育民族精神,又要充分结合时代要求和人民群众精神文化生活的需要,积极进行文化创新;既要立足于改革开放的实践,又要面向世界、博采众长,汲取一切先进文明成果;既要大力发展先进文化和健康有益文化,又要努力改造封建落后文化,坚决抵制腐朽文化。

---

① 江泽民:《在中共中央党校省部级领导干部进修班毕业典礼上的讲话》,《人民日报》2002年6月1日。

4. 建设有中国特色社会主义的政治文明

建设有中国特色社会主义的政治文明，就是在党的领导下，坚持人民民主专政的国体和人民代表大会制度的政体，实行依法治国，发展社会主义民主政治。新中国成立后由于固有的封建法制传统与人治观念，尤其是受"文化大革命"的影响，社会主义政治文明的进程曲折而坎坷。而社会主义政治建设的滞后很大程度上又导致了社会主义经济和文化的发展失误。随着改革开放的深入推进，经济民生、文化民生的发展越来越离不开政治民生的保障，社会主义的物质文明和精神文明的建设也越来越有赖于政治文明的支撑。安定的政治环境、公平的秩序和规范、优惠的发展政策等一切有利于物质文明和精神文明发展的产品都需要政治文明来供给。从民生的内涵上来说，民主、民权也已成为民生的重要维度，民生是既有物质文化需求也有政治权利诉求的整体样态。我国宪法规定，国家一切权力属于人民，社会主义民主的本质特征是人民当家作主。保证人民依法参与民主选举、民主决策、民主管理和民主监督，这是人民当家作主的主要内容；扩大公民有序的政治参与，这是人民当家作主的本质要求。但是，人民的民主权利和自由必须以健全的民主制度和丰富民主的形式为前提，因此，建设有中国特色社会主义的政治文明是保障人民当家作主的根本要求。

坚持党的领导、人民当家作主和依法治国的有机结合，实现三者的辩证统一，这是建设中国特色社会主义政治文明的基本道路。"发展社会主义民主政治，最根本的是要把坚持党的领导、人民当家作主和依法治国有机统一起来。"[①] 1991年苏联解体很大程度上就是背离社会主义道路而导致的结果，鉴于这个沉痛教训，我国建设政治文明必须坚持党的领导，牢牢掌握社会主义民主的旗帜。正是由于坚持党的领导、人民当家作主和依法治国的有机统一，才使我国社会主义政治文明建设步入了制度化、规范化、程序化的新轨道，从而逐步实现社会安定、政府廉洁高效、全国各族人民团结和睦、生动活泼的政治局面。人民是中国共产党执政的根基和依靠力量，党作为中国特色社会主义事业的领导核心，必须维护好、实现好人民群众的根本利益，要充分发挥自身的组织功能、

[①]《江泽民文选》第3卷，人民出版社2006年版，第553页。

宣传功能和动员功能，为人民群众依法管理国家社会事务和经济文化事业提供有效的参与平台。而失去了党的领导，人民当家作主的政治地位也就会失去政治保证。依法治国是党领导人民治理国家的基本方略，任何组织和个人都不允许凌驾于宪法和法律之上。同时，党领导人民制定宪法和法律，更领导人民遵守体现了党的主张和人民意志相统一的宪法和法律，因此，依法治国也是改进党的领导、实行人民当家作主的法制保障。江泽民还根据我国法制建设的经验，借鉴中华传统优秀文化，提出建设中国特色社会主义政治文明要"实行依法治国和以德治国相结合"①的方针。

其一，坚持和完善社会主义民主制度是建设中国特色社会主义政治文明的关键着力点。"必须在坚持四项基本原则的前提下，继续积极稳妥地推进政治体制改革，扩大社会主义民主，健全社会主义法制"，② 政治体制改革是社会主义政治制度的自我完善和发展，有助于保持和发挥社会主义制度的特点和优势，充分调动人民群众的积极性，不断增强党和国家的活力，推动社会主义政治民生建设，促进中国社会主义民生事业的全面发展。其二，坚持和完善人民代表大会制度这一根本政治制度，是建设有中国特色的社会主义民主政治最重要的内容。因此，要不断优化人大及其常委会组成人员的结构，完善人大及其常委会的立法、监督等职能，通过加强人大及其常委会自身工作制度建设使人大立法和决策更好地体现人民的利益，呼应群众的民生诉求，从而切实保障人民当家作主，调动广大人民以主人翁的姿态投入中国特色社会主义事业建设的积极性。其三，建设有中国特色的社会主义民主政治离不开对中国共产党领导的多党合作和政治协商这一基本政治制度的坚持和完善，充分发挥和加强民主党派有效参政、民主监督的作用，充分发挥人民政协政治协商、民主监督和参政议政的作用，从而为社会主义民主政治的发展建立最广泛的爱国统一战线，协商共识、凝聚力量。其四，坚持和完善民族区域自治制度，这是建设有中国特色社会主义民主政治不可或缺的部分。巩固和发展平等、团结、互助的社会主义民族关系，有助于发挥各

---

① 《江泽民文选》第3卷，人民出版社2006年版，第534页。
② 同上书，第553页。

族人民建设社会主义经济、政治、文化事业的积极性，从而推动各民族民生事业的共同发展，实现各民族人民共同繁荣和共同富裕。其五，不断扩大和发展基层民主，这是建设有中国特色社会主义民主政治的基础性工作。加快城乡基层民主建设进程，既是发展社会主义政治文明的重要抓手，也是落实最广大人民根本利益的必由路径。因此，要健全基层自治组织和民主管理制度及法规，坚持和完善农村村民自治和城市居民自治，保证人民群众依法直接行使民主权利，管理基层公共事务；还要完善职工代表大会民主管理制度，切实保障职工的合法权益。

（三）物质文明、精神文明、政治文明、生态文明并重

构建社会主义和谐社会是以胡锦涛为总书记的党中央领导集体关于民生建设提出的新战略、形成的新理论，和谐民生社会作为衡量我国社会主义民生建设成就的重要尺度，为社会主义民生事业发展确立了目标旨向。和谐民生社会的提出使中国特色社会主义民生事业的总体布局由政治民生、经济民生、文化民生建设"三位一体"上升为政治民生、经济民生、文化民生、社会民生建设"四位一体"。中国特色社会主义民生事业的发展内涵与社会主义和谐社会的形态特征高度契合：从要素上来说，都包括经济、政治、文化、社会事业、生态环境等领域；从建设原则上来说，都贯穿了生产关系与生产力相适应、经济基础与上层建筑相协调、物质文明、政治文明、精神文明与社会文明相统一的原则；从过程上来说，都遵循了循序发展、科学发展、全面建设的路径；从结果上来说，都以全面小康社会、共同富裕、人的自由而全面发展为目标。

1. 深化经济体制改革，促进经济民生又好又快发展

以经济建设为中心是兴国之要，改善民生离不开生产力的发展。物质产品与财富的创造和多样民生需求的满足以经济的持续健康发展为前提，只有把握好经济发展这个前提，才能筑牢国家富强、民生改善、人民幸福、社会和谐的物质基础。改革开放以来，随着经济的快速发展，我国城乡居民收入不断增长，人民的衣食住行用等物质生活水平普遍提高，总体上已经达到了小康水平。但在这些可喜成就的背后，经济民生依然面临很多问题和挑战。胡锦涛对此指出："中国尽管取得了巨大的发展成就，但仍是世界上最大的发展中国家，人均国内生产总值仍排在世

界100名之后，中国人民的生活还不富裕，中国的发展还面临着不少突出的矛盾和问题。"① 因此，民生建设必须持之以恒地坚持下去，才能进一步改善中国人民的生活，彻底改变中国的面貌。

我国随着经济社会逐步进入转型阶段，面临一系列深层次矛盾和问题，经济发展创新乏力，经济民生改善降速。其中根本性的矛盾源自体制和模式层面：一是我国基本经济制度、基本分配制度以及社会主义市场经济体制都建立不久，还存在很多不完善之处，导致经济发展遇到诸多体制性和机制性障碍；二是我国经济虽然长时间保持平稳较快增长，但历史形成的粗放型经济增长方式依然较普遍地存在，并且长期积累的经济结构性矛盾尚未根本改变，资源、能源、技术、环境的瓶颈制约日益严峻，可持续发展面临的压力不断增大。对此，胡锦涛在中国共产党的十七大报告中指出："实现未来经济发展目标，关键要在加快转变经济发展方式、完善社会主义市场经济体制方面取得重大进展。"② 通过提高经济整体素质和国际竞争力，实现国民经济又好又快发展，从而保障社会就业、基础设施建设、公共服务投入等一系列经济民生的发展水平。

加快社会主义市场经济体制的改革和创新，更加充分地发挥市场配置资源的基础性作用。一是完善基本经济制度和所有制结构。公有制的主体地位需要国有经济、集体经济来保障，其核心是国家控股和国家资本；推动各种所有制经济的发展关键是使其在社会主义市场经济中取得同公有制经济平等的竞争地位；公司制股份制改革必须在国有企业特别是垄断行业企业深入展开，所建立的现代企业制度要进一步健全化和规范化，国有经济布局和结构要进一步优化，不断增强国有经济的发展活力、主导作用和积极影响；建立国有资本经营预算制度，完善各类国有资产管理体制；积极推行公有制的多种有效实现形式，发展多种形式的集体经济、合作经济。二是现代市场体系建设要遵循统一、开放、竞争、有序的原则，为社会主义市场经济的有效运行提供载体。把竞争机制引

---

① 胡锦涛：《在耶鲁大学的演讲》，http://www.gov.cn，2006年4月21日/2015年10月21日。
② 胡锦涛：《高举中国特色社会主义伟大旗帜为夺取全面建设小康社会新胜利而奋斗——在中国共产党第十七次全国代表大会上的报告》，《人民日报》2007年10月24日。

入垄断行业，推进市场公平准入，破除体制障碍，创造各类所有制经济共同发展、平等竞争的市场环境，促进私营经济和混合所有制经济的发展；破除地区封锁、行政垄断的壁垒，促进商品和要素在全国范围内自由流动，完善生产要素的价格形成机制，推进各类资源要素市场（土地、技术和劳动力等）的发展；以法律约束、产权改革和道德建设为手段，推动社会信用体系（纳税、信贷等）的建设完善，推进失信惩戒制度的建立健全并严格执行，整顿和规范市场秩序。

以科学发展为主题，加快转变经济发展方式，推进经济结构战略性调整。如何推动产业结构优化升级？关键是做到"三个转变"："促进经济增长由主要依靠投资、出口拉动向依靠消费、投资、出口协调拉动转变，由主要依靠第二产业带动向依靠第一、第二、第三产业协同带动转变，由主要依靠增加物质资源消耗向主要依靠科技进步、劳动者素质提高、管理创新转变。"① 这"三个转变"的完成意味着经济发展具有新的立足点——提高质量和效益，具有新的驱动力——扩大内需特别是消费需求和科技进步与创新，形成新的发展方式——激发各类市场主体的活力，增强创新驱动发展的动力，大力发展现代服务业和战略性高新技术产业，着力构建现代产业发展新体系。

2. 发展社会主义民主法治，推进政治民生建设

广大人民群众最迫切的政治权利与利益需求是政治民生关注的核心议题。改革开放以来，一直是经济体制改革先行，而政治体制改革相对来说比较滞后，一定程度上制约了政治民生的建设和发展。以胡锦涛为总书记的党中央领导集体在思想理念上，高度重视社会主义民主政治的发展，维系人民民主这条社会主义最根本的生命线，更重要的是，他们在行动上开展了积极的建设，政治体制改革得到了创新而稳妥的推进。通过社会主义法治的着力建设，巩固人民的主人翁地位，为维护、扩大人民民主权利提供政治保障和法律保障，引导广大人民群众有序参与政治，使我国社会主义民主政治展现出旺盛的生命力。社会主义民主法治的发展，使我国社会主义制度的特点和优势得到了保持和发挥，维护了

---

① 胡锦涛：《高举中国特色社会主义伟大旗帜 为夺取全面建设小康社会新胜利而奋斗——在中国共产党第十七次全国代表大会上的报告》，《人民日报》2007 年 10 月 24 日。

国家统一、民族团结和社会稳定,提高了政治民生的发展水平。同时,政治民生的进步也带动了经济民生的进一步发展,党和国家活力的增强,人民群众的积极性和创造性的充分发挥,促进了中国特色社会主义民生事业的蓬勃发展。

"坚持中国特色社会主义政治发展道路,坚持党的领导、人民当家作主、依法治国有机统一",[①] 这是胡锦涛在中国共产党十七大上强调的重要内容。党的领导、人民当家作主、依法治国是中国特色社会主义民主政治的三大基本要素,实现三者的有机统一,是保证国家政治生活既充满活力又安定有序的关键,是促进社会主义政治民生发展的重要动力。

不断扩大社会主义民主,发展社会主义政治文明。人民当家作主是社会主义民主政治的本质和核心,党的领导和依法治国都是为了实现人民当家作主。依法实行民主选举、民主决策、民主管理、民主监督,切实保障人民的知情权、参与权、表达权和监督权,这是扩大社会主义民主的总体要求。健全政治民主制度,丰富民主形式,拓宽民主渠道的具体实践包括四大方面。一是坚持和完善人民代表大会制度,利用先进的技术提高提案与表决的质量和效率,适当提高各行业基层代表的比例,适当降低官员的比例;一定程度上推动人大代表专职化,可以选择合适的地域、恰当的领域开展试点。二是加强人民政协自身建设,完善民主监督机制,把政治协商纳入决策程序,提高参政议政实效,完善中国共产党领导的多党合作和政治协商制度。三是坚持贯彻民族平等团结的政策,保障民族自治地方依法行使自治权,完善民族区域自治制度。四是大力发展基层民主,坚持和完善基层群众自治制度。人民依法直接行使民主权利,管理基层公共事务,是人民当家作主的鲜明体现,也是社会主义政治民生的丰富发展。其一,完善村民自治,发展农村基层民主。坚持村级民主选举、民主决策、民主管理和民主监督,引导农民群众规范有序地参与村务的管理和决策,理性表达利益需求,合法解决利益纠纷,促进农村和谐稳定。其二,完善城市居民自治,建设管理有序、文明祥和的新型社区。完善社区居民的自治功能,健全社区党组织、社区

---

① 胡锦涛:《高举中国特色社会主义伟大旗帜为夺取全面建设小康社会新胜利而奋斗——在中国共产党第十七次全国代表大会上的报告》,《人民日报》2007年10月24日。

群众自治组织、居民会议协商议事的制度,形成社区管理合力;整合社区服务,拓展为居民服务的内容,搭建综合服务平台;增加社区公务透明度,保障社区居民的知情权、管理权、监督权等合法权益。其三,完善职工代表大会,支持企事业单位职工有序参与民主管理,维护职工合法的民生权益。

中国共产党是社会主义民主政治发展与政治民生建设的领导核心,党的领导是实现人民当家作主、推进依法治国的根本保证。党要不断提高自身科学执政、民主执政、依法执政的水平,从而更好地总揽全局,更好地协调各方,对社会主义民主政治的发展实行有效的领导。同时,要发挥好组织和动员作用,在各个层次、各个领域为公民的有序政治参与提供制度载体和管理平台。

依法治国是社会主义民主政治发展和政治民生建设的基本要求。立法的科学化与民主化,社会主义法制的健全,中国特色社会主义法律体系的完善,有利于提高社会主义民主政治的制度化水平和规范化水平,进而为党的领导和人民当家作主提供坚实的法律制度保障。建设社会主义法治国家,逐步实现国家各项工作法治化,有利于社会公平正义的维护,有助于人权的尊重及公民合法权益的保障。

3. 建设社会主义先进文化,推动文化民生繁荣发展

建设社会主义和谐文化是构建社会主义和谐民生社会的重要内容。一个团结和谐的社会,不仅需要充足的物质基础、稳定的政治保障,也需要有力的精神支撑、良好的社会文明。和谐文化引导人们树立和谐的思维方式,培育人们宽容的社会心态,使和谐的理念成为全社会的重要价值取向,营造团结互助、平等友爱、和睦相处的社会风尚,从而起到沟通感情、增进融合、化解矛盾、凝聚人心、整合社会关系、推动社会和谐和文明进步的作用。和谐的文化精神集中体现了国家的凝聚力和向心力,体现了民族的生命力和创造力。其一,要以社会主义精神文明建设为路径,推动和谐文化的建设,培育文明道德风尚和健康思想舆论以及社会主义荣辱观;所建设的和谐文化,是以中国特色社会主义制度为基础,与和谐社会要求相吻合、与社会主义市场经济相适应、与社会主义法律规范相协调、与中华民族优秀传统美德相承接的社会主义思想道德体系和核心价值体系,具有先进性、时代性、民族性的特征,可以为

构建社会主义和谐社会提供强大价值引导和道德支撑。其二，用建设中国特色社会主义的共同理想统一思想、凝聚力量，这是建设和谐文化的重要着力点。建设中国特色社会主义文化民生事业，是社会主义初级阶段全国各族人民根本利益所在，也是全体人民的共同理想和愿望。因此，树立共同理想信念，有利于增强全社会的凝聚力，筑牢全国人民协力建设文化民生事业的思想基础。其三，发展社会主义先进文化离不开和谐文化的建设。建设和谐文化，关键要把握先进方向，核心要为人民服务，在贴近生活实际的过程中保障人民群众的基本文化权益；坚持以和谐的文化培育人，以高尚的精神塑造人，以正确的价值观引导人，丰富人民的精神生活，提升人民的精神境界，提高全民族的思想道德素质和科学文化素质，培育有理想、有道德、有文化、有纪律的社会主义"四有"公民，促进人的全面发展；坚持树立新的文化发展观，培育社会的全面发展的思想意识和思维方式，并冲破一切束缚文化发展的思想观念和体制机制性障碍，推进文化生产力的解放和发展，促进文化民生与经济民生、政治民生、社会民生的协调发展与全面进步。

建设和谐文化离不开社会主义核心价值体系的根本支撑，发展社会主义先进文化离不开社会主义核心价值体系方向引领。只有形成具有凝聚力、规范力、引导力的社会价值体系，才能使社会道德规范落实落细，才能培养良好的公民道德和公民意识，为构建社会主义和谐社会提供不竭精神动力。建设社会主义核心价值体系是在2006年10月中国共产党的十六届六中全会上提出的重要战略任务。其一，必须牢牢抓稳马克思主义指导思想这个灵魂，以武装全体党员干部和教育广大人民群众；其二，要把握好中国特色社会主义共同理想这个主题，以统一思想和凝聚力量；其三，要抓住民族精神和时代精神这个精髓，以稳定社会主义意识形态的主旋律、鼓舞斗志；其四，要切实巩固社会主义荣辱观这个基础，以引领社会风尚，确立社会主义意识形态的价值坐标和道德标准。建设社会主义核心价值体系，就是要把以上四个方面的基本内容融入精神文明建设的全过程，使其成为全民族团结和睦的精神纽带、爱党爱国的精神依托、奋发向上的精神力量。建设社会主义核心价值体系，首先要着眼于提高公民的思想道德素质，促进人的全面发展。全面落实《公民道德建设实施纲要》，把家庭教育、学校教育、单位教育和社会教育紧密结合起来，以社会公德、职业道德、家庭美德为着力点，实施公民道德建设工程。进行改革开放和现代化建设成就教育，进行爱国主义和社会主义教育，引导人们树立正确的世界观、人生观和价值观。建设社会主义核心价值体系，其次要在全社会深入学习和实践以"八荣八耻"为主要内容的社会主义荣辱观。组织开展学习实践社会主义荣辱观宣传教育活动，大力宣传践行社会主义荣辱观的先进典型，推动社会主义荣辱观进党政机关、进企事业单位、进社区、进农村、进校园、进家庭，使之家喻户晓、深入人心，从而培养良好的公民文明习惯，推动形成知荣辱、讲正气、树新风、促和谐的社会文明风尚；并结合社会主义荣辱观的内容和要求，加强大中小学思想政治理论课建设，着力改进青少年思想道德教育，不断提高思想道德素质。

积极推进文化事业和文化产业的发展，是社会主义文化民生繁荣发展的必然要求。大力发展公益性文化事业和经营性文化产业，推动建立覆盖全社会的公共文化服务体系，尤其是要提高基层与农村的教育、文化、科技、卫生、体育等事业的服务效能和发展水平，保证广大人民群众共享文化发展的成果，满足人民群众日益增长的精神文化需要，不断丰富人们的精神文化生活，促进人的全面发展。其一，针对公共文化服务能力不足的问题，要增加财政投入，推进重大文化设施和工程项目建设。其二，针对农村文化建设滞后、城乡文化发展不平衡的现象，要加大文化资源向农村的倾斜力度，要着力推进农村文化设施和重点工程建设，如"村村通"工程、农村电影放映工程、农村书屋等，不断改善农村公共文化基础设施条件和服务水准。其三，针对文化整体实力和竞争力不强的问题，要坚持以社会效益为首、社会效益和经济效益相统一的原则，促进科技与文化的积极融合，大力发展文化产业，培育文化产品和文化要素市场，加快文化产业体系的建立健全，以文化创新推进文化产业的繁荣发展。

4. 全面推进社会建设，着力保障和改善社会民生

加快推进以改善民生为重点的社会建设，这是胡锦涛在2007年10月中国共产党第十七次全国代表大会上的报告中明确提出的民生发展任务，"努力使全体人民学有所教、劳有所得、病有所医、老有所养、住有所

居，推动建设和谐社会"。① 这"五大民生目标"以解决人民群众最关心、最切实的利益问题为出发点，涵盖了教育、就业、医疗、养老、住房等方面，是全面推进社会主义民生建设的行动指南与目标纲领。

优先发展教育，实现"学有所教"，推进从人力资源大国向人力资源强国转变。教育是民族振兴的基石，惠及千秋万代，关乎国家的长远发展，有利于把巨大的人口压力转化为丰富的人力资源。要继续坚持科教兴国战略，进一步推动教育体制改革的深化与教育结构的优化。实施素质教育，义务教育的发展要均衡，进一步普及高中阶段教育，必须提高重视高等教育的质量，尤其要加快推动职业教育的发展，从而推动教育现代化进程，提高人口整体素质。教育公平是社会公平的重要基础，只有坚持教育的公益性和普惠性，保证每个人都享有平等接受教育的机会，才能真正实现"学有所教"的民生发展目标。因此，要促进教育公平，加大农村、贫困地区、中西部地区、民族地区的教育经费的转移支付和财政投入力度，公共教育资源要向薄弱学校、贫困家庭学生倾斜，不断缩减教育差距，综合运用降免学费、完善资助制度和社会捐助等多种手段，切实保障经济困难家庭、进城务工人员子女平等接受义务教育。

积极扩大就业，合理分配收入，实现"劳有所得"。其一，就业是民生之本，就业是"劳有所得"的前提条件。面对劳动者充分就业的需求与劳动力总量过大、素质不相适应这样突出的结构性矛盾，以及严峻的就业压力，扩大就业就是促进发展和改善民生，就是保障社会稳定。如何积极有效地扩大就业？其二，政府充分发挥引导作用，实施积极的就业政策，这是十分重要的举措。通过完善市场就业机制，可以扩大整体就业规模，改善就业结构；健全就业培训制度，对困难群众进行就业援助，帮助失业人员再就业；协调劳资关系，依法维护劳动者合法权益，发展和谐劳动关系；通过实行税费减免、小额担保贷款等优惠政策，支持自主创业，鼓励自谋职业，促进以创业带动就业。其三，收入是民生之源，收入分配公平是"劳有所得"的重要保障。深化收入分配制度改革，坚持和完善按劳分配为主体的关键是重视劳动性收入，提高劳动报

---

① 胡锦涛：《高举中国特色社会主义伟大旗帜为夺取全面建设小康社会新胜利而奋斗——在中国共产党第十七次全国代表大会上的报告》，《人民日报》2007年10月24日。

酬在初次分配中的比重；不断健全劳动、资本、技术、管理等生产要素按贡献参与分配，多种分配方式并存有利于收入呈正态分布。提高低收入者收入，同时调节过高收入，以缩小收入差距；保护合法收入，同时坚决取缔非法收入，以维护收入公平。整顿分配秩序，健全再分配的宏观调控体系，完善转移支付制度和税收调节制度，逐步扭转一些地区和行业之间、部分社会成员之间收入分配差距扩大的趋势。

建立完善基本医疗卫生制度，提高全民健康水平，实现"病有所医"。一是"深化医疗卫生体制改革，深入整顿和规范医疗服务、药品生产流通秩序，加强对药品、医疗服务的价格监管。规范医院、医生的医疗和用药行为，加强医德医风建设，提高医疗服务质量，控制医药费用"。[①] 坚持公共医疗卫生的公益性质，深化公立医院改革；建立国家基本药物制度和药品供应保障体系，从制度上解决群众看病难、看病贵的问题，为人民群众的健康和幸福做好制度保障。二是要逐步建立健全医疗保障体系，全面推进城镇居民基本医疗保险、城镇职工基本医疗保险、新型农村合作医疗制度和医疗救助制度建设，努力解决农民工、残疾人等弱势群体的工伤保险和大病医疗问题，加强严重危害人民群众健康的重大疾病预防工作，完善重大疾病防控体系，提高突发公共卫生事件应急处置能力，切实保障群众健康安全。三是要建设覆盖城乡居民的公共卫生服务体系和医疗服务体系，构建以社区为基础的新型城市医疗卫生服务体系，通过城市医疗卫生人员定期下乡服务、协调城市医疗卫生资源、加大政府投入等手段加强农村三级卫生服务网络建设，从而使城乡居民都能享受到安全、有效、方便、价廉的医疗卫生服务。

加快建立覆盖城乡居民的社会保障体系，使人民群众基本生活和民生水平得到有效保障，实现"老有所养"。面对严峻的人口老龄化形势，以及为了适应城镇化、就业方式多样化的社会环境，要实施党政机关、事业单位、企业的基本养老保险制度改革的全面推进与深化；此外，还要加快城镇居民养老保险制度的建立，探索和建立与农村经济发展水平相适应的农村养老保险制度，建立农村新农保制度和低保制度，加强农

---

① 《开辟中国特色社会主义事业新境界——十六届六中全会〈决定〉解读》，《学习时报》2006年第11期。

村特困群体、老年群体的生活救助工作；加强老龄工作，大力发展老年社会福利事业。健全的社会保障体系是社会公平的"调节器"，是人民生活的"安全网"，是社会和谐的"稳定器"。因此，还要逐步建立集社会保险、社会救助、社会福利、慈善于一体的社会保障网，并实现城乡居民全覆盖；还要完善城乡居民最低生活保障制度，这是辅助养老的必要措施，是使老年人安享晚年的重要保障。

推进城镇住房制度改革，加快住房保障制度建设，实现"住有所居"。住房是人民生活的必需品，安居才能乐业，安居是最基本的民生问题之一。随着房地产市场化程度不断加深，而住房制度改革又相对滞后，导致中低收入家庭住房难问题日益凸显，极大影响了中低收入群众的生活质量和幸福感。为解决住房难问题，尽快实现"住有所居"的民生目标，要健全住房保障管理体系，健全廉租住房、公共租赁住房制度，促进保障性住房公平分配；大规模推进保障性安居工程，逐步建立起住房公积金、经济适用住房、限价商品住房保障制度，实施棚户区及危旧住房改造支持政策，加快解决城镇低收入、中等偏下收入家庭的住房困难。

完善社会管理体系，提高社会管理水平，为建设和谐社会提供安定团结的秩序和环境。社会管理与服务是民生之盾，可以为实现五大民生目标保驾护航。随着社会主义市场经济的发展，人口流动加快，社会结构和社会组织呈现多元化，社会事务越来越纷繁复杂，各种矛盾相互交织，牵一发而动全身，社会管理难度不断加大。完善社会管理体系是应对社会管理有效化困境的根本途径，通过提高社会公共事务的管理水平和服务水平，确保良好的社会运行秩序，创造安定团结的社会环境，从而不断满足人民群众日益增长的物质文化生活的需求。完善社会管理体系的关键在于推进社会管理体制创新，健全"党委领导、政府负责、社会协同、公众参与的社会管理格局"，[①] 要使新型社会管理体系与和谐民生社会建设相适应，与社会主义经济民生、政治民生、文化民生的发展相适应；有效整合社会管理资源，在强化政府社会服务管理功能的同时，充分发挥非政府组织、非营利组织、第三部门的作用，形成社会管理和服务的合力。完善社会管理体系，重在完善社会管理的政策法规，形成

[①]《中共中央关于构建社会主义和谐社会若干重大问题的决定》，《求是》2006年第20期。

维护社会公平的政策环境，推动社会管理的规范化和法制化。提高社会管理水平，抓好安全保障工作是根本。要"健全社会治安防控体系，加强社会治安综合治理，深入开展平安创建活动，改革和加强城乡社区警务工作，依法防范和打击违法犯罪活动，保障人民生命财产安全"。①

（四）中国特色社会主义"五位一体"民生建设格局

人的自由全面发展的客观需要，内含在人与人之间的政治、经济、文化、社会活动以及人与自然的活动之中。人民群众不仅期望有富裕充实的物质基础，还期待精神生活的丰富、民主权利的保障、生活环境的健康、食物饮水的安全，期盼就业、医疗、住房、教育等诸多幸福。某一方面有缺失，某一领域有短板，都会使这个小康打折扣，都会降低人民群众对全面小康社会的满意度。民生需求直接体现在"五位一体"的总体框架内，必须立足"五位一体"总体布局谋小康，这既是全面推进"五位一体"这个有机整体的内在要求，也是提升全面小康水平的必然路径，更是实现以人的自由全面发展为最终目的的社会全面发展的逻辑实质。从经济建设的角度看，全面小康是"农业现代化和新型城镇化不断发展、破除城乡二元结构"的小康；从政治建设的角度看，全面小康是"干部清正、政府清廉、政治清明"的小康；从文化建设的角度看，是"中华民族共有的精神家园基本构建，国家精神力量不断增强"的小康；从社会建设的角度看，是"国家繁荣稳定，人民幸福安康"的小康；从生态文明建设的角度看，全面小康是"望得见山、看得见水、记得住乡愁"的小康。整体而言，就是要建成"五位一体"的全面小康社会，从而使人民群众的经济、政治、文化、社会和生态权益得到切实保障，让发展成就惠及更广大地区、更广大民众，把发展成果真正变为人民福祉。

1. 经济民生："四化同步"助推民生发展

经济建设是全面建成小康社会的根本，经济的健康发展是经济民生的中心环节。习近平总书记2013年在湖南考察时提出："我们这么大个

---

① 胡锦涛：《高举中国特色社会主义伟大旗帜为夺取全面建设小康社会新胜利而奋斗——在中国共产党第十七次全国代表大会上的报告》，《人民日报》2007年10月24日。

国家、这么多人口，仍然要牢牢坚持以经济建设为中心。"① 但习近平所强调的经济建设不是发展的数字化——简单地增加生产总值，而是"追求实实在在的、没有水分的生产总值，追求有效益、有质量、可持续的经济发展"。② 经济建设"不再简单以国内生产总值增长率论英雄，而是强调以提高经济增长质量和效益为立足点"，③ 这是我国经济发展前景光明、民生持续改善的信心来源。工业化、信息化、城镇化与农业现代化同步发展是在党的十八大上明确提出的发展战略，简称"四化同步"。"四化同步"发展战略是我国经济持续健康发展、民生不断改善的强劲内生动力。4亿多农民和2亿多农民工的出路与生计，是当代中国面临的最大民生难题。农业现代化是解决"三农"问题的根本出路，新型城镇化是为民生解困的金钥匙。因此，实现"四化同步"，有利于破解民生发展瓶颈，弥补民生短板，助推民生发展。

"三农"问题是民生事业的建设重点，是全党工作的重中之重。"中国要强，农业必须强；中国要美，农村必须美；中国要富，农民必须富。"④ 就其重要性来说，只有"三农"问题得到妥善解决，达到农业基础稳固、农村和谐稳定、农民安居乐业之效果，中国民生事业才有支撑，整个民生大局才有保障，全面建成小康社会才有依托。"农业还是'四化同步'的短腿，农村还是全面建成小康社会的短板。"⑤ 而就现实发展情况来说，"三农"问题仍然是全面建成小康社会必须克服的最大障碍，是民生事业跃上新台阶的最大瓶颈。解决"三农"问题必须走农业现代化的路子，只有农业发展起来，才能实现农民持续增收，推动农村就地发展。大力发展现代农业，加快转变农业发展方式，更好保障粮食产量稳定和粮食安全；更为重要的是，通过加大扶持力度，促进土地流转，培育新型农业经营主体，实现农业生产经营的科学化、组织化、规模化和产业化，形成新的产业竞争力，提高农业发展效益。"四化同步"背景下

---

① 习近平：《在湖南考察时的讲话》，《人民日报》2013年11月6日第1版。
② 同上。
③ 习近平：《在印尼巴厘岛出席亚太经合组织工商领导人峰会时的演讲》，《人民日报》2013年10月8日第1版。
④ 习近平：《在中央农村工作会议上的讲话》，《人民日报》2013年12月25日第1版。
⑤ 同上。

的农业现代化离不开工业化、信息化和城镇化的支撑。新型城镇化的推进，更大力度支持农村；新型工业化的推进，更好反哺农业；信息化的发展为农业现代化提供科技动力。坚持"四化同步"，有利于统筹城乡发展，推动城乡发展一体化，破除城乡二元结构，逐步缩小城乡发展差距，促进城乡共同繁荣。

城镇化是我国由传统农业国家转型至城市化国家的必由之路，是全面建成小康社会的关键之举，是民生发展的重要动力。"推进城镇化是解决农业、农村、农民问题的重要途径，是推动区域协调发展的有力支撑，是扩大内需和促进产业升级的重要抓手，对全面建成小康社会、加快推进社会主义现代化具有重大现实意义和深远历史意义。"[1] 我国近两亿的农民工长期生活在城市，但并没有获得市民身份，享受市民待遇，处于半城镇化状态，生活十分艰辛。随着城市规模的扩张、城乡统筹的加快，失地农民的数量不断增加，由于缺乏在城市的谋生手段和生活基础，再加上城乡间的制度壁垒以及农民自身文化素质、劳动技能、思想观念等方面的因素，很多农民失地又失业，告别了农民，却难以成为真正的市民，处在社会游民的边缘。农业转移人口的市民化问题得不到解决，影响城镇化质量，更影响社会和谐稳定与民生发展。推进以人为核心的新型城镇化，这是在党的十八大上提出的重要任务。新型城镇化不再是数字的城镇化，而是更多关注农业转移人口是否真正享受市民待遇（公共服务），他们的合法权益是否得到切实保障。因此，推进城镇化的首要任务是在土地城镇化、地域城镇化的过程中实现"人的城镇化"，逐步把符合条件的农业转移人口转为城镇居民，促进有能力在城镇稳定就业和生活的常住人口有序实现市民化。同样，只有"四化同步"，新型城镇化也才可能真正实现。农业现代化是城镇化的基础，新型工业化和信息化为城镇化提供产业支撑。

2. 政治民生：以法治保障人民的合法权益

全面依法治国作为"四个全面"重大战略布局中的一环，对当代中国发展具有重大现实意义。党的十八大以来，改革发展以法治为框架，治国理政以法治为支撑，社会建设由法治来贯穿。以法治巩固扩大社

---

[1] 习近平：《在中央城镇化工作会议上的讲话》，《人民日报》2013年12月15日第1版。

主义民主，法治使民主制度化，为民主提供根本性和长期性的保障；以法治规范党的领导，为依规治党提供依据；以法治引领改革航向，为社会变革提供稳定性；以法治调节多元利益诉求和纠纷，保障人民的合法权益……这些都构成了全面推进依法治国的时代内涵。

"建设中国特色社会主义法治体系，建设社会主义法治国家"，这是党的十八届四中全会所设定的全面推进依法治国的总目标。法的目的从属于政治目的，公法本身是一种复杂的政治话语体系，法治理论本身也是一种政治理论，一种法治模式的背后必有特定的政治逻辑推动，一条法治道路的底下必有特定的政治立场支撑。习近平指出："我们要坚持的中国特色社会主义法治道路，本质上是中国特色社会主义道路在法治领域的具体体现；我们要发展的中国特色社会主义法治理论，本质上是中国特色社会主义理论体系在法治问题上的理论成果；我们要建设的中国特色社会主义法治体系，本质上是中国特色社会主义制度的法律表现形式。"[①] 全面推进依法治国，是建设中国特色社会主义政治文明的重要内容。共同推进"依法治国、依法执政、依法行政"，实现"法治国家、法治政府、法治社会"的一体化建设，正是法治与政治相互交融的集中体现，正是中国特色社会主义法治道路与中国特色社会主义政治民生的交相辉映。

让法治为中国梦保驾，让法治为民生梦护航。全面推进依法治国，"事关我们党执政兴国、事关人民幸福安康、事关党和国家长治久安"[②]。2012年12月，习近平总书记履新不久，就在首都各界纪念现行宪法公布施行30周年大会上庄严宣誓，要在全社会牢固树立宪法和法律的权威，要让法律成为保障公民权利的可靠武器，"依法保障全体公民享有广泛的权利，保障公民的人身权、财产权、基本政治权利等各项权利不受侵犯，保证公民的经济、文化、社会等各个方面权利得到落实，努力维护最广

[①] 习近平：《在省部级主要领导干部学习贯彻十八届四中全会精神全面推进依法治国专题研讨班开班式上的讲话》，《人民日报》2015年2月3日第1版。

[②] 习近平：《关于〈中共中央关于全面推进依法治国若干重大问题的决定〉的说明》，《人民日报》2014年10月29日第1版。

大人民根本利益,保障人民群众对美好生活的向往和追求"。① 全面依法治国,关键在于全面推进"科学立法、严格执法、公正司法、全民守法",更好维护人民群众合法权益。一是提高立法科学化、民主化水平,以更高的立法质量保障公平正义。那么,如何科学立法?关键在于尊重和体现客观规律;如何民主立法?核心在于依靠人民并以人民的利益为依归。二是严格执法,有法不依、执法不严、违法不究、以权压法、权钱交易、徇私枉法等司法腐败问题,严重损害法律权威,危害社会公平正义,人民群众深恶痛绝,必须下大气力解决。三是公正司法,"要努力让人民群众在每一个司法案件中都感受到公平正义"。② 公正司法事关人民切身利益,"司法体制改革必须为了人民、依靠人民、造福人民"。③ 推进司法体制改革要广泛听取群众意见,不断提高切实解决群众问题的司法能力,群众合理合法的诉求,必须要尽快解决好;群众合理合法的利益,必须得到公平对待和有效维护。四是,推进全民守法,强化法律在化解矛盾中的权威地位,要加强引导人民群众通过法律程序、借助法律手段解决各类社会矛盾,"推动形成办事依法、遇事找法、解决问题用法、化解矛盾靠法的良好环境",④ 让广大人民群众充分相信法律、自觉遵守法律、自觉运用法律。

3. 文化民生:弘扬富有时代气息的中国精神

"文化是一个国家、一个民族的灵魂。"⑤ 一个国家和民族的强大以文化的兴盛为支撑,中华民族的伟大复兴以中华文化发展繁荣为基础,提高国家文化软实力,关系到"两个一百年"奋斗目标的如期实现,更关系到中华民族的伟大复兴的中国梦的成功实现。民族复兴赋予了文化民生新的时代发展内涵:不仅是满足人民群众不断增长的精神需求,不断丰富人民群众的精神世界,更是要弘扬富有时代气息的中国精神,凝聚

---

① 习近平:《在首都各界纪念现行宪法公布施行 30 周年大会上的讲话》,《人民日报》2012 年 12 月 5 日第 1 版。

② 习近平:《在十八届中央政治局第四次集体学习时的讲话》,《人民日报》2013 年 2 月 25 日第 1 版。

③ 《习近平谈治国理政》第 2 卷,外文出版社 2017 年版,第 131 页。

④ 习近平:《在十八届中央政治局第十四次集体学习时的讲话》,《人民日报》2014 年 4 月 26 日第 1 版。

⑤ 《习近平谈治国理政》第 2 卷,外文出版社 2017 年版,第 349 页。

中国力量。国家经济水平提高的同时文化水平也提高，中华民族物质力量增强的同时精神力量也增强，人民群众的物质生活改善的同时精神生活也改善，只有这样，中国特色社会主义民生事业才能顺利向前推进。

培育和弘扬中国精神，才能振奋起中华民族的"精气神"。"中国精神"这一概念是习近平总书记2013年3月17日在十二届全国人大一次会议上的讲话中首次提出的，他强调："实现中国梦必须弘扬中国精神。这种精神是凝心聚力的兴国之魂、强国之魂。"[1] 谈到"中国精神"，必然离不开以爱国主义为核心的民族精神，也离不开以改革创新为核心的时代精神，爱国主义凝聚民族力量建设民生事业，改革创新鞭策中国人民在民生发展历程中与时俱进，二者共同构成了中国精神的内涵。

弘扬中国精神要传承中华儿女共同的精神依托。中国是一个文明古国，中华民族具有共同而深厚的文化根基。但近代以来由于外来文化的侵略，逐步出现了文化认同危机、历史虚无主义，导致腐朽文化的沉渣泛起，中国文化在国际上被贬损。"中华文化源远流长，积淀着中华民族最深层的精神追求，代表着中华民族独特的精神标识，为中华民族生生不息、发展壮大提供了丰厚滋养。"[2] 中华优秀传统文化是中国人民的精神命脉，是连接中华儿女的精神纽带，是炎黄子孙血脉相传最基本的文化基因。中华优秀传统文化"是我们最深厚的文化软实力，也是中国特色社会主义植根的文化沃土"，[3] 因而成为中华儿女共同精神依托的固有根本。因此，必须立足中华优秀传统文化，并努力实现中华优秀传统文化的辩证性批判、扬弃性继承、创造性转化和创新性发展，从而使中华优秀传统文化成为涵养中华儿女共同精神依托的不竭源泉。同时，要加强爱国主义、集体主义、社会主义教育，加强对中华民族的优秀文化和光荣历史的正面宣传，引导人民群众树立正确的历史观和文化观，坚持正确的民族观和国家观，增强中国人民的文化自信和骨气底气。

---

[1] 习近平：《在第十二届全国人民代表大会第一次会议上的讲话》，《人民日报》2013年3月18日第1版。

[2] 习近平：《在中共中央政治局第十三次集体学习时的讲话》，《人民日报》2013年2月25日第1版。

[3] 习近平：《在中共中央政治局第十八次集体学习时的讲话》，《人民日报》2014年10月14日第1版。

弘扬中国精神要构建中华民族共有的精神家园。中国是一个具有多元文化格局的多民族国家，国家统一、民族团结、人民生活幸福稳定是中华儿女心中的美好愿景。但是，2008年的西藏"3·14"事件、2009年的新疆"7·5"事件、2014年的香港"占中"活动、台湾和香港地区的"去中国化"等，使中华文明正面临裂变的风险。由于多民族文化的差异甚至隔阂，民族共有精神家园荒芜与缺失，这是国家认同危机产生的重要原因。中华民族共有的精神家园根植于中华优秀传统文化，更是承载于中华民族伟大复兴的中国梦。中华民族共有的精神力量依赖共同的价值目标来凝聚，中华民族繁荣兴盛的希望之歌依靠团结的中国人民来谱写。实现国家富强，可以增强中华儿女的国家认同感，增强家园意识和爱国意识；实现民族复兴，可以增强中华儿女的民族归依感和民族自豪感，提升民族意识和民族凝聚力。中国梦是国家的梦、民族的梦，也是每个中国人的梦。实现人民幸福，可以激励每一个中华儿女把自我人生理想融入国家和民族的事业中，为实现中国梦奉献智慧和力量，实现自我价值和社会价值的统一。

弘扬中国精神要培育中国人民的精神信仰与追求。"一个国家的文化软实力，从根本上说，取决于其核心价值观的生命力、凝聚力、感召力。"[①] 弘扬社会主义核心价值观，是有效整合社会意识、有效维护社会秩序的重要路径，关系到社会主义文化的先进性质和正确方向，关乎人民幸福安康，关系到社会和谐稳定和国家长治久安。社会主义核心价值观的内涵，一方面是对中华民族优秀传统文化的继承和发扬，另一方面也是对世界文明有益成果的吸收和借鉴，在这个过程中社会主义核心价值观实现了民族精神与时代精神的融合。社会主义核心价值观共涉及国家、社会、公民三个层面，国家层面的价值目标是"富强、民主、文明、和谐"，社会层面的价值导向是"自由、平等、公正、法治"，个人层面的价值追求是"爱国、敬业、诚信、友善"，反映了全国各族人民共同认同的"最大公约数"，体现了社会主义的本质要求。人民有信仰，国家才有力量。主流价值观自信，才会有道路自信、理论自信和制度自信。

---

① 习近平：《在中共中央政治局第十三次集体学习时的讲话》，《人民日报》2013年2月25日第1版。

弘扬中国精神要提高中华民族的道德境界。党的十八大以来，习近平总书记十分关注加强全社会的思想道德建设，为实现中国梦凝聚有力的道德支撑。"国无德不兴，人无德不立"。明德、立德、兴德，关乎民族长远发展，因此，应该有这样的目标：让人民群众有美德，使13亿人的每一分子都积极弘扬和传播中华美德，并引导人民逐渐过上"讲道德、尊道德、守道德"的生活。而要实现这个目标，必须要"加强全社会的思想道德建设，激发人们形成善良的道德意愿、道德情感，培育正确的道德判断和道德责任，提高道德实践能力尤其是自觉践行能力"。[①] 全体人民同心同德、团结奋进，形成向上向善的力量，中华民族追求崇高美好的道德境界，国家文化软实力自然会极大增强。

4. 社会民生：推进基本公共服务均等化

无论是在现代公共管理学理论还是在公共管理改革运动的实践中，实现基本公共服务均等化，都是现代政府所追求的目标。对我国来说，实现基本公共服务均等化，是建设基本公共服务体系的长远目标，也是建设服务型政府的重要价值追求。基本公共服务均等化作为公共财政的基本目标之一，是指政府要为社会公众提供基本的、享受水平大致相当的公共物品和公共服务。根据《国家基本公共服务体系"十二五"规划》（2012）的定义，基本公共服务均等化是指全体公民都能公平可及地获得大致均等的基本公共服务。但是，基本公共服务均等化并不是意味着简单的平均化和无差异化，不是强调所有公众都享有完全一致的基本公共服务。基本公共服务均等化的核心是个体享受基本公共服务的机会均等、权利平等，即不分地域、城乡和人群，每一个人都有机会享受基本公共服务；同时，不同人所享受的公共服务的差距应控制在社会公平可承受的范围之内。基本公共服务均等化为社会公众提供基本的生存发展环境，而且是具有公平性的社会环境。基本公共服务的均等化水平不仅关系到社会的发展水平，也直接反映出社会的公平程度。公共服务均等化属于再分配的领域，有助于促进分配公平，进而有助于缩小城乡区域发展差距和社会贫富差距。

逐步实现基本公共服务均等化，这是全面建成小康社会进程中社会

---

① 习近平：《在山东考察工作时的讲话》，《人民日报》2013年11月29日。

民生建设的重要目标。虽然近年来我国在民生建设上取得了很大进展，但低收入群体、贫困人群仍然普遍面临着就业、住房、医疗、教育等方面的困难。以胡锦涛为总书记的党中央主政民生建设的十年里，把社会保障体系建设摆在民生工作中的突出位置，逐步建立起覆盖不同人群、涵盖不同地域的社会保障制度，初步解决了制度从无到有的问题。"要加快推进民生领域体制机制创新，促进公共资源向基层延伸、向农村覆盖、向弱势群体倾斜。"[①] 习近平在海南考察工作结束时的讲话充分表明，党的十八大以来，新一届的民生建设领导集体一直把基本公共服务均等化当作一项极其重要的民生任务在抓在管，着力解决城乡二元结构下地区差异大、制度碎片化等问题。推动基本公共服务均等化，社会政策要托底，更好发挥社会保障的稳定器作用，兜住民生底线，编密织牢民生保障网，保障群众基本生活。社会救助工作也是做好改善民生工作的重点，进一步完善社会救助制度，实施临时救助，有利于为特殊困难群众提供基本生活保障。

在公共卫生和基本医疗方面实现基本公共服务均等化，不断深化医药卫生体制改革，推动医疗卫生工作重心下移到农村社区，推动医疗卫生资源下沉到基层，为人民群众提供安全有效、方便价廉的公共卫生和基本医疗服务，"着力解决人民群众看病难、看病贵，基本医疗卫生资源均衡配置等问题，致力于实现到 2020 年人人享有基本医疗卫生服务的目标"。[②]

在养老保险上不断提升公共服务均等化水平，加强顶层设计，推进机关事业单位养老保险制度改革，不断整合完善城乡居民基本养老保险制度，其中关键性的一步是破除养老保险"双轨制"，国务院在 2014 年 2 月印发的《关于建立统一的城乡居民基本养老保险制度的意见》，明确提出了在全国范围内建立统一的城乡居民基本养老保险制度，并要求在 2020 年前全面建成公平、统一、规范的城乡居民养老保险制度，以此实

---

① 中共中央文献研究室：《习近平关于全面深化改革论述摘编》，中央文献出版社 2014 年版，第 92 页。

② 习近平：《在会见世界卫生组织总干事陈冯富珍时的讲话》，《人民日报》2013 年 8 月 21 日第 1 版。

现城镇与农村、企业与机关、职工与农民工在公共养老资源上的公平共享。

在义务教育方面不断加快公共服务均等化进程,坚定实施科教兴国战略,始终把教育事业置于优先发展的地位,不断增加财政支持,扩大教育投入,由初等义务教育免学费到中等职业教育免学费,"努力让每个孩子享有受教育的机会,努力让13亿人民享有更好更公平的教育,获得发展自身、奉献社会、造福人民的能力"。① 现阶段教育民生的重任是促进教育资源公平化,争取让每个贫困家庭的孩子都能享受到公平的有质量的教育。

在就业服务方面实现基本公共服务均等化,党和政府要切实关心下岗群众及其家庭的工作和生活,想尽一切办法做好就业再就业工作,"让在就业创业上需要帮助的群众都得到帮助、在生活上需要保障的群众都得到保障"。②

在住房保障上提升公共服务均等化水平,"加快推进住房保障和供应体系建设,是满足群众基本住房需求、实现全体人民住有所居目标的重要任务",③ 尤其是要解决好困难群众的基本住房问题,帮助农业转移人口在城里买房。

在农业转移人口市民化进程中实现基本公共服务均等化,加快户籍制度一元化改革,稳步推进城镇基本公共服务常住人口全覆盖,逐步实现农业转移人口在就业、子女教育、医疗、社会保障、住房保障等公共服务领域享受同城镇居民同等的待遇。户籍制度改革进入全面实施阶段的重要标志是,国务院在2014年7月印发了《关于进一步推进户籍制度改革的意见》,明确提出促进在城镇有能力实现稳定就业和生活的常住人口有序实现市民化,并逐步实现城镇基本公共服务向常住人口的全覆盖。

5. 生态民生:建设人民群众共享的美丽中国

党的十八大报告强调要大力推进生态文明建设,正是基于此,生态

---

① 《习近平谈治国理政》第1卷,外文出版社2018年版,第191页。
② 习近平:《在辽宁考察时的讲话》,《人民日报》2013年9月2日第1版。
③ 习近平:《在十八届中央政治局第十次集体学习时的讲话》,《人民日报》2013年10月31日第1版。

民生建设被纳入中国特色社会主义民生事业"五位一体"总体布局中。党的十九大报告更是将生态文明建设摆在了更加突出的位置。面对生态环境不断恶化、生态系统逐渐退化、生态民生亟须改善的严峻形势，习近平总书记提出了"建设美丽中国"的战略任务，这是实现中华民族伟大复兴中国梦的不可或缺的组成部分。生态文明建设关乎民族未来，只有迈向社会主义生态文明新时代，才能实现中华民族的永续发展。生态民生建设更与人民福祉密切相关，"良好生态环境是最公平的公共产品，是最惠普的民生福祉"。①

生态文明建设不仅是一个经济问题，也不单单是一个环境问题，更是一个民生问题、政治问题。"保护生态环境应该而且必须成为发展的题中应有之义。"②只顾经济增长，不顾资源环境承载力，以生态环境的破坏为代价发展经济得不偿失。生态环境恶化了，不仅制约着社会的发展，更是威胁到人最基本的生存。经济民生与生态民生二者缺一不可，如果没有生态民生，人民基于经济民生发展的幸福感也会大打折扣；而随着物质水平的提升，民众对健康的愈加重视，生态环境的机会成本不断增加，此时民众对环境破坏的不满情绪会更加强烈。

生态环境的保护，功在当代、利在千秋。下决心治理好环境污染，建设好生态环境，不仅改善当代人的生产生活环境，更是为子孙后代留下可持续发展的"绿色银行"，保障民生的后续发展空间和发展能力。从可持续发展与代际公平的角度来说，建设好生态文明是对子孙后代高度负责任的真正有意义的行为。推进生态文明建设，必须"树立尊重自然、顺应自然、保护自然的生态文明理念，坚持节约资源和保护环境的基本国策，坚持节约优先、保护优先、自然恢复为主的方针，着力树立生态观念、完善生态制度、维护生态安全、优化生态环境"。③努力建设美丽乡村，努力建设和谐宜居城市，这是在民生层面抓好生态文明建设的切实举措。

---

① 习近平：《在海南考察时的讲话》，《人民日报》2013年4月11日第1版。
② 《习近平谈治国理政》第2卷，外文出版社2017年版，第392页。
③ 习近平：《在十八届中央政治局第六次集体学习时的讲话》，《人民日报》2013年5月25日第1版。

提高生态保护意识是生态文明建设的首要任务,"要像保护眼睛一样保护生态环境,像对待生命一样对待生态环境",① 才能重回天蓝、地绿、水净的美好家园,也才能把绿水青山留给子孙后代。正确处理经济发展和生态环境保护的关系,是建设好生态文明的关键。习近平总书记对此提出重要指示:第一,"既要绿水青山,又要金山银山",要实现经济增长与生态建设的协调发展,这是实现可持续民生建设的内在要求;第二,宁要绿水青山,不要金山银山,这表明不能以牺牲生态环境为代价来换取一时的经济增长;第三,"保护生态环境就是保护生产力、改善生态环境就是发展生产力",② 因此,要"切实贯彻新发展理念,树立'绿水青山就是金山银山'的强烈意识",③ 以生态民生造福于人民,充分发挥绿水青山的社会经济效益,走向社会主义生态文明新时代。

"形成节约资源和保护环境的空间格局、产业结构、生产方式、生活方式",④ 这是抓好生态文明建设的关键。在空间格局上,要推进主体功能区建设,使经济布局与资源承载力相适应;在产业结构上,逐步降低高耗能、高污染、高排放的产业产量,加快淘汰传统落后产能,促进产业结构调整升级;在生产方式上,推进绿色发展、循环发展、低碳发展;在生活方式方面,在全社会倡导低碳生活理念,鼓励居民绿色出行。

建立健全生态环境保护体制机制,为生态文明建设提供可靠保障。2013年中央经济工作会议指出,"加大环境治理和保护生态的工作力度、投资力度、政策力度,加强区域联防联控,加强源头治理"。⑤ 很显然,党和政府的重视,只有转化为切实的政策和制度,才能显现生态治理成效。其一,要关注和重视生态的社会发展考核体系,"把资源消耗、环境损害、生态效益等体现生态文明建设状况的指标纳入经济社会发展评价

---

① 习近平:《参加十二届全国人大三次会议江西代表团审议时的讲话》,《人民日报》2014年12月15日第1版。
② 习近平:《在十八届中央政治局第六次集体学习时的讲话》,《人民日报》2013年5月25日第1版。
③ 《习近平谈治国理政》第2卷,外文出版社2017年版,第393页。
④ 中共中央文献研究室:《习近平关于全面深化改革论述摘编》,中央文献出版社2014年版,第107页。
⑤ 《中央经济工作会议在北京举行》,《人民日报》2013年12月14日第1版。

体系"，① 这对推进生态文明建设具有重要的导向和约束作用。其二，建立完善生态环境监测预警机制也很重要，如"建立大气环境承载能力监测预警机制，确定大气环境承载能力红线"。② 其三，健全国家自然资源资产管理体制是当前亟须落实的任务，因此，要"落实全民所有自然资源资产所有权，建立统一行使全民所有自然资源资产所有权人职责的体制"，③ 这有利于做到避免管理部门职能交叉，将国家自然资源资产所有者与管理者有效分开。

三 民生发展动力：推进制度建立完善

改革开放 40 年以来，我国经济体制之变革、利益格局之调整、社会结构之变动、思想观念之变迁、社会矛盾之凸显，比以往任何历史时期都更为迅速、明显。随着经济社会的发展，我国社会主要矛盾的主客体方面逐渐发生变化，社会主要矛盾的主体方面是人民的需求侧，已经由人民日益增长的物质文化需要转变为人民日益增长的美好生活需要；社会主要矛盾的客体方面是社会生产的供给侧，已经由落后的社会生产转变为不平衡不充分的发展。④ 社会主要矛盾这个内在决定性因素的变化，使表象性的民生问题在不同的发展阶段展现出不同的要素和要求，具有动态性和持续性，在旧的民生问题逐步得到解决的同时，新的民生问题又不断出现。随着人民的需求层次也不断提高，需求内涵呈现多元化趋势，消费结构不断升级，这要求党和政府建立和完善民生事业发展的各

---

① 习近平：《在十八届中央政治局第六次集体学习时的讲话》，《人民日报》2013 年 5 月 25 日第 1 版。

② 中共中央文献研究室：《习近平关于全面深化改革论述摘编》，中央文献出版社 2014 年版，第 111 页。

③ 习近平：关于《〈中共中央关于全面深化改革若干重大问题的决定〉的说明》，《人民日报》2013 年 11 月 16 日第 1 版。

④ 1981 年党的十一届六中全会对我国社会的主要矛盾的定位是"人民日益增长的物质文化需要同落后的社会生产之间的矛盾"。见《三中全会以来重要文献选编》（下），中央文献出版社 2011 年版，第 168 页。时隔 36 年，党的十九大对我国社会主要矛盾重新定位——"人民日益增长的美好生活需要和不平衡不充分的发展之间的矛盾"。见《决胜全面建成小康社会 夺取新时代中国特色社会主义伟大胜利——在中国共产党第十九次全国代表大会上的报告》，人民出版社 2017 年版，第 11 页。

项制度，克服制约民生改善的体制机制弊端。制度是纲，纲举目张，为各项民生事业的发展提供制度保障，有效破解民生发展中面临的难题，从而能够应对不断变化的新情况和新问题，不断开辟中国特色社会主义民生事业发展新局面。

（一）先富带后富的制度设计为共同富裕奠定基础

共同富裕，是千百年来人类孜孜以求却至今尚未实现的美好理想。共同富裕是在生产力发展基础上的由低到高不断推进的历史过程，不是同步富裕，也不是同等富裕。在以毛泽东为核心的第一代领导集体实践探索的基础上，邓小平立足于我国社会主义初级阶段的基本国情和改革开放的新实践，科学地提出了"先富带后富走向共同富裕"的伟大设想，对中国人民共同富裕的进程起到了理论指导和实践促进作用。

1. 共同富裕不是同步同等富裕

共同富裕既不是贫富悬殊的两极分化，也不是平均主义所要求的"均富"。根据马克思主义的观点，共同富裕不可能通过同步发展来实现。按照唯物辩证法的原则，矛盾具有普遍性，一切事物都有矛盾，每一事物发展的始终都贯穿着矛盾；同时，矛盾又具有特殊性，不同事物面临的矛盾不同。所以，事物的发展往往具有不平衡性。同理，在共同致富的过程中，由于主客观条件存在差异，所有人、所有地区不可能同步富裕，也不可能在同一时间同等富裕。换句话说，致富的步伐有快慢之别，富裕的时间有先后之分，富裕的程度也有高低之差，所以对任何一个国家或地区来说，同步同等富裕几乎是个伪命题。更何况，中国东西部之间、城乡之间长期存在较大经济发展差距，同步同等富裕更是不可能实现。即使通过生产力的快速发展，促进了财富的充分涌流，逐步消灭了阶级剥削和贫富分化，最终实现了共同富裕，但是根据社会主义按劳分配的原则，由于不同人的劳动程度和贡献作用有差别，人们的收入和富裕程度也是存在差别的，即共同富裕有合理性的内在差别。

全面建设社会主义十年时期的历史教训告诉我们：平均主义的泛滥必然破坏社会生产力的发展。邓小平对比改革开放前后的实际情况得出结论："我们坚持走社会主义道路，根本目标是实现共同富裕，然而平均发展是不可能的。"① 显然易见，企图用"平均主义"和"大锅饭"来消除一切差别、达到共同富裕的办法是不实际的，结果只能导致普遍贫穷和落后。共同富裕并不是同步均等富裕，因此必须坚决反对"平均主义"这一路子。平均主义思想并不符合科学社会主义的观点，社会主义就是要在生产和分配上搞平均主义，这是一种误解；把社会成员之间的一定收入差别等同于两极分化，这也是背离社会主义的观点。党的十二届三中全会通过的《中共中央关于经济体制改革的决定》实现了对长期以来错误认识的突破，这份报告中明确指出："共同富裕决不等于也不可能是完全平均，决不等于也不可能是所有社会成员在同一时间以同等速度富裕起来。"② 从这里可以看出，党的第二代领导集体已经深刻认识到：共同富裕不等于平均主义，也不等于同时富裕和同步富裕；中国在现在和未来的很长一段时间内都将处于社会主义的初级阶段，社会生产力还较为落后，因此要实施先富带动后富的战略措施，循序渐进地向共同富裕迈进。

2. "先富—后富—共富"

邓小平在总结过去探索共同富裕路径的经验教训的基础上，从我国的基本国情出发，针对当时中国泛滥的"平均主义"思潮，提出了"先富—后富—共富"的发展模式。也就是允许和鼓励先富，而这些依靠勤奋劳动先富起来的群众、企业和地区会对大多数人产生吸引和鼓舞作用，并带动他们一浪接一浪地走向富裕，也就是逐步实现共同富裕。邓小平在1978年12月的中央工作会议上的重要讲话中首次提出："我认为要允许一部分地区、一部分企业、一部分工人农民，由于辛勤努力成绩大而收入先多一些，生活先好起来。一部分人生活先好起来，就必然产生极大的示范力量，带动其他地区、其他单位的人们向他们学习。这样，就会使全国各族人民都能比较快地富裕起来。"③ 这标志着邓小平"先富带动后富走向共同富裕"思想的产生。之后的十多年里，邓小平在各种场

---

① 《邓小平文选》第3卷，人民出版社1993年版，第155页。
② 《中共中央关于经济体制改革的决定》，http://cpc.people.com.cn/GB/64162/64168/64565/65378/4429523.html1984-12-20/2015-01-08。
③ 《邓小平文选》第2卷，人民出版社1994年版，第152页。

合反复强调：先富带动后富，克服两极分化，逐步实现共同富裕。

为什么要通过先富带动后富，从而逐步实现共同富裕呢？首先，邓小平指出："让一部分人、一部分地区先富起来，大原则是共同富裕。一部分地区发展快一点，带动大部分地区，这是加速发展、达到共同富裕的捷径。"[1] 在他看来，由于生产力发展水平的制约，先富带后富是实现共同富裕的必由之路，或者说是有效的捷径。其次，"由于一部分人先富起来产生的差别，是全体社会成员在共同富裕道路上有先有后、有快有慢的差别，而不是那种极少数人变成剥削者，大多数人陷于贫穷的两极分化"[2]。因此，鼓励一部分人、一部分地区先富起来，是符合社会主义发展规律的政策。先富带后富，有利于形成你追我赶、争当先进、奋发向上的社会风气，最大程度上激励人民群众投身社会主义现代化建设。再次，"先富带动后富"并不是走资本主义的道路，而是坚持中国特色社会主义道路。邓小平提出，判断的标准是要看是否有利于社会主义生产力的发展和人民生活水平的提高，从而有效回答了一些习惯计划经济体制下"平均主义""同步富裕"思想的人对"让一部分先富起来"发出"姓资还是姓社"的质疑。最后，"先富带动后富"不仅不会导致两极分化，相反还会促进共同富裕。之所以提出"让一部分人先富起来"的设想，是为了鼓励能人创业、鼓励优势地区发展经济，是为了激励和带动更多人；之所以提出"让一部分地区先富起来"的设想，是为了帮助和扶持落后的地区更好地发展，实现全社会一起富裕。邓小平所提出的"先富—后富—共富"的共同富裕思想具有丰富而深刻的内涵。一方面，"先富"与"后富""共富"具有内在统一性。"先富"是为了带动"后富"，所以"先富"与"后富"都是实现"共富"这一最终目的的手段和路径；"先富"与"后富"都不是全部，而是"共富"这一整体的具体组成部分。另一方面，"先富"与"后富""共富"也具有对立性。纵观存在剥削阶级的人类历史，少数人的"先富"建立在剥削大多数人的基础之上，为巩固经济及政治上的统治地位，"先富"的少数权贵会采用

---

[1] 《邓小平文选》第3卷，人民出版社1993年版，第166页。
[2] 《中共中央关于经济体制改革的决定》，http：//cpc.people.com.cn/GB/64162/64168/64565/65378/4429523.html1984-12-20/2015-01-08。

武力、说教等各种手段来以富压贫,所以,"先富"是"后富"的阻碍,"先富"更容易拉大贫富差距。邓小平提出"实现共同富裕的论断",表明只有在消灭剥削阶级和贫富分化的社会主义社会里,"先富"才能扮演带动"后富"的角色。但回归现实,中国尚处于社会主义初级阶段,生产力不够发达,还存有私有制经济、外国资本,因此,"先富"与"后富""共富"之间仍然存在矛盾和对立。

在邓小平"先富—后富—共富"思想的指导下,党的第二代中央领导集体立足基本国情,将创办经济特区作为我国对外开放、振兴经济的突破口。1979 年 4 月,邓小平同意了广东省在毗邻港澳的地方举办出口加工区的建议,并提出了建立经济特区的设想,要求广东"自己搞,杀出一条血路来"。在邓小平的倡导和建议下,1979 年 7 月,中央研究决定在深圳、珠海、汕头和厦门四个城市试办特区。1984 年年初,邓小平亲自考察了深圳、珠海和厦门三个特区,特区的兴旺发达使邓小平肯定了建立经济特区的政策,也坚定了对外开放的信心和决心。邓小平回京后在与中央负责同志谈话中提出,"我们建立经济特区,实行开放政策,有个指导思想要明确,就是不是收,而是放","要让一部分地方先富起来,搞平均主义不行",① 并提议要进一步开放港口城市。1984 年 5 月,在邓小平的建议下,中共中央、国务院正式批准开放大连、天津、上海、福州、广州等 14 个沿海港口城市。1985 年 2 月,中央先是将长江三角洲、珠江三角洲和闽南厦、漳、泉三角地区,继而又将辽东半岛、胶东半岛开辟为沿海经济开放区。1988 年 4 月,中央又在广东、福建、海南建立改革开放综合实验区,将海南列为经济特区。邓小平一贯主张,一部分地区发展快一点,带动大部分地区,实现共同发展。1988 年 9 月,邓小平提出"两个大局"的发展战略,首先内地要顾全大局,支持沿海地区加快对外开放和经济发展,等到沿海地区发展起来后也要顾全大局,帮助内地更好地发展。这充分体现了先富带动后富的思想。邓小平这样概括"两个大局"的发展规划:"第一步,让沿海地区先发展;第二步,沿海地区帮助内地发展,达到共同富裕。"② 面对沿海经济特区、港口城市、

---

① 《邓小平文选》第 3 卷,人民出版社 1993 年版,第 52 页。
② 《邓小平年谱(1975—1997)》下,中央文献出版社 2004 年版,第 1253 页。

沿海经济开放区快速发展的良好局势，邓小平又提议借鉴经验、加大支持，逐步开放沿长江的重要城市、一些内陆边境城市和内地省会城市，从而促进内陆地区的经济发展。"到1994年，我国共有经济特区5个，沿海开放城市14个，沿海经济开放区包含260个市、县，沿长江开放城市6个，内陆省会开放城市18个，沿边境开放城市13个，国家级经济技术开放区30个，保税区13个，新技术产业开发区52个，国家旅游度假区11个。"① 这样，一个由沿海、沿江、沿边、内陆梯次推进，多层次、全方位、宽领域的对外开放格局得以基本形成，这也是先富带动后富的格局。

3. 先富带动后富的路径

先富带动后富是一个能够影响和带动整个国民经济的大政策，必须认真研究如何有效发挥先富对后富的带动作用。邓小平认识到，"先富"与"后富""共富"之间在社会主义初级阶段的中国仍然存在矛盾和对立。因此，要防止贫富差距发展为两极分化，使"先富"不变为带有剥削性质和压迫"后富"的少数人的富裕，这是保证"先富"能够带动"后富"的前提条件。其一，共同富裕意味着全民共同致富，"农村、城市都要允许一部分人先富起来……一部分人先富裕起来，一部分地区先富裕起来，是大家都拥护的新办法"，② 所以，"先富"不是少数人、少数地区的特权，而是所有人、所有地区的平等权利。其二，邓小平认为，多劳多得、勤劳致富没有什么不对，是正当的值得倡导的做法，这也就是鼓励人们通过诚实劳动和合法经营实现富裕，坚决反对非法致富。其三，要充分发挥"先富"的示范效应，为"后富"提供积极导向。要传授积极的经验，形成可供借鉴的做法，对其他地区产生激励和带动作用。其四，"先富"起来的人民和地区要尽到帮助落后地区人民脱贫的义务。由此可见，"先富"不能忘"后富"，必须秉持"共富"理念，通过各种路径联系"共富"、服务于"共富"、带动和帮助"后富"，为"共富"奠定基础。

---

① 王炳林：《我国对外开放格局的形成与邓小平的创造性贡献》，《中国特色社会主义研究》1999年第2期。

② 《邓小平文选》第3卷，人民出版社1993年版，第23页。

掌握好贫富差距的合理界限，既鼓励"先富"、拉动"后富"，又有效防止两极分化，这是实现先富带动后富的关键所在。一方面，两极分化是共同富裕的最大阻碍，要始终防止两极分化。邓小平在这个问题上强调，"少部分人获得那么多财富，大多数人没有，这样发展下去总有一天会出问题"。① 为了防止分配不公而导致两极分化的问题，邓小平提出了一些解决方法，例如，通过征收所得税对一部分先富裕起来的个人进行一些限制，提倡先富裕起来的人积极为社会做贡献，帮助落后地区发展教育、修建公路等。另一方面，要注意调节的时间、方式和程度，这关系到政策稳定和政局稳定。对于"先富"起来的部分情况，邓小平明确指出，"动还是要动，因为我们不搞两极分化。但是，在什么时候动，用什么方法动，要研究"。② "动"是为了限制贫富差距的扩大，"动"的底线是不能引起动荡甚至引起政策的反复，不能影响改革的大局，不能损害经济发展的积极性。"先富"发展到一定程度后，可以采取税收调节的办法让先富起来的地区支持落后地区的发展。在解决这个问题的时间上，邓小平强调应该是在20世纪末达到小康水平的时候，太早或太晚都不行，太早会削弱先富人民的积极性，降低先富地区的活力，太晚则会产生两极分化；在解决这个问题的方式上，邓小平强调不能搞摊派和"吃大锅饭"，当然也不能搞个人主义。

在中国特色社会主义事业的建设过程中，必须始终坚持社会主义制度，以共同富裕为发展目标，坚定不移地走共同富裕的道路。在"先富"发展到一定阶段、经济发展到一定程度之后，必须利用各种手段、各种方法、各种方案来促进共同富裕。否则，就会导致两极分化，偏离社会主义正确方向。第一，加强关于分配问题的宏观调控，推进共同富裕。邓小平在论述这共同富裕时强调："中国发展到一定程度后，一定要考虑分配问题。也就是说，要考虑落后地区和发达地区的差距。"③ 分配不能走平均路线，否则会鼓励懒汉，造成"集体行动的困境"，打压人的发展积极性；也不能走资本主义路线，分配不公，只让少数人富有，导致两

---

① 《邓小平年谱 1975—1997》（下），中央文献出版社2004年版，第1364页。
② 《邓小平文选》第3卷，人民出版社1993年版，第216页。
③ 《邓小平年谱 1975—1997》（下），中央文献出版社2004年版，第1356—1357页。

极分化。因此，实现共同富裕必须做到公平分配。第二，要借助税收的手段调节社会财富，邓小平提出了一些调节贫富差距的税收办法："先富起来的地区多交点利税，支持贫困地区的发展。到那个时候，发达地区要继续发展，并通过多交利税和技术转让等方式大力支持不发达地区"。[①]当然，缩小收入差距并不是要完全消灭差距，而是要把收入差距控制在合理范围内。第三，要大力宣传社会主义的致富道德原则，通过道德教育提高富人的责任意识和奉献意识，鼓励先富者奉献社会，积极帮扶他人。最后也是最为关键的是，国家要加大扶贫济贫力度和社会救济力度，"对经济还很落后的一部分革命老根据地、少数民族地区、边远地区和其他贫困地区实行特殊的优惠政策，并给以必要的物质技术支援"，[②]积极扶持广大人民依靠劳动过上富裕的生活，尤其是要对老弱病残这些困难群众给予最基本的生活保障。

（二）"四个尊重"的制度保障为财富涌流提供源泉

党的十六大报告指出："必须尊重劳动、尊重知识、尊重人才、尊重创造，这要作为党和国家的一项重大方针在全社会认真贯彻。"[③]"四个尊重"这一重大战略方针的提出，对于我们党激发全社会全民族的积极性和创造性，最广泛最充分地调动一切有利因素参与中国特色社会主义建设，保持社会主义民生事业的旺盛生机和持续发展具有重要而深远的意义。

1. "四个尊重"蕴含丰富的民生理念

尊重劳动，即尊重创造社会财富的活动，尊重人的主体存在。马克思主义认为，劳动创造了人本身，是人与动物相区别的标志。人学会了运用自己的双手和智力，通过对象化劳动（生产活动、处理社会关系的活动和科学实验），按照人的要求和目的，对自然进行积极改造，使自然满足自身的需求——使环境适应人，而不是像其他动物那样适应环境。

---

① 《邓小平文选》第3卷，人民出版社1993年版，第374页。
② 中共中央关于经济体制改革的决定，http://cpc.people.com.cn/GB/64162/64168/64565/65378/4429523.html，1984年12月20日/2015年1月8日。
③ 《江泽民文选》第3卷，人民出版社2006年版，第540页。

简言之，对象化劳动为人的生存和发展创造条件，是劳动积极本质的表征，也是人作为类存在物的确证。作为坚定的马克思主义政党，中国共产党始终坚持马克思主义劳动观，秉承劳动价值理论。随着改革开放和社会主义市场经济的发展，中国共产党确立了与时代发展相适应的社会主义新型劳动观，并制定了符合实践需要的劳动政策。"四个尊重"就是在新的改革和发展的实践基础上所提出的重大理论创新成果，体现了对马克思主义劳动价值论的创新和发展。劳动作为社会主义人民主体存在方式的确证，尊重劳动就是尊重人民群众主体地位的题中应有之义。在社会主义改革开放时期，尊重劳动在劳动主体及劳动形式上获得了新的内涵："一切为我国社会主义现代化建设作出贡献的劳动，都是光荣的，都应该得到承认和尊重。"① 因此，海内外各类投资者的劳动（在我国建设中的创业活动）也应该受到尊重和鼓励。保护劳动所得是尊重劳动的真正落实和有效保障，因此，既要保护一切合法的劳动收入，也要保护所有合法的非劳动收入。

尊重知识，核心是尊重科学技术知识在解放和发展生产力中的重要价值。20世纪末，随着互联网的迅速普及，全球开始进入知识经济时代，科学技术在经济和社会发展中的作用日益凸显。经济发展的速度与效益，不再仅仅依赖于劳力、土地、资本等生产要素的投入，更大程度上取决于科学技术的生产、扩散、应用和创新。继邓小平提出"科学技术是第一生产力"的论断之后，江泽民提出又一个科学的论断："科技创新越来越成为当今社会生产力解放和发展的重要基础和标志，越来越决定一个国家、一个民族的发展进程。"② 科技和人才已经成为经济和社会发展的主导力量，也是一个国家兴衰强弱的重要影响因素。科技实力的竞争和高素质人才的竞争是当今世界综合国力竞争的根本表现。邓小平时代把全党工作重点转移到以经济建设为中心的轨道上来保证了第一步战略目标的实现，那么江泽民时期把经济建设进一步转移到依靠人才教育与培养和科技进步的轨道上来，则是第二步战略目标胜利实现的基本保证，同时也为第三步战略目标的实现奠定了坚实基础。

---

① 《江泽民文选》第3卷，人民出版社2006年版，第540页。
② 《江泽民文选》第2卷，人民出版社2006年版，第392页。

尊重人才，关键是人才观的与时俱进。人是生产力中最具决定性的力量，知识分子作为工人阶级中掌握科学文化知识较多的一部分群体，是先进生产力的开拓者。人才是科技创新和发展的支撑，"科技进步、经济繁荣和社会发展，从根本上说取决于提高劳动者的素质，培养大批人才"。[1] 重人才，充分调动广大科技人员的积极性、主动性和创造性，是解放科技生产力的前提。因此，尊重人才就要努力创造有利于知识分子施展聪明才智的良好环境，使尊重知识、尊重人才在全社会形成良好风尚。从广义的人才观来理解，尊重人才意味着尊重一切中国特色社会主义的劳动者、建设者。工人阶级始终是推动我国生产力发展的根本力量，但随着改革开放的深入和经济的发展，在社会变革中出现的个体户、私营企业主、自由职业人员、民营企业家、民营企业与外资企业的管理技术人员等社会成员，无论他们处于何种阶层，都是中国特色社会主义事业的重要建设力量。总之，人才是国家发展最重要的资源，尊重人才就是要真正把培养、使用好各类人才作为中国特色社会主义事业兴旺发达的大事来看待、来落实，团结为祖国富强贡献力量的社会各类人才，对他们的劳动要肯定和鼓励，对他们的合法权益要保护。

尊重创造，基础是重视创新。"创新是一个民族进步的灵魂，是一个国家兴旺发达的不竭动力。"[2] 一个国家只有提高自主创新能力，摆脱技术引进的依赖，才能走出技术落后的困局。一个民族只有具备支撑它发展的创新能力，才能真正屹立于世界民族之林。经过30多年在工业建设方面的累积，以及改革开放十多年的技术引进与发展，我国在20世纪90年代已经具备一定的科技实力和自主创新能力，但是与当时美国、日本和德国等发达资本主义国家相比仍有较大差距。创新能力的相对滞后严重制约了我国经济发展质量和效益的提升。为了避免在日趋激烈的国际竞争中始终处于被动地位，必须尊重创造，鼓励和支持创新，快速提高科技创新的能力。只有在世界高科技领域占有一席之地，只有在科技发展上掌握自己的命运，才能真正成为一个独立自主、自力更生的社会主义大国。

---

[1] 《江泽民文选》第1卷，人民出版社2006年版，第233页。

[2] 同上书，第432页。

"四个尊重"蕴含丰富的民生理念,是推进中国特色社会主义建设的重要力量组合。"四个尊重"的思想与社会主义市场经济的价值规律相契合。倡导尊重劳动、尊重知识、尊重人才、尊重创造,有利于逐步打破长期计划经济体制下形成的官僚主义、命令主义、平均主义、阶级斗争等思想观念的束缚和禁锢,达到解放思想、激发活力的良好效果。在建立完善社会主义市场经济体制的新形势下,倡导"四个尊重"有利于增强人们的自主意识、民主意识、平等意识,促进社会主义市场经济的自由公平竞争和发展。"四个尊重"与全面建设小康社会的战略目标相契合。全面建设小康社会是一项努力实现经济政治文化生态的协调发展和不同地域的全面发展、致力于广大人民群众共同富裕的伟大事业。"四个尊重"战略体现了中国共产党对一切社会主义建设者社会地位和劳动价值的充分肯定,从而有利于最广泛最充分地调动一切积极因素,实现不同利益群体、社会阶层的力量整合,发挥国家的整体效能,增强中华民族为全面建设小康社会的凝聚力。

2."四个尊重"激发广大社会主义劳动者的积极性和创造力

"四个尊重"思想的基本精神与核心旨意酝酿、形成于改革开放与中国特色社会主义建设的实践中。邓小平在改革开放前10年发展实践的基础上提出了"尊重知识、尊重人才",江泽民总结改革开放近20年的发展实践,进一步提出了"尊重劳动、尊重知识、尊重人才、尊重创造"。针对贯彻落实"四个尊重"这项重大方针,党的十六大明确提出:"要形成与社会主义初级阶段基本经济制度相适应的思想观念和创业机制,营造鼓励人们干事业、支持人们干成事业的社会氛围,放手让一切劳动、知识、技术、管理和资本的活力竞相迸发,让一切创造社会财富的源泉充分涌流,以造福于人民。"[1]

其一,尊重劳动不分类别,因为真正尊重的是劳动的本质——对象化的活动,而不是劳动的表象——不同的社会分工。因此,既尊重简单劳动,也尊重复杂劳动,体力劳动值得尊重,脑力劳动也值得尊重,总之,一切为我国社会主义民生事业发展及现代化建设做出贡献的劳动,一切有益于人民和社会的劳动都应得到尊重和保护。再具体来说,就是

---

[1] 《江泽民文选》第3卷,人民出版社2006年版,第540页。

既要尊重公有制经济下人民的劳动，也要支持非公有制经济下人民的劳动；既要尊重国内人民的劳动，也要鼓励海内外各类投资者在我国建设中的创业活动。其二，尊重劳动的落脚点是尊重劳动成果。1993年党的十四届三中全会确立了以公有制经济为主体、多种所有制经济共同发展的基本经济制度，与此同时，也调整确立了以按劳分配为主体、多种分配方式并存的分配制度，既承认劳动这种生产要素参与收益分配的合法性，也承认资本、技术和管理等生产要素参与收益分配的合法性。换言之，既保护合法的劳动收入，也保护合法的非劳动收入。在这样的分配机制下，以体力支出为主的一般劳动，以脑力劳动为主的技术开发、经营管理等复杂劳动，以及包括土地、资本、知识、产权在内的生产要素，其作用都能得以体现，依其贡献的大小合法获得相应报酬。让各种劳动、这样的分配机制通过落实绩效优先、按劳分配和兼顾社会公平的原则，使广大人民的收入符合其劳动创造的价值和贡献，从而最大限度地调动起了广大社会主义劳动者和建设者的积极性、主动性和创造性，更好地挖掘创造社会财富的源泉，调动知识、技术和管理等生产要素的活力，有力地推进中国特色社会主义民生事业的蓬勃发展。其三，确保就业是尊重劳动的重要前提和结果。20世纪80年代以来，随着国企改革的推进，城镇下岗失业人员不断增加。随着农村富余劳动力向非农领域、向城镇转移速度加快，再加上劳动力技能与素质新型产业岗位需求不相适应，城镇劳动力供求总量矛盾和就业结构性矛盾十分突出，新成长劳动力就业和下岗失业人员再就业问题已经成为一个影响社会经济发展全局的重大问题。江泽民多次强调，就业是民生之本，"扩大就业，促进再就业，关系改革发展稳定的大局，关系人民生活水平的提高，关系国家的长治久安"。① 在"三个代表"重要思想的指导下，通过开展就业援助、职业指导和培训做好下岗失业工人再就业工作，通过调整经济结构、建立完善社会保障体系和就业服务体系来扩大就业，解决好群众的就业问题。

尊重人才，意味着对人才社会价值的认可，既要使其有用武之地，更意味着人才的培育，为人才创造相应的成长环境。面对世界经济发展、

---

① 《江泽民文选》第3卷，人民出版社2006年版，第506页。

科技进步的新形势,促进科技进步和创新已刻不容缓。1995年5月,中共中央、国务院召开全国科学技术大会,作出了《关于加速科学技术进步的决定》,提出实施科教兴国的战略。江泽民在大会上指出:"实施科教兴国的战略,关键是人才。人类生产及社会服务自动化、信息化、智能化水平正在不断提高,许多繁重、重复的体力劳动正在被各种自动化机械和计算机所取代,对劳动者知识和技术水平的要求越来越高。大大提高我国劳动者中科技人才的比例,提高劳动者队伍的整体素质,对于我国社会主义现代化建设事业具有重大意义。"① 由此可见,不断提高劳动者的科学文化素质,提高他们的劳动技能和创造才能,从而充分发挥其积极性、主动性和创造性,是党代表中国先进生产力发展要求必须履行的第一要务。教育在社会主义现代化建设中具有基础性、先导性作用,它是培育人才的重要摇篮,是知识创新与传播、技术发展与应用的主要基地。因此,必须优先发展教育事业。大力发展教育事业是"四个尊重"的题中应有之义,教育要为人民服务,为经济社会发展服务,为社会主义现代化建设服务。

知识经济时代下培养德智体美全面发展的社会主义建设者,培育高素质劳动者和高科技人才,都要以现代高等教育的发展为基础。1993年7月,国家教委发出《关于重点建设一批高等学校和重点学科点的若干意见》,决定设置"211工程"重点建设项目,即面向21世纪,重点建设100所左右高等学校和一批重点学科点,以此来提高我国高等教育的人才培育质量和科研水平。1998年5月4日,江泽民在庆祝北京大学建校一百周年大会上向全世界宣告:"为了实现现代化,我国要有若干所具有世界先进水平的一流大学。"② 为此,教育部实施《面向21世纪教育振兴行动计划》,重点支持北京大学、清华大学等部分高等学校创建世界一流大学和高水平大学,即"985工程"。在大力发展高等教育的同时,也不断加大基础教育的支持力度。继续普及义务教育制度,不断扩大九年义务教育的实施范围,逐步使偏远农村地区的基础教育发展起来。通过建立义务教育经费保障机制,来保证义务教育制度顺利实施。到2000年年底,

---

① 《江泽民文选》第1卷,人民出版社2006年版,第435页。
② 《江泽民文选》第2卷,人民出版社2006年版,第123页。

我国基本普及九年制义务教育,基本扫除青壮年文盲。人才的成长、科技的发展,不仅需要靠教育,也离不开良好社会文化环境和氛围的积极熏陶。愚昧不是社会主义,科普工作既是实施科教兴国战略的重要任务,也是社会主义精神文明建设的重要内容。江泽民多次强调要切实加强科普建设,在广大群众中普及科学知识、宣传科学思想,要在全社会大力弘扬科学精神,积极引导人民群众建立科学、文明、健康的生活方式,努力形成学科学、用科学、爱科学、讲科学的社会精神风貌,不断提高中华民族的科学文化水平,使科教兴国真正成为全中华民族的广泛共识和实际行动。

全面实施科教兴国战略,关键是落实科学技术是第一生产力,以科技创新为先导促进生产力发展实现质的飞跃。加强科学技术创新,对提高国民经济发展质量和效益、提高全社会劳动生产率、提高我国国际竞争力具有重要意义。1999年8月,江泽民在全国技术创新大会上指出,"加强技术创新,最根本的是要在全社会真正形成推动技术创新工作的有效机制。"[1] 第一,科技发展要面向经济建设这个主战场,这是实现科技成果向现实生产力转化的有效路径。正如恩格斯所说:"社会一旦有技术上的需要,这种需要就会比十所大学更能把科学推向前进。"[2] 当科学技术同经济和社会发展密切结合起来时,就能释放巨大的生命力。科技与经济的有机结合需要通过深化科技体制改革来实现,在科研机构、高等院校、政府和企业之间建立联系合作机制,使科技创新成果更快更好地转化为现实生产力。同时,要加快高新技术的产业化发展,使科学技术在我国现代化建设中更好地发挥第一生产力的作用。第二,引入市场机制,建设国家创新机制和体系,激发社会活力,促进大众创新,全面提高科技自主创新能力。遵循社会主义市场经济发展规律,建立多主体、多渠道的技术创新机制。把社会主义制度的优势同市场经济的优势相结合,在尊重市场对资源配置的基础性作用的前提下,"通过竞争机制实现资金、人才、技术和经营管理等要素的最佳组合,最大限度地调动全社

---

[1] 《江泽民文选》第2卷,人民出版社2006年版,第393页。
[2] 《马克思恩格斯选集》第4卷,人民出版社1995年版,第732页。

会一切有利于促进技术创新的积极力量"。① 一方面，要加大政府投入，继续稳住重点科研机构从事有关国家整体利益和长远利益的基础性研究、高新技术研究和重大科技攻关活动；另一方面，要确立企业作为技术创新主体的地位，鼓励企业提高技术创新能力和科技管理水平。

（三）统筹兼顾是民生事业科学发展的根本方法

科学发展观不仅借鉴了改革开放前我国社会主义民生建设的实践经验，同时也全面反思了改革开放过程中产生的各种问题，并深刻地分析了 21 世纪资本主义生产方式的局限与困境，从而确立以人为本的核心理念，提出全面协调可持续的发展路径。发展作为党执政兴国的第一要务，作为科学发展观的第一要义，是解决中国一切问题的关键，对于全面小康社会的建设、社会主义现代化进程的推进具有决定性意义。"科学发展观要求的发展，是好中求快、又好又快的发展，是速度与结构、质量、效益相统一的发展，是长期、稳定、可持续的发展。"② 全面协调可持续是科学发展观的基本要求，科学发展观要求的发展就是集全面发展、协调发展、可持续发展为一体的科学发展。因此，中国特色社会主义民生发展要以科学发展观为根本指针，民生建设要坚持科学发展这项根本原则。在横向视阈上，科学发展蕴含全面发展、协调发展的理念，要求推动经济民生、政治民生、文化民生、社会民生及生态民生各领域的发展；在纵向视阈上，科学发展蕴含历史眼光和未来眼光，要求实现人与社会之间、人与自然之间的可持续与和谐发展。总之，科学发展与和谐民生社会是内在统一的，没有科学发展就难以建成和谐民生社会，同时，没有社会民生的和谐，也就无法实现科学发展。

1. 全面发展满足民生综合需求

马克思恩格斯认为，人的需要是多维度、多层次的需要，人作为生物人和社会人，具有自然的和社会的双重需要，在对衣、食、住等维持生命活动的生存需要得到满足之后，会追求根源于所处经济地位与生产关系的享受性、发展性的社会需要。同样，著名的马斯洛需要

---

① 《江泽民文选》第 2 卷，人民出版社 2006 年版，第 394 页。
② 温家宝：《关于深入贯彻落实科学发展观的若干重大问题》，《求是》2008 年第 21 期。

理论也认为人的需要具有多样性和层次性，由低到高主要包括生理需要、安全需要、社会交往需要、尊重需要和自我实现的需要。改革开放以来，随着物质方面需求逐渐得到满足，人民群众对政治权利方面、精神文化方面的需求也日益增加。中国特色社会主义民生事业必须坚持全面发展的原则，这是由民生需求的综合性和全面性共同决定的。只有实现社会主义经济建设、政治建设、文化建设、社会建设的整体推进，实现社会主义经济文明、政治文明、精神文明的全面进步，才能使经济民生更加殷实、政治民生更加民主、文化民生更加繁荣、社会民生更加和谐、人民生活更加幸福。在民生事业的总体布局中，经济建设提供经济民生的物质基础，政治建设增加政治民生的权利与政治效能感，文化建设满足文化民生的精神追求，社会建设保障社会民生的安稳殷实与幸福感。

破除"重经济增长，轻社会发展"的狭隘观念是科学发展观的内在要求。改革开放前，为了走出一穷二白、积贫积弱的困境，在相当长的历史时间段一直集中有限的资源集中发展经济，而且是优先发展重工业。受路径依赖、观念依赖的影响，民生建设过程中存在"经济指标硬，社会指标软"的不良现象。曾经具有历史合理性的观念在新的时代条件下已经成为前进的包袱、发展的负担。政绩观、发展观的偏差必然导致社会事业的滞后，导致民生的畸形发展，导致社会矛盾频发。因此，要转变发展观念，树立全面发展理念，在大力发展经济的同时，要充分重视与人民利益息息相关的义务教育、公共交通、公共卫生与防疫、社会扶助与救济、减排治污与环境保护等民生事业，努力满足群众多方面的民生需求，同时也为经济发展创造良好的社会环境。

2. 协调发展促进民生平衡

促进区域协调发展，为民生平衡发展奠定牢固基础。区域过度失衡将导致差距鸿沟化、发展割裂化的矛盾。区域协调发展是民生平衡发展的必要条件，也是构建和谐社会的内在要求。实现区域协调发展的关键在于形成区域间优势互补、相互促进、互惠互利的互动机制。胡锦涛在党的十七大报告中指出："缩小区域发展差距，必须注重实现基本公共服务均等化，引导生产要素跨区域合理流动。要继续实施区域发展总体战略，深入推进西部大开发，全面振兴东北地区等老工业基地，大力促进中部地区崛起，积极支持东部地区率先发展。"① 这表明，必须打破行政区划的壁垒，代之以平等互利、协作共赢的互动机制，这是促进生产要素在区域间自由流动的基本前提，也是加快东部产业向中西部转移的贸易通道。此外，提高东西部地区的协调发展水平，还要鼓励发达地区通过对口支援、社会捐助等形式帮扶欠发达地区，支持各地区开展多种形式的技术、人才合作及区域经济协作，使东部地区在率先发展中带动中西部地区发展。另外，国家要继续加大对中西部地区的政策优惠力度、资金投入和产业支持，加大对贫困地区、民族地区、边疆地区、革命老区的扶持力度。

促进城乡发展协调，逐步改变城乡二元经济结构，农民占人口的多数，解决好农业、农村、农民问题，关乎民生发展的整体水平，关乎全面建设小康社会大局。推进社会主义新农村建设，"要加强农业基础地位，走中国特色农业现代化道路，建立以工促农、以城带乡长效机制，形成城乡经济社会发展一体化新格局。坚持把发展现代农业、繁荣农村经济作为首要任务，加强农村基础设施建设，健全农村市场和农业服务体系"。"以工促农"就是充分发挥工业对农业的支持和反哺作用，通过工业资金、技术的支持，发展乡镇企业和县域经济，鼓励支持新型农业经营主体（包括农业合作社、专业大户、家庭农场、农业龙头企业等）的创建与发展，促进传统农业向现代农业转型发展，提升农业产业化和规模化经营水平，提高农业综合生产能力和比较效益。"以城带乡"就是充分发挥城市对农村的辐射和带动作用，依托城市消费力，拓展农业发展市场，促进农民增收，同时也可以积极稳妥地推进农业转移人口市民化和农村城镇化。协调城乡发展离不开国家的宏观调控，一是要推进扶贫脱贫机制的建立健全，不断改善贫困农民的生产生活条件；二是要完善农村开发建设机制，加强农业人才的培育、加快农业基础设施的修建完善；三是要加大支农惠农政策力度，增加农业投入，保障农业市场预期与发展前景。

统筹兼顾是实现协调发展的根本方法。党的十七大报告指出了"十

---

① 胡锦涛：《高举中国特色社会主义伟大旗帜为夺取全面建设小康社会新胜利而奋斗——在中国共产党第十七次全国代表大会上的报告》，《人民日报》2007年10月24日。

个统筹"，深刻体现了全面协调可持续发展的内在要求。这"十个统筹"也是贯彻落实科学发展观民生思想的现实路径，只有坚持"十个统筹"，才能妥善处理中国特色社会主义民生事业中的重大关系，才能总揽全局、统筹规划，解决好民生问题的重点难点，全面推进民生事业的发展。促进生产关系与生产力、上层建筑与经济基础相协调，这是协调发展的基础。因此，要不断深化社会主义经济、政治、文化、社会体制改革，推动社会主义基本经济制度、分配制度、法律体系的完善，使生产关系适应生产力、上层建筑适应经济基础，从而更好地发挥生产关系及上层建筑的引导作用。协调发展还需要处理好政府与市场的关系、政府与社会的关系以及公平与效率的关系。关于政府与市场的关系，党的十七大报告提出了关键性的两点要求：推进政企分开、减少政府对微观经济运行的干预；发挥市场在资源配置中的基础性作用。在社会主义市场经济中，政府与市场两只手不能相互替代，要摒弃政府万能论和市场万能论的错误观念。要充分尊重市场规律，同时也要依靠法律的、行政的和经济的等宏观调控手段来弥补市场的滞后性、自发性、盲目性等局限，引导市场在资源配置中的基础性作用，更好发挥政府作用。关于政府与社会的关系，政社之间应寻求合作，而非对抗，在为人民服务的社会主义国家中更应如此。在权利上要相互尊重，政府要依法办事，公平公正，不能侵犯公民社会，社会监督政府工作，也要尊重政府权威；在责任上要合理分担，政府在把握社会发展态势、提供公共服务等方面承担主要责任，也要充分尊重、发挥社会的自我调节和管理能力；在资源配置上合理整合，政府在运用好自身资源的基础上，要调动和引导社会资源，探索完善政府与社会资本合作的模式，共同办好社会事业。必须强调的是，公平和效率的关系，贯穿于社会分配的各个层次。坚持效率与公平并重是协调发展的本质要求。初次分配中坚持以效率优先的原则，但也要兼顾公平，要注意通过完善制度来保证机会均等、竞争公平，保护广大劳动者尤其是弱势群体的合法权益；再分配中则要坚持以公平为主的分配原则，缩小初次分配造成的过大的收入差距、财富差距，防止两极分化，引向共同富裕。

3. 可持续发展是民生长久的重要保证

根据1987年世界环境与发展委员会出版的《我们共同的未来》的定

义，可持续发展可以理解为在不对后代人满足其需要的能力构成危害的前提下，能满足当代人的需要的发展。保证各代人机会选择的平等是可持续发展的核心原则。可持续发展要实现人与自然、与其他生物之间的和谐共存，实现当代人之间的代内公平，实现当代人与未来各代人之间的代际公平。资源的持续利用和生态系统的平衡运作是人类社会可持续发展的基本条件，经济社会的持续发展依赖于生态环境的可持续性。合理开发和利用自然资源，协调好经济发展与环境保护的关系，是可持续发展的必然要求。在科学发展观的指导下，我国可持续发展的时代内涵是"坚持生产发展、生活富裕、生态良好的文明发展道路，建设资源节约型、环境友好型社会，实现速度和结构质量效益相统一、经济发展与人口资源环境相协调，使人民在良好生态环境中生产生活，实现经济社会永续发展"。[1]

我国人口众多，人均自然资源相对不足。长期以来盲目追求经济利润、片面追求发展速度、不惜以浪费资源和破坏环境为代价的粗放型增长方式，导致人口、资源、环境与经济发展的矛盾越来越突出，生态环境系统遭到破坏，进而影响社会经济系统的良性循环，使人民群众的生存和发展面临很大威胁。因此，必须坚持节约资源和保护环境的基本国策，以立法的力量督促生态环境的保护，以法律法规的完善促进能源资源节约，进而推动可持续发展体制机制的形成；加强污染防治和生态修复，推进节能减排工作，保护土地和水资源，不断改善生态环境；加大节能环保投入，开发清洁能源和可再生能源，提高能源资源利用效率；以绿色 GDP 引导经济发展与人口、资源、环境相协调，发展环保产业，增强可持续发展能力，保证民生水平得以持续而稳定的增长。

（四）全面深化改革和全面从严治党强化制度支撑

改革是中国特色社会主义民生发展的活力之源，没有 40 年改革的积淀，就没有我国民生事业的蓬勃生命力；没有 40 年改革的不断深化，就没有已经取得的可喜的民生建设成就。全面深化改革是贯彻当代中国民

---

[1] 胡锦涛：《高举中国特色社会主义伟大旗帜为夺取全面建设小康社会新胜利而奋斗——在中国共产党第十七次全国代表大会上的报告》，《人民日报》2007 年 10 月 24 日。

生事业的主线,是破解民生发展难题的关键之举,是当代中国民生事业冲破阻碍、继续前行的强大动力。中国共产党是中国特色社会主义民生事业的领导建设主体,是中国特色社会主义民生思想的理论创新主体。全面从严治党,是提升民生建设领导力和统筹力的重要法宝,是民生事业大踏步赶上时代的可靠支撑。

1. 全面深化改革释放民生发展活力

改革是撬起民生发展的"总支点"。通过全面深化改革,突破既得利益的藩篱,扫除民生发展障碍。当前,国内外形势相对复杂,我国民生事业发展总体前景向好,但面临的矛盾和潜在风险与挑战依然不可小觑。例如,来自教育、就业与收入分配、医疗与养老、住房与安居、社会保障、安全生产、社会治安、公共卫生、生态环境质量、食品药品安全等具体民生领域的问题还有很多,贫困地区的部分群众生活还十分困难,而且地域发展差距、城乡发展差距、居民收入差距仍有扩大趋势,而解决这些民生前进道路上的困难和问题有赖于改革的深化。"完善和发展中国特色社会主义制度,推进国家治理体系和治理能力现代化",[①] 从民生的角度解析全面深化改革的总目标,就是要形成有效的治理体系和治理能力,克服制约民生事业发展的体制机制弊端,使民生建设制度更加系统完备、科学规范、成熟稳定、运行有效,为民生事业长远发展提供制度保障、奠定坚实基础,以制度优势有效破解民生发展中面临的难题,保障群众切身利益,开拓中国特色社会主义民生事业更加广阔的前景。

"全面深化改革没有完成时",中国特色社会主义民生事业在改革伊始中产生,也必将在改革深化中不断发展、再创佳绩。1978年党的十一届三中全会标志着改革开放的启动,"贫穷不是社会主义"是改革开放的逻辑起点,让人民吃饱穿暖、建设富强的国家是改革开放的历史起点。改革开放犹如一场深刻的革命,社会主义传统观念成为思想解放的对象,全社会着力冲破高度集中的计划经济体制的束缚。2013年党的十八届三中全会的召开,标志着改革再出发的号角已经吹响,标志着中国进入了"全面深化改革"的新阶段。"五大理念"先行,引领发展动力转变;达

---

① 习近平:《在省部级主要领导干部学习贯彻十八届三中全会精神全面深化改革专题研讨班开班式上的讲话》,《人民日报》2014年2月18日第1版。

成最大的时代共识,把民生建设力量凝聚在中国梦的伟大旗帜之下;以改革为动力,带动民生发展。在"全面深化改革"的新阶段,改革的国内国际背景发生了广泛而深刻的变化。新一轮的改革不再是社会主义法律不健全条件下的改革,而是法律体系形成条件下着力建成法治体系的改革;新一轮的改革不再是经济体量较小、经济结构简单条件下的改革,而是经济体量巨大、经济结构复杂条件下的改革;新一轮的改革不再是利益格局未分化、收入分配差距较小、社会矛盾简单条件下的改革,而是利益格局多元且失衡、收入分配差距较大、社会矛盾复杂且凸显条件下的改革;新一轮的改革不再是国内市场相对封闭、国际国内两个市场两种资源各自独立运行条件下的改革,而是全方位宽领域开放、国际国内两个市场两种资源日益融合条件下的改革。

全面深化改革,开启了人民创造力、社会生产力和社会活力迸发的闸门,更开启了"大众创业、万众创新"的民生新时代。党的十八届三中全会通过的《中共中央关于全面推进依法治国若干重大问题的决定》提出了"进一步解放思想、进一步解放和发展社会生产力、进一步解放和增强社会活力"[①] 的改革目的。这"三个进一步解放"相辅相成、相互促进,统一于民生发展新开启的历史进程,为中国特色社会主义民生建设提供正确的思想方位和科学的行动指南。习近平总书记强调:"解放思想是前提,是解放和发展社会生产力、解放和增强社会活力的总开关"。[②] 只有抓好解放思想这个前提,才能引领民生发展新变革,推动社会生产力的进一步解放和发展,因此,解放思想也就成为全面建成小康社会、推动民生发展迈上新台阶的最根本最紧迫的任务。解放和增强社会活力,关键在于优化资本、土地、劳动力、技术、管理等要素配置,激发创新创业活力,引导人民积极而有序参与,激发微观主体创新、创业、创造的潜能,形成"大众创业、万众创新"的良好态势,释放社会新需求,塑造和强化经济稳定发展新动力,推动新技术、新产业、新业

---

① 《中共中央关于全面推进依法治国若干重大问题的决定》,《人民日报》2014年10月29日第1版。

② 习近平:《切实把思想统一到党的十八届三中全会精神上来》,《人民日报》2014年1月1日第2版。

态蓬勃发展。

全面深化改革是一场为了人民的改革,寄托着万众人民的幸福梦想。习近平总书记提出了改革的三条判断标准:"对党和人民事业有利的,对最广大人民有利的,对实现党和国家兴旺发达、长治久安有利的,该改的就要坚定不移改。"① 只有始终坚持这三条根本标准,民生事业的全面深化改革才能做到对人民负责、对历史负责、对国家和民族负责。一方面,促进公平正义、增进人民福祉,这是全面深化改革的最大共识,体现了坚持全心全意为人民服务这项根本宗旨的必然要求,也体现了尊重人民的主体地位的内在要求。"全面深化改革必须以促进社会公平正义、增进人民福祉为出发点和落脚点。"② 正如习近平总书记指出的那样,随着社会经济发展水平和人们生活水平的不断提高,人民群众期待更多社会公正成为民生发展的题中应有之义,因此,创造更加公平正义的社会环境,使全体人民公平享受改革发展成果,为人民群众带来实实在在的利益,这既是全面深化改革的价值意义所在,也是改革持续下去并取得成功的深厚根基所在。另一方面,全面深化改革要以尊重人民的主体地位为首要原则,这项原则主要体现在紧紧依靠人民推动改革和深化改革。只有站在人民立场上谋划改革思路,从人民的根本利益出发制定改革举措,立足于人民主体地位把握和处理涉及改革的重大问题,改革才能符合人民群众的期待,才能得到人民群众的满意和支持。人民是历史的创造者,没有广大人民群众的衷心拥护和积极参与,任何改革都难以持续、难以成功。因此,必须坚持以人为本,发挥群众首创精神,将改革事业深深扎根于人民群众之中,紧紧依靠人民的力量推动改革。群众的眼睛是雪亮的,正确改革需要群众的监督和评价,群众的智慧是无穷的,科学改革需要听取群众的意见和建议。同人民群众一道把改革推向前进,要充分调动人民推进改革的积极性和主动性,发挥人民群众的首创精神,最大程度上凝聚人民的智慧和力量,并及时总结人民群众实践创造的新鲜经验,以提高改革决策的民主性和科学性。

---

① 中共中央文献研究室:《习近平关于全面深化改革论述摘编》,中央文献出版社2014年版,第153页。

② 习近平:《在党的十八届三中全会第二次全体会议上的讲话》,《求是》2014年第1期。

经济体制作为全面深化改革的重点领域,其改革的成效对民生发展具有重要影响。处理好政府和市场的关系是经济体制改革的核心问题,而正确处理政府与市场的关系必须坚持社会主义市场经济改革方向,坚持中国特色社会主义政治经济学的重大原则,使市场在资源配置中发挥决定性作用,同时更好地发挥政府的作用。市场配置民生资源,政府优化公共服务;市场提高民生发展效率,政府保障公平正义。充分发挥经济体制改革的牵引作用,促进社会主义市场经济健康发展,为民生建设提供稳定持续的经济保障。供给侧结构性改革是经济体制改革的重要突破口。在经济新常态下,外需空间不足,内需空间有限,过去一味靠增加投资来改善总需求的法子已经行不通了,必须由更多重视需求管理转向更多重视供给管理,改善供给结构,创造新供给,化解过剩产能,提高全要素生产率,从源头上刺激民生需求,释放民生发展红利。习近平在中央财经领导小组第十一次会议上强调:"在适度扩大总需求的同时,着力加强供给侧结构性改革,着力提高供给体系质量和效率,增强经济持续增长动力,推动我国社会生产力水平实现整体跃升。"[1] 可以预见,供给侧结构性改革是实现"经济结构优化、经济动力转化"的关键着力点,也将成为当前和今后一段时期我国经济发展的重要发力点。

2. 全面从严治党锻造坚强民生领导核心

中国共产党"担负着团结带领人民全面建成小康社会、推进社会主义现代化、实现中华民族伟大复兴的重任",[2] 中国共产党是当代中国民生事业的无可替代的领导核心。办好中国的事,关键在于中国共产党。民生建设具有更多自发性特征,上层建筑必须具有自觉性特征。上层建筑出问题,民生建设就出问题,从这个角度讲,党也要承担起上层建筑监护人的责任。"党坚强有力,党同人民保持血肉联系,国家就繁荣稳定,人民就幸福安康。"[3] 全面从严治党,就能不断完善中国共产党自身,使党始终成为全国人民的主心骨,使党更好发挥总揽全局、协调各方的

---

[1] 习近平:《全面贯彻党的十八届五中全会精神 落实发展理念推进经济结构性改革》,《人民日报》2015年11月11日第1版。

[2] 习近平:《在十八届中央政治局第一次集体学习时的讲话》,《人民日报》2012年11月19日第1版。

[3] 同上。

领导核心作用，为协调推进"四个全面"战略布局提供坚强有力的政治保证，为协调推进"五位一体"总体布局提供最有力的领导支撑，为推动当代中国民生发展提供正确的方向指引，为实现"两个一百年"奋斗目标凝聚最广泛的共识和力量。

"党要管党，首先是管好干部；从严治党，关键是从严治吏。"① 抓好领导干部这个"关键少数"，既是全面从严治党的关键环节，也是落实落细民生工作的组织保证。"政治路线确定之后，干部就是决定的因素。"② 各级领导干部在民生发展中举足轻重，领导干部的信念、决心和行动，对推进当代中国民生事业发展具有十分重要的意义。民生发展不是制定个方针、出台个政策就万事大吉了，关键是要真抓实干。各级领导干部是党的执政权和国家立法权、行政权、司法权的执行者，是党的理论和路线方针政策的执行者，是民生建设的第一责任人，需要带领广大党员和人民群众把各项民生工作部署落到实处。"打铁还需自身硬"，各级领导干部要以身作则，率先垂范，正己正人，谋事创业。如果领导干部队伍素质不高，党的建设搞不好，民生建设也会跟着出问题。

必须要从严管理干部，以正确的组织路线保证政治路线的正确。从严管理干部，就要加强思想教育，使党员干部坚定共产主义理想信念，补足精神上的"钙"，永葆共产党员的政治本色和政治灵魂；就要加强纪律建设，严明党规党纪，使党员干部牢固树立纪律和规矩意识，做政治上的"明白人"；就要持续深入推进"三严三实"教育，使领导干部"严以修身、严以用权、严以律己" "谋事要实、创业要实、做人要实"，③ 成为"信念坚定、为民服务、勤政务实、敢于担当、清正廉洁"④ 的好干部。有好的领导干部，民生事业就不怕干不好。领导干部严以修身，加强党性修养，就会自觉坚持为人民服务；领导干部严以用权，不搞特权、不以权谋私，就会自觉做到用权为民；领导干部具有较强的法治观念和法律意识，就会善于运用法治思维、法治方法开展工作，让人

---

① 习近平：《在全国组织工作会议上的讲话》，《人民日报》2013 年 6 月 30 日第 1 版。
② 《毛泽东选集》第 2 卷，人民出版社 1991 年版，第 526 页。
③ 习近平：《在党的群众路线教育实践活动总结大会上的讲话》，《人民日报》2014 年 10 月 9 日第 1 版。
④ 习近平：《在全国组织工作会议上的讲话》，《人民日报》2013 年 6 月 30 日第 1 版。

民在生活中切身感受到公平正义;领导干部对党、对人民忠诚老实,勤政务实,具有民生担当情怀,就会为民生发展出谋划策,着力解决民生问题,创造经得起人民、实践和历史检验的民生业绩。

提高党的民生事业领导力,关键在于加强作风建设。习近平总书记在十八届中央纪委二次全会上对全党发出警示:"如果不坚决纠正不良风气,任其发展下去,就会像一座无形的墙把我们党和人民隔开,我们党就会失去根基、失去血脉、失去力量。"① 一旦执政基础垮了,党就会陷入"塔西佗陷阱",党的民生政策方针就得不到群众的理解,党的民生建设事业就得不到群众的支持。因此,必须狠抓作风建设,解决"四风"问题,这是推进党的民生事业建设的重要切入点。反对形式主义,改进工作作风,教育引导党员干部把精力心思用在民生事业上,对群众负责,热心服务群众,真正为民办实事、办好事;反对官僚主义,开展群众路线教育活动,教育引导党员干部下基层体察民情、关心民意,并诚心接受群众的监督和批评,不断改进思想作风,着力解决在人民利益上不作为、不维护的问题,坚决整治与民争利、侵害群众利益的问题;反对享乐主义,教育引导党员干部克己奉公、勤政廉政,坚守道德品质、党纪国法、政治立场三条底线,做到修身怀德,清廉自守;反对奢靡之风,教育引导党员干部,生活上厉行节约,勤俭朴素,不断改进生活作风。抓好作风建设,建设一支素质优良的党员干部队伍,使每个基层党组织都成为坚强战斗堡垒,人民群众就会始终团结凝聚在党的周围,民生事业就会无往而不胜。

腐败是民生的大敌和陷阱,必须要反对。古今中外,大量历史事实证明,哪一个朝代(政权)贪污腐败横行,哪一个朝代(政权)就是民怨载道、社会动荡、政权垮台。发展是硬道理,反腐败也是硬道理。只有反腐才能深化民生改革,提高民生发展效益。面对近些年来党内发生的严重违纪违法案件,习近平总书记告诫全党:"腐败问题越演越烈,最终必然会亡党亡国!"② 总书记的警示振聋发聩,为党敲响了警钟,加快

---

① 习近平:《十八届中央纪委二次全会上的讲话》,《人民日报》2013年1月23日第1版。
② 习近平:《在十八届中央政治局第一次集体学习时的讲话》,《人民日报》2012年11月19日第1版。

了全面从严治党的步伐,提升了反腐的速度。无论是作风建设,还是反腐倡廉建设,都需要靠制度来保障,以制度的建立健全推进作风建设和反腐倡廉建设的常态化、长效化。若党无腐败,则国无腐败,则民心凝聚、民生昌盛。严明党规党纪,就是要管党员、正党风、强党性、铸党魂,坚决祛除党的健康肌体上的毒瘤,"增强党自我净化、自我完善、自我革新、自我提高能力,保持和发展党的先进性和纯洁性"。[①] 健全制度是抓好反腐败斗争的关键一环,"要加强对权力运行的制约和监督,把权力关进制度的笼子里,形成不敢腐的惩戒机制、不能腐的防范机制,不易腐的保障机制",[②] 用制度管人管事管权。健全制度,要完善相关法律,首要的是完善党规党纪。党内法规严于国法,具有更严格的约束力以及事前的预警作用。在"全面"与"从严"的制度设计上,中共中央2015年10月18日印发的《中国共产党廉洁自律准则》和《中国共产党纪律处分条例》,堪称党内法规的里程碑,为全体党员及领导干部树立了道德高线和纪律底线,吹响了全面从严治党新的号角。政党文化是一个政党的灵魂所在,全面从严治党常态化需要加强政党文化的培育,形成文化约束力,消除党员干部贪污腐化的思想堕力;形成文化向心力,培育党员干部的组织认同和文化认同,在党内达成共识、凝聚力量;形成文化宣传力,展示传递党员干部的正面形象,夯实扩大党的群众基础。制度为硬,文化为软,软硬兼施,形成合力,从严治党才会有更明显的成效。

四 民生价值取向:坚持人民主体地位

坚持人民主体地位是毛泽东思想和中国特色社会理论体系这两大中国化马克思主义理论成果一以贯之的基本理念。毛泽东思想以人民主体地位为根本政治立场,将群众路线作为党的根本工作路线,将为人民服务确定为党和政府的根本宗旨。坚持人民民主专政是邓小平理论关于四项基本原则的重要内容,依靠人民群众的力量推进改革开放和中国特色

---

① 习近平:《在庆祝中华人民共和国成立65周年招待会上的讲话》,《人民日报》2014年10月1日第1版。

② 习近平:《十八届中央纪委二次全会上的讲话》,《人民日报》2013年1月23日第1版。

社会主义建设，基本解决全国人民的温饱问题，不断改善人民生活。代表中国最广大人民的根本利益是"三个代表"重要思想的价值归宿，坚持执政为民。科学发展观的价值内核是坚持以人为本，坚持社会公平正义，在发展和改革中化解社会矛盾，发展旨向是着力构建社会主义和谐社会。习近平新时代中国特色社会主义思想坚持以人民为中心，尊重人民主体地位，坚持由人民共享改革发展成果，奋斗目标是2020年全面建成小康社会进而建成社会主义现代化强国。坚持人民主体地位贯穿中国特色社会主义民生发展过程的始终，是中国特色社会主义民生思想的核心价值导向。

（一）改善人民生活的民生利益观

以邓小平为核心的党中央第二代领导集体肩负推动改革开放、开创中国特色社会主义事业的历史重任，不负人民的期望和重托，积极推动社会主义物质文明建设和精神文明的建设进程，解决了中国人民的温饱问题，使人民群众的生活水平实现了质的提高。邓小平作为中国人民的儿子，他深情地爱着他的祖国和人民，把为人民谋幸福作为毕生奋斗的目标，始终把维护人民利益、改善人民生活作为头等大事，人民利益至上的民生价值观更是贯穿邓小平理论民生思想的核心理念。

1. 对人民负责、为群众服务是共产党人的根本宗旨

毛泽东将马克思主义基本原理同中国革命、建设的实际很好地结合起来，创立了为人民服务的科学理论。全心全意为人民服务在1945年党的七大上被正式写进党章，从此，为人民服务就成为中国共产党一贯坚持的根本宗旨。1949年新中国成立后，中国共产党由革命党变成执政党，邓小平对处于执政地位的党如何结合新的实际坚持全心全意为人民服务的宗旨这个问题作了很多思考和探索，丰富和发展了为人民服务的理论。1956年9月，邓小平在《关于修改党的章程的报告》中明确指出："党的全部任务就是全心全意地为人民群众服务。"[①] 他坚定认为，中国共产党始终是群众的服务者，是帮群众自己解放自己的工具，帮助群众自己劳动创造自己的幸福生活。因此，每一位中国共产党党员首先要正确摆

---

① 《邓小平文选》第1卷，人民出版社1994年版，第217页。

正自己的位置，做好服务人民的"公仆"，而不能做站在群众之上的"主人"。同年11月，他再次指出每一位共产党党员都要践行为人民服务的宗旨，要以对群众负责作为自己工作的态度，要以人民利益作为一切行动的最高准绳。

邓小平多次强调共产党员应该当好人民的勤务员，这是为人民服务的前提。1962年2月，他在《在扩大的中央工作会议上的讲话》中指出："我们进了城，执了政，是做官呢，还是当人民的勤务员呢？"[①] 他强调共产党员不能抱有做官的态度，而要当好人民的勤务员，并且要继承和发扬党的优良传统，避免沾染官气，只有以普通劳动者的面貌去和人民群众打交道，与人民站在平等位置上，才能贴近群众，听到人民的心声，这是为人民服务的前提。邓小平要求党员干部必须养成遇事与群众商量、同群众同甘共苦的工作作风，否则对人民负责、向群众服务都只是一句空话。他特别要求，党员干部坚决不能做骄傲自满的官僚主义者和滥用权力的违纪违法者。邓小平还从多个方面论述了怎样为人民服务的问题。一是坚决反对用官僚主义、命令主义的态度处理问题。在他看来，中国共产党没有超乎人民之上的权力，党员干部也没有对群众实行强迫和命令的权力，以官僚主义和命令主义的态度处理问题会适得其反，往往就会脱离群众和实际，把工作做坏。二是党员干部要密切联系群众，保持党与人民群众的血肉联系。实践证明，遇事不向群众学习、不同群众商量、一意孤行的主观主义者，往往面临错误和失败，给党和人民带来巨大的损失。因此，邓小平指出，一个党和它的成员，要保持谦虚和谨慎的态度，善于向群众学习，认真总结群众的经验，集中群众的智慧。1979年11月，邓小平在《高级干部要带头发扬党的优良传统》中谆谆告诫全党："密切联系群众，这是最根本的一条。'不要做官当老爷'，要反对'衙门作风'。"[②] 并要求党员干部不搞特殊化，要同群众打成一片，关心群众疾苦，切实解决群众困难。

2. 面对群众需求、改善人民生活是执政建设的价值追求

邓小平坚持并发展了马克思主义的观点，在新的历史条件下提出，

[①] 《邓小平文选》第1卷，人民出版社1994年版，第304页。
[②] 《邓小平文选》第2卷，人民出版社1994年版，第230页。

中国共产党没有同人民群众利益不同的利益，改善人民群众的生活始终是中国共产党执政的价值目标。他说："在社会主义国家，一个真正的马克思主义政党在执政以后，一定要致力于发展生产力，并在这个基础上逐步提高人民的生活水平。"① 其实，邓小平早在革命战争时期和社会主义建设时期就多次强调，党要维护人民利益，关注人民生计。在抗战期间他就再三强调："凡是能够保护人民利益的事，应努力赴之；凡是可以招致敌人摧残人民的事，都应谨慎从事。"② 这也就是说，各项管理政策和作战行动必须要考虑人民的根本利益。在社会主义建设时期，邓小平坚决反对只片面发展重工业项目，而忽视关系民生的服务性行业、轻工业的发展，他主张社会主义建设的工作在服务国家安全稳定的前提下，应该更多考虑群众的利益，切实满足群众的基本生活需求。

在改革开放和社会主义现代化建设新时期，邓小平更加重视民生的改善。1978年9月16日，他在听取吉林省委常委工作汇报时发表了《高举毛泽东思想旗帜，坚持实事求是的原则》的讲话，他谈道："社会主义制度优越性的根本表现，就是能够允许社会生产力以旧社会所没有的速度迅速发展，使人民不断增长的物质文化生活需要能够逐步得到满足。"③ 这是邓小平从社会主义优越性的高度对改善人民生活必要性的进一步论述。他要求，"我们一定要根据现在的有利条件加速发展生产力，使人民的物质生活好一些，使人民的文化生活、精神面貌好一些"。④ 从这个意义上说，保证温饱，提高人民生活水平是邓小平领导我国改革开放的历史起点。邓小平提出了"温饱—小康—现代化"三步走战略，设计了中国特色社会主义事业发展的伟大蓝图。邓小平关于民生的思想观点十分丰富，涉及科技、教育、就业、养老、收入分配、社会保障和医疗卫生等多个领域。劳动生产率的提高、人民群众个人收入的增长以及社会主义集体福利增加，这是党和人民的最大利益，要作为主要的政治来抓。其中，解决人民群众的吃饭穿衣问题始终被邓小平作为首要问题来抓。

---

① 《邓小平文选》第3卷，人民出版社1993年版，第28页。
② 《邓小平文选》第1卷，人民出版社1994年版，第55页。
③ 《邓小平文选》第2卷，人民出版社1994年版，第128页。
④ 同上。

在经济文化落后、农业底子薄、人口众多的国家搞社会主义建设,解决吃饭穿衣问题始终是头等大事。对此,邓小平指出,要从中国的实际出发,首先解决好农村发展的问题,要始终紧抓农业问题,肯定农村家庭联产责任制不变,保障粮食产量稳定增长,保障农民收入和生活水平不断提高。

3. 是否符合人民利益是判断现代化建设和改革开放成败的价值标准

在党的十一届三中全会以前,邓小平就指出:"按照历史唯物主义的观点来讲,正确的政治领导的成果,归根结底要表现在社会生产力的发展上,人民物质文化生活的改善上。"① 在此他阐明了评判改革开放和社会主义现代化建设成果的价值标准,即是否促进了生产力的发展和人民生活的改善。

随着改革开放的推进,不断出现新的实践课题,邓小平关于改善民生的战略构想不断完善。人民群众是历史的创造者,自然是人民利益的掌握者和党和政府服务工作的评判者。因此,人民利益至上的民生价值观的核心是必须尊重人民的价值评价主体地位。在邓小平看来,中国共产党是人民的全心全意的服务者,代表广大人民的利益和意志,那么,党和政府的一切方针政策的正误和效果要由人民群众来判断,因而其政策与行动也要以人民群众的满意度为标尺。邓小平时刻关注最广大人民的利益和愿望,坚持以人民利益为最高准则的立场,并"始终相信人民、依靠人民,总是把人民拥护不拥护、人民赞成不赞成、人民高兴不高兴、人民答应不答应作为制定方针政策和作出决断的出发点和归宿"。② 基于此,邓小平在1992年春的南方谈话中表示,必须坚持党的十一届三中全会以来确定的基本路线和一系列方针政策不能变。针对姓"资"还是姓"社"的问题,他在谈话中提出了科学的判断标准:"应该主要看是否有利于发展社会主义社会的生产力,是否有利于增强社会主义国家的综合国力。是否有利于提高人民的生活水平。"③ 这"三个有利于"的标准坚持了马克思主义唯物史观的核心观点,肯定了生产力的进步构成社会历

---

① 《邓小平文选》第2卷,人民出版社1994年版,第128页。
② 《十六大以来重要文献选编》(中),中央文献出版社2006年版,第152页。
③ 《邓小平文选》第3卷,人民出版社1993年版,第372页。

史发展的基本尺度,也肯定了人的自由而全面发展是社会历史发展的价值目标;这"三个有利于"的标准更是在为人民服务的具体过程中实现了生产力发展与民生改善的共轭统一,从而集中体现了人民利益至上的民生价值观。

(二)发展人民利益的执政为民理念

2002年5月31日,江泽民在中央党校省部级干部进修班毕业典礼上强调,贯彻"三个代表"重要思想的根本要求,"关键在坚持与时俱进,核心在保持党的先进性,本质在坚持执政为民"。2003年7月1日,胡锦涛在"三个代表"重要思想理论研讨会上强调,"始终做到'三个代表',是我们党的立党之本、执政之基、力量之源。这里的'本'、'基'、'源',说到底就是人民群众的支持和拥护",并进一步指出"三个代表"重要思想的本质是"立党为公、执政为民"。这很好地诠释了中国共产党与人民群众的关系:人民的支持与拥护是中国共产党兴盛的根本因素,也是中国特色社会主义事业发展的根本保证;同时,不断实现最广大人民的根本利益是中国共产党一切奋斗的最高目的,无论是领导中国人民推翻"三座大山",开展社会主义建设,还是实行改革开放,进行社会主义现代化建设,归根结底都是为了实现好、维护好、发展好最广大人民的根本利益。

1. 执政为民是中国共产党的执政价值观

"立党为公、执政为民"作为对"三个代表"重要思想的本质概括,对中国共产党执政经验和规律的深刻总结,揭示了中国共产党为人民服务的根本属性,体现了中国共产党全部执政活动的价值取向和标准。

"立党为公"中的"公"指的是最广大人民群众的根本利益。2001年7月1日,在庆祝中国共产党成立八十周年大会上,江泽民深刻指出:"我们党始终坚持人民的利益高于一切。党除了最广大人民的根本利益,没有自己特殊的利益。党的一切工作,必须以最广大人民的根本利益为最高标准。"[①] 在中国特色社会主义初级阶段,中国共产党所坚守的最大的"公",就是国家和民族的整体利益、全国各族人民的共同理想、中国

---

① 《江泽民文选》第3卷,人民出版社2006年版,第280页。

工人阶级和最广大人民群众的根本利益。

中国共产党是中国工人阶级的先锋队,包括知识分子在内的工人是建设中国特色社会主义事业的主体力量,中国共产党是为完成工人阶级的历史使命而存在的,要为实现工人阶级的利益而奋斗。工人阶级的根本利益同全体人民和中华民族的根本利益相一致,因此,中国共产党也是中国人民和中华民族的先锋队,"执政为民"中的"民"指的是中国全体人民,而非人民的"敌人";"执政为民"中的"民"指的是全国各族人民(包括全体社会主义劳动者、社会主义事业的建设者)以及拥护社会主义和祖国统一的海外侨胞。

中国共产党执掌政权是中国人民在长期的实践中作出的历史性选择,人民的同意构成了中国共产党执政合法性的重要来源。而人民的同意很大程度上又以中国共产党自身的先进性为基础,中国共产党的宗旨、性质及其执政价值观是自身先进性的核心支撑。执政为民是中国共产党在领导中国特色社会主义民生事业建设过程中所秉持的执政价值观。如果说"三个代表"的执政理论是引导中国共产党执政行为的外牵力,那么"执政为民"的执政价值观则是激励中国共产党执政行为的内驱力。

江泽民在庆祝中国共产党成立八十周年大会上还强调,"全心全意为人民服务,立党为公,执政为民,是我们党同一切剥削阶级政党的根本区别"。[①] "全党同志要始终坚持一切为了群众、一切依靠群众的根本观点,坚持党的群众路线,深入群众深入基层,倾听群众呼声,反映群众意愿,集中群众智慧,使各项决策和工作符合实际和群众要求。"[②] 这两段讲话分别揭示出执政为民价值观的两层含义:当好人民公仆服务人民,以人民的意志为出发点,以群众利益的归宿,不断实现最广大人民的根本利益是执政为民的第一层含义,回答了为谁执政的问题;保持党同人民群众的血肉联系,坚持从群众中来到群众中去的工作作风,党员干部与人民群众同甘共苦,不允许脱离群众,不允许凌驾于群众之上,并紧紧依靠人民群众的智慧和力量来建设中国特色社会主义事业,这是执政为民的第二层含义,回答了怎样执政的问题。

---

① 《江泽民文选》第3卷,人民出版社2006年版,第279页。
② 同上书,第280页。

2. 执政为民蕴含社会主义民生的基本理念

马克思把社会发展的终极目标归结为在共产主义社会高级阶段实现"解放全人类"与"人的自由全面发展",是对人的价值的充分彰显,是对人的主体地位的充分尊重。马克思思考的出发点是历史唯物主义,人民群众是社会历史存在和发展的主体,在物质生产力要素中最具能动性,也是社会物质财富、精神财富的创造者,人民群众是社会变革和发展的决定力量,人民利益、意志和活动决定着社会发展的总趋势。

在新的历史条件下确立"立党为公、执政为民"的理念,是中国共产党执政价值观与时俱进的科学定位,创新了马克思主义唯物史观的时代表达。中国共产党作为马克思主义执政党,真正将人民群众放在历史主体的位置上,坚持人民利益至上,强调党和国家的一切活动都要以人民的利益、人民的需要、人民的反映为价值标准,这是社会主义民生发展的基本价值理念。也只有尊重人民创造历史的主体地位,才能充分调动起人民群众的主体自觉性,发挥人民群众在中国特色社会主义事业建设中的主体作用。

3. 执政为民就是为了最广大人民的根本利益

立党为公、执政为民是马克思主义政党执政价值观的集中表达。马克思、恩格斯在马克思主义政党成立之初,就公开承认了"共产党人不是同其他工人政党相对立的特殊政党。他们没有任何同整个无产阶级的利益不同的利益",[①] 过去封建统治阶级、资产阶级领导的运动都是为其自身利益的运动,因而只是为少数人谋利益,而共产党所领导的运动是广大无产阶级利益的运动,因而是为绝大多数人谋利益。中国共产党坚持立党为公、执政为民的执政理念,体现了自身的先进性,即自诞生以来就把马克思主义当作思想武器,也反映了自身的执政正当性,即获得执政地位以后,始终坚持服务于人民,以人民的利益为一切工作之归宿。

中国共产党"坚持尊重社会发展规律与尊重人民历史主体地位的一致性,坚持为崇高理想奋斗与最广大人民谋利益的一致性,坚持完成党的各项工作与实现人民利益的一致性"。[②] 这"三个一致性"既是中国共

[①] 《马克思恩格斯选集》第1卷,人民出版社1995年版,第285页。
[②] 《江泽民文选》第3卷,人民出版社2006年版,第279页。

产党执政为民价值理念的核心内涵,也是执政为民的基本要求。"始终代表中国最广大人民的根本利益"是中国共产党执政规律的根本要求。无论是在团结和带领中国人民进行革命和建设的实践中,还是在领导改革开放的伟大实践中,党始终是最广大人民利益的忠实代表,正是如此,中国特色社会主义伟大事业不断取得可喜成就,社会主义现代化才能顺利推进。最大多数人的利益关系党的执政基础,关系社会稳定,关系中国特色社会主义民生事业的全局,因而是最紧要的、最迫切的。所以,在协调社会阶层的利益关系时,必须把最广大人民的根本利益摆在首要位置,如果置最大多数人的利益于不顾,那就意味着党的变质,意味着社会主义民生建设的失败。

坚持执政为民的民生价值理念,绝不能只喊口号,只停留在一般要求上,而必须落实到关心群众生产生活的实际工作中去。"在任何时候任何情况下,党的一切工作和方针政策,都要以是否符合最广大人民群众的利益为最高衡量标准。"① 中国共产党的执政活动必须围绕人民群众最关心、最切实的利益来开展,努力把实现人民的长远利益和当前利益统一起来,把经济社会发展的长远战略目标和改善人民生活质量的阶段性任务结合起来。困难群众是人民群众中最需要关心的群体,执政为民,就是时刻把群众的安危冷暖挂在心上,一定要竭尽全力帮助解决困难群众在生产生活中面临的实际问题,对企业下岗职工要帮助其再就业,对城市贫困居民和农村贫困人口要给予相应的最低生活保障。贫困问题是社会主义民生建设中最值得重视的问题,要从政治上高度重视贫困问题,只有解决好贫困问题,才能达到全面建设小康社会的要求,因此,必须加强政策扶持,并切实把脱贫解困的各项政策措施落到实处。

(三) 以人为本的民生发展观

科学发展观的核心是"以人为本"。党的十七大报告指出:"必须坚持以人为本。……保障人民各项权益,走共同富裕道路,促进人的全面

---

① 《江泽民文选》第 2 卷,人民出版社 2006 年版,第 262 页。

发展，做到发展为了人民、发展依靠人民、发展成果由人民共享。"[1] "以人为本"作为贯彻落实科学发展观的核心立场，作为 21 世纪中国特色社会主义民生建设的价值取向，是马克思主义民生观的新发展，是中国共产党性质和宗旨的时代表达，是对传统民本思想、西方人道主义的扬弃与超越。从民生发展的视角透视以人为本，其价值层面的基本内涵是：以人民群众的根本利益为民生工作的出发点和落脚点，让民生建设的成果惠及全体人民，不断满足日益增长的民生需求，切实保障人民群众的经济、政治和文化权益，以实现人的自由全面发展为根本目标。2002 年 12 月，胡锦涛在西柏坡考察时提出了"权为民所用、情为民所系、利为民所谋"的思想。"权为民所用、情为民所系、利为民所谋"的思想是"立党为公、执政为民"的进一步深化和细化，是中国特色社会主义民生观的进一步发展和丰富。从民生建设的视角透视"以人为本"，其实践层面的基本要求是：以正确的权力观服务民生、以正确的地位观关切民生；以正确的利益观发展民生。

1. 坚持"权为民所用"，以正确的权力观服务民生

我国是社会主义国家，国家的权力来源于人民，根植于人民，服务于人民。执掌政权的中国共产党要坚持全心全意为人民服务的根本宗旨，党除了为人民谋利益，不能有自己的特殊利益。这既是马克思主义指导思想的根本要求，也是我国宪法和法律的根本规定。对于一个政党来说，"相信谁、依靠谁、为了谁，是否始终站在最广大人民的立场上，是区分唯物史观和唯心史观的分水岭，也是判断马克思主义政党的试金石"。[2] 同样，对于每一个党员干部来说，是否牢记手中的权力是人民赋予的，是否始终做到权为民所用，是衡量共产党员政治觉悟与素养的基本标准。以人为本是马克思主义政党的生命根基，执政为民是马克思主义政党的本质要求。中国共产党坚持以人为本、执政为民，其一切执政活动的出发点和落脚点始终都是实现好、维护好和发展好最广大人民的根本利益，

---

[1] 胡锦涛：《高举中国特色社会主义伟大旗帜为夺取全面建设小康社会新胜利而奋斗——在中国共产党第十七次全国代表大会上的报告》，《人民日报》2007 年 10 月 24 日。

[2] 胡锦涛：《在"三个代表"重要思想理论研讨会上的讲话》（2003 年 7 月 1 日），《十六大以来重要文献选编》（上），中央文献出版社 2005 年版，第 369 页。

因而始终保持马克思主义政党的先进性。每一个党员干部也必须坚持"权为民所用","必须正确看待和运用手中的权力,始终以党和人民的事业为重,为人民掌好权、用好权,用人民赋予的权力服务于人民、造福于人民,绝不以权谋私"。① 胡锦涛在庆祝中国共产党成立九十周年大会上发表重要讲话,再次强调:人民赋予的权力不是领导干部个人的权力,必须接受人民的监督而不能搞"暗箱操作",必须用来为谋公利而不能用来谋私利。

树立正确的权力观,关键在于党员干部讲党性、重品行。在新的时代条件下,社会思潮更加复杂,市场经济的诱惑更加繁多,广大党员干部要牢固树立"人民公仆"意识,克服"官本位"思想,不恃权狂傲,不假公济私,才能永葆政治本色和政治灵魂,才能始终不渝地保持党同人民群众的血肉联系,才能做到用人民赋予的权力为广大人民群众服务,巩固人民当家作主的政治地位,切实保障人民权益。广大党员干部要"真正把自己当成人民的公仆,切实尊重人民的主体地位,用手中的权力全心全意地为人民服务,推进决策科学化、民主化,深化政务公开,依法保障公民的知情权、参与权、表达权、监督权"②。党员干部树立正确的权力观,是党依法执政、科学执政、民主执政的基础,也是党的方针政策"顺民意、谋民利、得民心"的重要保障。

树立正确的权力观,必须树立以人为本的科学发展观。党员领导干部要深刻认识到"推动发展的根本目的是让人民群众过上更好生活,牢固树立和自觉坚持正确政绩观,时刻把人民利益放在第一位",③ 多开创有惠于人民生活改善、利于千秋万代的业绩。权为民所用,关键在于制定决策政策过程中要以人民的支持为依据,充分考虑人民群众的需求和利益,充分尊重人民意愿,不能让群众利益受损,而且,还要通过制度渠道让人民群众更多参与到决策过程中,即广泛征求群众意见,真正做到民主决策。

---

① 胡锦涛:《在新进中央委员会的委员、候补委员学习"三个代表"重要思想和贯彻十六大精神研讨班结业时的讲话》,《人民日报》2003年2月19日第1版。

② 《中共中央关于构建社会主义和谐社会若干重大问题的决定》,人民出版社2008年版,第238页。

③ 《胡锦涛文选》第3卷,人民出版社2016年版,第478页。

2. 坚持"情为民所系",以正确的地位关切民生

中国共产党的执政地位是广大人民群众在中华民族饱受"三座大山"倾轧、寻求民族解放和人民尊严的历史环境中作出的选择,而之所以如此,很大程度上是因为中国共产党站在了广大工农群众的立场上,因而也代表了中国最大多数人的利益与中华民族的根本的利益。没有任何力量可以代替人民的力量,人民的支持与拥戴始终是中国共产党执政合法性的根本来源。如何有效防止脱离人民群众这个最大危险?必须尊重人民的主人翁地位,始终坚持为人民服务的根本宗旨,在中国特色社会主义事业的发展过程中始终以人民的利益为价值依归,只有做到这样,党的路线、方针、政策以及全部工作才能得到人民群众的理解和支持,党的执政地位也才能不断得以巩固。

密切联系群众是中国共产党的优良传统和优良作风,也是党的最大优势。党的优良传统要始终保持,这是党的生命不断延续的历史依据。随着时代的发展,也要结合新的客观环境赋予历史传统以新的内涵。在当代尊重"民心"、体察"民意"、心系"民情",就要"做到情为民所系,就必须坚持与人民群众心连心,始终把人民群众的安危冷暖挂在心上,倾听群众呼声,关心群众疾苦",[①]一句话,不脱离群众,实实在在地帮助群众解决民生困难。

在长期执政的条件下,要想充分发挥密切联系人民群众的传统和优势,必须把握好党员干部这一关键环节。党员干部特别是基层党员干部是沟通党中央与人民群众的纽带,是联系政府与人民群众的桥梁,党的路线方针政策需要党员干部深入浅出地讲解和宣传,政府的工作部署和安排需要党员干部保质保量地执行和落实。只有党员干部把人民放在心里,党才在人民的心里;只有党员干部把群众当亲人,群众才会把党当亲人。胡锦涛在《在庆祝中国共产党成立九十周年大会上的讲话》中指出:"各级党政机关和干部要坚持工作重心下移,经常深入实际、深入基

[①] 胡锦涛:《在新进中央委员会的委员、候补委员学习"三个代表"重要思想和贯彻十六大精神研讨班结业时的讲话》,《人民日报》2003年2月19日第1版。

层、深入群众,做到知民情、解民忧、暖民心。"① 这便要求党员干部要高度重视新形势下的群众工作,在基层与群众打成一片,苦人民所苦、忧人民所忧、思人民所思,务实做好民生工作,为人民谋利益。

党员干部坚持"情为民所系",树立正确的地位观,高度重视关切民生,需要以坚定的党性和端正的作风为支撑。"是心系群众、服务人民,还是高高在上、脱离群众,是衡量领导干部作风是否端正的试金石。"② 思想是行动的指南,党员领导干部首先要在思想上尊重群众,始终以马克思主义群众观点为指导开展民生工作,坚持历史唯物主义立场践行党的群众路线,把人民放在"主人"的位置,把自己摆在"公仆"的位置,始终与人民群众同呼吸、共命运。其次,党员领导干部要"牢固树立群众观点、坚持党的群众路线,自觉站在人民群众的立场上,坚持思想上尊重群众、感情上贴近群众、工作上依靠群众",③ 要关爱群众、贴近群众,真情关心人民生活,虚心听取群众意见,始终与人民群众保持鱼水联系,不断增强同人民群众的感情,始终与人民群众同呼吸、共命运、心连心,把群众需要放在第一位,成为群众的贴心人。党员干部在实际工作中更要做到依靠群众,自觉实践群众观点,拜人民为师,坚持从群众中来、到群众中去,问政于民、问需于民、问计于民,努力实现群众经济、政治、文化、社会等各项需求,同时在为人民服务的实践中增长政治智慧、提高执政本领。

3. 坚持"利为民所谋",以正确的利益观发展民生

群众事情无小事,群众利益大于天。胡锦涛强调:"我们党是代表最广大人民根本利益的政党,我们的政府是为人民服务的政府,必须保障人民群众的经济、政治、文化、社会等各项权益,推动国家利益、集体利益、群众利益协调发展。"④ 中国共产党的性质和宗旨决定了党坚持以人为本、执政为民的执政观,党和政府在革命、建设、改革等各个历史

---

① 胡锦涛:《在庆祝中国共产党成立九十周年大会上的讲话》(2011 年 7 月 1 日),《十七大以来重要文献选编》(下),中央文献出版社 2013 年版,第 442 页。

② 胡锦涛:《全面加强新形势下的领导干部作风建设》(2007 年 1 月 9 日),《十六大以来重要文献选编》(下),中央文献出版社 2008 年版,第 873 页。

③ 《胡锦涛文选》第 3 卷,人民出版社 2016 年版,第 477 页。

④ 同上书,第 480 页。

时期始终依靠人民，为了人民。正是党和政府顺应人民过上更加幸福美好生活的期待，不断解决与人民群众利益密切相关的现实问题，党的执政地位才牢不可破，中国特色社会主义事业才能蓬勃发展。

"利为民所谋，就必须时刻把群众利益放在首位，始终把维护好、实现好、发展好最广大人民的根本利益作为全部工作的出发点和落脚点，坚持一切为了群众、一切依靠群众，立志为人民做实事、做好事，绝不与民争利。"[①] 可见，"利为民所谋"包括两个方面的意蕴：其一，表明中国共产党是最广大人民群众利益的忠实代表，中国共产党长期执政以来，深深扎根于人民之中，始终把最广大人民的根本利益诉求作为制定和贯彻党的方针政策的基本着眼点以及一切工作的目标旨向，为中国人民和中华民族的根本利益不懈奋斗，中国共产党过去执政如此，今后执政也要如此；其二，广大党员干部要树立正确利益观，不断强化群众利益至上的思想，积极主动为群众谋利益，竭尽全力地去办好涉及群众利益和实际困难的每一件事。

坚持"利为民所谋"，要求党员干部任何时候都要把人民利益放在第一位，把群众满意作为工作的第一标准。在革命年代，中国共产党与绝大多数劳动人民的利益，无论是短期利益还是长期利益，都是高度一致。不可否认，改革开放以来，受市场经济、不良社会思潮多方面因素的影响，党员干部与人民群众的利益分化程度在逐渐加大，党群关系呈现疏离化，党和人民的利益关系特别是短期利益的分歧越来越大，这严重削弱了党的群众基础。为了全面加强党员干部作风建设，增强党的先进性和纯洁性，重塑党在群众心中的优良形象，胡锦涛深刻指出："确定涉及群众利益的重大政策和工作目标任务时充分考虑不同群众的利益和承受能力，有利于群众的就干，不利于群众的就不干，绝不能干劳民伤财、违反群众意愿的事。"[②] 把人民群众的愿望和要求作为党决策的根本依据，使党的政策既符合大多数人的普遍愿望又照顾到少部分人的特殊要求，

[①] 胡锦涛：《在新进中央委员会的委员、候补委员学习"三个代表"重要思想和贯彻十六大精神研讨班结业时的讲话》，《人民日报》2003年2月19日第1版。

[②] 胡锦涛：《继续抓住和用好重要战略机遇期，确保实现"十二五"时期发展的目标任务》（2010年10月18日），《十七大以来重要文献选编》（中），中央文献出版社2011年版，第1013页。

既反映人民的现实利益又代表人民的长远利益,从而保证党与人民利益的一致性。

树立正确的利益观,把立党为公、执政为民落实到关心群众生产生活工作中去,"努力把经济社会发展长远战略目标和提高人民生活水平阶段性任务统一起来,把实现人民长远利益和当前利益结合起来"。① 落到实处便是做好民生工作,解决好民生问题。民生连着民心,民心凝聚民力,民力关乎国盛。民生问题是重中之重,党员干部"要把解决民生问题放在各项工作的首位,下大气力解决好群众反映强烈的突出问题,下大气力做好关心困难群众生产生活的工作,多办顺应民意、化解民忧、为民谋利的实事"。② 人民最关心、最直接、最现实的利益问题,包括人的价值、权益和自由,包括人民群众生活质量、发展潜能和幸福指数,这都是党员干部需要重点关注的内容。最重要的是,党员干部要把民生理念转化成具体的民生行动,帮助群众解决生产生活中的实际困难,尤其是要改善困难群众的生活条件,致力于民生事业的全面发展,保障人民在教育、住房、医疗卫生、劳动就业、社会保障等方面的民生权益,真正实现发展成果由人民共享,让人民群众享受到实实在在的利好,促进人的全面发展。

(四) 以人民为中心的民生发展思想

坚持以人民为中心是习近平新时代中国特色社会主义思想的核心理念,也是新时代中国特色社会主义民生建设的价值内涵。习近平总书记在中国共产党第十九次全国代表大会上作报告强调,"明确新时代我国社会主要矛盾是人民日益增长的美好生活需要和不平衡不充分的发展之间的矛盾,必须坚持以人民为中心的发展思想,不断促进人的全面发展、全体人民共同富裕"。③ 人民对美好生活的向往就是党的奋斗目标,党在治国理政实践中坚持以人民为中心,努力抓好保障和改善民生的各项工

---

① 《胡锦涛文选》第 2 卷,人民出版社 2016 年版,第 58 页。

② 胡锦涛:《全面加强新形势下的领导干部作风建设》(2007 年 1 月 9 日),《十六大以来重要文献选编》(下),中央文献出版社 2008 年版,第 874 页。

③ 《决胜全面建成小康社会 夺取新时代中国特色社会主义伟大胜利——在中国共产党第十九次全国代表大会上的报告》,人民出版社 2017 年版,第 19 页。

作，不断增强人民的获得感、幸福感、安全感，不断推进全体人民共同富裕，团结带领全国各族人民创造越来越美好的幸福生活。

1. 人民幸福是中国梦的最终目的

中国梦引领民生梦，民生梦支撑中国梦。中国梦与民生梦相互交织、相互激荡，承载了13亿中国人的民生理想，描绘了中国人民美好生活的蓝图，集中展现了中华民族光辉灿烂的未来。"在新的历史时期，中国梦的本质是实现国家富强、民族振兴、人民幸福。"① 中国梦是"国家富强梦""民族复兴梦"，也是"人民幸福梦"，聚集着国家、民族和个人共同的期望和愿景。过上幸福安康的生活，这是中华各族儿女的日夜期盼；建设富强国家，实现中华民族的伟大复兴，更是中华各族儿女的亘古梦想。国家富强是实现民族复兴和人民幸福的根本保证，人民幸福是国家富强和民族复兴的价值依归，民族复兴是国家富强和人民幸福的持久支撑。总之，三者相辅相成、相互促进，统一于当代中国民生发展的伟大事业，统一于中国特色社会主义的伟大实践。

2013年，习近平总书记在"五四"讲话中，深刻阐释了中国梦的统一性内涵：个人命运和国家、民族、社会紧密相连，国富与民福有机统一。一是"国家好、民族好，大家才会好"，② 国盛方家兴，国破则家亡。只有国家富起来、民族强起来，民族的自尊才有强大根基，人民的幸福生活才有坚实依托。二是"只有每个人都为美好梦想而奋斗，才能汇聚起实现中国梦的磅礴力量"。③ 中国梦也是由无数个小梦共同汇聚而成，是全社会梦想和要求的"最大公约数"。"中国梦归根到底是人民的梦，必须紧紧依靠人民来实现，必须不断为人民造福"。④ 中国梦是中国民族的梦，也是每个中国人的梦。每一个中国人都是中国梦的参与者、建设者、贡献者，也应当是中国梦的受益者。同时，也只有依靠中国人民的

---

① 中共中央文献研究室：《习近平关于实现中华民族伟大复兴的中国梦论述摘编》，中央文献出版社2013年版，第7页。

② 习近平：《在同各界优秀青年代表座谈时的讲话》，《人民日报》2014年5月5日第2版。

③ 同上。

④ 习近平：《在十二届全国人大一次会议闭幕会上的讲话》，《人民日报》2013年3月18日第1版。

力量，实现每个中国人的梦，中国梦才能真正得以实现。中国梦以13亿中国人为主体建设力量，同时集中体现了全体中国人民的根本利益。"让每个人获得发展自我和奉献社会的机会，共同享有人生出彩的机会，共同享有梦想成真的机会，保证人民平等参与、平等发展权利，维护社会公平正义，使发展成果更多更公平地惠及全体人民，朝着共同富裕方向稳定前进"，① 这不仅是社会主义民生的发展方向，也是中国梦的根本追求。

国家富强是实现中国梦的基础，民族复兴是中国梦的核心，人民幸福是中国梦的最终目的。中国梦的实践维度不仅包括"富强中国""法治中国""民主中国""文明中国""和谐中国""美丽中国"，也包括"幸福中国"，让最广大人民群众过上幸福的生活，提升人民群众的幸福指数。中国梦是造福人民的梦，既造福整体意义上的中国人民，也是造福个体意义上的每一个中国人。中国梦是世界梦的重要组成部分，也为世界各国人民带来和平与发展的民生福利。13亿中国人的民生问题解决好了，是对世界巨大的贡献。人民幸福之所以是中国梦的最终目的，一是因为人民利益的实现和发展是中国梦的根本价值取向，这也是中国梦的历史起点；二是因为中国梦的内在发展逻辑，即国家富强、民族振兴要以人民幸福为最终归宿。幸福是人认知到自己需要（包括兴趣、动机、欲望）得到满足时产生的一种多层次的情绪体验、心理状态。"国家富强、民族振兴、人民幸福的中国梦，体现在国家物质硬实力和文化软实力的提升上，体现在更好的教育、更稳定的工作、更满意的收入、更可靠的社会保障等实打实的民生红利中。"② 中国梦落实到民生事业的发展上，其现实表现为与个人利益直接相联系的教育保障、就业保障、安居住房、医疗保障、养老保障、食品安全、生态文明等方面。

2. 人民对美好生活的向往是党的奋斗目标

"两个一百年"奋斗目标、"中国梦"都是中国共产党人提出的，但不是出自于共产党人自己的利益，而是基于共产党人对国家、民族、人

---

① 习近平：《在中法建交五十周年纪念大会上的讲话》，《人民日报》2014年3月29日第1版。
② 人民日报社评论部：《"四个全面"学习读本》，人民出版社2015年版，第45页。

民的历史自觉和责任担当，基于共产党人服务民生、造福人民的崇高追求。

2012年11月15日，在十八届中央政治局常委同中外记者见面会上，习近平总书记用质朴的语言道出了海内外中华儿女的民生梦想，同时也向人民作出了庄严的政治承诺："人民对美好生活的向往，就是我们的奋斗目标。……我们的责任，就是要团结带领全党全国各族人民，继续解放思想，坚持改革开放，不断解放和发展社会生产力，努力解决群众的生产生活困难，坚定不移走共同富裕的道路。"① 如何实现人民幸福？党是民生事业的领导核心，人民群众过上幸福的生活关键在党。让老百姓过上好日子，对当下的生活感到满意，对未来的生活充满信心，这是一切民生工作的出发点和落脚点，习近平总书记再次用平实的语言强调了党要承担起重要的民生使命。

让人民生活得更好，首先要保障好人民群众的生命安全。对此，习近平总书记在多种场合向全党提出要求："各级党委和政府、各级领导干部要牢固树立安全发展理念，始终把人民群众生命安全放在第一位，牢牢树立发展不能以牺牲人的生命为代价这个观念。"② 让人民生活得更好，就要从人民幸福的民生内涵出发，使人民群众的生存需求有保障（工作收入稳定、生活环境安全、物质生活无忧）、发展需要能实现（文化教育有水平、社会保障可靠、医疗卫生服务充分、身心健康的愉悦）、享受需要可期待（经济、政治、文化、社会各方面持续发展、自我价值的实现）。

群众路线是中国共产党的生命线和根本工作路线，实现让人民过上美好生活的奋斗目标，离不开群众路线这个法宝。只有不动摇信仰，不脱离群众，党始终保持同人民群众的血肉联系，始终同人民心连心、同呼吸、共命运，才能同人民一起克服民生道路上的千难万险。只有时时刻刻倾听人民呼声、回应人民期待，用坚毅脚步丈量民情，用负责态度

---

① 习近平：《在十八届中央政治局常委同中外记者见面时的讲话》，《人民日报》2012年11月16日第1版。

② 中共中央文献研究室：《习近平关于全面深化改革论述摘编》，中央文献出版社2014年版，第98—99页。

体察民意，用切实行动温暖民心，才能"保证人民平等参与、平等发展权利，维护社会公平正义，在学有所教、劳有所得、病有所医、老有所养、住有所居上持续取得新进展，不断实现好、维护好、发展好最广大人民根本利益"。①

3. 用人民的获得感检验民生发展

人民福祉是民生建设的出发点和落脚点，要用人民的获得感检验民生建设成就。民生领域的改革是全面深化改革中的重要环节。2015年2月27日，习近平总书记在中央全面深化改革领导小组第十次会议上强调："把改革方案的含金量充分展示出来，让人民群众有更多获得感；突出重点，对准焦距，找准穴位，击中要害，推出一批能叫得响、立得住、群众认可的硬招实招。"② 习近平总书记的讲话揭示出：民生改革是否有"含金量"，要让社会基层来评判，要让人民群众来打分；人民有没有"获得感"是检验民生改革成败、民生建设成效的重要标准。中国文化传统讲究"家国一体"，老百姓多是根据自身家庭生活的幸福程度来判断国家是否美好兴盛。因此在宏观上治国理政的同时，必须要情牵细处，关心每个家庭、每个个体的"获得感"。

让人民群众充分感受到"获得感"，这体现了民生价值取向在理念上的进步。"获得感"强调一种实在的"利好得到"，相较于"幸福感"更具可衡量性，更加贴近民生。"获得感"还意味着民生发展措施的落地生效，民生实惠的群众享有，从这个角度看，"获得感"往往能够转化为"幸福感"。更为重要的方面是，"获得感"内含"给"与"得"的辩证逻辑。超越了"民生给予、还利于民"的层面，激活了民生发展的动力。让人民群众更多地获得，创造新供给，有利于激发市场活力、释放民生新需求、培育新的经济增长点。

2016年4月18日，习近平总书记在中央全面深化改革领导小组第二十三次会议上强调，要"把以人民为中心的发展思想体现在经济社会发

---

① 中共中央文献研究室：《习近平关于实现中华民族伟大复兴的中国梦论述摘编》，中央文献出版社2013年版，第41页。
② 《科学统筹突出重点对准焦距 让人民对改革有更多获得感》，《人民日报》2015年2月28日第1版。

展各个环节,做到老百姓关心什么、期盼什么,改革就要抓住什么、推进什么,通过改革给人民群众带来更多获得感"。① 随着中国特色社会主义进入新时代,我国社会主要矛盾转变为人民对美好生活的需求与发展不平衡不充分之间的矛盾,因此,让人民群众有更多"获得感",不仅要感受到物质生活水平的提高,教育、医疗等公共服务等的满足,还需要让人感到活得更体面、更有尊严,更具"人的现代化"价值。

我国经济进入新常态发展时期,面临经济增速下行的压力,依靠人民和为了人民的全面深化改革是保证人民有更多"获得感"的必然要求。习近平总书记强调,全面深化改革必须坚持三条标准:"对党和人民事业有利的,对最广大人民有利的,对实现党和国家兴旺发达、长治久安有利的,该改的就要坚定不移改。"② 全面深化改革必须坚持人民立场,"以促进社会公平正义、增进人民福祉为出发点和落脚点"。③ 改革要顺应人民的期待,发展人民利益,创造更加注重机会公平和权利公平的社会环境,让全体人民共享改革发展成果。"把改革方案的含金量充分展示出来,让人民群众有更多获得感",④ 人民的获得感是检验改革"含金量"和发展成效的重要标准。要通过全面深化改革让老百姓获得更多物质收益和财富,改革要找好着力点,只有啃下诸如房地产库存、养老保险、医疗体系、农村土地流转等"硬骨头",才能真正让老百姓感受到"获得感"。更要推动养老、医疗、教育等民生市场进一步向民营开放,同时出台扶持政策,加强政府监管,建立现代服务体系,提供更齐全、更优质、更加人性化的服务。

社会主义民主法治建设坚持人民主体地位,同时也是保障人民获得感的重要路径。党的十九大报告提出,要"健全人民当家作主的制度体系,发展社会主义民主政治",⑤ 使党的领导更好汇集人民主张、反映人

---

① 《习近平谈治国理政》第二卷,外文出版社2017年版,第103页。
② 《习近平关于全面深化改革论述摘编》,中央文献出版社2014年版,第153页。
③ 《十八大以来重要文献选编》(上),中央文献出版社2014年版,第552页。
④ 《习近平关于协调推进"四个全面"战略布局论述摘编》,中央文献出版社2015年版,第88页。
⑤ 《决胜全面建成小康社会 夺取新时代中国特色社会主义伟大胜利——在中国共产党第十九次全国代表大会上的报告》,人民出版社2017年版,第35页。

民意愿、代表人民利益,保证人民实现当家作主;发展协商民主的落脚点是协商为民,凝聚共识,有效解决人民群众的切身利益问题。"必须坚持法治建设为了人民、依靠人民、造福人民、保护人民,以保障人民根本权益为出发点和落脚点"。① 推进我国法治建设进程,立法要反映人民愿望、体现人民意志,要通过法治途径切实保证人民依法享有的权利和自由,保障社会公平正义,保障人民的民生权益,不断增进人民福祉。

4. 牢牢坚持以人民为中心的发展思想

以人民为中心的发展思想,是中国共产党人为中国人民和中华民族谋复兴的初心和使命的集中体现,不仅要坚持和贯彻于民生工作方面,要把以人民为中心的发展思想贯彻到党治国理政的全部活动之中。中国特色社会主义是中国人民的历史选择,选择社会主义道路,是鸦片战争以来中国人民抗争列强侵略、封建压迫和官僚资本压榨的历史结果,是深刻总结近代中国改良维新、旧民主主义革命失败教训得出的基本结论,是中国人民翻身做主人、掌握自己命运的必然选择。因此,在新时代坚持和发展中国特色社会主义必须坚持以人民为中心的发展思想。

坚持以人民为中心的发展思想,系统推进新时代中国特色社会主义"五位一体"总布局,协调推进"四个全面"战略布局,决胜全面建成小康社会,进而开启全面建成社会主义现代化新征程,在不断朝着中华民族伟大复兴中国梦而奋斗的过程中,让人民的获得感和幸福感不断提升,拥有更出彩、更有意义的人生。决胜全面小康依靠人民惠及人民,全面小康是一个民族都不能少的全民小康,是不断提升社会保障和基本公共服务水平的民生小康,更是推进生态文明建设以实现最普惠的民生福祉的生态小康。以人民为中心的发展思想不仅贯彻于与民生工作直接相关的方面,更体现在经济社会发展各个环节,从而从更广范围、更高方位为民生建设提供了动力和保障。例如,构建中国特色哲学社会科学要坚持以人民为中心的研究导向。习近平总书记在哲学社会科学工作座谈会上指出:"为什么人的问题是哲学社会科学研究的根本性、原则性问题。"② 哲学社会科学事业是人民的事业,必须为绝大多数人服务;哲学

---

① 《十八大以来重要文献选编》(中),中央文献出版社2016年版,第158页。
② 习近平:《在哲学社会科学工作座谈会上的讲话》,《人民日报》2016年5月19日。

社会科学战线是人民的战线,要以人民为发展哲学社会科学事业的深厚根基。不融入人民生活,哲学社会科学就没有吸引力和感染力;不回应人民诉求,哲学社会科学就没有影响力和生命力。对于广大哲学社会科学工作者来说,要树立为人民做学问、学问服务于人民的理念,自觉把个人学术追求同人民利益诉求紧紧联系在一起,创造经得起人民检验的研究成果。"社会主义文艺,从本质上讲,就是人民的文艺",① 社会主义文艺要坚持以人民为中心的创作导向,做到以人民为中心。在加强社会主义思想道德建设方面,也要坚持以人民为中心的工作导向。传承中华儿女共同的精神依托,培育中国人民的精神信仰与追求,使13亿人的每一分子都积极弘扬中华优秀传统文化、传播中华美德,引导人民过上讲道德、尊道德、守道德的生活。凝聚全体人民同心同德、向上向善的力量,增强国家文化软实力,建设社会主义文化强国。

---

① 《十八大以来重要文献选编》(中),中央文献出版社2016年版,第127页。

第 三 章

中国特色社会主义民生思想的
演进特征

事物的演进特征是其变化发展过程中所表现出来的规律、特点,把握事物的演进特征是认识事物本身及其发展过程的重要环节。演进特征既是事物本质的体现,也是事物发展变化的规律呈现。所谓中国特色社会主义民生思想的演进特征,是指中国特色社会主义民生思想所固有并在自身历史演进路径中体现出来的特点和标识,是静态特征与动态规律的统一。中国特色社会主义民生思想的演进特点是多方面、多层次的,它们或具体或抽象,或直接或间接地体现着中国特色社会主义民生思想的本质内涵和发展特征。中国特色社会主义民生思想的演进表现为人民性、发展性、开放性、系统性、科学性和实践性六个方面特征。

一 中国特色社会主义民生思想演进的人民性

从价值属性或者价值取向的角度来判断,中国特色社会主义民生思想不是一种价值中立的思想体系,而是具有鲜明的人民性。以人民为中心是中国特色社会主义民生思想的价值取向,以人民的利益为依归是中国特色社会主义民生建设的目标追求。中国特色社会主义民生思想凸显人文关怀、饱含民生情结、表彰人本价值,信仰人民、依靠人民、服务人民是贯穿于中国特色社会主义民生思想的恒久主线。

(一) 信仰人民:尊重人的现代主体性精神

相信人民,信仰人民,这是中国特色社会主义民生思想的根本原理。

用中国特色社会主义民生思想统领社会主义民生建设，继承且超越了人的主体性精神，是对人的现代主体性精神的真正尊重和实现。一方面，中国特色社会主义民生思想确立了"人是目的"的价值原则。14世纪欧洲的文艺复兴运动提出了以人为中心而不是以神为中心的人文主义精神，肯定人的尊严和价值；18世纪欧洲的启蒙运动反对中世纪遗留下来的专制主义，批判蒙昧主义，强调人运用自身理性去认识事物，把实现人的思想解放作为基本目标，从而进一步确立起人的主体性精神。但是囿于资本主义生产方式本身的矛盾和局限，这种人的主体性精神受到资本的强制和压迫，人本主义的正当诉求只能成为观念上的"应当"。在资本的世俗化过程中，科学技术的发展创造出基于计算理性的社会秩序，随着财富不断增长，物质层面上的生活水平不断提高，但人的个性和主体性却越来越丧失，逐步沦为这个机械的、冰冷的商品经济体系中的一个可替换的零件，一个数字化、符号化的人。当外在的物成为唯一的价值尺度，人的自身价值就不可避免地遭遇贬抑。资本借助技术理性实现对人的统治，而且这种统治由于是以科学和技术而非暴力为合法性基础，所以很难察觉和意识，更不要说去批判和超越，而事实上这种统治已经内化到人的生存结构和活动方式之中。而且，资本和政治的结盟使这种统治秩序更为牢固，人的反抗也就越来越无效。另一方面，中国特色社会主义民生观秉持"以人为本"的价值原则，重新肯定了人的价值和尊严，这是对"以物为本"扭曲发展的反拨和归正，即从资本与技术的殖民统治中恢复人的现代主体性精神。中国特色社会主义民生思想强调民生事业的建设服务于人的自由全面发展，真正体现了一种历史唯物主义的人民性。

中国特色社会主义民生思想确立了"人是创造者"的实践立场。现代的主体性实践精神充分肯定人对社会历史的创造作用：由于理性的力量，为了更高的欲求和旨趣，人类形成关于自我行为的绝对意识和实践准则，进而创造更加美好的世界，实现自身的解放。同时，这种源于理性的强制的艺术，使人类在非社会的对抗性状态中得以共存共处，并作为一个整体上的物种具有未来的可能性。在现代社会中，资本市场作为"看不见的手"无形地左右着人们的生活，作为主体的人由于受到资本力量的支配和摆置而成为被动的存在，不仅如此，资本甚至绑架了政治（民主），民主变成没有派性的政治游戏，社会被自由化、市场化，国家的主体性在某种程度上也受到了钳制。传统的社会主义民生思想突出强调作为类的意义上的积极性，或者说是作为集体层面的主观能动性，国家权力及其机器强力介入社会各项事业发展，不仅如此，甚至还介入到个人的日常生活当中，其结果通常适得其反，忽视了个体意义上的主体性，压抑了人的能动性。而中国特色社会主义民生思想自觉认同社会历史的发展规律，在表达了对人民主体地位的充分尊重，并且在规范性层面上，注重依靠人民首创精神的发挥和人民集体力量的施展来推动民生发展，引领社会主义民生事业的发展方向，这也充分体现了人民创造历史的主体性精神。"人民，只有人民，才是创造世界历史的动力。"[①] 中国特色社会主义民生建设之所以成就辉煌，民生思想之所以存续与发展，究其根本是中国人民顽强、团结、拼搏之精神的彰显与升华。可见，中国特色社会主义民生思想所彰显出来的这种自觉改造人类存在方式和发展方式的实践主体性，昭示出一种厚重的人类历史担当意识，以及一种强烈的自我发展和自我实现的创造热情。

（二）演进的人民性之现实表达：始终以人民利益为依归与服务人民

以人民为中心的价值取向贯穿中国特色社会主义民生思想的始终，实现好、维护好、发展好最广大人民的根本利益是中国特色社会主义民生建设矢志不渝的目标追求。以人民的利益为依归，关键在于动员群众、组织群众、依靠人民当家作主的权利去维护人民的利益。

中国特色社会主义民生建设着眼于全体人民，着眼于最广大人民的根本利益，因而，中国特色社会主义民生思想本身及其演进发展是真正的人民性，是全面的人民性。人民是民生事业的参与者、建设者，也是受益者。民生福祉惠及的不是少数人，不是特定权贵阶层，而是全体中国人民，是一切拥护社会主义和热爱祖国的社会主义劳动者，是一切赞成、拥护和参与社会主义建设事业的民众。正如，在民生事业发展的报告中多次用"全民""全体人民""人人"等词语，强调的就是改善民生着眼于全民。另外，人民的利益是与民生密切相关的利益，不是过去获

[①] 《毛泽东选集》第 3 卷，人民出版社 1991 年版，第 1031 页。

得的利益，因此不能总以过去的历史功绩、民生成就而应付不断发展的、新的民生需求；当然，也不是将来可能获得的利益，而是眼下的、现实的民生利益；同样，也不是抽象的利益，而是具体的、看得见摸得着的利益，这就是说要让人民感受到实实在在的获得感。总之，中国特色社会主义民生思想以人民的利益为依归，就是"始终站在人民立场上而不是站在个人、少数人立场上，始终代表最广大人民根本利益而不是代表某一个人、某一部分人利益"。①

中国共产党作为中国特色社会主义民生事业的领导者，党将人民群众的分散性的民生反映与呼声进行归纳凝练和理论升华，整理成比较集中统一的思想主张，然后，党的民生思想再经过国家立法机关（如全国人民代表大会）上升为国家民生意志（民生法规与制度安排），之后进一步经过国家行政机关转变为具体的民生政策和措施并进行落实。人民的民生呼声与要求先后经过党的搜集概括、法律程序、行政执行等这样一个复杂而漫长的过程，最后才在理论与实践的碰撞与交汇中孕育形成中国特色社会主义民生思想，同时，所形成的中国特色社会主义民生思想也汇聚到中国特色社会主义理论体系之中。显然，中国特色社会主义民生思想演进的人民性也必须依靠党的民生工作和民生方针政策的具体落实来体现，那么从这个角度来说，中国共产党的执政为民理念为中国特色社会主义民生思想的人民性特征提供了必不可缺的理论依托和现实载体。

中国共产党自成立以来，无论是在新民主主义革命时期、社会主义探索与建设时期，还是在改革开放的中国特色社会主义发展时期，也不管是顺境还是逆境，都始终坚持全心全意为人民服务的宗旨，一直躬身践行和兑现着这一庄严承诺。改革开放40年以来，执政为民的理念始终主导着党的民生工作，一切以人民利益为中心是党领导民生建设的最高准绳。对于共产党来说，与整个无产阶级利益相悖的利益是不存在的，这是马克思、恩格斯在创立共产党时就已经阐明了的。同理，对于中国共产党来说，没有自己的特殊利益，因而任何同人民的利益不同的利益

---

① 胡锦涛：《继续抓住和用好重要战略机遇期，确保实现"十二五"时期发展的目标任务》，《十七大以来重要文献选编》（中），中央文献出版社2011年版，第1013页。

也是不存在的。毛泽东也指出,"共产党是为民族、为人民谋利益的政党,它本身绝无私利可图"。① "共产党人的一切言论和行动必须符合于最广大人民群众的最大利益、为最广大人民群众所拥护为最高标准。"② 以毛泽东为核心的党的第一代领导集体,在长期的革命和建设实践中确立了党的群众路线,广大党员干部深深扎根于基层,扎根于人民,做到与人民群众心心相印,与人民群众同甘共苦,从而保持同人民群众的血肉联系。以"邓小平理论"引领中国特色社会主义民生事业的开创时期,以邓小平为核心的第二代中央领导集体坚持把"人民的拥护""人民的赞成""人民的答应""人民的高兴""人民的满意"作为制定各项民生政策的出发点和落脚点。以"三个代表"重要思想引领中国特色社会主义民生建设时期,以江泽民为核心的党的第三代领导集体指出:"在任何时候任何情况下,党的一切工作和方针政策,都要以是否符合最广大人民群众的利益为最高衡量标准。"③ 把人民群众看作立党之基、执政之本。以"科学发展观"推动民生建设时期,以胡锦涛为总书记的党中央反复强调,"相信谁、依靠谁、为了谁,是否始终站在最广大人民的立场上,是区分唯物史观和唯心史观的分水岭,也是判断马克思主义政党的试金石",④ 发展为了人民、发展依靠人民,把民生发展看作是最紧要的工作,以改善民生为最大政绩。以"五位一体"总布局和"四个全面"战略布局加快民生改善,习近平总书记多次强调和指出,"我们党来自人民、根植人民、服务人民,党的根基在人民、血脉在人民、力量在人民",⑤ "中国梦归根到底是人民的梦,必须紧紧依靠人民来实现,必须不断为人民造福"。⑥ 民心是最大的政治,中国特色社会主义民生建设要回应人民的期待。从"全心全意为人民服务""人民利益高于一切"到"权为民所用、情为民所系、利为民所谋",再到"我们的奋斗目标就是实现人民对

---

① 《毛泽东著作选读》(下册),人民出版社1986年版,第483页。
② 同上书,第757页。
③ 《江泽民文选》第2卷,人民出版社2006年版,第262页。
④ 胡锦涛:《在庆祝中国共产党成立90周年大会上的讲话》,《人民日报》2011年7月2日。
⑤ 习近平:《在党的群众路线教育实践活动工作会议上的讲话》,《人民日报》2013年6月19日。
⑥ 习近平:《习近平谈治国理政》第1卷,外文出版社2018年版,第40页。

美好生活的向往",以人为本、执政为民作为一条主线贯穿始终,让人民共享改革发展成果一直是党和国家的不变承诺。立党为公、执政为民,始终将人民的利益高高举过头顶,这是中国共产党高扬的旗帜,标明了党的根本价值目标和行动纲领,同时对内凝聚党员力量,凝聚人民力量,开拓更为广阔的中国特色社会主义民生道路。

(三)演进的人民性之探源:理论根源、意识引领与民主支撑

马克思主义本身的阶级性与人民性是中国特色社会主义民生思想演进的人民性的理论根源。马克思主义创立的目的在于向无产阶级革命斗争提供理论指导,实现无产阶级和全人类的解放。马克思主义是无产阶级的世界观,因而具有无产阶级的阶级性。随着阶级关系的发展,无产阶级的斗争由自发转向自觉,由以经济斗争为主转为以政治斗争为主,无产阶级作为自觉的力量登上历史舞台。无产阶级的成熟为马克思主义的发展提供了更坚实的物质载体,正是基于此,社会主义才实现了从空想到科学的飞跃。马克思主义是服务于无产阶级和全人类解放的学说,这直接规定了马克思主义的性质,即阶级性是马克思主义的基本属性,是马克思主义哲学的首要特点。而且,阶级性与人民性是内在统一的。阶级性是人民性的特定表达,人民性是阶级性的放大和延伸。在马克思主义看来,广大的无产阶级作为人民的主体部分,是人民的代表者,也是人民的领导者。"过去的一切运动都是少数人的,或者为少数人谋利益的运动。无产阶级的运动是绝大多数人的,为绝大多数谋利益的独立的运动。"[1] 正如马克思和恩格斯早在1848年2月出版《共产党宣言》时所说的那样,"人民性"不是抽象的超阶级的话语表达,而是包含"阶级性"在内的人民性。当代中国共产党人更是在实际行动中坚持马克思主义的阶级性与人民性的统一,"决不将自己观点束缚于一阶级与一时的利益上面,而是十分热忱地关心全国全民族的利害,并且关心其永久的利害"。[2] 从与马克思主义民生观的关系来看,中国特色社会主义民生思想作为马克思主义民生观中国化的重要理论成果,是在中国特色社会主义

---

[1] 《马克思恩格斯选集》第1卷,人民出版社1995年版,第283页。
[2] 《毛泽东文集》第1卷,人民出版社1993年版,第483页。

民生建设过程中形成的当代中国的马克思主义民生思想,因而马克思主义的阶级性与人民性的本质特征,不仅决定了中国特色社会主义理论体系形成发展的人本内涵,也决定了中国特色社会主义民生思想演进的人民性特征。

中国共产党的主体性意识为中国特色社会主义民生思想演进的人民性提供了正确方向引领。党之所以能始终坚持以人为本、执政为民,政府之所以能做到"为人民服务",其根本原因在于中国共产党自身的"代表性"和"先进性"。中国共产党是高度组织性和代表性的组织,也具有很强的团体行动力。作为一个强大统一的领导核心,中国共产党负责任地承担起了建设中国特色社会主义民生事业的历史使命与现实抱负。通过制度性的思想政治建设,中国共产党不断强化无产阶级的阶级意识、政治觉悟、共产主义理想,使党员干部的思想觉悟达到马克思主义政党的要求,并将党员的个体意识统一到全党的路线、方针、政策之下,锻造出坚定的集体意识,即以"代表性"和"先进性"为主要特征的主体性意识。党的主体性的意识决定了党的阶级属性和自我本质。无产阶级阶级意识的塑造与内化,使得中国共产党保持和传承了马克思主义政党的优秀品质,成为具有高度组织纪律性的无产阶级——工人阶级先锋队。党的主体性意识不是由一切既有事实构成的固定对象,而是可以通过实践改造并且自身不断孕育新的要素的变化物。换言之,中国共产党不是被动地反映既有社会力量的静态利益,更是自觉地为全社会设置未来的战略性愿景。"人民"不是一个均质的共同体,随着市场分工的细化,更是呈现出多样的社会层次和群体以及相应的利益诉求。对多元社会利益进行认识和综合,对不同质甚至是相互冲突的社会利益形成政治整合,在此基础上更关注社会发展的根本利益和长远利益,这正是党的先进性所在。通过远大战略性愿景的设置,以"未来前景"驾驭"当下现实",为中国特色社会主义民生事业提供可预期的发展方向。

中国特色社会主义的民主发展为中国特色社会主义民生思想演进的人民性提供了坚实支撑。中国特色社会主义民生思想演进的人民性依赖两条运作路径,一是自上而下的路径,通过这条路径,民生建设主体制定民生方针政策,并落实到具体的实践中,对人民利益进行有效的维护、实现与发展;二是自下而上的路径,民众通过这条路径进行有效的政治参与，以及在参与过程中合法地表达自身的利益诉求。根据戴维·伊斯顿的政治系统论，政治互动是一个政治系统中的基本行为，政治系统的平衡和稳定有赖于系统内部各部门、各环节基于对政治输入的价值考量而制定公共政策，进行与政治输入相契合的政治输出，并在公共政策执行的过程中寻求反馈，进而作出有效的调整。如果把民生建设看作一个政治系统，从宏观角度对其运作过程进行分析，那么可以大致上分为三个环节，第一个环节是自下而上的政治输入，即通过相关民主制度进行公众参与，完成民生诉求的表达与反映；第二个环节是系统内部的政治考量，即民生建设主体基于执政理念作出决策，把对人民利益的重视与关照传递到民生政策的制定过程中；第三个环节是自上而下的政治输出，即依靠系统化的行政机关和行政制度完成民生方针政策的执行与落实。三个环节缺一不可，离开了政治输入，就不会有符合实际的政治输出；如果不能保证政治输入的民主性，也就无法保证政治输出的人民性。我国的民主制度实现了对西方民主体制的超越，是人民当家作主的民主，而不是被有产阶级与知识精英所操作和阉割的民主，也不是金钱民主和纯粹的精英民主。我国坚持党的领导与人民民主的有机统一，能够提供相对稳定的政治秩序，从而避免恶性党争分裂社会价值，致使社会分裂，进而导致民主失灵和失败。从制度设计上考虑人民代表大会制度的民主效用，由于采用直接选举与间接选举、定额选举与差额选举相结合的办法，从而实现了直接民主与间接民主的统一；由于安排了各民族、各地域、各行业的人大代表，反映的是多元化民众的意志，从而实现了民主全面性与代议性的统一；由于相关法律的限制，人大代表不受利益集团的游说、干扰和操纵，提交议案和制定公共决策只基于民众的利益、诉求和偏好，因而在理论上可以实现对人民的利益的完全代表，有利于实现形式性代表与实质性代表的统一，进而保证民主的有效性；各级人大代表的职责要求，是践行群众路线，深入群众中去，从而有助于了解民众的真正需求，汲取民智，为政策设计提供民意基础。党领导的政治协商是社会主义民主政治的特有形式和制度安排，有利于吸纳知识精英对公共政策的建议，在民主性的基础上进一步提高政治决策的科学性，从而体现了中国特色社会主义协商民主的独特优势。农村村民自治、城市居民自治、企事业单位职工代表大会等基层民主制度，涉及的环节多（包括选举、决策、监督、管理等），设置的渠道广，有助于扩大人民群众政治参与的力度、广度和范围。更重要的是，基层民主制度提供了一个商议民主的平台，通过开大会讨论、辩论等形式，对民众的利益偏好进行提炼、修正，使之更具公共性，从而在这个审议过程中，实现对民意的有效收敛和聚集，推动共识的形成，并进一步转化为能够被广泛接受的公共决议。

二 中国特色社会主义民生思想演进的发展性

"一切划时代的体系……都是以本国过去的整个发展为基础的，是以阶级关系的历史形式及其政治的、道德的、哲学的以及其他的后果为基础的。"① 马克思主义关于哲学体系演进的论述启示我们：中国特色社会主义民生思想的演进发展具有历史的递进性，也具有时代的创新性，二者共同实现了演进过程中继承与创新的辩证统一。理论演进、主体接替与政策延续是中国特色社会主义民生思想发展性的三个方面的现实表达，一个较为完整的民生思想经过了 40 年的理论演进和发展，中国特色社会主义民生思想的演进由一代又一代的中国共产党人这个理论创新主体接替完成，从而也实现了民生发展政策的延续发展。理论本质、实践依据与制度基础是中国特色社会主义民生思想演进的发展性的三大支撑：与时俱进是演进的发展性的理论本质，民生问题不断升级与凸显是演进的发展性的实践依据，党的集体交接班机制是演进的发展性的制度基础。

（一）中国特色社会主义民生思想演进过程中继承与创新的统一

中国特色社会主义民生思想具有历史的递进性。这一理论体系在传承历史的基础上继往开来，共有这样几个表现方面：其一，中国特色社会主义民生思想可以归结为马克思主义民生观中国化的理论成果，因此，马克思主义民生观就是中国特色社会主义民生思想的理论根源，同时也是贯穿中国特色社会主义民生思想的核心内容；其二，从中国特色社会主义民生思想的产生和发展来说，它既离不开对中国传统民生思想的继承，也离不开对西方民生思想合理内涵的借鉴和吸收；其三，改革开放

---

① 《马克思恩格斯全集》第 3 卷，人民出版社 1960 年版，第 544 页。

后中国特色社会主义民生思想是对改革开放前社会主义民生思想的继承，毛泽东思想的民生思想对邓小平理论的民生思想的形成提供了丰富的思想"原材料"，其在理论与实践上的试错也对中国特色社会主义民生思想的开创形成了"前车之鉴"；其四，还表现在中国特色社会主义民生思想的理论形态之间的一脉相承，一脉相承之"脉"具有丰富的内涵：从邓小平理论、"三个代表"重要思想到科学发展观，再到习近平新时代中国特色社会主义思想，这些理论成果关于民生建设的基本内容都是面对共同的理论主题——中国特色社会主义民生事业的建设与发展，都是立足于相同的理论基点——社会主义初级阶段的基本国情，都是秉持解放思想、实事求是的理论品格，都是坚守以人民福祉为依归、为人民利益而奋斗的价值立场。

中国特色社会主义民生思想还具有时代的创新性。历史的递进性与时代的创新性是辩证统一的，发展以传承为基础，继承是为了更好地创新和发展，单讲历史的递进性或是单讲时代的创新性都不足以描述清晰中国特色社会主义民生思想发展的全貌，也不足以阐述清楚中国特色社会主义民生思想发展的全部内涵。中国特色社会主义民生思想的时代创新性有以下几个表现方面：其一，中国特色社会主义民生思想是在解放思想基础上的一次将马克思主义民生观与中国改革开放新时期的民生实践相结合的积极探索，在新的发展境况下为马克思主义民生观注入了新的内涵、赋予了新的生命，因此，中国特色社会主义民生思想不是教条的民生思想，而是活的民生思想。其二，中国特色社会主义民生思想不仅仅是对中西方民生思想合理内核的继承和借鉴，同时也是对中西方民生思想不合理要素的扬弃和超越，具体来说，就是取其精华，弃其糟粕，对传统民本思想中的积极因素进行马克思主义性质的创造性发展，从而实现中西方民生思想的现代性转化和马克思主义与中西方民生思想的辩证融合，并将中西方民生思想合理内核赋予马克思主义的语言解读，从而纳入中国特色社会主义民生思想理论体系之中。其三，从中国特色社会主义民生建设的做法来分析，一方面是对苏联社会主义发展模式的深刻批判，另一方面也是对我国"文化大革命"时期忽视民生的深刻反省，因此，中国特色社会主义民生思想不是照搬历史经验，而是对传统社会主义民生思想的反思和超越。其四，中国特色社会主义民生思想还表现在中国特色社会主义民生思想的理论形态之间的与时俱进和不断深化，在民生建设的不同历史发展阶段，中国特色社会主义民生思想侧重研究不同的民生课题，形成各具形态与时代气息的民生思想理论成果，因而与时俱进之"进"也具有丰富的内涵，邓小平理论关于改善民生的内容着重研究和解决广大人民如何吃饱穿暖的民生课题；"三个代表"重要思想的民生发展战略立足于温饱的实现，对人民群众如何过上小康生活的民生问题进行了深入探索，提出了许多重要民生政策方针；"科学发展观"的民生建设方针在总体小康的基础上，提出了建设社会主义和谐社会、建设社会主义新农村等战略思想，解答了如何发展和谐民生的时代课题，在此阶段，对于中国特色社会主义民生思想的理论探索达到一个新的高度；习近平新时代中国特色社会主义思想关于以人民为中心的民生发展思想进一步回答了如何筑牢民生底线、改善底层民生、推进精准脱贫的问题，而且创造性地提出了"四个全面"战略布局和"五大发展理念"的民生建设方略，并以中华民族伟大复兴中国梦来凝聚民生力量、激荡民生梦想。

（二）演进的发展性之现实表达：理论演进、主体接替与政策延续

中国特色社会主义民生思想经过40年的发展历程，才形成一个较为完整的理论体系，从其严密性的逻辑演进和开放性的理论运动过程来探究，中国特色社会主义民生思想的理论内涵层层递进，思想体系的发展呈现出前后相接的波浪式的演进序列。具体来说，邓小平理论的民生设想、"三个代表"重要思想的民生改善政策、科学发展观的民生建设方针、习近平新时代中国特色社会主义思想的民生发展战略，按照一定的实践关联和逻辑联系，对中国特色社会主义民生事业不断进行理论透射和展开，四者既面对共同民生主题又侧重不同民生课题，既紧密相连又各有新意，既内在统一又不断深化，逐步汇入一个整体的、统一的民生思想之中。那么可以认为，中国特色社会主义民生思想不是一次成型的，而是内含于中国特色社会主义理论体系的数个理论形态（现在基本成型的民生思想形态有四个，将来会随着民生实践的进一步发展而逐步增多）接续形成过程之中。如何理解中国特色社会主义民生思想的演进序列？我们可以从理论逻辑上分析，只有邓小平理论初步回答了如何解决好

"吃饱""穿暖"等最基本的民生问题后,"三个代表"重要思想才有可能进一步考虑解决就业问题、教育问题、收入问题等,而只有这些民生问题得到了初步解决,科学发展观才有条件进一步回答在这样的发展条件下"如何建设社会主义和谐社会、发展和谐民生"的问题。最后,也只有在较为充实的基础上,习近平新时代中国特色社会主义思想才能科学系统地解答在社会主义民生事业的方向和目标下"如何全面建成小康社会和全面建成社会主义现代化强国"的时代课题。很显然,其中的逻辑关系层层递进,民生问题的范围一圈一圈地扩大,民生发展内涵不断丰富和深化,从而使中国特色社会主义民生思想在广度和深度上达到一种更全面、更成熟的状态。如果从民生建设的实践过程来看,也能证明中国特色社会主义民生思想演进的序列规则符合历史与逻辑统一。为了解决温饱问题,摆脱贫穷落后,改革开放初期千方百计追求经济增长,并改革了分配政策以提高增长速度,为了弥补文化民生发展的不足,又清醒提出"精神文明建设"这样一个重大问题。鉴于不断扩大的贫富差距,又确立社会主义市场经济必须坚持共同富裕的原则。为了实现尽可能快的经济增长,导致我国在一段时间内忽视了生态环境、公共卫生、社会保障、公共安全等民生问题,而这些方面已逐渐成为影响人民幸福指数的重要内容,因而必须大力改善人民群众的居住环境、生活环境、安全状况、健康水平、社会保障水平等民生条件。

中国特色社会主义民生思想的演进由理论创新主体接替完成,这个理论创新主体不是别人,正是中国共产党人及中国共产党领导的中国人民。由于在前面已经阐述过人民的基础性作用,我们在这里不再赘述,而主要论述中国共产党人的领导性作用。值得注意的是,中国特色社会主义民生思想的形成和发展不是依靠单个领导人的力量就能完成的,而是中国共产党集体智慧综合作用的结晶;中国特色社会主义民生思想的演进创新也不是单靠某一代共产党人就能完成,而是由一代一代的中国共产党人前后接替、共同完成,这反映出中国特色社会主义民生思想的理论创新主体具有群体性和代际性的典型特征。邓小平在 1992 年南方谈话中指出:"我们搞社会主义才几十年,还处在初级阶段,巩固和发展社会主义制度,还需要一个很长的历史阶段,需要几代人、十几代人,甚至几十代人坚持不懈地努力奋斗。"① 这清晰地表明了中国特色社会主义事业是一项长期性的伟大事业,如果从民生发展的角度来理解邓小平的这句话,那么我们就会得出同样的结论:中国特色社会主义民生建设也是一项任重而道远的艰巨任务。之所以这样说,是因为新中国成立之初,面临的就是百废待兴、民生凋敝的烂摊子,虽然经过40年的发展,很多人民的基本生存需求已经得到保障,但是吃饭和贫困问题仍然是制约民生发展的重大难题。改革开放后民生事业迅速发展,逐步解决了温饱问题,也步入总体小康阶段,但直到如今,贫困问题仍然没有得到完全解决。可见,推动中国特色社会主义民生思想的创新演进是每一代中国共产党人的神圣使命。每一代中国共产党人都会面临新的民生诉求、民生挑战,都需要在新的实践面前提出新的民生思想和理论,以解决新的民生课题,指导民生事业的发展。

民生建设的方针政策是民生思想的物质载体,因而民生发展政策的延续构成了中国特色社会主义民生思想理论演进的主要现实表达。民生建设之初,国家大政方针从"无产阶级专政"变成"改革开放和建设中国特色社会主义",政治路线从"以阶级斗争为纲"变成以"以经济建设为中心",组织路线从"办批判大会和批斗'反革命'"的本领变为"发展经济和增加社会生产力"的本领,与此相应的是,思想路线也从"教条主义"与"个人崇拜"逐渐变为"实践是检验真理的唯一标准"。国家在保留社会主义国体和政体不变的情况下完成了政策的重大转变,也正是因为这样的转变,才使社会主义建设开始迎来崭新的局面,才为民生建设奠定了良好的基础。路线是纲,纲举目张,总的方针、路线、政策确定好了,民生政策就会沿着预定的方向延续和完善,也会在设定的框架内施效。改革开放40年以来,民生思想的理论演进是承接性的演进,不同代际的领导集体、理论创新主体关于民生发展的总体思路具有一致性,民生发展政策也是可预测的、可持续的。当然,民生政策的延续也是发展性的延续,而不是生搬硬套、因循守旧的一味沿袭。不同的发展阶段会面对不同的民生实际,随着旧的难题的解决还会出现新的民生问题,民生政策也需要进行创新,增添符合时代的因素,响应新的民

---

① 《邓小平文选》第3卷,人民出版社1993年版,第379—380页。

生诉求，努力满足新的民生需求。总之，民生政策的延续是变与不变的辩证统一，其不变为民生政策的目标宗旨始终是以人民利益为依归，其变为民生政策的优惠力度是有增无减，民生政策的惠及范围是有扩无缩，而且随着民生政策的落实力度不断加大，民生政策的实际成效也日益明显。

（三）演进的发展性之探源：理论本质、实践依据与制度基础

与时俱进是马克思主义鲜明的理论本质，也是中国特色社会主义民生思想发展历程的高度概括，是理解中国特色社会主义民生思想不断创新的根本方法，是将马克思主义民生观应用于中国具体民生发展实际的客观必然，深刻地揭示了中国特色社会主义民生思想具有强大生命力。一部中国特色社会主义民生思想的发展史，就是一部随着民生实践发展变化而不断与时俱进的思想演进史。如何理解与时俱进的理论本质？结合民生发展来讲，具体是指中国化的马克思主义民生理论随着时代变迁和实践发展，内在地具有不断丰富、发展和完善的理论特质，它包括面向未来的开放胸怀和开拓发展的进取精神，正是在这种理论特质的内在激励下，不断开创中国特色社会主义民生事业新局面，不断企及马克思主义民生理论新境界。马克思主义本身是不断创新和发展的，它从不承认世界上有任何终极真理和绝对精神。"我们的理论是发展着的理论，而不是必须背得烂熟并机械地加以重复的教条。"① 正如恩格斯所指出的那样，马克思主义不是人们必须普遍遵守的"历史公式""哲学教条"，而是行动的指南。马克思主义在时代发展中不断赋予自己新的内涵和意义，同样，中国特色社会主义民生思想也要紧紧把握时代脉搏，与时俱进，才能永葆生机。中国特色社会主义民生思想之所以能不断演进发展，之所以能够指导中国人民取得了在改革开放中富裕起来、在现代化建设过程中富强起来的巨大民生成就，其中一个重要的原因就是它具有大跨度时空范围内保持活力、与时俱进的内在素质，具有自我更新、自我发展和自我超越的内在逻辑。

随着改革开放的深化而不断发展的民生实践，为中国特色社会主义

---

① 《马克思恩格斯选集》第4卷，人民出版社1995年版，第681页。

民生思想四个具体的民生思想的形成发展提供了客观现实依据。中国特色社会主义民生思想发展进程中不断面临新的实践情况、新的问题困惑,这要求一代又一代的民生建设和理论创新主体坚持以马克思主义科学世界观和方法论为指导,不断进行新的探索,不断丰富民生内涵,发展民生思想,推进民生建设,回应民生诉求。可见,中国特色社会主义民生思想始终严格以客观实践为依据,并随着变动的实践而不断发展。在我国社会主义制度建立之初,政治、经济和文化等各方面都还比较落后,因而社会主义民生的发展必然有一个较长时期的探索积累、自我发展和完善的过程。传统社会主义民生建设中的曲折,不是一种绝对必然的现象,它既有主观因素的失误,更有历史条件方面的限制。我国民生建设在改革开放以后走上了中国特色社会主义新道路,进入了中国特色社会主义新时期,社会主义初级阶段的新特征、新条件,以及当代世界发展与中国发展的新融合、新变化,必然要求在民生发展上提出更为成熟的理论思考。如果从其演进的内涵与内容来分析,中国特色社会主义民生思想的升级递进与其赖以存在的客观实践的发展变化密切相关,民生实践从一个阶段进入到一个新的阶段,而与此相适应的是中国特色社会主义民生思想在广度和深度上不断提升进入新的阶段层次。

中国特色社会主义民生思想的理论演进、理论创新主体的相互接替以及民生政策的延续与发展,都依赖于中国共产党的集体领导体制这样一个制度基础。著名学者胡鞍钢在《中国集体领导体制》一书中将党的集体领导体制概括为集体分工协作机制、集体交接班机制、集体学习机制、集体调研机制以及集体决策机制,这一集体领导体制的优势在于"决策行为不翻烧饼、决策效果可预期、决策影响可预见、决策思路可延续"。[①] 尤其是中国共产党的集体交接班机制,为民生思想、路线、方针、政策的发展延续提供了稳固的制度保障。中国共产党领导集体每十年进行一次大的接替,中国特色社会主义民生建设每十年进入一个新的发展阶段,这两者之间具有一定的内在联系。理论是凝聚全党、团结人民的旗帜,每一届中央领导集体都会在执政过程中形成自己特有的执政理念,并针对任期内遇到的重大问题提出具有影响全局性的发展战略。正如法

---

① 参见胡鞍钢《中国集体领导体制》,中国人民大学出版社2013年版,第158页。

国社会学家马太·杜干所指出,"科学遗产在每个十年中都会层层累加",① 大体上每十年可以把中国特色社会主义民生建设进程划分为一个相对独立变化的阶段,会在民生实践中出现具有支配全局的重大思想创新和理论创新。另外,在集体交接班机制下,中共领导集体在民生思想和政策方针上可以进行"与时俱进"的创新,但需要尊重上一届领导集体的民生战略,因而新的民生理论和政策对以往不能采取简单批判和抛弃的方式,而主要是根据时代条件的变化,对中国特色社会主义民生发展基本理论、基本方式和基本原则作创新性的具体运用和丰富充实。这种重新解释和发展的方式,实现了中国特色社会主义民生思想"发展主义"而非"修正主义"的创新。民生建设(教育体系建设、就业体系建设、社会保障建设、工业化建设、城镇化建设、生态文明建设等)环环相扣,需要进行长远规划,一旦中途被打断,则很难再衔接起来,因此,集体交接班机制对于保证党和国家的民生发展战略得到连续、平稳和坚决的贯彻实施尤其重要。

三 中国特色社会主义民生思想演进的开放性

中国特色社会主义民生思想根植于马克思主义的理论土壤,形成于改革开放的实践历程,开放性是中国特色社会主义民生思想演进的重要特征。不同于中国特色社会主义民生思想演进的发展性从纵向的视野、传承的视野来考察理论内容的发展,中国特色社会主义民生思想演进的开放性则是从横向的视域、比较的视野来考察思想体系的开放。中国特色社会主义民生思想具有鲜明的时代特色,并广泛吸取和借鉴一切人类文明成果,不断开拓中国特色社会主义民生建设总体布局,这便是其演进的开放性的现实表达。

(一)中国特色社会主义民生思想具有鲜明的时代特色

中国特色社会主义民生思想是发展的,必然也是开放的,不仅向着

---

① [法]马太·杜干:《比较社会学:马太·杜干文选》,社会科学文献出版社2006年版,第275页。

过去和现在开放，而且也向着未来开放，这便是时代性的集中体现。马克思恩格斯曾经指出："一切划时代的体系的真正的内容都是由于产生这些体系的那个时期的需要而形成起来的。"① "每一个时代的理论思维，包括我们这个时代的理论思维，都是一种历史的产物，它在不同的时代具有非常完全不同的形式，同时具有完全不同的内容。"② 一切科学体系都是时代的产物，也无不深深刻上时代的烙印。时代发展不以人的意志为转移，科学体系的内容与时代发展进程紧密相关，因此，"我们只能在我们时代的条件下去认识，而且这些条件达到什么程度，我们就认识到什么程度"。③ 同样，马克思主义哲学体系本身也是时代的产物，反映时代的精神，响应时代的需求，解答时代的课题，进而引领时代发展潮流。

中国特色社会主义民生思想作为马克思主义民生观中国化的重要理论成果，无疑也具有鲜明的时代特色。从诞生之日起，中国特色社会主义民生思想就展示了它善于准确判断和把握时代气息的理论本色，可以这样认为，中国特色社会主义民生思想始终是在同时代发展的紧密关系中不断演进的。在中国特色社会主义民生思想的发展史上，民生建设主体的承接、历史条件的变化、时代主题的转换以及初级阶段民生建设基本国情的微变，不仅对民生建设提出了新的要求，也为民生思想的发展打开了广阔的空间，提供了理论飞跃的契机。从这个意义上说，中国特色社会主义民生思想并不局限于某一特定的时代，而是能紧扣时代脉搏，在新的时代背景下不断进行思想充电和升级，并呈现出新理论样态。中国特色社会主义民生思想在40年的发展历程中，每一次的思想升级和理论演进都是与时代条件的变化密切相关。中国特色社会主义民生思想的主要内容，无论是实现社会主义现代化的民生发展目标、全面协调统筹发展的民生建设路径、推进制度建立完善的民生发展动力、人民主体地位的民生价值导向，无一不是顺应时代而产生的理论成果。改革开放初，解决饥饿和贫困是最紧要的民生任务，以邓小平为代表的中国共产党人对"什么是民生、怎样解决吃饭这个最基本的民生问题"进行了探索与

---

① 《马克思恩格斯全集》第3卷，人民出版社1960年版，第544页。
② 《马克思恩格斯文集》第9卷，人民出版社2009年版，第436页。
③ 同上书，第494页。

解答；20世纪90年代，国际不利因素增加，经济增长放缓，失业加剧，社会失稳，在社会主义民生内外交困的背景下，"三个代表"重要思想为加强和改善民生提供了理论指导；21世纪以来，经济发展中长期积累的矛盾和问题集中凸显，为适应时代要求，科学发展观孕育而生，以胡锦涛为总书记的党中央领导集体对"怎么样保障和改善民生"进行了持续探索；以习近平同志为核心的党中央在治国理政实践中全面推进"五位一体"总布局、协调推进"四个全面"战略布局，将民生事业推向中国特色社会主义新时代。

（二）演进的开放性之现实表达：兼容并包与格局拓展

广泛吸取和借鉴一切人类文明成果，中国特色社会主义民生思想正是在这样的基础上创立起来的。中国特色社会主义民生思想的开放性根源于马克思主义的开放性，马克思主义在19世纪中叶产生，除了适应无产阶级政治斗争的迫切需要，也是前时代人类文明优秀成果在资本主义扩张时代发展的必然趋势。德国古典哲学尤其是黑格尔的辩证法和费尔巴哈的唯物主义构成了马克思主义哲学的直接理论来源，马克思主义政治经济学的形成离不开英国古典政治经济学的理论铺垫，科学社会主义的创立发展也离不开法国空想社会主义的理论支撑。在借鉴相关哲学思想以外，马克思主义的发展也吸收了生物进化论、细胞学说、能量转换定律等19世纪自然科学发展的最新成果。更重要的是，马克思主义突破了狭隘的地域性思维方式，它作为一种科学而系统的理论学说，开创了一种世界性的保持开放和发展的思维方式。正如列宁所说，马克思主义"绝不是离开世界文明发展大道而产生的一种故步自封、僵化不变的学说。恰恰相反，马克思的全部天才正是在于他回答了人类先进思想已经提出的种种问题。他的学说的产生正是哲学、政治经济学和社会主义极伟大的代表人物的学说的直接继续"。[①] 可贵的是，马克思主义这种兼容并包的优秀理论品格，被中国特色社会主义民生思想所继承和发扬，从而在放眼世界、面向未来的时代步伐中广泛吸收一切人类社会进步和理论创新成果，不断开拓自身发展的新境界。纵观中国特色社会主义民生

[①]《列宁专题文集·论马克思主义》，人民出版社2009年版，第66—67页。

思想的发展史，民生思想的理论发展和民生建设的实践创新，都是在敞开胸怀、开放交流、博采众长的基础上实现的。

中国特色社会主义民生思想的理论内容既是固本清源的，也是兼容并包的。其一，马克思、恩格斯、列宁、斯大林等马克思主义经典作家关于民生建设发展的论述与指示，以及由此形成的包括马克思恩格斯民生思想、列宁民生思想、斯大林民生思想等内容的马克思主义民生观构成了中国特色社会主义民生思想最主要的理论基础；其二，中国传统民本思想是中国特色社会主义民生思想的重要思想渊源，民为邦本的重民思想、民贵君轻的贵民思想、为政以德的亲民思想、利民富民的安民思想以及孙中山民生主义思想等，其合理内核都在中国特色社会主义民生思想中得到了保留和发扬；其三，西方民生思想也是不可忽视的理论来源之一，以权利为主要价值的民生思想、以福利为主要价值的民生思想、以生态为主要价值的民生思想等，对中国特色社会主义民生思想的形成和发展都发挥过较大的借鉴和参考作用。理论内容本身固为重要，更可贵的是实现了方法上的创新。中国特色社会主义民生思想是有机的活的体系，其开放性不仅体现在顺应世界潮流而富有时代特征上，也体现在立足国情而富有民族特色和中国风格上。总的来说，中国特色社会主义民生思想始终保持一种海纳百川的广阔胸怀，保持一种百花齐放的宽阔视野，不把自己当作一种封闭性的僵化体系，也不把自己当作一种终极性的理论体系，所以它才能在与各种理论思想、文化思潮的碰撞中展现出自身的优势，既在信息交流和沟通中取长补短、完善自身，又在文化交融中保持弹性的自我发展空间。

从"两个文明"到"三个文明"，再从"四位一体"到"五位一体"的过程，体现了中国特色社会主义民生建设总体布局的与时俱进，从民生思想纵向发展上说，这是民生内涵丰富完善的过程；从民生思想横向发展上说，也是民生建设外延不断拓展延伸的过程。这充分表明了格局拓展是中国特色社会主义民生思想演进的开放性的重要表征。因此，在认识论上，我们不能把中国特色社会主义民生思想看作是一个封闭僵化的体系，也不能把任何一个具体形态的民生建设布局看作是最后的、不变的。准确地说，中国特色社会主义民生建设总体布局的拓展过程是历史性和现实性的辩证统一。其一，无论是物质精神文明两手抓，物质、精神、政治三个文明齐抓共建,还是四位一体建设、五位一体建设,每一形态的民生建设布局都不是在某个时期突然出现的,而是都有一个或长或短的形成发展过程,并且每一形态的民生建设布局的形成过程不是完全独立的,而是相互接替的,更准确地说是相互交织的。其二,中国特色社会主义民生事业建设布局的不断拓展伴随着民生思维方式、发展观念这个思想依据的变化,更是根源于民生建设事业这个实践依据的变化和发展。

当前,我们必须准确把握好中国特色社会主义民生事业建设布局的时代坐标和内在关联,这也是深入理解中国特色社会主义民生思想演进的开放性的必然要求。党的十八大强调:"我国仍处于并将长期处于社会主义初级阶段的基本国情没有变,人民日益增长的物质文化需要同落后的社会生产之间的矛盾这一社会主要矛盾没有变,我国是世界最大发展中国家的国际地位没有变。"[①] 以习近平同志为核心的新一届中央领导集体在全面把握"三个没有变"的时代背景的同时,进一步提出了"三个前所未有"的时代坐标:"我们前所未有地靠近世界舞台中心,前所未有地接近实现中华民族伟大复兴的目标,前所未有地具有实现这个目标的能力和信心。"[②] "三个没有变"与"三个前所未有"互相呼应、同振共轭,共同揭示了中国特色社会主义民生建设"五位一体"布局的历史定位、发展方向和未来前景。另外,正确理解中国特色社会主义民生建设"五位一体"布局的内在关联,对民生格局的后续拓展和民生思想的开放发展也十分重要。把握民生建设"五位一体"布局中的经济民生、政治民生、文化民生、社会民生、生态民生之间的关系,要遵循历史唯物主义和唯物辩证法的基本原理,不能根据它们被提出的时间先后简单认为是序列关系或并列关系。一般来说,经济民生起着基础性作用,它决定一定的政治民生、文化民生、社会民生(狭义),但政治民生、文化民生、社会民生(狭义)尤其是生态民生对经济民生的反作用同样不可忽

[①] 中共中央文献研究室:《十八大以来重要文献选编》,中央文献出版社2014年版,第6页。

[②] 中共中央宣传部:《习近平总书记系列重要讲话读本》,人民出版社2014年版,第133页。

视。因此，不能单纯地判断为以经济为核心的决定论关系，而应该是一种辩证性的关系，要在具体的历史条件境遇下去考虑谁对谁的影响作用及其程度。按照党的基本路线，经济民生建设处于首要地位，在实际民生工作中，政治民生建设、文化民生建设、社会民生建设、生态民生建设之间的轻重缓急则要依照民生矛盾运动的具体状况来区分和协调，在不忽略每一方面的前提下，哪一方面的问题是主要的，哪一方面的民生问题就应得到优先解决。

（三）演进的开放性之探源：思想先导、世界眼光与社会主义民生逻辑

　　解放思想对于民生思想兼容并包、民生建设格局开拓发展至关重要，它是中国特色社会主义民生思想时代化和开放性的思想先导。早在马克思恩格斯那里，解放思想就成为替代教条主义旗帜的旗帜。马克思主义理论要以社会生活和历史条件的变化为转移，不能根据著作和言论去"按图索骥"，寻找关于未来社会主义发展的答案。马克思主义经典作家列宁这样定义"解放思想"："决不把马克思的理论看做某种一成不变的和神圣不可侵犯的东西，恰恰相反，我们深信：它只是给一种科学奠定了基础，社会党人如果不愿落后于实际生活，就应当在各方面把这门科学推向前进。"[①] 正是在解放思想的前提下，列宁开创了新市场经济下的苏联社会主义民生建设。我国改革开放总设计师、中国特色社会主义事业开创人邓小平也说过："解放思想，是指在马克思主义指导下打破习惯势力和主观偏见的束缚，研究新情况，解决新问题。"[②] 从思想导向的视阈来看，中国特色社会主义民生思想的发展史就是一部追随时代前进步伐的思想解放史。例如，在经济民生的发展历程中，改革开放源于"贫穷不是社会主义"这一新观念，"一心一意搞经济建设"源于"和平与发展"替代"第三次世界大战"而成为新的时代主题这一正确判断，先是以邓小平为核心的第二代党中央领导集体突破了"计划经济等同于社会主义，市场经济等同于资本主义"这样僵化陈旧的思想观念的束缚，并

---

① 《列宁选集》第1卷，人民出版社2012年版，第274页。
② 《邓小平文选》第2卷，人民出版社1994年版，第279页。

确立了"社会主义也可以用市场的手段发展经济"这一新的指导方针；接着，以江泽民为核心的第三代党中央领导集体逐步淘汰计划经济，并正式建立了社会主义市场经济体制；以胡锦涛为总书记的党中央领导集体进一步巩固和发挥了市场在资源配置中的基础性作用，不断健全市场体系，推动经济民生又好又快发展；以习近平为核心的新一届党中央领导集体则提出市场在资源配置中起决定性作用，同时更好发挥政府作用，促进经济民生发展水平跃上新台阶。解放思想，即要以一种积极主动的精神状态和思维方式来真正反映发展变化着的"存在"。因此，必须要破除对马克思主义错误的理解，打破僵化的、教条式的、封闭的思维定式，冲破来自"左"的和右的思想束缚，从主观主义和形而上学的桎梏和束缚中解放出来，摒弃那些制约民生发展的旧观念、旧做法以及不合时宜的体制机制，才能使中国特色社会主义民生思想因时的情形与因事的性质形成一种适应环境的变化，生成一种与时俱进的富含严密逻辑的演进路径。

　　放置在国家现代化进程中，中国特色社会主义民生事业是中国特色社会主义现代化建设的重要一环；放置在世界民生体系内，中国特色社会主义民生事业是世界马克思主义民生事业的一个重要组成部分。中国特色社会主义民生思想不仅是中国特色社会主义理论体系的重要内容，而且也是世界文明发展的优秀成果。因此，作为马克思主义民生思想中国化过程中的一个重要环节，中国特色社会主义民生思想的不断演进是推动世界马克思主义民生思想发展与完善的一支重要力量。在当前，随着国际联系与交流日益频繁、对外开放程度和国际依存度的不断加深，国际环境的变化对我国社会建设的影响越来越大。从这个角度来讲，一方面，马克思主义民生观中国化正是在一个非常错综复杂的国际环境中进行的，因而马克思主义民生理论必须同国内外不断出现的新情况和新问题相结合，这迫切要求民生事业建设主体、理论创新主体以世界眼光来审视中国特色社会主义民生思想的发展要求，从而使中国特色社会主义民生思想始终保持开放包容的发展姿态，充分体现当今世界的时代精神，反映世界形势之变化，反映中国与世界关系互动之深化，从而顺应世界发展潮流实现自我发展。另一方面，当今世界仍然是资本主义近乎一统天下的局面，马克思主义在各国的具体化进程暂时还面临比较严重的困境，世界马克思主义民生事业总体上处于发展的低潮。但不可否认，马克思主义民生观中国化作为一个成功的光辉典范具有重要的借鉴意义和参考价值，中国特色社会主义民生事业的发展对世界民生发展以及世界马克思主义伟大事业做出了重大贡献。中国特色社会主义民生思想不仅是指导中国民生事业发展的重要理论武器，而且对其他国家马克思主义的发展与民生事业的壮大也具有强大的示范效应。在这一过程中，民生建设主体和理论创新主体把中国特色社会主义民生事业放到一个更为广阔的空间加以审视与考察，充分发挥中国特色社会主义民生思想的世界影响，彰显中国特色社会主义民生思想的世界意义，这正是中国特色社会主义民生思想演进过程中始终保持开放性的一个非常重要的原因。那么，如何从世界视野来考量马克思主义民生观中国化的理论成果呢？一是要不断加深对中国特色社会主义民生思想演进历史进程和基本经验的理解，二是要认真总结世界马克思主义民生观本土化的新经验，借鉴国外民生发展的有益经验和成果（无论是源于社会主义国家还是资本主义国家，也无论是源于发达国家还是发展中国家），从而不断扩展民生建设新视野，实现民生发展思想新升级，作出民生发展理论新概括。这不仅是中国特色社会主义民生思想具有不竭生命力和远大前途的必由之路，也是在世界范围内不断增强感召力和影响力的逻辑要求。

中国特色社会主义民生思想保持开放性的演进特征，除了理论创新主体等因素的作用，社会主义民生的基本逻辑也起到了重要的影响。改革开放 40 年以来，民生建设主体和理论创新主体开辟了中国特色社会主义民生事业建设道路，确立了民生发展的总体方针及制度政策，形成了中国特色社会主义民生思想，这 40 年的坚持和坚守的背后，是对民生发展方针政策的自信，是对民生发展思路思想的自信，更是对民生事业建设道路的自信，这是中国特色社会主义民生思想始终保持开放兼容姿态的基本前提。必须清楚认识，不能将民生建设过程中的各种错误和问题归结为民生思想的"先天不足"，并以此来否定中国特色社会主义民生思想本身的合理性和正当性；必须清楚认识，中国特色社会主义民生思想在性质上没有脱离社会主义民生逻辑；必须清楚认识，中国特色社会主义民生建设在历程上并非是在补资本主义的课，重走资本主义民生发展的道路。马克思早在 1881 年回复俄国革命党人维·伊·查苏利奇信件时曾指出，欠发达国家、落后国家可以跨越资本主义制度的"卡夫丁峡谷"直接步入社会主义，同样，中国特色社会主义民生建设也可以通过全面深化改革这一助推器跨越资本主义民生的充分发展阶段，直接进入社会主义民生的不完全发展时期，并逐渐过渡到社会主义民生的全面发展时期，从而实现社会主义初级发展阶段向社会主义中级乃至高级阶段迈进。开放来源于自信，自信的根基使中国特色社会主义民生事业建设的实践具有历史正当性与未来继续实践的可能性，因为我们进行社会主义民生建设，建设社会主义民生强国，根源于亿万人民作为行动主体参与的民生实践，有人民群众的不竭力量作为坚强支撑。另外，社会主义民生事业置身于资本主义世界体系中，面临来自资本主义国家的政治压力、经济制裁、文化霸权、军事威胁、意识形态侵略等，这是坚持中国建成社会主义、发展社会主义民生事业最艰难的困境。社会主义民生逻辑的延续必然要求在资本主义世界体系保持社会主义民生发展的自主性，这也是中国特色社会主义民生思想在开放过程中必须妥善解决的问题。由于现代世界市场的形成以及在全球化趋势下资本主义商品交换原则的普遍存在，社会主义必然要与世界资本主义体系发生关联，社会主义民生事业也在客观上构成世界资本主义民生事业的一部分。这已是不可避免的事实，所以出路就在于中国特色社会主义学会驾驭资产阶级法权及其所代表的资本逻辑，在社会主义民生被纳入到世界资本主义民生体系中的同时，以社会主义民生逻辑影响资本主义民生逻辑，从而促使资本主义民生体系发生由量变到质变、逐渐而深刻的变化。

四 中国特色社会主义民生思想演进的系统性

要想清楚了解中国特色社会主义民生思想的历史发展脉络，离不开对民生思想演进的系统性的逻辑考察，也离不开对民生事业建设布局的现实关照。中国特色社会主义民生思想演进的系统性具体表现为整体性与阶段性的统一、宏观性与微观性的统一。政治定力、顶层设计与网络化治理是中国特色社会主义民生事业系统布局、民生思想系统演进的三个重要原因。

(一) 整体性与阶段性的统一

中国特色社会主义民生思想是以民生发展目标、民生建设路径、民生发展动力和民生价值导向为主要框架结构的理论体系。从理论内容的相互关系来看，它体现了全面性与重点性的统一。中国特色社会主义民生思想覆盖了经济民生建设、政治民生建设、文化民生建设、社会民生建设、生态民生建设等内容，强大的兼容性和辐射力使民生建设呈现"五位一体"的总体布局，理论框架完整，理论结构合理，涉及领域比较广泛，理论空间十分广阔。同时，在不同发展时期，经济民生始终是民生建设的核心任务和根本任务，而其他的民生内容也有主要与次要之分、重点与非重点之别。

中国特色社会主义民生思想的演进历程内含于中国特色社会主义理论体系的发展完善过程。与中国化马克思主义理论成果演进相一致，中国特色社会主义民生思想的整体性和系统性体现在理论的接续式创新上，邓小平理论的民生设想、"三个代表"重要思想的民生改善政策、科学发展观的民生方针、习近平新时代中国特色社会主义思想的民生发展战略是中国特色社会主义民生思想的重要组成部分。中国特色社会主义民生思想的理论演进体现了整体与部分的统一、整体性与阶段性的统一。其一，四个子系统各自的民生思想产生于具体的历史阶段，受一定历史条件的制约。随着民生实践的发展、社会阶段的升级递进，民生思想的个别理论命题可能会被新的命题所取代，但这并不是后一种民生思想对前一种民生思想的否定，是因为客观事物、社会矛盾以及民生短期任务已经发生了新的变化，民生建设方针政策的着重点和注意力必然有所区别，所以，实际上是一种肯定性的内在传承和环环相扣，这也正是中国特色社会主义民生思想保持严密的演进逻辑和清晰的演进脉络的原因所在。其二，四个子系统中各自的民生思想与整个民生思想是紧密相连、内在统一的。虽然不同子系统的民生思想致力于解决的历史课题存在差异，但是从"什么是民生、怎样解决吃饭这个最基本的民生问题"到"怎么样保障和改善民生"，再到"如何实现中国特色社会主义民生的全面发展"以及"如何全面建成小康"，四大民生思想都贯穿着鲜明的理论主题——建设发展中国特色社会主义民生事业，都坚守共同的价值立场——以人民的利益为依归，都秉持共同的世界观和方法论——马克思主义哲学基础，都受益共同的依靠力量——全体中国人民。

（二）宏观性与微观性的统一

所谓中国特色社会主义民生思想的宏观色彩，即从整体、战略、全局出发对民生建设活动进行阐释、规划和指导，从而对民生实践的丰富性存在以全面的理论阐释和反映。所谓中国特色社会主义民生思想的微观色彩，即着眼于个体、细节、局部等层面去研究、规划和指导民生建设活动，相对于丰富的民生实践，理论阐释和反映是部分性的因而也是非彻底性的。作为一种客观性实在，中国特色社会主义民生建设活动具有丰富多样的存在形态和高度复杂的运行系统。民生建设活动与中国特色社会主义的诞生共寓一体，又无时不处于社会主义民生的基本逻辑之中；中国特色社会主义思想将一切社会政治、经济、文化活动纳入自己的思想体系，又调动着一切社会因素加入"改善人民生活的民生大计"，它具有自身的运行规律以及变化发展的相对独立性，但又从根本上决定于经济基础（生产力水平）和社会存在（民生状况），并与社会重大发展战略的演进密切贴合。中国特色社会主义民生思想涵盖了民生思想的形成条件、发展历程、主要内容、演进路径与特征、当代价值、前景展望等相互关联的具体指项，民生实践活动则表现为依循相应的民生制度与机制而展开的复杂进程。因此，在异常复杂、多态多质、丰富宏大的民生实践活动面前，中国特色社会主义民生思想兼顾宏观性与微观性既是给予民生实践正确指导的现实所需，同时也是不断扩展理论视野、规避理论盲点的必然要求。中国特色社会主义民生思想的微观层面是对包括教育、养老、医疗、社会保障、交通出行、食品安全、生态卫生等与人民生活息息相关的各个细微领域进行深入细致的研究和设计，其宏观层面则是对社会民生（广义）的发展状况、建设水平、动态趋势、基本走向进行整体考量；中国特色社会主义民生思想的微观层面是对各个领域民生活动具体开展实施过程的理论支撑，其宏观层面则着眼于对全社会民生事业发展总原则和建设总章程的方向把控、战略规划；中国特色社会主义民生思想的微观层面是重点关注困难群体、贫困区域、弱势领域等，因而是以个体为对象的特殊民生指向，其宏观层面则是面向全体人民、所有地域、全部民生领域，因而是以整体为对象的普遍民生指向；中国特色社会主义民生思想的微观层面关注的是阶段性的、短时期的民生思想的理论形态及其实际效用，其宏观层面则更多研究整个社会主义民生思想的理论建构和发展；中国特色社会主义民生思想的微观层面着眼于民生建设活动内在的运行过程，其宏观层面则更多关注民生领域与其他社会发展领域、民生系统与各个社会系统、民生运行机制与社会整体运行机制的息息互动。

在理论的产生发展及成熟的先后顺序上，中国特色社会主义民生思想的微观内涵在先，其宏观内涵则是在实践发展过程中渐缓孕育。中国特色社会主义民生思想在宏观层面的发展，无论是在理论视野还是从理论内容上，都是对民生思想微观层面的拓展和超越。因此，可以综合判断得出，中国特色社会主义民生思想从微观层面到宏观层面的演进，宏微之间实现了一种理论进步和创新。中国特色社会主义民生思想宏观性与微观性的统一具体表现在以下几个方面：其一，中国特色社会主义民生思想长期以来在微观层面的发展和积累，为具有一定宏观性的民生思想的逐渐萌发奠定了基础，从而使中国特色社会主义民生思想在宏观微观层面共同发展、趋向系统和成熟。其二，中国特色社会主义民生思想宏观内涵与微观内涵相互影响、相互促进，共同推动着中国特色社会主义民生理论与实践的发展。中国特色社会主义民生的整体建设，并不否定局部的民生建设活动，同理，中国特色社会主义民生思想宏观层面的发展，也并不否定其微观层面的已有内涵。微观内涵与宏观内涵都是中国特色社会主义民生思想的构成部分，其微观内涵需微观审察，其宏观内涵需宏观观照。只有精确审察微观内涵的细节才能看清楚中国特色社会主义民生思想的"总画面"，同时，也只有立足于宏观内涵这个"总画面"才能更充分理解民生思想的微观"细节"。总之，中国特色社会主义民生思想的微观层面不仅不会因宏观层面而弱化，与此相反，宏观内涵的不断丰富恰恰会带来微观内涵创新发展的新契机。其三，中国特色社会主义民生思想宏观内涵与微观内涵是共生共存的。值得注意的是，这与微宏观内涵的理论逻辑上的先后顺序并不矛盾，而要从民生思想的各种存在形态的具体方面去理解宏观内涵与微观内涵共生共存。正如马克思所说的那样："最一般的抽象总只是产生在最丰富的具体发展的场合，在那里，一种东西为许多东西所共有，为一切所共有。这样一来，它就不再只是在特殊形式上才能加以思考了。"[①] 只有在民生思想的各种存在形态、理论方面都得到最丰富发展的情况下，中国特色社会主义民生思想宏观层面的内涵特征才能获得最充分的发展条件。同样，宏观内涵的发展也为微观内涵的发展提出新的发展需求、拓展出新的理论视野、开辟出新的理论空间。同时，民生建设实践随着时代发展的丰富展开，也为中国特色社会主义民生思想宏观内涵与微观内涵的共同发展创造了广阔的沃土。其四，中国特色社会主义民生思想宏、微观内涵的发展，要与民生实践建设进程相同步，要与马克思主义中国化进程相同步，也要与党的建设和政府建设进程相同步。同时，中国特色社会主义民生思想演进的开放性决定了其宏观内涵与微观内涵需要向生动的民生实践开放，向与时俱进的马克思主义理论领域开放。

（三）演进的系统性之探源：政治定力、顶层设计与网络化治理

中国特色社会主义民生思想演进的系统性归根结底是民生事业建设系统化的理论反映。而民生事业系统布局、综合筹划的一个重要原因就是民生事业领导集体（中国共产党和中国政府）始终保持强大的政治定力。政治定力是一个政党、一个政府综合执政素质的重要方面，反映一个政党、政府对干扰、困境的抵抗力和承受力，以及在多大程度上能够坚持不懈地推进社会建设发展规划。就此而言，对民生政策以坚定执行、对民生方针以坚定贯彻，不因领导集体的更换而变向，不因领导人看法和注意力的改变而易辙，也不因民生困难之重而半途而废，不因民生任务之艰受挫而止，这就是政治定力在民生发展中的体现。用学理性的话语来讲，所谓民生定力就是民生事业领导集体发展中国特色社会主义民生事业的战略定力，具体来说包括以下几个方面：一是坚定共产主义事业的理想信念，让广大人民群众过上幸福美好的生活是民生事业领导集体义不容辞的责任，实现建成全面小康社会和社会主义现代化这两个百年奋斗目标是民生事业领导集体坚持不懈的使命追求。信念不坚定，行动终究是无力的，因此，必须始终以人民利益为依归，致力于民生事业

---

① 《马克思恩格斯选集》第 2 卷，人民出版社 1995 年版，第 22 页。

的全面进步，致力于人的全面而自由发展。二是坚守责任担当，坚定不移地推进中国特色社会主义民生建设事业；民生建设任务多样而繁重，民生领域深化改革、利益调整而考验重重，在这样的境况下强调政治定力并不是虚无的概念和空泛的口号，而是一种深切的忧患意识和担当意识，以及较强的抗压能力和持续毅力。三是具有较强的政治自主性，这是民生事业领导集体保持政治定力的根本。这种政治自主性也可以理解为学者马克思·韦伯所提出的"国家自主性"，即国家超脱于主导性的社会利益集团而自我设定发展目标的能力。横向比较起来，中国共产党和中国政府在世界范围内的自主性程度较高，能够有效引导资本的社会流向，驾驭资本为社会公共事业服务最终为人民服务，能够对社会民众实施基本的、底线式的民生保护，能够有效掌控自发的社会反向保护运动（如环境保护运动、民工讨薪运动、弱势地区反对经济贸易全球化运动、弱小族群保护文化遗产运动等），使其既不损害运动参与者的利益，同时也不会阻碍社会公共利益的如期实现，能够有效应对来自国内外的各种突发事件而维护社会的基本稳定等，概言之，能够在资本主义世界体系的全球化的进程中获得巨大国家收益（人民收益）同时又保持自身的独立性。那么，中国共产党和中国政府的政治自主性从何而来呢？首先，强大的国有企业和国有经济部门为中央政府提供了独立的财政收入来源，这是保持政治自主性的经济基础，是投资开展民生建设、宏观调控民生事业的经济前提；其次，我国政治体制决定了党领导的中国特色社会主义事业，中央权威高于地方，这是保持政治自主性的制度保障；最后，中国共产党具有强大的组织能力与动员能力，党政中高级领导干部多出于组织考察任命而非竞选，从而在很大程度上规避了买官买政策的金钱政治现象，这是保持政治自主性的政治后盾。总之，正是因为具有较强的政治自主性，所以民生事业领导集体才有定见，能够着眼于国家长远利益、广大人民的根本利益来制定推出各项民生政策，统筹布局民生建设格局，系统规划民生事业发展，而不会轻易被强势的社会利益集团所"绑架"和控制。

中国特色社会主义民生事业的系统布局也归功于民生事业领导集体基于政治自主性之上的顶层设计。马克思曾指出："蜜蜂建筑蜂房的本领使人间的许多建筑师感到惭愧。但是，最蹩脚的建筑师从一开始就比最灵巧的蜜蜂高明的地方，是他在用蜂蜡建筑蜂房以前，已经在自己的头脑中把它建成了。"① 而顶层设计恰恰好比是施工之前先总体规划好建筑蓝图，可见，顶层设计的方法体现出一种"自上而下"的系统思维、战略眼观、总体性构想，具有理论视野的开阔性、决策的前瞻性以及诉诸实践的可操作性，因而使中国特色社会主义民生思想在演进历程中呈现系统分布的特征。具体到民生建设上，顶层设计就是从民生事业的全局入手，通盘筹划各民生领域及发展任务、各民生地域及对应群体，立足于国家的整体利益和人民的根本利益进行全面部署和规划，解决碎片化建设的问题，系统推进民生事业。回顾中国特色社会主义民生事业的建设历程，在进行"顶层设计"的同时，往往也会用到"摸着石头过河"的方法，"顶层设计"与"摸着石头过河"相互依存、共同施效，所以顶层设计是以"摸着石头过河"为基础、为补充的。对于处于改革开放初期的中国而言，囿于财政能力的限制，国家的顶层设计能力有限，因而"摸着石头过河"成为符合当时基本国情的一种必然选择。"改革开放胆子要大一些，敢于试验……没有一点闯的精神，没有一点'冒'的精神，没有一股气呀、劲呀，就走不出一条好路，走不出一条新路，就干不出新的事业。……对的就坚持，不对的赶快改，新问题出来抓紧解决。"②邓小平同志在1992年南方谈话时讲的这段话实际上就是鼓励"摸着石头过河"，勇于探索、大胆创新、积极建设，推进改革开放事业。"顶层设计"注重全面统筹，"摸着石头过河"注重经验积累，体现了重点论与两点论相统一的唯物主义辩证法。20世纪八九十年代所实践的"顶层设计"与"摸着石头过河"相结合、相并重，善于从人民群众的创造性实践中不断总结和汲取宝贵经验，并上升为党和国家的方针政策，逐渐丰富民生内涵、拓宽民生领域，从而把中国特色社会主义民生事业不断引向更高发展水平、推向前进。不可否认，"摸着石头过河"在一定程度上具有盲目性、自发性和滞后性，从而导致民生领域出现"短板"，影响了民生发展全局。21世纪以来，在科学发展观的指导下，民生建设逐渐呈现以"顶层设计"为主、"摸着石头过河"为辅的发展势态，通过顶层设计把

---

① 《马克思恩格斯文集》第5卷，人民出版社2009年版，第208页。
② 《邓小平文选》第3卷，人民出版社1993年版，第372页。

握民生建设的总基调、总布局，抓好民生发展的重点领域和关键环节，同时以"顶层设计"科学指导"摸着石头过河"，以法治规范地方弹性实验空间，从而使其克服自身缺陷，更好发挥攻坚克难、积累经验之效用。尤其是党的十八大以来，民生事业进入全面深化改革的新阶段，进入全面建成小康的决胜期，"顶层设计"就显得更为重要。习近平总书记也指出，"中国是一个大国，决不能在根本性问题上出现颠覆性错误，一旦出现就无法挽回、无法弥补"。[1] 民生事业的发展也是如此，必须以"顶层设计"牢牢把握好民生建设的正确方向，明确民生建设的重点领域以及发展任务的优先顺序，真正实现各民生领域的整体协同推进。经济民生建设是重点，这点不容置疑，但是民生事业的全面发展需要更加注重民生建设的协同性和系统性，即需要推进政治民生建设、文化民生建设、社会民生建设、生态民生建设与经济民生建设的同步发展。

顶层设计偏重理念，治理则侧重实践，所以说网络化治理是中国特色社会主义民生事业系统布局的现实路径。网络化治理内含一种系统性思维，本身也是中国特色社会主义民生思想系统演进的理论体现。党的十八届三中全会提出创新社会治理体制的目标，标志着民生事业领导集体治理方式的转变，昭示着中国特色社会主义民生事业进入了新的发展阶段。治理现代化是社会主义现代化的新内涵，也是民生事业发展的时代要求。现代性的网络化社会治理由传统社会管理升级而来，体现了民生思想的思维变革和理念创新，实现了民生事业的实践创新，也创造了更大绩效。现代民生社会日趋分散和多元，就好比是一个复杂的网络拓扑结构。由于"政党—国家"的政治体制安排，中国共产党能够进行统合领导和网络化治理，通过在具体的民生领域设立灵活多样的政治组织服务基层人民，同时以其坚强而广泛的领导权整合党和政府、社会组织、企事业单位、公民社会各方面资源，引导社会资本和利益集团为公共利益贡献力量，有效凝聚发展合力，避免社会秩序分利化、碎片化，达成民生建设的最大共识，寻求"最大公约数"，这个"最大公约数"便是中国特色社会主义民生思想系统演进的核心意识支撑。很显然，网络化治

---

[1] 习近平：《在亚太经合组织工商领导人峰会上的演讲》，《人民日报》2013年10月8日第1版。

理促进民生共同体的治理改善，而非让其内部分裂瓦解；因此，网络化治理有利于实现"长期行为的善治"，而非"短期行为的专制"。

五 中国特色社会主义民生思想演进的科学性

如何评判中国特色社会主义民生思想演进的科学性？奥地利哲学家波普尔认为，衡量一种理论的科学地位的指标有三种：可证伪性、可反驳性、可检验性。根据这个理论，虽然中国特色社会主义民生思想不是一门具体科学，也不是一门纯粹的实证科学，但这并不能否定中国特色社会主义民生思想不具有演进的科学性。值得强调的是，中国特色社会主义民生思想内容中也包含有实证研究的成分和实证科学的要素，例如关于民生建设格局拓展的理论阐释，就体现了马克思主义的实证精神。因而，中国特色社会主义民生思想是否反映了民生发展的真实情况，就应当成为演进的科学性的评判标准。因此，中国特色社会主义民生思想演进的科学性，也可以理解为演进的正确性，即它是对民生事业指导思想、发展规律的正确反映。科学性是衡量中国特色社会主义民生思想理论价值的重要标准，也是民生思想保持旺盛生命力的内在支撑。

（一）中国特色社会主义民生思想蕴含历史唯物主义和唯物辩证法

列宁指出："马克思学说具有无限力量，就是因为它正确。它完备而严密，它给人们提供了决不对任何迷信、任何反动势力、任何为资产阶级压迫所作的辩护相妥协的完整的世界观。"[1] 马克思主义科学的世界观和方法论根源于辩证唯物主义和历史唯物主义，这也是马克思主义最根本的理论内涵。中国特色社会主义民生思想始终坚持历史唯物主义这一马克思主义科学立场，始终坚持辩证唯物主义这一马克思主义科学方法，始终做到以马克思主义民生观与中国具体民生实际相结合。中国特色社会主义民生思想站在群众的立场、用辩证的观念反映民生发展的客观状况，揭示中国特色社会主义民生事业的发展规律，从而以严密的逻辑形式和完整的理论表达共同映衬出其演进的科学性。

---

[1]《列宁专题文集·论马克思主义》，人民出版社2009年版，第67页。

习近平总书记指出："辩证唯物主义是中国共产党人的世界观和方法论，要学习掌握世界统一于物质、物质决定意识的原理，坚持从客观实际出发制定政策、推动工作。"[①] 民生建设主体遵循辩证唯物主义的方法论制定民生政策，开展民生工作，并在这一过程中赋予了中国特色社会主义民生思想辩证唯物主义和唯物辩证法的哲学原理。从中国特色社会民生思想的主要内容来看，实现社会主义现代化的发展目标、全面协调统筹发展的建设路径、推进制度建立完善的动力支撑、人民主体地位的价值导向，彰显出改革开放40年以来历届党中央领导集体对于中国特色社会主义民生事业的接续奋斗、不断推进，以及关于民生发展一脉相承、衣钵相继的理论探索，坚持了一切从实际出发的唯物论立场，契合党情、国情、世情。无论是"两个文明"、"三个文明"，还是"三位一体"、"四位一体"以及"五位一体"的民生建设格局，都体现了矛盾发展普遍性与特殊性的原理，体现了一切事物联系与发展的基本观念，每一个领域的民生思想既是普遍也是特殊，当每个领域的民生思想表现为普遍性时，其中的各个具体方面表现为特殊性；当每个领域的民生思想表现为特殊性时，民生建设的总体格局又表现为普遍性。中国特色社会主义民生建设格局是一个相互联系、相辅相成的有机整体，同时，每一个民生领域又互为条件，相互促进。只有兼顾每一个民生领域的协调发展，经济民生、政治民生、文化民生、社会民生、生态民生才能全面进步，推动中国特色社会主义事业更加全面的发展。

改革开放40年以来，作为民生建设主体的中国共产党人几经曲折，认真总结我国民生发展实践，把握社会主义民生发展规律，又借鉴世界各国民生事业发展经验，在开创中国特色社会主义民生事业道路的基础上，形成了中国特色社会主义民生思想。中国特色社会主义民生思想是承载历史、开创未来、长期探索、提炼升华的理论成果。这从历史视角、理论视角、国际视角共同昭示出中国特色社会主义民生思想演进的科学性，同时也要求我们以历史唯物主义态度对待中国特色社会主义民生事业的发展，以辩证唯物主义态度理解中国特色社会主义民生思想的演进。

---

① 习近平：《在中共中央政治局第二十次集体学习时强调坚持运用辩证唯物主义世界观方法论 提高解决我国改革发展基本问题本领》，《人民日报》2015年1月25日第1版。

(二) 演进的科学性之现实表达：理论关联与多重扬弃

中国特色社会主义民生思想演进的科学性，与中国特色社会主义民生思想演进的人民性、发展性、开放性、系统性紧密相关。人民群众的根本利益同社会发展规律和人类历史前进方向是相一致的，因而中国特色社会主义民生思想演进的科学性与演进的人民性的统一是真理与价值的统一。恩格斯指出："科学越是毫无顾忌和大公无私，它就越符合工人的利益和愿望。"[①] 同理，越是人民的，越是科学的。中国特色社会主义民生思想始终以人民利益为依归，这是其科学性的最好验证。中国特色社会主义民生思想的理论演进过程、兼容并包过程，就是其科学性的不断积累与彰显过程。中国特色社会主义民生思想具有严密的演进逻辑，形成了一个比较完整的理论体系，因而为民生思想演进的科学性勾勒了一条承接性的发展脉络，圈定了一个系统的理论框架。另外，中国特色社会主义民生思想演进的科学性离不开民生建设主体探索试错性的铺垫。中国特色社会主义民生思想的科学性是在演进过程中不断体现出来的，并不能一劳永逸地宣布中国特色社会主义民生思想是永远正确的。中国特色社会主义民生思想的萌芽产生与形成是一个探索的过程，中国特色社会主义民生思想的发展和完善也是一个探索的过程。在这个过程中，民生建设主体在理论上和实践上的探索都可能会出现某种失误，但是并不影响中国特色社会主义民生思想演进的科学性。因为，真正的科学性在于能够通过接受实践检验而不断克服探索中的失误，从而获得更加全面更加正确的理论认识。

中国特色社会主义民生思想是对我国古代民本思想、传统社会主义民生思想和资本主义民生思想的多重扬弃，从而在超越与扬弃的过程中彰显出自身的科学性。这里有两个问题值得注意，一是民生思想的扬弃离不开民生发展模式的扬弃，也只有克服了古代民本主义、传统社会主义、资本主义民生发展模式的局限，才能实现对相应民生思想的真正扬弃；二是这种扬弃不是一种历史虚无主义的姿态，也不是一种全面性的否定，而是建立在批判和反思基础之上的继承与创新的统一。概言之，

[①]《马克思恩格斯选集》第4卷，人民出版社1995年版，第258页。

中国特色社会主义民生事业，是在理性吸取其他民生思想发展经验的基础上，融合本土实际与时代因素，走出了民生实践的新路子，形成了民生思想的新观念。其一，中国特色社会主义民生思想扬弃了"以民为本"的传统思想，我国传统"民本"思想置立于君民关系的二元结构中，强调官本位性质的"为民做主"；而"以人为本"置立于公民的平等结构中，强调人本位性质的"人民当家做主"，尊重人民主体地位，发挥人民首创精神，保障人民各项民生权益，因而同"以民为本"也有本质区别。其二，中国特色社会主义民生思想实现了对包括空想社会主义民生思想、民主社会主义民生思想、国家社会主义民生思想在内的传统社会主义民生思想的扬弃。空想社会主义民生思想最先发现于控诉资产阶级对工人阶级的剥削与压迫，但却是幻想的乌托邦，即设想一种完美公正的社会制度自然地产生，从而取代资本主义生产方式，改善社会劳苦大众的生活；民主社会主义民生思想是修正主义的改良路线，主张在维持资本主义基本制度（私有制和以资本为核心的社会生产关系）的前提下，通过提高社会福利、维护民众政治经济权益等渐进改良的方式，保障民众基本生活，缓和劳资矛盾和阶级矛盾，从而将社会主义要素融入资本主义，甚至达到资本主义演变为社会主义的效果；国家社会主义民生思想是以计划为核心，国家安排社会生产，国家在资源配置中占据主导地位，因而也是国家主导民生建设，这很明显存在大包大揽、效率低下、民生超集体化的缺点。以马克思主义为指导的中国特色社会主义民生思想，本质上是一种科学社会主义民生思想，洞察资本主义的根本矛盾，洞悉社会主义民生发展规律，走以公有制为主体多种所有制相结合、以按劳分配为主多种分配方式并存的新路子建设民生，走社会主义市场经济的新路子发展民生，从而在制度创新的根本上保障了民生的持久与繁荣。其三，现代资本主义民生思想本质上是一种抽象的人本主义，只从政治公共生活的层面去理解自由平等的权利，将人看成同一性的"个体"，掩盖了人在实际生活中的存在差异与阶级化。人本主义视阈下的民生发展观强调为了发展而发展，以牺牲人的价值为代价换来物的增长。中国特色社会主义民生思想坚持"以人为本"的价值取向，批判现代自由主义人本思想导致人的物化、数字化与原子化。"以人为本"视阈下的民生发展观强调发展本身服务于人的自由全面发展，因而是对抽象人本主义的突破，不再只是一种价值上的美好预设，而是追求人的存在方式（存在状态）的改善，并致力于人在经济能力、政治权利、文化权益、社会福利、生态健康等方面的全面提升与享受。

（三）演进的科学性之探源：理论灵魂、政治领导力与制度保障

中国特色社会主义民生思想演进的科学性，在于始终把实事求是作为理论和实践活动的思想基础。列宁指出："马克思主义是以事实，而不是以可能性为依据的。"[①]"马克思主义不是死的教条，不是什么一成不变的学说，而是活的行动指南，所以它就不能不反映社会生活条件的异常剧烈的变化。"[②] 一切从事实而非从主观愿望出发，反对教条主义，这是马克思主义最基本的唯物主义立场。毛泽东将马克思主义活的灵魂概括为"实事求是"，邓小平同志进一步将马克思主义的精髓概括为"实事求是"。无论是作为马克思主义活的灵魂，还是作为马克思主义的精髓，实事求是都是对马克思主义中国化理论品质的经典诠释。实事求是，就是立足中国的民生国情，站在马克思主义的立场上，运用马克思主义的观点和方法，总结中国民生建设的经验，概括出符合中国实际的马克思主义民生思想。马克思主义民生观中国化的过程就是在中国民族化、本土化的过程，就是马克思主义民生理论在中国的实际运用和发展，随时随地都以历史条件和客观实际为转移。因此，中国特色社会主义民生思想与时俱进、科学发展的前提是做到实事求是。1886 年，针对英国费边社领导人爱德华·皮斯所提出的"什么是社会主义"的问题，恩格斯写信回答道："无论如何应当声明……我们对未来非资本主义社会区别于现代社会的特征的看法，是从历史事实和发展过程中得出的确切结论；不结合这些事实和过程去加以阐明，就没有任何理论价值和实际价值。"[③] 这句话的借鉴意义在于，只有基于民生实践这个事实依据，才能理解中国特色社会主义民生思想的理论价值。中国特色社会主义民生思想内容的客观性，这是实事求是作为中国特色社会主义民生思想的理论灵魂的最

[①]《列宁全集》第 47 卷，人民出版社 1990 年版，第 477 页。
[②]《列宁选集》第 2 卷，人民出版社 2012 年版，第 281 页。
[③]《马克思恩格斯选集》第 4 卷，人民出版社 1995 年版，第 676 页。

重要的一方面表现。"原则不是被应用于自然界和人类历史，而是从它们中抽象出来的；不是自然界和人类历史去适应原则，而是原则只有在符合自然界和历史的情况下才是正确的。"① 事实证明，中国特色社会主义民生思想从客观民生实际出发，致力正确反映社会主义民生发展的客观规律，并自觉接受民众生活状况的检验，在民生实践中进行理论创新，不断发展和完善自身，因而具有演进的科学性。另外，实事求是不是刻板固守、生搬硬套，而是对具体问题作具体分析，因此也意味着中国特色社会主义民生思想理论运用中的灵活性和弹性空间。马克思曾指出："正确的理论必须结合具体情况并根据现存条件加以阐明和发挥。"② 中国特色社会主义民生思想在指导民生事业的时候，必须与民生发展具体情况相结合，这也是中国特色社会主义民生思想演进的开放性的一种表现。

中国特色社会主义民生思想演进的科学性折射出民生建设事业的科学发展，无论是思想体系之演进科学还是民生事业之发展科学，二者都得益于民生建设领导集体（中国共产党和中国政府）的政治领导力。所谓政治领导力，即提供正确方向并持续推进的能力，它涵盖了两个方面：一是基于思想一致与前瞻力的方向把控能力，这是政治领导能力的核心，即要给民生事业标定一个正确的方向；二是基于决策共识与反应力的政策制定能力，方向设定后，关键就在于制定科学合理的策略去推进民生事业。如果民生事业的方向错误，偏离中国特色社会主义这个根本方向，就不会有光明未来，因为改旗易帜的民生事业不再是人民的共同财富，而是资本家的一己私产；有正确方向但没有实践层面上的科学政策去响应和落实，中国特色社会主义民生事业也不可能实现"两个一百年"的民生奋斗目标。中国共产党和中国政府的政治领导力是属于进取型的，不断深化民生事业改革，出台利民政策，同时努力争取和平发展的有利国际环境，以建立富强和谐、公平正义的民生国家。在弄清楚政治领导力对于民生事业的重要性后，紧接着便需要回答民生建设领导集体的政治领导力从何而来的问题。其一，党政分工但不分开，避免党政相互掣

---

① 《马克思恩格斯选集》第3卷，人民出版社1995年版，第374页。
② 《马克思恩格斯全集》第47卷，人民出版社2004年版，第35页。

肘的政治风险,集民生建设领导集体的合力,尤其是强调党对国家政权机关的政治领导(政治方向和政治原则的领导)、思想领导、组织领导,从而有助于把握好民生事业的正确方向和重大决策的科学性。其二,中国共产党坚持"党管干部"的原则,通过选拔、考核、培养、录用等一套严格完备的政治程序,锻造了一支职业治国者队伍,既有慎独守正的政治德性、忧国忧民的政治情怀、任责天下的政治伦理,同时又保持远离资本诱惑的自主性,保持根据时代需要调整自身政策的能力。其三,政治领导力源于党的自我反思、自我审察、自我整改和自我纠错能力。世界上没有一个永不犯错、永远正确的政党,中国共产党也不例外。不可否认,中国共产党在历史上的确犯过错误,但从取得的民生建设成就上来说,仍然是一个伟大的党。中国共产党在探索社会主义历程中有过失误但没有犯过颠覆性错误,走过弯路但没有走改旗易帜的邪路;而且,中国共产党在民生建设过程中的成就是主要的,挫折是次要的,总体来说功绩远大于过错;更为可贵的是,中国共产党对于所出现过的错误毫不讳言,而是公开郑重承认失误、反思失误并修正失误。从"延安整风"运动到新中国成立初期的"整风整党"运动,从"三讲教育"到"群众路线"教育实践活动再到"三严三实"专题教育活动,中国共产党形成了自省自查、自纠自改的不成文习惯,并在自查自省的运动中建立了常态化的反腐保廉体制机制。放眼全球,无论哪个国家的政党,都会在不同程度上存在腐败涣散的现象,可是却鲜有政党有同中国共产党一样的政治觉悟和政治品格,以及壮士断腕的自查勇气和刮骨疗伤的自纠决心。

中国共产党的集体领导体制为中国特色社会主义民生思想演进的科学性提供了必不可少的制度保障。"常委集体领导制"相较于西方国家的"两党分治制"与"多党轮替制"、"三权分立制"与"个人总统制"有不可比拟的政治优势,这也是中国共产党强大政治领导力的重要体现。一是集体学习机制为科学决策奠定智力基础,中国共产党是典型的学习型政党,自成立以来就有集体学习的优良传统。党中央领导核心通过讲座、研讨会等平台与决策咨询、政策评估部门进行建设性交流,围绕国计民生重大问题向专家学者征询意见和建议,集中群策群智,不断提高决策科学性。二是集体调研机制为公共政策有效性奠定信息基础。调查不够难以正确决策,而在集体调研机制的推动下民生建设主体深入基层调研，着眼于不同侧重的民生问题进行广泛而详细的调查，充分采集第一手民生材料，汇总多元民生信息，有助于全面了解民生情况、开展集体讨论、达成决策共识、做出综合判断。三是集体分工协作机制保障民生建设的协调性，也有助于全面反映多元的社会利益。集体分工协作是集体领导和个人分工的统一，各常委及其下属部门进行归口管理，并在此基础上共享信息、相互协作，而书记作为集体的"班长"则负总责，统筹全局。四是集体决策机制保障民生决策的科学化、民主化和制度化。基于权力结构平衡与民主集中制的集体决策体现了民主和集中的统一，有利于做出正确的决策。

六 中国特色社会主义民生思想演进的实践性

从贫困到温饱，从总体小康到全面小康，从上学难、就业难、看病难、养老难、住房难，到"学有所教、病有所医、劳有所得、老有所养、住有所居"的"五有"和谐社会，一张覆盖中国东西部地域、覆盖中国城乡居民的社会保障网络逐步建成。改革开放40年来，民生获得了极大改善，人民群众的生活水平得到了大幅度提高，中国共产党带领中国人民所取得的巨大民生建设成就，是中国特色社会主义民生思想演进的实践性的现实彰显和实践印证。

（一）中国特色社会主义民生思想与民生实践的辩证关系

中国特色社会主义民生思想产生于民生事业的伟大实践，是在推进社会主义现代化建设中形成和发展起来的，并伴随着民生实践的演进而不断完善。因此，中国特色社会主义民生思想不是单纯的学理，而是具备现实观照品格的思想体系，实践性显然是中国特色社会主义民生思想区别于其他理论的一个鲜明特征。

正确认识和思考民生思想与民生实践的辩证关系，是推进中国特色社会主义民生事业发展和民生思想创新的重要课题。这种辩证关系的一方面是，中国特色社会主义民生事业为理论创新提供实践基础，又对民生思想的创新提出新的发展要求，即民生思想对民生实践的"依赖性"。理论所反映的世界，是镌刻着实践内容的世界，而不是脱离现实发展的自在的世界。综观现代科学和现代哲学的发展，没有绝对中性的理论，没有与现实毫无关联的纯思维。因而，民生思想是现实的存在，而不是非现实的存在。"全部社会生活在本质上是实践的。凡是把理论引向神秘主义的神秘东西，都能在人的实践中以及对这个实践的理解中得到合理的解决。"① 中国特色社会主义民生思想本质上是一个实践问题，而非精神的现象。民生思想的困惑不能只依靠思维的辨析来解决，归根结底要寻求实践的力量。凡是在理论上解释不清的民生现象，解决不了的民生问题，都能在民生发展实践中找到现实的答案和解决办法。"理论的对立本身的解决，只有通过实践方式，只有借助于人的实践力量，才是可能的；因此，对立的解决绝对不只是认识的任务，而是现实生活的任务，正是因为哲学把这仅仅看做理论的任务，所以哲学未能解决这个任务。"② 正如马克思所指出的那样，现实的民生矛盾和民生问题反映在民生思想上，要求中国特色社会主义民生思想不能仅仅是一种理论主张，更要具有实践指向和实践意识。正如伽达默尔所说："一切实践的最终含义就是超越实践本身"，③ 中国特色社会主义民生事业作为追求共同富裕、一切人的自由而全面发展的实践活动而徐徐展开，民生实践活动在其历史演进过程中辩证地否定已有的实践方式与经验，又能动地创造新的实践方式与路径，从而不断实现自我超越。从实践角度来说，中国特色社会主义民生思想是从实践出发，通过理论凝练达到认识的升华，并回到实践完成现实的任务。

中国特色社会主义民生思想为实践活动及其开展予以批判性的评思、规范性的矫正以及前瞻性的指导，促进民生事业的自我超越和发展，即民生思想对民生实践的"超越性"。理论能在多大程度上对实践产生积极的反作用，可以称为理论的"解题效能"。无论是理论与实践之间紧密关联，还是理论与实践之间相互隔膜，很大程度上都决定于理论本身的特性与功能。著名学者孙正聿创新性地提出了理论的三重内涵及其功能："理论不仅具有解释功能，而且在实践的意义上具有规范功能、批判功能

---

① 《马克思恩格斯选集》第1卷，人民出版社1995年版，第56页。
② 《马克思恩格斯全集》第3卷，人民出版社2002年版，第306页。
③ ［德］伽达默尔：《赞美理论》，生活·读书·新知三联书店1988年版，第46页。

和引导功能……源于实践的理论,并不仅仅是对实践经验的概括和总结,更重要的是对实践活动、实践经验和实践成果的批判性反思、规范性矫正和理想性引导。这就是理论对实践的超越。"① 中国特色社会主义民生思想之所以能够指导民生实践并推动民生事业之进步,主要是因为民生思想自身具有双重特性:一是中国特色社会主义民生思想具有"理念的观照性",即民生思想是民生建设史的积淀和结晶,是建立在民生事业建设成就基础上的理论体系,以浓厚的历史情怀去观照现实的民生境况,以完备的思维体系去观照现实的民生实践,不仅规范民生实践活动的内容,而且引导民生建设的路径。二是中国特色社会主义民生思想具有"批判的建设性",它能够通过对社会主义民生发展规律性的掌控以及对时代民生主题本质性的把握,去批判地评思民生建设的方式路径及其实践成果,并对即将开展的实践活动给予规范性的指正。"理论就是实践的反义词",② 伽达默尔提出的这个意味深长的论断也从另一个角度论证了民生思想相对于"物质性实践"的超越性本质。正因为不满足于现实的民生状况,孜孜不倦追求更理想的民生境遇,民生建设主体才会创造性地提出前瞻性的民生思想。而民生思想要具有适当的超前性,才能对民生实践产生"反驳"与推动的积极效果。

中国特色社会主义民生思想与民生实践的辩证关系启迪我们:其一,在重视实践发展的同时,不能过分贬低民生思想的作用以形成"理论冷漠",也不能夸大民生思想的作用而形成"理论崇拜",而要正视民生思想的功能,强化理论意识,从而减轻民生建设过程中的"阵痛",缩短民生建设历程的"弯路",使民生实践活动变成明亮而有前途的实践;其二,要努力实现民生思想与民生实践之间的恰当衔接,这对于民生思想正功能的有效发挥十分重要。马克思曾说:"光是思想力求成为现实是不够的,现实本身应当力求趋向思想。"③ 因此,在社会主义民生事业的建设过程中,必须努力使民生建设实践始终契合中国特色社会主义民生思想的核心内容,具体来说,就是始终符合以人民利益为依归的价值取向、

---

① 孙正聿:《理论及其与实践的辩证关系》,《光明日报》2014年3月28日。
② [德]伽达默尔:《赞美理论》,生活·读书·新知三联书店1988年版,第21页。
③ 《马克思恩格斯选集》第1卷,人民出版社1995年版,第11页。

符合从温饱到小康、全面小康到中国梦与社会主义现代化的发展路径、符合一切人自由而全面发展的终极民生目标。

（二）演进的实践性之现实表达：问题导向与实践担当

中国特色社会主义民生思想首先是"基于问题"的理论体系，这是问题导向与实践担当的第一个表现层面。马克思指出："问题就是公开的、无畏的、左右一切个人的时代声音。问题就是时代的口号，是它表现自己精神状态的最实际的呼声。"[①] 问题是时代全部实践状况的集中性的理论表达，反映时代的发展诉求和呼声。问题也是时代全部实践的活力所在，以内在的否定之否定意味着一个时代前进的可能性。"一切划时代的体系的真正的内容都是由于产生这些体系的那个时期的需要而形成起来的。"[②] 而一个时代所面临的问题就是时代真正迫切的需要。每个时代都有属于它自己的问题，每个时代也都有特定的需要，问题与需要如同镜子之两面，共同映射着实践之化变，也共同孕育着思想之萌芽。所以说，中国特色社会主义民生思想的产生，源于民生事业切实的发展需要；中国特色社会主义民生思想的形成与完善，是民生实践演进与推动的结果。当我们具体到每个时期的实践发展，视角转移到民生思想每个具体的理论形态上，就是详细的脉络梳理：邓小平在改革开放初期对国计民生的总体设计是在"什么是社会主义、怎样建设社会主义"这个宏观的时代主题下，基于广大群众如何吃饱穿暖的问题而汇聚思维观念与理论主张；在"建设一个什么样的党、怎样建设党"这个宏观的理论主题下，"三个代表"重要思想立足于人民群众如何过上小康生活的民生问题而深入探索和对策研究，将中国特色社会主义民生事业推向新世纪；科学发展观在"实现什么样的发展、怎样发展"这个宏观的理论主题下，面向建设安泰民生、发展和谐民生的实际课题进行理论解答；习近平新时代中国特色社会主义思想在"如何实现中华民族伟大复兴的中国梦"这个宏观的理论主题下，直面补齐民生短板，为人民的获得感而全面深化改革，为全面建成小康的奋斗目标而筹谋划策、擘画蓝图。

[①] 《马克思恩格斯全集》第40卷，人民出版社1982年版，第289—290页。
[②] 《马克思恩格斯全集》第3卷，人民出版社1960年版，第544页。

中国特色社会主义民生思想更是"化解矛盾"的理论体系,这是问题导向与实践担当的第二个表现层面。"只有立足于时代去解决特定的时代问题,才能推动这个时代的社会进步;只有立足于时代去倾听这些特定的时代声音,才能吹响促进社会和谐的时代号角。"[1] 党的历代民生建设领导集体立足于民生事业发展的现实需要而提出民生建设方针,回应于人民群众的殷切期待而探索民生改善路径,更是致力于推动解决民生建设过程中的矛盾和问题而科学规划民生发展蓝图。由此,中国特色社会主义民生事业发展的路程是不断克服民生困难、不断提升民生发展水平的路程,中国特色社会主义民生思想演进的历程也是在直面民生问题中渐渐展开其波澜壮阔的理论画卷的历程。根据马克思主义哲学观,矛盾是客观的,是普遍存在的,矛盾运动作为事物存在的基本形式,是事物发展的根本动力。问题是事物矛盾的基本表现,积极推进对各种民生问题的研究和解决,从实际民生问题中揭示主要矛盾以及矛盾的主要方面,进而解决好相关民生矛盾和问题,以此推动民生事业的进步。中国共产党的历代民生建设领导集体具有深刻的问题意识。党领导广大人民搞改革开放、抓民生建设,从来都是为了解决现实的民生矛盾和问题。因此,要善于直面各种民生矛盾,并努力提高解决民生矛盾的能力。解决矛盾与问题,推动民生事业发展,这也正是中国特色社会主义民生思想的价值与魅力所在。一部中国特色社会主义民生思想的演进史,就是不断解决民生矛盾和问题的历史,这也深刻反映了中国特色社会主义民生思想具有强烈的问题导向。当前置于全面深化改革的大背景之中,中国社会主义民生建设和现代化建设正面临着诸多深层次的、结构性的矛盾,经济民生、政治民生、文化民生、社会民生、生态民生等各个领域的矛盾都会不断凸显出来,这些问题对民生思想提出了相应的理论挑战,必然要求民生思想具有实践担当的精神,不掩盖矛盾,不回避问题,把握时机,克服"民生发展的烦恼",与此同时,随着民生问题的恰当解决,民生思想也将逐渐实现突破性的理论进展。

---

[1] 习近平:《之江新语:问题就是时代的口号》,浙江人民出版社2007年版,第235页。

（三）演进的实践性之探源：真理标准、实践哲学与政治行动力

实践作为物质性活动，表现为主观见之于客观的对象化过程，具有直接现实性。主体同客体只有在实践过程中才能发生联系，可见，从现实性的角度来说，实践是检验认识的唯一手段。其一，回归实践是实践检验的前提。中国特色社会主义民生思想从实践中来，也要回到实践中去，除了对实践进行理论指导之外，更是需要实践以自证其身。理论与实践是相互依存的共同体，脱离实践的对象化过程，理论无以言说；没有理论的抽象化，实践难以展开。显然，民生思想只有通过实践，才能实现其自我的预想，这表明了回归实践是中国特色社会主义民生思想演进发展的逻辑必然。其二，实践是检验认识真理性的唯一标准。马克思早在《关于费尔巴哈的提纲》中就指出："人的思维是否是具有客观的真理性，这并不是一个理论问题，而是一个实践的问题。人应该在实践中证明自己思维的真理性，即自己思维的现实性和力量，亦即自己思维的此岸性。关于离开实践的思维是否具有现实性的争论，是一个纯粹经院哲学的问题。"[①]中国特色社会主义民生思想作为民生建设领导集体的思维结晶，也作为在民生事业发展中辛劳奉献的中国人民的思维结晶，只有在实践中才能验证其科学性及其所产生的现实力量。邓小平在改革开放的时代背景下，主张"实践是检验真理的唯一标准"，这再次强调了民生实践是检验中国特色社会主义民生思想演进的科学性与真理性的唯一标准。同时，中国特色社会主义民生思想敢于接受实践的检验，不断解决民生发展过程中提出的问题，这是因为中国特色社会主义民生思想内在的理论勇气、理论眼光和理论魄力，在这个过程中，不仅适应实践的发展，更是着眼于新的实践，以新的民生实践来检验民生思想，不断将实践中的新情况新问题转化为民生思想的丰富滋养，从而实现理论上的自我创新。其三，民生事业的实践没有止境，这意味着中国特色社会主义民生思想的演进发展也没有止境，只有在民生事业发展过程中不断实践民生思想，用发展着的中国化马克思主义民生观来指导变化的民生实践，才能在实践中彰显民生思想本身的生命力与科学价值，也才能在实践中

---

① 《马克思恩格斯选集》第1卷，人民出版社1995年版，第55页。

不断发展其自身。总之，中国特色社会主义民生思想是问题导向的理论体系，必然也是不断实践的理论体系，如果仅从观点或结论出发，静止孤立地审视理论价值，在某种程度上就是将中国特色社会主义民生思想看成僵化的、空洞的"玄虚之学"；只有着眼于马克思主义民生观的具体运用和对实际民生问题的理论思考，才能真正理解民生思想的本质内涵，从而达到思想觉悟的新境界。

马克思主义民生观中国化的实践哲学特质，为中国特色社会主义民生思想演进的实践性奠定了理论基石。马克思指出："哲学家们只是用不同的方式解释世界，而问题在于改变世界。"① 由是观之，马克思主义实践哲学超越了包括实体性哲学和主体性哲学在内的传统理论哲学，把思维的能动反映与构造作用转变成劳动的实践与创造过程，把人对自由的追求转向解放人的历史活动，更进一步地说，马克思从关乎人生存的历史活动领域出发，充分运用"批判"（既有理论批判也有实践批判）的武器，通过对人类现实生活状况的批判性透析，为彻底改变人的生存境遇提供了"良方"——大联合的无产阶级使现存世界革命化。概言之，实践哲学就是"改变世界"的哲学。马克思主义实践哲学在当代继续存在有其必然性，它为中国化的马克思主义民生观赋予了合理的实践哲学特质，而正是这一基于"解释世界"之上的"改变世界"的持久力，充分印证了中国特色社会主义民生思想演进的实践性，抑或是永恒的实践性。中国特色社会主义民生思想作为致力于改变民生状况的思想体系，在说明中国民生事业是能够得以发展的基础之上，回答了如何不断改善民生的问题（或者说是民生建设行动何以可能的问题）。"两条线"贯彻马克思主义民生观中国化的实践哲学特质，中国特色社会主义民生思想以"民生建设"为"明线"，不断在实践中开创民生事业新局面，这一点既体现了马克思主义实践哲学的本性，同时也鲜明地凸显出了马克思主义实践哲学"改变世界"的功能。马克思说："环境的改变和人的活动的一致，只能被看作是并合理地理解为变革的实践。"② 这表明客体环境的改变和人的活动的改变，或是人的自我改变，都是由实践决定的，主体的

---

① 《马克思恩格斯选集》第1卷，人民出版社1995年版，第61页。
② 同上书，第17页。

人也只有在实践中利用客观条件，才能不断实现环境的改变和主体自身的超越，从而步入实践的新阶段，这是实践哲学的内在逻辑。中国特色社会主义民生思想始终以合乎历史必然性的实践改变不合理的现实（落后的民生状况），从摒弃传统社会主义民生观念到中国特色社会主义民生发展理念与手段的创新，从结束传统社会主义民生发展模式到开辟中国特色社会主义民生建设新道路，这是马克思新唯物主义世界观和方法论在中国实际环境中的具体运用，更是以"民生再造"为旨向的探索过程。其二，中国特色社会主义民生思想以"人的存在论"为"暗线"，确证人的现实际遇（物质的短缺、精神的贫乏等压抑性的生活状态），指明人的未来发展路向（共同富裕与自由而全面的发展），此即隐含着一条"人文关怀"的线索。尊重实践、尊重人民的劳动而发展民生事业，依靠实践、依靠人民的首创精神来搞民生建设，这是中国特色社会主义民生思想的重要内容，在此基础上，中国特色社会主义民生思想更是深切关照中国人民现实生存境遇，在民生事业建设与发展的过程中无不显露着马克思主义实践哲学所蕴含的人文情怀。

中国特色社会主义民生思想演进的实践性，无论是民生思想的实践指向，还是民生事业的实践路径，都归因于民生事业领导集体强大的政治行动力。所谓政治行动力，就是民生事业领导集体对民生政策的执行能力和落实能力，以及实施过程中的监管能力。民生政策制定出台之后，紧接着面临的问题就是民生政策能否有效实施的问题。政治行动力的强弱直接关系到民生方针政策的实施效果，只有狠抓落实，才能不断取得民生发展实效。关于民生事业发展的理论、思想、主张转变为具体的实践行为及其相应的实践效果，这一过程的完成依托于民生建设领导集体较强的政治行动力。实事求是地说，中国共产党的政治行动力在世界范围内的执政党中位属前列，中国政府的政治行动效率相对于多数国家政府（包括民主国家政府与非民主国家政府）更高。因此，中国也才在改革开放40年这样短的时期内取得了如此巨大的民生发展成就，而同样的成就在当今发达国家可能要上百年甚至更长。那么，中国共产党与中国政府的政治行动力从何而来呢？一是高度的政治自信为政治行动力夯实了底气。近年来，伴随着我国经济的快速发展、国家实力的全面增强，很多西方发达国家利用自身的话语霸权大肆鼓噪"中国威胁论""中国崩溃论""中国在非洲实行新殖民政策",处心积虑对中国进行价值观输出和意识形态渗透,以图对中国"和平演变"。不利的国际舆论环境以及来自部分强权国家甚至是"无赖国家"的挑衅,在一定程度上也给我国民生事业的发展带来了阻碍。在这样严峻的形势下,历经千锤百炼的中国共产党具有道路自信、制度自信、理论自信、文化自信、历史自信,不为干扰所惑,不为冲击所惧,不走老路和邪路,始终领导我国民生事业沿着中国特色社会主义的正确方向稳稳前进。二是强烈的政治自觉为政治行动力提供了支撑。中国共产党以实现民族独立、国家强盛、人民生活安康为己任,代表无产阶级的根本利益,并自觉为人民服务,坚持对人民负责,党的性质和宗旨从党成立那一刻起到现在,始终没有改变过。相比其他国家的政党,中国共产党没有自己的私利(这并不否认党员自身的个人利益),她的利益与中国最广大人民的根本利益是统一的,她的前途与中国人民和中华民族的命运是相依共存的,因而,中国共产党可以将全部的自觉性用于为人民谋福利上面,可以将全部的能动性用于中国特色社会主义民生事业的发展上面。

第四章

中国特色社会主义民生思想的
当代价值

改革开放以来,中国特色社会主义民生建设取得了令国人振奋、友人钦佩的辉煌成就。早在 2010 年,中国 GDP 总量就已经跃居世界第二,不少经济学家都预言中国经济将在最近十几年内超过美国,跃居世界第一。更有外媒称:按照购买力平价进行计算,中国经济于 2014 年 9 月已经超过美国成为世界第一。但是,我们并不能沉浸在成就之中而沾沾自喜,也要清晰地看到目前整个国际和国内经济社会发展的宏观环境变化。2008 年国际经济融危机的阴霾并没有完全消失,中国经济多年平均 9.8%的高速增长也将成为历史,中低速发展将会成为中国经济现在和未来的"新常态"。那么,在这样的时代背景下,发展中国特色社会主义民生有什么特殊价值?对中国特色社会主义事业有什么贡献呢?

一 回归科学社会主义核心价值

马克思恩格斯并未对未来社会做出任何具体、详细的论述,仅仅是提出了一些基本原则。其中,实现人的自由而全面的发展就是科学社会主义的核心价值。中国特色社会主义民生建设实际上就是不断为人民的全面发展创造条件的过程,实现人的全面发展是中国特色社会主义民生思想的价值追求。因此,中国特色社会主义民生的价值追求与科学社会主义核心价值在本质上是一致的。但在现代化的进程中,特别是在片面追求 GDP 增长的理念下,人的主体性逐渐被淡化,甚至以牺牲人的幸福为代价来换取社会生产的发展，这与科学社会主义的核心价值是格格不入的，科学社会主义是为了解放人、发展人，最终实现人的自由而全面的发展，绝不是对人性的摧残和奴役。因此，在社会主义现代化建设的进程中，中国特色社会主义民生思想是对科学社会主义核心价值的回归和发展，凸显了科学社会主义基本原理在中国特色社会主义这片沃土上的强大生命力。

（一）社会生产力的发展为人的全面发展奠定物质基础

科学社会主义认为，对私有制的扬弃和对旧式社会分工的消除是实现人的全面发展的基本前提。实际上，这二者都是以社会生产力水平为前提的。也就是说，只有社会生产力的高度发达，社会产品才可能极大丰富，私有制才可能真正被扬弃，旧式的社会分工才可能真正被消除。因此，先进社会生产力的发展是人全面发展的物质前提。实践证明，当人们还没有在吃穿住用行的质和量的方面都得到基本满足时，人就根本不能获得全面发展。因此，社会主义要实现人的全面发展就必须大力发展生产力，利用"后发优势"，克服"后发劣势"，促进生产力与生产关系的协调、一致的发展。

1. 生产关系发展必须与生产力相适应

马克思和恩格斯的经典理论主要是来自于对欧洲大陆的观察与实践，对东方大陆的关注和论证明显要弱得多。当时，俄国是资本主义链条中最为薄弱的环节。然而十月革命的一声炮响，封建农奴制的俄国跨越了资本主义社会"卡夫丁峡谷"直接进入到社会主义社会。经过列宁和斯大林两代领导人的努力，实现了社会主义国家从一国到多国的社会主义阵营，形成了社会主义与资本主义最为激烈的对峙状态。反观历史，我们不得不承认，当时的俄国和后期的苏联在生产力水平上与西欧资本主义有着巨大差距。苏联模式是利用社会主义生产关系的构建而反推生产力的发展，虽然能在短期产生明显的效果，但是长此以往会造成生产力与生产关系的矛盾进一步激化，这也是造成苏联解体的一个重要原因。社会主义新中国初期，由于经验不足，也吃了用先进的生产关系反推生产力发展的恶果，这在社会主义国家的发展中是有血和泪的教训的。因此，生产关系的发展必须与生产力的发展相适应、相协调，不可用国家强制力促进先进生产关系去适应、推动落后生产力的发展之路"常态化"。

同俄国一样,中国也没有经历资本主义社会,因此也不可能是在资本主义高度发达的基础上建立的社会主义国家。因而从生产力的角度来看,社会主义中国的生产力与资本主义的斗争并不占有任何优势。但是"搞社会主义,一定要使生产力发达,贫穷不是社会主义。我们坚持社会主义,要建设对于资本主义具有优越性的社会主义,首先必须摆脱贫穷"①。经过历史的阵痛,中国逐渐意识到落后生产力与先进生产关系的矛盾不能只靠升级生产关系来解决,而要抓住生产力这个根本。邓小平作为中国特色社会主义的总设计师,分析生产力与生产关系的矛盾规律后指出,"现在虽说我们也在搞社会主义,但事实上不够格"。②这里的"不够格"主要是从生产力的角度进行阐释的。"不够格"的社会主义不是指我们没有走社会主义道路,而是特指我国在生产力落后、商品经济不发达条件下的社会主义,与"够格的"社会主义生产力水平还存在很大的差距。后来,这一论断发展成为著名的社会主义初级阶段理论,为我们社会主义建设进行了准确定位。基于这个定位,中国开始了一轮新的伟大革命——改革开放,在农村首先确定了家庭联产承包责任制,城市的改革也紧跟其后,社会主义市场经济体系逐步建立起来,生产力与生产关系的矛盾也得到了调和,这是我们能取得今天的所有成就的重要原因。

2. 社会生产力发展的"后发优势"

所谓后发优势就是指后起国家在推动工业化方面的特殊有利条件,这一条件在先发国家是不存在的,是与其经济的相对落后性共生的,是来自于落后本身的优势。美国经济学家列维从现代化的角度对后发优势理论进行了具体化。事实上,后发优势思想并不为西方经济学所独有。马克思主义经典作家们虽然没有系统论述后发优势问题,但他们的著作中却蕴含着丰富的后发优势思想。马克思说:"如果资本主义制度的俄国崇拜者要否认这种进化的理论上的可能性,那我要向他们提出这样的问

---

① 《邓小平文选》第 3 卷,人民出版社 1993 年版,第 225 页。
② 同上。

题：俄国为了采用机器、轮船、铁路等等，是不是一定要像西方那样先经过一段很长的机器工业的孕育期呢？同时也请他们给我说明：他们怎么能够把西方需要几个世纪才建立起来的一整套交换机构（银行、信用公司等等）一下子就引进到自己这里来呢？"[1] 因此，在他们看来，社会主义的成功相对于他们所批判的资本主义而言本身就是一种后发优势的结果。俄国苏维埃政权建立之后，列宁深知在俄国发动社会革命容易，但建设社会主义却困难得多。当时俄国资本主义的发展明显不足，这也就致使大工业生产力和商品经济发展程度低，无法与西欧资本主义进行直接抗衡。因此，他多次强调要利用后发优势，借鉴资本主义发展的宝贵经验。

中国是社会主义国家的"后起之秀"，在苏联改变颜色之后仍能不断提高社会生产力，促进经济快速发展，不断提高人们生活的幸福感，创造"中国奇迹"。这其中一个非常重要的原因就是中国很好地利用了后发优势。从技术创新的对比来看，一国经济发展最重要的是技术创新。工业革命后，新产业不断出现就是技术创新的结果。从全球化的视野来看，中国仍然属于发展中（后发）国家，在技术创新方面中国还具有较强的"后发优势"可以挖掘，能够进一步促进社会生产力的发展，提高经济发展水平，提高人民的幸福指数。

3. 社会生产力发展的"后发劣势"

我们在分析"后发优势"的同时，必须清醒地认识到"后发劣势"也同时存在，这是坚持马克思主义辩证法的基本要求。"后发优势"按照英文理解就是"对后来者的诅咒"，意思就是说落后国家由于发展比较迟，因而有很多东西可以模仿发达国家（模仿有两种形式，一种是模仿制度，另一种是模仿技术和工业化的模式）。但是，由于落后国家模仿技术比较容易，而模仿制度比较困难，因此，落后国家虽然可以在短期内取得非常好的发展，但是会给长期的发展留下许多隐患，甚至可能导致长期发展失败。因此，后发劣势特指的是后发国家会"因为技术模仿取得经济快速发展，阻碍了制度模仿的积极性，强化了国家机会主义，致

---

[1]《马克思恩格斯文集》第3卷，人民出版社2009年版，第571页。

使长期经济发展变为不可能"。①

制度是至关重要的，社会生产力的发展需要一定的制度支持。杨小凯认为：后发国家其实是有劣势，而不是有优势。他认为，后发国家与发达国家之间既存在制度差距，同时也存在技术差距，并且国家间发展水平差异的根本原因在于制度的差异而不是技术的差异。为此他举了很多例子来证明其结论。他通过对19世纪英法两国的发展水平的比较和南北美洲发展的对比，以及洋务运动的失败来佐证制度的重要性或者说决定作用。具体到社会主义中国而言，他认为我国的家电行业、电子商务、股市和期货市场都是"后发优势"的典型表现。在他看来，落后国家有"后发劣势"，要克服后发劣势必须先完成共和宪政体制的改革，想获得技术模仿的"后发优势，一定要先做个学习成功制度的好学生"，因为"在考试未及格前，一个坏学生是没有资格讲'制度创新'的"。②

对中国现行某些制度阻碍生产力发展的批评不在少数，这的确也是一个实实在在的问题，真正的马克思主义者不是回避问题，而是解决问题。其实，"后发优势"并不是对社会主义建设的恶意攻击，而应当引起我们的高度重视。在中国近代救亡图存的奋斗中，我们有过教训，"师夷长技以制夷"的洋务运动在封建主义制度框架内根本无法和西方列强进行对抗。因此，仅仅学习先进技术，不进行制度革新也是难以解放和发展生产力的。有人认为，今天中国经济发展的制度困境是由于改革之初的不彻底造成的。这种用改革后的成绩或问题来否定改革前的不彻底是没有道理的。事实上，这两个时期在本质上统一的。因此，社会生产力发展的"后发优势"和"后发劣势"如同一枚硬币的两面，"后发优势"需要继续好好把握，挖掘其潜在能量；"后发劣势"需要慢慢攻坚克难，做好中国特色社会主义制度创新这篇大文章。

（二）民生保障体系建立为人的全面发展奠定制度基石

"我们的目的是要建立社会主义制度，这种制度将给所有的人提供健

---

① 林毅夫：《后发优势与后发劣势——与杨小凯教授商榷》，《经济学》（季刊）2003年第4期，第993页。

② 杨小凯：《后发劣势》，《新财经》2004年第8期，第122页。

康而有益的工作，给所有的人提供充裕的物质生活和闲暇时间，给所有的人提供真正的充分的自由。"① 可见社会主义制度是人的全面发展的重要制度基础，没有社会主义制度，人的全面发展就会缺乏制度环境而成为一种"空想"。事实上，马克思对未来科学社会主义的构想蕴含着深刻的民生保障制度思想。例如，他在著名的"六个扣除"理论中就指出："如果我们把'劳动所得'这个用语首先理解为劳动的产品，那么集体的劳动所得就是社会总产品。……在把这部分进行个人分配之前，还得从里面扣除：……用来满足共同需要的部分，如学校、保健设施等。"②

1. 中国特色社会主义制度的基本层次

邓小平十分注重制度建设。他在多种场合反复强调，制度问题"更带有根本性、全局性、稳定性和长期性……关系到党和国家是否改变颜色，必须引起全党的高度重视"，因为"制度好可以使坏人无法任意横行，制度不好可以使好人无法充分做好事，甚至会走向反面"。③ 制度建设一直以来都是中国特色社会主义事业中的重要一环。

中国特色社会主义制度可以划分为三个基本层次。一是中国特色社会主义根本制度，是制度体系的内核，直接决定了国家活动的基本原则和社会发展方向，是国家各项制度的根基和本源。二是中国特色社会主义基本制度，是根本制度的拓展，规范和制约着国家和社会基本生活，既是根本制度的体现和表达，也是制定各种具体制度的依据和出发点。三是中国特色社会主义具体制度，是根本制度和基本制度的派生和具体化，既受到根本制度、基本制度的支配，同时也是根本制度、基本制度的表现形式。当然，中国特色社会主义制度并不是三个层次的简单组合，而是相互衔接、相互联系的有机整体，共同为中国特色社会主义服务。

按照中国特色社会主义制度体系的三个基本层次划分来审视中国特色社会主义民生保障制度，民生保障制度目前的定位应该是处于中国特色社会主义具体制度的层次上。这个基本定位有利于我们更清楚地对民生保障制度进行谋划和布局，使具体制度规范能够更接地气，能更好地

---

① 《马克思恩格斯全集》第 21 卷，人民出版社 1965 年版，第 570 页。
② 《马克思恩格斯文集》第 3 卷，人民出版社 2009 年版，第 432—433 页。
③ 《邓小平文选》第 2 卷，人民出版社 1994 年版，第 333 页。

运行，从而更好地保障和改善民生，从而为人的全面发展夯实基础。这也就是说，中国特色社会主义根本制度和基本制度是中国特色民生保障制度的指导原则和规范基础。总的来说，讨论中国特色社会主义民生保障制度必须沿着中国特色社会主义制度的基本框架、基本逻辑和基本层次具体展开，这样才能对民生保障制度定好位，才能为中国特色社会主义语境下的人的全面发展提供有力的支持。

2. 现行民生保障制度的断裂与挑战

经过社会主义改造后，我国迅速建立了社会主义基本制度，确立了以公有制经济为基础的计划经济体制。自此，在城市确立以"单位制"为依托的"包干式"社会保障制度，城市居民的社会保障事宜全权由所在单位负责。在农村构建了一个以国家救济和集体保障为主体、以家庭保障为补充的制度框架。总的来说，改革开放以前中国民生保障制度，一是高度附属于计划经济体制，由国家统包统配；二是平均主义取向严重，是一种低水平的福利制度设计；三是以单位身份为基础享受差别保障；四是城乡二元结构化的制度设计导致农村与城市的不平等。

党的十一届三中全会以来，中国的经济体制逐步从计划经济向社会主义市场经济平稳过渡。在保持根本制度绝不动摇和基本经济制度发生变革的前提下，具体的民生保障制度也必然要随之变化。经过40年来一系列改革实践，在民生保障制度改革方面已经初步建立起了民生保障制度体系。具体可以分为内容体系、结构体系和层次体系。其中，现行民生保障制度的内容体系包括具有相互衔接关系的社会保险、社会救助、社会福利和慈善事业等；民生保障制度的结构体系可以划分为城市企业职工社会保障制度、机关事业单位工作人员的社会保障制度、农村居民的社会保障制度、军人的社会保障制度以及正在探索中的农民工的社会保障制度等；民生保障制度的层次体系可以划分为国家基本社会保障制度、单位补充社会保障制度以及个人储蓄性补充保障。[1]

尽管如此，现行的民生保障制度还是存在不少问题。当前，中国处于的"时空压缩"的背景下，大变革、多元化给中国特色民生保障制度

---

[1] 宋晓梧：《中国社会保障体制改革与发展报告》，中国人民大学出版社2001年版，第3—7页。

的构建带来了新的挑战。具体来说，一是城乡利益的失衡难以协调。民生保障制度一直都没有突破城乡分割、地区分割的传统格局，而这实质上是利益分配失衡的格局。在改革开放的初期，城市优先发展获得了长期倾斜的公共资源投入，但却缺乏分担乡村社会保障责任的动力，以医疗保险为主的城乡分割局面在大多数地区仍然难以突破，社会救助体系与相关福利项目在城乡之间仍然有较大差距。二是利益固化的藩篱不易破除。政府、企业与个人之间以及不同群体之间在民生保障制度中的责任失衡与利益失衡，在一定程度上已经陷入了固化状态。同时，改革进程中所形成的新的既得利益集团成为新一轮改革的强大阻力。三是人口老龄化现象必须高度重视。随着人均寿命的延长和计划生育政策的综合影响，中国已是当今世界人口老龄化速度最快、老年人口规模最大、家庭人口规模缩减最多的国家。而传统的家庭养老模式难以完成对老人的赡养任务。四是人口高速流动的巨大考验。人口流动是当今社会的一个常态，而这种人口的频繁、高度流动导致了民生制度异地衔接及权益维护难以得到保障，社会救助制度亦不能有效伴随人口流动而流动，绝大部分以农民工为主体的流动人口生活在民生保障的制度真空中。

3. 中国特色民生保障制度的现代取向

党的十八届三中全会通过的《中共中央关于全面深化改革若干重大问题的决定》明确提出了全面深化改革的"总目标"是：完善和发展中国特色社会主义制度，推进国家治理体系和治理能力现代化；"日程表"是：到二〇二〇年，在重要领域和关键环节改革上取得决定性成果，形成系统完备、科学规范、运行有效的制度体系，使各方面制度更加成熟更加定型。[①] 因此，完善和发展中国特色社会主义制度体系的实质就是实现社会主义制度现代化。民生保障制度作为中国特色社会主义制度体系的重要组成部分同样具有实现制度现代化的时代要求和现实需要。

完善中国特色社会主义民生保障制度要坚持制度刚性与柔性调节的统一。总的来说，制度就是一套规则体系。但制度无法穷尽现实的所有可能性，无法对现实生活中的生动实践进行详细的规定。制度建设在某

---

① 《中共中央关于全面深化改革若干重大问题的决定》，http://cpc.people.com.cn/n/2013/1115/c64094-23559163.html。

种程度上说是对生动实践的一种简单化设计，以此抽象出指导和规定实践活动的基本原则。同时，从理论上来说，制度一旦形成就不可随意更改，就具有合法的强制力。制度是一种刚性要求，往往被认为是机械呆板的，无法凸显个性化等人性关怀，这与人的全面发展目标是背道而驰的。因此，在构建和完善民生保障制度的过程中，一定要在制度刚性的同时，注入柔性调节的润滑剂。民生（社会）保障制度"关键在于解决它的制度刚性问题，使之增加一些柔性的调节机制"。① 因此，要"把社会保障的刚性部分限定在一个范围内，让出更大的部分给柔性机制的发展留出空间：激励和支持非政府组织、企业、社区、家庭和个人在社会保障中担当重要角色，实现社会保障主体多元化"。② 因此，民生保障作为公共物品不仅依靠党和政府来提供，其他非政府的组织、企业、社区、家庭以及个人都可以成为民生保障的提供者和享受者，这也正是民生保障的柔性调节的润滑剂，因而能够更好地在政府保基本、广覆盖、兜底线的前提下，提供更个性化和人性化的民生服务。

完善中国特色社会主义民生保障制度坚持立足当前与规划未来的统一。民生（社会）保障制度的核心使命与保障功能"就是以确定的制度安排来应对不确定的人生风险，只有制度定型才能解除人们的后顾之忧并提供稳定的安全预期"。③ 但是，如果解决不确定性的制度本身总是处于试验性的改革状态，这种制度本身的不确定性不仅会造成制度公信力下降，同时也会增加人们的不安全感与焦虑情绪。同时，制度的本身不确定性、制度之间的不协调性，就会人为地增加改革的阻力，影响改革的成效。因此，制度的不确定性往往就会在实践中培养出新的既得利益集团，这就很有可能是未来改革巨大的阻力。此外，制度到实践不是立竿见影的、需要一定的过程，人们理解、接受、遵循制度是需要时间的，而这又是目前不能超越的。如果仅仅依靠国家强制力量这种非常态性的手段来推行民生保障制度，这既是历史的倒退，也是不能成功的。因为，

---

① 景天魁：《底线公平与社会保障的柔性调节》，《社会学研究》2004年第6期，第32页。
② 同上书，第37页。
③ 郑功成：《中国社会保障改革：机遇、挑战与取向》，《国家行政学院学报》2014年第6期，第29页。

在改革进入深水区和攻坚阶段，更需要好好谋划未来，要看得远一些，减少制度本身的不确定性造成的改革阻力。当然，立足当下也是制度设计必须予以重视的，不解决最急迫、最直接的民生问题，也是极有可能引发群体性事件，造成社会危机。也就是说，民生制度设计需要编织一张覆盖全民，包括义务教育、医疗、养老保险、住房等基本民生的安全网，并努力逐步补上短板，坚守网底不破，通过完善诸如低保、大病救助等制度，兜住特困群体的基本生活。

（三）教育和科技的发展为人的全面发展提供强大动力

百年大计，教育为本。《中华人民共和国教育法》第五条中明确规定："教育必须为社会主义现代化建设服务，必须与生产劳动相结合，培养德、智、体等方面全面发展的社会主义事业的建设者和接班人。"[①] 教育为社会主义现代化建设提供人才支持和智力支持，培养、创造、提高社会生产力，更是实现人的全面发展的重要途径。在马克思看来，未来教育"不仅是提高社会生产的一种方法，而且是造就全面发展的人的唯一方法"。[②] 同时，科学技术作为第一生产力，可以极大地促进了社会生产力的提高，使人们从繁重的体力劳动和旧式的社会分工中解放出来。概括来说，教育进步与科技发展为人的全面发展提供了强大动力。

1. 教育进步为人的全面发展提供有力支持

教育是民族振兴和社会进步的基石，是人的全面发展的重要前提和手段。马克思关于人的全面发展理论是社会主义教育发展的终极目标，也就是说个人全面发展理论为教育发展解决了一个根本问题：规定了社会主义的教育目的和现代教育的基本特征。在马克思那里，科学社会主义将是"以每个人的全面而自由的发展为基本原则的社会形式"。党的十六大报告中明确提出，要"形成全民学习、终身学习的学习型社会，促进人的全面发展"。[③] 社会主义国家的教育既以人的全面发展为终极目标，同时也充当人的全面发展的重要前提和手段。

---

① 《中华人民共和国教育法》，http://www.gov.cn/banshi/2005-05-25/content_918.htm。
② 《马克思恩格斯文集》第5卷，人民出版社2009年版，第557页。
③ 《江泽民文选》第3卷，人民出版社2006年版，第543页。

教育发展同生产劳动与社会实践相结合是人的全面发展的基本要求。马克思和恩格斯在《共产党宣言》中对未来共产主义生活的描绘并没有脱离劳动，而描绘的恰恰是打猎、捕鱼、畜牧和批判等自由劳动图景，"个人奴隶般地服从分工的情形已经消失"，"脑力劳动和体力劳动的对立也随之消失"，"劳动已经不仅仅是谋生的手段，而且本身成了生活的第一需要"。① 马克思在致路德维希·库格曼的信中还指出："任何一个民族，如果停止劳动，不用说一年，就是几个星期，也要灭亡，这是每一个小孩子都知道的。"② 然而，"要改变一般人的本性，使它获得一定劳动部门的技能和技巧，成为高级的和专门的劳动力，就要有一定的教育或训练"。③ 因此，教育必须同劳动生产与社会实践相结合，只有这样才能产生更为先进的生产力，促进社会的发展，为人的全面发展创造条件。

教育发展同社会主义市场经济体系相适应是全面发展的现实要求。市场与计划并不是资本主义与社会主义的本质区别，资本主义可以有计划，社会主义也可以有市场。改革开放 40 年来，具有中国特色的社会主义市场经济体系已经基本确立起来，对经济社会发展和人民生活水平提高有着不可替代的作用，使中国由"贫穷"的社会主义向更高水平的小康社会过渡。党的十八届三中全会以更加开放、包容的姿态指出，要发挥市场在资源配置中的"决定性作用"，而不再使用"基础性作用"的表达。因此，教育发展必须同当前社会主义市场经济体制相适应、相协调。教育与市场的对接过于单一，二者的矛盾是当前的一个热点问题，总的来说，教育发展难以适应市场经济的客观要求，其中，体制性障碍是一个重要因素。无论是中学教育还是高等教育，教育体制改革都迫在眉睫。客观地说，现行的教育体制还是计划经济时代的产物，既不利于优秀人才的培养，也不利于人才的选拔。计划经济时代的"精英教育"转化为今天的"大众教育"，而代价就是学校正式教育年限的延长。在现行体制下，为了获得更好的发展，人们不得不进行更高层次"精英教育"，这又进一步延长了年轻人进入社会实践的时间，这会带来一系列不良后果，

---

① 《马克思恩格斯文集》第 3 卷，人民出版社 2009 年版，第 435 页。
② 《马克思恩格斯文集》第 10 卷，人民出版社 2009 年版，第 289 页。
③ 《马克思恩格斯文集》第 5 卷，人民出版社 2009 年版，第 200 页。

最终将不利于人的全面发展。因此，教育发展与市场经济的对接应该更加多元化，需要克服计划经济体制下的狭窄"对口专业教育"的观念，以适应不断变化的市场需求。同时，我们要认识到真正能提高人口素质的责任可能并不是学校教育能够独立完成的，更多的应该依靠社会教育。

2. 科技发展为人的全面发展提供有力支撑

科学技术的发展为人的全面发展创造物质基础。马克思把科学技术看作一种现实的生产力，并理解为"第一生产力"。人类社会迄今共发生了五次科技革命，每一次科学技术的更新与进步，不仅为人类认识自然、改造自然提供了最有效的手段，而且在人的全面发展进程中也发挥着极大的、不可替代的作用。现代科学技术的革命，使得社会生产力以突飞猛进的速度发展，最近几十年的生产力总和超过了以往几百年的生产力总量，温饱问题已经不是一个生存难题。可以说，当今世界已经克服了马克思所说的"一切历史的基本条件"。也只有在此基础上，人的发展才会有可能，人的全面发展才能成为一种主体的自我需要。这就是说，"只有在现实的世界中并使用现实的手段才能实现真正的解放；没有蒸汽机和珍妮走锭精纺机就不能消灭奴隶制；没有改良的农业就不能消灭农奴制；当人们还不能使自己的吃喝住穿在质和量方面得到充分保证的时候，人们就根本不能获得解放"。[①]

科学技术的发展为人的全面发展提供休闲前提。人的全面发展并不是被劳动所奴役，而是变"异化劳动"为"自由自觉"的活动，这其中就包含从事休闲活动的内容。一般说来，科学技术水平的高低与人们从事休闲活动的时间的多少基本是一种正相关的关系。在漫长的农业文明中，人们"日出而作、日落而归"的终日劳作也只是基本上能够养家糊口。在科学技术水平低下的条件下，要获得一定量的劳动产品就必须用较多时间来保障。但是，近代的科学技术革命使得人类的生活发生了翻天覆地的变化。科学技术影响人们生活最基本的形式就是提高效率，节约劳动时间，提高单位时间的产出。这样一来，劳动者便可以保存从事其他休闲活动足够的体力与精力。正是从这个意义上说，科学技术革命"并不是为了获得剩余劳动而缩短必要劳动时间，而是直接把社会必要劳

---

① 《马克思恩格斯文集》第 1 卷，人民出版社 2009 年版，第 527 页。

动缩减到最低限度",从而"减少了疾病对人体的侵袭,使人的体质增强,身体更加健康,从而有充沛的精力,全身心地去从事休闲活动;随着医学的发展,人类的寿命不断延长,这就从绝对时间上增加了人们的闲暇时间,为人们在一生中更长期地从事休闲活动奠定了基础"。①

科学技术的发展为全面发展拓展个性空间。人的全面发展必须包含人的个性的全面发展。在旧式的社会分工中,个性受到物质生产实践的限制,而不能自由的发展。然而,科学技术的多元发展,促使了传统的社会结构有所改变,甚至是被打破、被重构。毋庸置疑,科学技术给人们腾出了时间和创造了手段,使得人们的个性得到自由发展,个人就能够在艺术、科学等个性方面得到新的发展。我们可以相信,"随着信息等技术在生产制造领域的深度应用,数控机床、工业机器人、3D 打印等数字化制造使生产流程变短、特殊劳动技能要求降低、个性化生产成本下降、个性化设计和生产更加容易,加上信息网络的覆盖和电子商务的兴起,可以激发出更多的个性化需求"。②马克思设想的"人的个性发展"将有望由于科学技术的发展而得到实现。

二 丰富中国特色社会主义理论

中国特色社会主义民生思想是中国特色社会主义理论体系的重要内容,集中反映了中国特色社会主义理论创新和实践创新中有关民生问题的思想精华。1978 年党的十一届三中全会以来,从"建设有中国特色的社会主义"到"中国特色社会主义"概念的提出,再到"中国特色社会主义理论体系"的形成,中国特色社会主义民生思想脉络也愈来愈明晰。中国特色社会主义民生思想不断提炼,是对中国特色社会主义理论的进一步丰富,深化了社会主义本质理论,完善了社会主义分配理论,扩展了社会主义发展理论。

---

① 李益:《论科技进步与休闲》,广西大学出版社 2003 年版,第 36—37 页。
② 王忠宏:《全球技术创新现状趋势及对中国的影响》,《发展研究》2013 年第 9 期,第 6 页。

(一) 深化了社会主义本质理论

自科学社会主义诞生以来，马克思主义经典作家对社会主义本质的探索就一直没有停止过。生产力高度发达、生产资料全社会占有、有计划组织社会生产、实行按劳分配（按需分配）、国家政权消亡等是未来社会的基本特点。列宁创造性地将社会主义概括为"苏维埃政权＋普鲁士的铁路管理秩序＋美国的技术和托拉斯组织＋美国的国民教育等等等等＋＋＝总和＝社会主义"。① 但斯大林把科学社会主义的基本设想教条化，使社会主义定格在公有制、计划经济、按劳分配上，形成了高度集中的苏联社会主义模式。毛泽东曾针对苏联模式弊端强调"以苏为鉴"，对"什么是社会主义，怎样建设社会主义"的问题提出了一系列重要思想。但遗憾的是，社会主义建设虽然进行了半个多世纪，"我们总结了几十年搞社会主义的经验。社会主义是什么，马克思主义是什么，过去我们并没有完全搞清楚"。②

1. 社会主义的本质，是解放生产力，发展生产力，消灭剥削，消除两极分化，最终达到共同富裕

"什么是社会主义，怎样建设社会主义"是邓小平理论回答的首要的基本问题。邓小平一生对"社会主义本质"共有 5 次比较重要的论述。他在 1980 年指出，"社会主义是一个很好的名词，但是如果搞不好，不能正确理解，不能采取正确的政策，那就体现不出社会主义的本质"。③ 1985 年，他从改革开放的重要性和必要性的角度指出，"我们的经济改革，概括一点说，就是对内搞活，对外开放。……对内搞活经济，是活了社会主义，没有伤害社会主义的本质"。④ 1987 年，他从现代化的角度指出："我们脑子里的四化是社会主义的四化。他们只讲四化，不讲社会主义，这就忘记了事物的本质，也就离开了中国的发展道路。"⑤ 1990 年，他从共同富裕的角度讲到社会主义本质，"社会主义最大的优越性就

---

① 《列宁全集》第 34 卷，人民出版社 1986 年版，第 520 页。
② 《邓小平文选》第 3 卷，人民出版社 1993 年版，第 137 页。
③ 《邓小平文选》第 2 卷，人民出版社 1994 年版，第 313 页。
④ 《邓小平文选》第 3 卷，人民出版社 1993 年版，第 135 页。
⑤ 同上书，第 204 页。

是共同富裕,这是体现社会主义本质的一个东西"。① 1992 年,邓小平在南方谈话中对社会主义本质做了最集中、最清晰、最全面的论述,他指出:"社会主义的本质,是解放生产力,发展生产力,消灭剥削,消除两极分化,最终达到共同富裕。"② 这个论述就在理论上解决了如何认识社会主义的问题。

社会主义本质论是邓小平理论的核心,是科学社会主义在中国社会的重大理论突破。对社会主义本质的精辟论述,打消了当时人们对于改革开放的种种顾虑,扫除了改革开放的思想障碍,也为社会主义事业的发展指明了方向。首先,"解放生产力,发展生产力"是社会主义的根本任务。"贫穷不是社会主义。我们坚持社会主义,要建设对资本主义具有优越性的社会主义,首先必须摆脱贫穷。"③ 只有社会生产力的发展才能为社会主义民生发展提供强大的物质基础,社会主义不能让人民群众"饥肠辘辘"的搞社会主义建设。其次,"消灭剥削,消除两极分化"是社会主义的基本要求。社会主义制度确立后,剥削阶级已被推翻,但现实生活中的剥削现象不可能马上消除,在社会生产力还不够发达,物质基础不够丰富的社会主义初级阶段,这基本是不可能的。但是,"如果我们的政策导致两极分化,我们就失败了;如果产生了什么新的资产阶级,那我们就真是走了邪路了"。④ 因此,社会主义绝对不搞两极分化,如果出现了两极分化,社会主义的颜色也很有可能因此改变。最后,"最终实现共同富裕"是社会主义的价值目标。社会主义不应该是贫穷,而应该是富裕,并不是极少数人的富裕,而是社会全体成员的共同富裕。当然,这种富裕既不是同步富裕,也不是同等富裕,而是社会主义建设的最终目标,不是现阶段可以达到的状态。若按照平均主义的老思路,社会主义民生的状态不可能是实现了的共同富裕,而是共同贫穷,这是我们曾经走过的挫折之路。

---

① 《邓小平文选》第 3 卷,人民出版社 1993 年版,第 364 页。
② 同上书,第 373 页。
③ 同上书,第 225 页。
④ 同上书,第 111 页。

2. 人的全面发展和社会全面进步是建设社会主义新社会的本质要求

江泽民在党的十五大报告中对社会主义本质论进行了高度评价，并强调要与时俱进地探索社会主义本质。他指出："我们讲一切从实际出发，最大的实际就是中国现在处于并将长期处于社会主义初级阶段。我们要讲清楚'什么是社会主义，怎样建设社会主义'就必须搞清楚什么是初级阶段的社会主义、在初级阶段怎样建设社会主义。"① 由于当时的特殊历史时期，邓小平关于社会主义本质的论述难免给人们一种只关注经济层面的印象，仅仅从经济发展的角度对社会主义本质进行了规定，这是不全面的。因此，江泽民坚持全面、辩证的观察问题、分析问题和解决问题，为社会主义本质理论的发展增添了新境界、新内容。在庆祝中国共产党成立八十周年大会的讲话中，江泽民以"三个代表"思想统领全篇，明确指出，"社会主义社会是全面发展、全面进步的社会"。② 随后，江泽民在党的十六大报告中把人的全面发展和社会全面进步具体化、现实化为"全面建设小康社会"的目标和要求。

江泽民将人的全面发展和社会全面进步提升到社会主义本质的高度来理解，这是在实践中深刻理解社会主义本质的一次重大飞跃。首先，人的全面发展是建设社会主义社会的本质要求。人的全面发展既是对科学社会主义核心价值的回归和弘扬，也是对民生发展目标和价值更加丰富、更加全面的论述，对社会主义本质的认识有着画龙点睛的作用。全面发展的社会主义在初级阶段就是全面建设小康社会。经过多年的社会主义建设实践，以及同国际社会的对话，人们逐渐认识到"现在，国际上形成了一个越来越明确的共识，就是发展不仅要看经济增长指标，还要看人文指标、资源指标、环境指标"。③ 因此，从社会初级阶段来看，全面发展的社会主义就是在经济发展的基础上，融入政治民主、文化繁荣等其他方面的内容，全面建设小康社会。按照十六大报告的预期目标，全面建设小康社会就是"要在本世纪头二十年，集中力量，全面建设惠

---

① 《江泽民文选》第2卷，人民出版社2006年版，第13页。
② 江泽民：《论"三个代表"》，中央文献出版社2001年版，第157页。
③ 江泽民：《论有中国特色社会主义》（专题摘编），中央文献出版社2002年版，第283页。

及十几亿人口的更高水平的小康社会,使经济更加发展、民主更加健全、科教更加进步、文化更加繁荣、社会更加和谐、人民生活更加殷实"。①这六个"更加"是全面建设小康社会的朴素表达,弥补了经济色彩"过于浓厚"的社会主义形象,丰富了对社会主义本质的认识。

3. 社会和谐是中国特色社会主义本质属性

马克思恩格斯对未来社会的追求饱含着社会和谐的思想精华。在他们看来,未来社会"是人和自然界之间、人和人之间矛盾的真正解决,是存在和本质、对象化和自我确证、自由和必然、个体和类之间斗争的真正解决"。② 在中国,随着经济的快速发展和进步,各种社会问题、社会矛盾也相继出现,"社会"成为全面建设小康社会、实现人民幸福的重要领域,整个社会状态对中国特色社会主义事业整体布局有着至关重要的作用。党的十六大把"社会更加和谐"作为全面建设小康社会的重要特征进行了论述。党的十七大明确提出了"社会和谐是中国特色社会主义本质属性"的科学论断。社会和谐强调的是社会主义社会在发展的性质和状态方面的属性,是社会主义本质在社会关系层面的集中体现,中国特色社会主义建设的总体布局从经济、政治、文化"三位一体"拓展到经济、政治、文化、社会"四位一体",再到经济、政治、文化、社会、生态"五位一体",努力建成富强、民主、文明、和谐、美丽的社会主义现代化强国。理论上,我们所要建设的社会主义和谐社会,"应该是民主法治、公平正义、诚信友爱、充满活力、安定有序、人与自然和谐相处的社会"。③

"社会和谐"是对中国特色社会主义本质的再次深化。首先,社会和谐是中国特色社会主义的外在环境要求。无论是中国特色社会主义事业的整体布局还是局部或者某一具体领域的推进,都需要一个安定有序、和谐共处的外在环境。我们无法想象,处在社会动荡年代的人们能够过上幸福安康的生活。外在的社会环境对人们生活水平的提高在任何时候

---

① 《全面建设小康社会,开创中国特色社会主义事业新局面》,http://cpc.people.com.cn/GB/64162/64168/64569/65444/4429121.html。

② 《马克思恩格斯文集》第1卷,人民出版社2009年版,第297页。

③ 胡锦涛:《深刻认识构建社会主义和谐社会的重大意义,扎扎实实做好工作大力促进社会和谐团结》,《人民日报》2005年2月20日。

都起到不可忽视的作用,早在改革开放初期,邓小平就强调了我们的社会主义建设需要一个和谐的社会环境。因为,"中国的问题,压倒一切的是需要稳定。没有稳定的环境,什么都搞不成,已经取得的成果也会失掉"。① 从社会主义民生建设的角度来看,社会和谐尤为重要,没有一个和谐的社会环境,不仅无法按照科学的发展道路前进,已经取得的改革发展成就也很有可能会失去。因此,社会需要和谐,只有在和谐的社会环境中,各项事业发展才有可能,中国特色社会主义民生发展更是如此。其次,社会和谐是中国特色社会主义的内在价值追求。党的十八大首次凝练了中国特色社会主义核心价值观,并把"和谐"纳入其中。事实上,社会和谐并不是对当前社会矛盾的彻底否定,正是直面各种矛盾、化解各种矛盾的追求和表现。但是,真正的社会和谐的状态至今并未在人类社会出现过,还只是人们孜孜不倦的追求。在资本主义社会,"资产阶级撕下了罩在家庭关系上的温情脉脉的面纱",② 就只剩下了纯粹的金钱关系,这是一种人剥削人的悲惨社会。然而,中国特色社会主义还处在社会主义初级阶段,也还不具备达到社会和谐状态的所有条件。因而,社会和谐还不是既成事实,只是一种价值追求。当然,这种价值追求并不是纯粹的空想,而是经过努力是可以实现的。若按预期目标发展,21 世纪中叶将实现"社会和谐"。

(4) 中国共产党的领导是中国特色社会主义最本质的特征

我们始终都必须明确:中国特色社会主义是社会主义而不是其他什么主义。党的十八大以来,习近平提出并深刻阐述了许多新观点、新思想、新论述,为坚持和发展中国特色社会主义注入新的时代内涵,把中国特色社会主义本质理论推向新的发展阶段。习近平总书记在庆祝全国人民代表大会成立 60 周年大会上的讲话中提出了一个崭新论断——"中国共产党的领导是中国特色社会主义最本质的特征。没有共产党,就没有新中国,就没有新中国的繁荣富强。"③ 从社会主义本质的角度理解,

---

① 《邓小平文选》第 3 卷,人民出版社 1993 年版,第 284 页。
② 《马克思恩格斯文集》第 2 卷,人民出版社 2009 年版,第 34 页。
③ 《在庆祝全国人民代表大会成立 60 周年大会上的讲话》,http://paper.people.com.cn/rmrb/html/2014－09－06/nw.D110000renmrb_20140906_1－02.htm。

这与邓小平、江泽民和胡锦涛的论述既一脉相承，又与时俱进，是对中国特色社会主义本质理论的丰富与发展，也是对中国特色社会主义实践发展的最新概括。

中国共产党是中国特色社会主义各项事业的领导核心，中国共产党的领导是中国特色社会主义最本质的特征。首先，在 21 世纪的今天，进一步解放和发展社会生产力，消除两极分化，实现共同富裕最重要的就是在中国共产党的领导下，通过顶层设计，整体谋划，不失时机深化重要领域全面改革，不断攻克体制机制的顽疾，突破利益固化的藩篱，创造人的全面发展的条件。其次，中国共产党的领导是实现人与社会全面发展的动员基础。实现人的全面发展是科学社会主义的核心价值，如果缺乏共产党的有效动员，"原子化"的个人就会呈现一盘散沙，难以形成自我解放的力量，社会全面进步也会因为缺乏组织力量而难以推进。同时，中国共产党的领导是实现社会和谐最切实的引导者。到 21 世纪中叶，也就是中华人民共和国成立 100 周年时，要建成富强、民主、文明、和谐、美丽的社会主义现代化强国。"和谐"在党强调培育和践行社会主义核心价值观中占有重要位置，引导着国家治理的现代化方向，强调要把保障和改善民生放在更加突出的位置，确保人民安居乐业、社会安定有序和国家长治久安。

（二）完善了社会主义分配理论

经典社会主义是社会财富极大丰富的社会，但其社会产品该如何分配？马克思提出了按劳分配的设想，每个生产者都将"从社会领得一张凭证，证明他提供了多少劳动（扣除他为公共基金而进行的劳动），他根据这张凭证从社会储存中领得一份耗费同等劳动量的消费资料。他以一种形式给予社会的劳动量，又以另一种形式领回来。"[1] 按劳分配是共产主义第一阶段的分配方式，最终将会被按需分配所取代。在共产主义社会高级阶段上，科学社会主义将"在自己的旗帜上写上：各尽所能，按需分配！"[2] 然而，现实与理想总是存在差距的，就目前中国的实际而言，

---

[1] 《马克思恩格斯文集》第 3 卷，人民出版社 2009 年版，第 434 页。
[2] 同上书，第 436 页。

我们还没有达到马克思所论述的按劳分配、按需分配的前提条件。在国际共产主义运动中，教条式地进行按劳分配不仅没有改善人们的生活，反而遭受了重大挫折。

1. 破除传统计划经济体制下平均主义分配方式

改革开放前，我们实行"一大二公"的计划经济体制，在分配上采用的是平均主义原则。在社会主义建设过程中，只允许"大锅饭"，不允许"开小灶"，实际上就是干多干少一个样、干与不干一个样，"鞭打快牛"的分配方式严重挫伤了人民群众的生产积极性和创造性。正如邓小平指出："如果不管贡献大小、技术高低、能力强弱、劳动轻重，工资都是四十五块钱，表面上看来似乎大家是平等的，但实际上是不符合按劳分配原则的，这怎么能调动人们的积极性呢？"[①] 如果不及时纠正，人民的生活水平就不会得到改善，整个社会的正常秩序也会受到影响。因此，在党的十一届三中全会上，提出党的工作中心从以阶级斗争为纲转变到经济建设上来，要求"公社各级经济组织必须认真执行按劳分配的社会主义原则，按照劳动的数量和质量计算报酬，克服平均主义"，"建立必要的奖惩制度，坚决纠正平均主义"。[②]

邓小平深刻认识到贫穷不是社会主义，社会主义不是贫穷落后，而是共同富裕。但平均主义带来的不是共同富裕，这种形式上的平等带来的却是共同落后、共同贫穷。那么，如何打破传统计划经济体制下平均主义呢？邓小平根据共同富裕的目标追求，结合中国处于社会主义初级阶段的基本国情指出，"在经济政策上，我认为要允许一部分地区、一部分企业、一部分工人农民，由于辛勤努力成绩大而收入先多一些，生活先好起来。一部分人生活先好起来，就必然产生极大的示范力量，影响左邻右舍，带动其他地区、其他单位的人们向他们学习。这样，就会使整个国民经济不断地波浪式地向前发展，使全国各族人民都能够比较快地富裕起来"。[③] 改革开放鼓励人们通过诚实劳动、合法经营来改变贫穷

---

① 《邓小平文选》第 2 卷，人民出版社 1994 年版，第 30—31 页。
② 《中国共产党第十一届中央委员会第三次全体会议公报》，http://cpc.people.com.cn/GB/64184/64186/66677/4493869.html。
③ 《邓小平文选》第 2 卷，人民出版社 1994 年版，第 152 页。

命运，极大地调动了人们的生产积极性、创造性，社会产品的平均主义分配方式也被逐步打破。邓小平对打破平均主义分配方式的改革是肯定的，"我们坚持走社会主义道路，根本目标是实现共同富裕，然而平均发展是不可能的。过去搞平均主义，吃'大锅饭'，实际上是共同落后，共同贫穷，我们就是吃了这个亏。改革开放首先要打破平均主义，打破'大锅饭'，现在看来这个路子是对的"。①

反对平均主义的改革首先在农村展开，以安徽凤阳小岗村18位农民"大包干"的创举最为典型。到1979年秋收时，他们不仅结束了多年来吃"救济粮"的历史，而且还给国家上缴了3200多公斤粮食，支持城市社会主义建设。这种"交足国家的，留够集体的，剩下的都是自己的"的分配方式，打破了"大锅饭"带来的体制弊端，调动了农民生产积极性，也为城市分配制度改革提供了"好榜样"。党的十二届三中全会总结了农村改革的经验后，提出经济体制改革的重点要由农村转向城市。针对过去分配中的平均主义严重的现象，会议提出了"建立多种形式的经济责任制，认真贯彻按劳分配原则"。随后，平均主义的分配被彻底打破，只有多劳才能多得，少劳就只能少得。改革开放的实践证明，打破平均主义是一种符合我国国情、符合人民群众愿望和要求的正确抉择。

2. 确立和完善按劳分配为主体、多种分配方式并存的分配制度

中国的社会主义毕竟是"不够格"的社会主义，还正处在社会主义初级阶段，这是我们现阶段最大的国情。生产决定分配，在社会主义初级阶段不可能仅仅选择"按劳分配"作为唯一的分配方式。因为，只有"在一个集体的、以生产资料公有为基础的社会中"，才有可能实现"一种形式的一定量劳动同另一种形式的同量劳动相交换"。② 因此，在社会主义初级阶段，其他所有制的经济形式并存，在坚持按劳分配的基础上必须有其他形式的分配方式作为补充。1987年，党的十三大报告指出："社会主义初级阶段的分配方式不可能是单一的。我们必须坚持的原则

---

① 《邓小平文选》第3卷，人民出版社1993年版，第155页。
② 《马克思恩格斯文集》第3卷，人民出版社2009年版，第434页。

是：以按劳分配为主体，其他分配方式为补充。"① 除了按劳分配这种主要方式和个体劳动所得外，债权利息、股份分红、风险补偿和其他一些非劳动收入等，只要是合法的都应当允许。

在社会主义初级阶段，社会生产力发展水平还不高，社会主义的优越性也还没有充分发挥出来，以公有制为主体、多种所有制经济共同发展的制度安排就决定了社会主义的分配方式也必然是按劳分配为主体、多种分配方式并存的格局。事实上，无论任何形式的生产，都需要劳动、资本、技术和管理等要素的参与，没有资本、技术和管理等要素，仅仅依靠劳动、赤手空拳，英雄也无法创造新的财富。因此，在社会主义初级阶段，按生产要素贡献参与分配是社会主义分配理论的一次重大突破。党的十五大针对过去分配结构和分配形式的问题，在坚持按劳分配为主体的同时，明确提出了"按生产要素分配"这一社会主义的崭新分配形式。报告指出，"坚持按劳分配为主体、多种分配方式并存的制度"，"把按劳分配和按生产要素分配结合起来……允许和鼓励资本、技术等生产要素参与收益分配"。② 在按劳分配与按生产要素分配相结合的基础上，党的十六大进一步明确了生产要素参与分配的基本原则——"按贡献分配"，提出"确立劳动、资本、技术和管理等生产要素按贡献参与分配的原则，完善按劳分配为主体、多种分配方式并存的分配制度"。③ 此后，按生产要素贡献分配逐步成了社会主义条件下重要的分配形式。党的十七大报告明确要"健全生产要素按贡献参与分配的制度"。将劳动、资本、技术、管理等各类生产要素按贡献参与分配由确立原则上升为健全制度，是对社会主义市场经济条件下的收入分配制度的完善。党的十八大召开之后，在全面深化改革的今天，社会主义"按劳分配为主体、多种分配方式并存的分配制度"得到了进一步的完善。

3. 正确处理初次分配与再次分配中效率和公平的关系

社会主义的目标是实现全民共同富裕，效率和公平是社会主义分配

---

① 《沿着有中国特色的社会主义道路前进》，http://cpc.people.com.cn/GB/64162/64168/64566/65447/4526369.html。

② 《江泽民文选》第2卷，人民出版社2006年版，第22页。

③ 《江泽民文选》第3卷，人民出版社2006年版，第550页。

的重要议题。社会要进步，就必须提高社会生产效率；社会要公平，就必须促使社会分配公平。因为，贫穷落后不是社会主义，发展缓慢也不是社会主义，两极分化更不是社会主义。分配问题与人民幸福息息相关，牵动着每个人的心。"中国发展到一定程度后，一定要考虑分配问题……到本世纪末就应该考虑这个问题了。我们的政策应该是既不能鼓励懒汉，又不能造成打'内仗'。"①

确立"效率优先、兼顾公平"的分配原则在中国改革历史上至关重要，是计划经济向市场经济转换的一个重要节点。改革开放的一个重要贡献就是突破了市场是社会主义和资本主义的本质区别的错误认识。资本主义可以搞市场经济，社会主义同样也可以搞市场经济。1984年后，城市经济体制改革开始逐步启动。党的十二届三中全会通过的《中共中央关于经济体制改革的决定》实际上就肯定了改革的市场导向。1992年，党的十三大报告明确建立社会主义市场经济体制是改革开放的目标。为实现这个目标，"必须……建立以按劳分配为主体，效率优先、兼顾公平的收入分配制度"。② 这样，"效率优先，兼顾公平"的分配原则就确立了。早期"效率优先，兼顾公平"原则并没有对初次分配和再次分配进行必要的区分，这种笼统的原则性规定后来也在一定程度上挫伤了广大人民群众特别是底层人民群众的积极性。因此，党的十六大进一步明确了"坚持效率优先、兼顾公平，既要提倡奉献精神，又要落实分配政策，既要反对平均主义，又要防止收入悬殊。初次分配注重效率，发挥市场的作用，鼓励一部分人通过诚实劳动、合法经营先富起来。再分配注重公平，加强政府对收入分配的调节职能，调节差距过大的收入"。③ 将初次分配和再次分配区别开来是社会主义分配理论的又一次创新。

在改革进入深水区和攻坚期的今天，社会公平问题更为重要。社会公平是社会主义的本质要求，社会主义不能出现两极分化，出现了两极分化，我们的改革就失败了，我们就可能走上资本主义邪路。因此，"效

---

① 《邓小平年谱》（下），中央文献出版社2004年版，第1356—1357页。
② 《中共中央关于建立社会主义市场经济体制若干问题的决定》，http://www.people.com.cn/GB/shizheng/252/5089/5106/5179/20010430/456592.html。
③ 《全面建设小康社会，开创中国特色社会主义事业新局面》，http://cpc.people.com.cn/GB/64162/64168/64569/65444/4429120.html。

率优先,兼顾公平",包括"初次分配注重效率,再次分配注重公平"这样的定位实际上也是不全面、不准确的。无论是再次分配还是初次分配都必须遵循公平与效率的统一。如果初次分配不注重公平,广大人民的生产积极性就会遭到打击,反而会增加再次分配的难度,增加国家和整个社会前进的负担。"最好的方式就是在初次分配中就达到公平与效率的统一,把二次分配作为补充的手段,用来解决初次分配遗留的问题。"① 这就是说,再次分配只能作为补充手段,并不能从根本上解决分配不公的问题,"劫富济贫"不应该成为中国特色社会主义的主要分配手段。因此,"初次分配和再分配都要处理好效率和公平的关系,再分配更加注重公平。逐步提高居民收入在国民收入分配中的比重,提高劳动报酬在初次分配中的比重"。② 进一步明确就是要"完善劳动、资本、技术、管理等要素按贡献参与分配的初次分配机制,加快健全以税收、社会保障、转移支付为主要手段的再分配调节机制"。③ 通过处理好初次分配和再次分配中公平与效益的关系,不断提高人民群众的收入水平,保证广大人民群众能够在社会主义分配中得到实惠。

(三) 扩展了社会主义发展理论

社会主义发展经历了500多年的历史,从空想到科学,从理论到实践,从一国到多国,从曲折到复兴,社会主义发展这一命题贯穿于社会主义整个历史时期。按照马克思的观点,社会主义并不是一个封闭固化的社会形态,"所谓'社会主义社会'不是一种一成不变的东西,而应当和任何其他社会制度一样,把它看成是经常变化和改革的社会"。④ 无论是从理论层面,还是实践层面,"发展"都是社会主义的一个常态。

---

① 林毅夫:《初次分配中就达到公平与效率的统一》,http://news.sohu.com/20070323/n248930117.shtml。
② 《高举中国特色社会主义伟大旗帜 为夺取全面建设小康社会新胜利而奋斗》,http://cpc.people.com.cn/GB/64093/67507/6429851.html。
③ 《坚定不移沿着中国特色社会主义道路前进,为全面建成小康社会而奋斗》,http://www.xj.xinhuanet.com/2012-11-19/c_113722546_7.htm。
④ 《马克思恩格斯文集》第10卷,人民出版社2009年版,第588页。

1. 邓小平理论民生思想与社会主义发展

发展社会主义必须坚持以经济建设为中心。中国正处在社会主义初级阶段。该如何推进社会主义初级阶段的发展呢？党的十一届三中全会后，邓小平果断放弃以阶级斗争为纲的错误方针，将工作重心转移到经济建设上来。但社会主义"现代化建设的任务是多方面的，各个方面需要综合平衡，不能单打一。但是说到最后，还是要把经济建设当作中心。离开了经济建设这个中心，就有丧失物质基础的危险。其他一切任务都要服从这个中心，围绕这个中心，决不能干扰它，冲击它"。① 以经济建设为中心是社会主义初级阶段的一个大局，改善人民生活、制定发展规划必须顾全好这个大局。顾全好这个大局，以经济建设为中心是解决其他问题的前提，"先把经济搞上去，一切都好办。现在就是要硬着头皮把经济搞上去，就这么一个大局，一切都要服从这个大局"。②

社会主义发展必须坚持改革开放。社会主义并不是十全十美的，同样有自我完善和发展的需要，初级阶段的社会主义只有大胆地对内改革，破除各种条条框框的限制；对外开放，吸收人类社会和世界各国的优秀成果，才能为社会主义发展创造良好的条件。回顾历史，"三十几年的经验教训告诉我们，关起门来搞建设是不行的，发展不起来。关起门有两种，一种是对国外；还有一种是对国内，就是一个地区对另外一个地区，一个部门对另外一个部门。两种关门都不行。我们提出要发展得快一点，太快不切合实际，要尽可能快一点，这就要求对内把经济搞活，对外实行开放政策"。③ 事实上，改革开放并不是头痛医头、脚痛医脚的权宜之计，而是社会主义发展的一个重要法宝，"坚持改革开放是决定中国命运的一招"④。因此，改革开放不仅要着眼于解决当前的重大问题，还需要应对未来五年、甚至一百年的战略规划。因此，"我们不仅着眼于本世纪，更多的是着眼于下一个世纪。现在面临的问题是，不进则退，退是没有出路的。只有深化改革，而且是综合性的改革，才能够保证本世纪

---

① 《邓小平文选》第2卷，人民出版社1994年版，第250页。
② 《邓小平文选》第3卷，人民出版社1993年版，第129页。
③ 同上书，第64—65页。
④ 同上书，第368页。

内达到小康水平,而且在下个世纪更好地前进"。①

社会主义发展必须坚持四项基本原则。虽然中国的社会主义是"不够格"的社会主义,但毕竟已经是社会主义社会,最终也要实现社会主义,因而不能放弃社会主义走上资本主义的邪路。那么,在坚持经济建设为中心、坚持改革开放的同时,如何保证社会主义不变颜色呢?邓小平提出必须"坚持社会主义道路、坚持无产阶级专政、坚持共产党的领导和坚持马列主义、毛泽东思想"四项基本原则。有了这四项基本原则的思想政治保障,社会主义不仅不会改变颜色、走上邪路,而且与改革开放相互依存,共同促进经济发展,为中国特色社会主义赋予新的生命力。正如江泽民在总结历史时指出的,"把经济建设这个中心同四项基本原则、改革开放这两个基本点,统一于建设有中国特色社会主义的伟大实践,贯穿于现代化建设的整个过程,我们就会不断从胜利走向胜利"②。

2."三个代表"民生思想与社会主义发展

社会主义发展必须依靠先进生产力。中国解决所有问题的关键是要靠自己的发展,只有争得较快的发展速度和较高的发展效益,社会主义才能逐步缩小与世界发达资本主义国家的差距,才能不断提高人民生活水平,而这些都需要先进生产力作为基础。事实上,"人类社会的发展,就是先进生产力不断取代落后生产力的历史进程。社会主义现代化必须建立在发达生产力的基础之上。我们为实现现代化而奋斗,最根本的就是要通过改革和发展,使我国形成发达的生产力"。③ 因此,社会主义发展就必须以先进的社会生产力作为最基础的推动力,只有这样才能实现社会主义又好又快的协调发展,实现社会主义现代化。

社会主义发展必须繁荣先进文化。贫穷落后不是社会主义,精神空虚也不是社会主义,发展社会主义经济的同时,也必须注重社会主义文化的繁荣,两手都要抓,两手都要硬。改革开放使中国社会"走出去",使中国的发展越来越离不开世界。然而,面对世界发展的新变化、新趋势,各种文化之间的交流、交锋、交融正在成为一种新潮流,精神文化

---

① 《邓小平文选》第3卷,人民出版社1993年版,第268页。
② 《江泽民文选》第2卷,人民出版社2006年版,第253页。
③ 《江泽民文选》第3卷,人民出版社2006年版,第274页。

是世界各国综合国力竞争的重要尺度。"一个民族,一个国家,如果没有自己的精神支柱,就等于没有灵魂,就会失去凝聚力和生命力。有没有高昂的民族精神,是衡量一个国家综合国力强弱的一个重要尺度。"① 因此,社会主义发展必须有强大的文化力量作为精神支撑,才能为社会主义现代化建设鼓足干劲、凝聚人心。在江泽民看来,"在当代中国,发展先进文化,就是发展面向现代化、面向世界、面向未来的,民族的科学的大众的社会主义文化,以不断丰富人们的精神世界,增强人们的精神力量"。②

社会主义发展必须实现中国最广大人民的根本利益。人民群众的利益高于天,"提高人民生活水平,是改革开放和发展经济的根本目的"。③ 始终代表中国最广大人民的根本利益是中国特色社会主义的一条主线,发展好、维护好、实现好人民群众的根本利益既是我们一切工作的出发点,也是落脚点。同时,"最大多数人的利益和全社会全民族的积极性创造性,对党和国家事业的发展始终是最具有决定性的因素"。④ 因此,发展社会主义需要"把最广大人民群众的切身利益实现好、维护好、发展好,把他们的积极性引导好、保护好、发挥好。只有这样,我们的改革和建设才能始终获得最广泛、最可靠的群众基础和力量源泉"。⑤

3. 科学发展观民生思想与社会主义发展

社会主义科学发展的第一要义是推动经济社会发展。强调"第一要义是发展"是基于我国社会主义初级阶段的基本国情、人民日益增长的物质文化需要同落后的社会生产之间的矛盾和世界最大发展中国家的国际地位而做出的综合判断。经济力量上不去,社会主义发展就会失去物质基础。但这并不意味着为了经济发展可以不顾一切后果,而是要放弃传统的粗放、低效、高能耗的增长方式,加快经济发展方式的转变。当前,我们"牢牢扭住经济建设这个中心,坚持聚精会神搞建设、一心一意谋发展,着力把握发展规律、创新发展理念、破解发展难题,深入实

---

① 《江泽民文选》第2卷,人民出版社2006年版,第230—231页。
② 《江泽民文选》第3卷,人民出版社2006年版,第559页。
③ 《江泽民文选》第2卷,人民出版社2006年版,第27页。
④ 《江泽民文选》第3卷,人民出版社2006年版,第539页。
⑤ 《江泽民文选》第2卷,人民出版社2006年版,第262页。

施科教兴国战略、人才强国战略、可持续发展战略,加快形成符合科学发展要求的发展方式和发展机制,不断解放和发展社会生产力,不断实现科学发展、和谐发展、和平发展,为坚持和发展中国特色社会主义打下牢固基础"。①

社会主义科学发展的核心立场是以人为本。说到底,发展社会主义是为人的全面发展服务的。社会主义不是拜物教,社会主义不是把人当作手段和工具,不是把人当作物质的奴隶,而是把人作为社会发展的核心,将实现人的全面发展作为最终归宿。如果社会主义不以人为本,就不是真正的社会主义。因此,社会主义必须"始终把实现好、维护好、发展好最广大人民根本利益作为党和国家一切工作的出发点和落脚点,尊重人民首创精神,保障人民各项权益,不断在实现发展成果由人民共享、促进人的全面发展上取得新成效"。②

社会主义科学发展的基本要求是全面协调可持续。一个社会的发展涉及经济、政治、文化等各方面。中国特色社会主义的总体布局是一个整体,不是经济、政治、文化等某一方面的繁荣,而是全面发展、全面进步的社会。同时,中国特色社会主义绝不能"吃祖宗饭,断子孙粮",不能只考虑当前利益,断了子孙后代的发展之路。因此,社会主义发展必须"全面落实经济建设、政治建设、文化建设、社会建设、生态文明建设五位一体总体布局,促进现代化建设各方面相协调,促进生产关系与生产力、上层建筑与经济基础相协调,不断开拓生产发展、生活富裕、生态良好的文明发展道路"。③

社会主义科学发展的根本方法是统筹兼顾。社会发展的形态越高,社会分工就越细,利益关系就越复杂。中国特色社会主义本身就不是成熟的社会主义,利用改革开放 40 年的时间走完了发达资本主义几百年才走完的发展之路,各种历史遗留问题、发展中产生的新问题、国际社会的共同难题等等都是绕不开、躲不过的。面对纷繁复杂的各种利益关系,

---

① 《坚定不移沿着中国特色社会主义道路前进,为全面建成小康社会而奋斗》,http://www.xj.xinhuanet.com/2012 - 11 - 19/c_ 113722546.htm。
② 同上。
③ 同上。

切不可"眉毛胡子一把抓",也不能"拆东墙补西墙",这就给中国特色社会主义提出了新挑战,唯有用好统筹兼顾这个好方法,中国特色社会主义才可能欣欣向荣。具体来说,社会主义发展必须"坚持一切从实际出发,正确认识和妥善处理中国特色社会主义事业中的重大关系,统筹改革发展稳定、内政外交国防、治党治国治军各方面工作,统筹城乡发展、区域发展、经济社会发展、人与自然和谐发展、国内发展和对外开放,统筹各方面利益关系,充分调动各方面积极性,努力形成全体人民各尽其能、各得其所而又和谐相处的局面"。[①]

三 深化共产党执政规律的认识

中国共产党是中国人民不断开创事业发展新局面的核心领导力量。回顾中国发展的历史,我们得出的一个基本结论:办好中国的事情,关键在党。共产党充分体现了执政为民,特别是改革开放以来,以经济建设为中心,先后提出了"不改善人民生活只能是死路一条""发展成果由人民共享""权为民所用,情为民所系,利为民所谋"等一系列以民生为导向的原则和论断,并将其落实为具体的政策,使人民群众得到了实惠。因此,从社会主义民生角度来看,共产党执政具有鲜明的民生特色,深化了相信谁、为了谁、依靠谁等这些基本问题的认识。

(一) 不改善人民生活是死路一条

近代以来,中国社会出现无数次救亡图存的爱国运动,试图改变中国的悲惨命运,但一次又一次失败,历史和人民最终选择了中国共产党作为自己利益的代表,这其中一个重要的原因就是共产党有能力改善人民生活。曾经的辉煌不能保证未来的成功,如果共产党执政不抓住改善人民生活这条主线,不能使人民群众得到实惠、提高人民群众的生活水平,就不会得到人民群众的真正拥护,就会失去执政的群众基础。

[①] 《坚定不移沿着中国特色社会主义道路前进,为全面建成小康社会而奋斗》,http://www.xj.xinhuanet.com/2012-11-19/c_113722546.htm。

1. 人民生活水平关乎党的生死存亡

中国社会主义的发展并没有按照社会主义的经典理论预设进行。共产党仅仅依靠人民完成新民主主义革命和社会主义革命后，中国并没有进入比资本主义更为发达的理想社会主义社会，而是一个十分落后的"新生儿"，社会生产力水平还十分低下，人民群众虽然在政治上得到了解放，成为国家的主人，但是在衣、食、住、行等生活方面仍处在世界平均水平以下，人民的生活还很困难。马克思说："人们为了能够'创造历史'，必须能够生活。但是为了生活，首先就需要吃喝住穿以及其他一些东西。因此第一个历史活动就是生产满足这些需要的资料，即生产物质生活本身，而且，人们从几千年前直到今天单是为了维持生活就必须每日每时从事的，是一切历史的基本条件。"[①] 事实上，刚刚进入社会主义的中国，连这个基本条件都还没有解决好，粮食生产供不应求，还有数亿群众没有解决温饱问题，这对于执政党来说是相当危险的。

中华人民共和国成立以后，共产党由于缺乏学习榜样，理论准备也不足，没有及时由革命党向执政党转型，年轻的共产党在中国社会主义建设进程中还犯了不少错误。特别是以阶级斗争为纲的路线、方针和政策，给社会主义事业带来了巨大损失。当时，党执政并没有看清社会主义与资本主义的本质，盲目地认为社会主义就是搞公有制，人人奉献革命精神，由中央统一制定生产计划，平均分配社会产品，吃"大锅饭"。经过几十年的实践，人民的生产积极性并没有得到本质提高，人民生活水平也没有得到改善。这样下去，社会主义国家的人民将会是一个普遍贫穷的状态。"宁肯要穷的社会主义，不要富的资本主义，其本质就是说，社会主义就是穷的"[②]，而"社会主义的特点不是穷，而是富"[③]。这种富裕就是共同富裕，是体现社会主义本质的东西。因此，共产党执政"归根到底要看生产力是否发展，人民收入是否增加。这是压倒一切的标准。空讲社会主义不行，人民不相信"[④]。

[①] 《马克思恩格斯选集》第1卷，人民出版社2012年版，第158页。
[②] 《邓小平文选》第2卷，人民出版社1994年版，第312页。
[③] 《邓小平文选》第3卷，人民出版社1993年版，第265页.
[④] 《邓小平文选》第2卷，人民出版社1994年版，第314页。

"一个执政党要想获得民众长久且持续的认同和支持,就必须拥有良好的执政绩效……领导本国实现社会政治的稳定和经济的快速发展,给本国人民带来实惠和利益。"[1] 社会主义要实现共同富裕,如果搞社会主义是越搞越穷,人民生活普遍贫困,社会主义制度的优越性就不能体现,也就不能说是在搞社会主义。共产党要想长期执政就必须在改善人民生活这个问题上下功夫。纵观世界政党的兴衰,如果一个政党不能兑现对人民的诺言,长期内不能提高人民生活水平,人民就必然会怀疑该政党的执政能力,甚至会选择其他政党作为新的利益代理人,苏联共产党的失败就是一个惨痛的教训。因此,人民生活水平与党的生死存亡有着密切关系。正如邓小平在南方谈话中指出的,"不坚持社会主义,不改革开放,不发展经济,不改善人民生活,只能是死路一条。基本路线要管一百年,动摇不得。只有坚持这条路线,人民才会相信你,拥护你。谁要改变三中全会以来的路线、方针、政策,老百姓不答应,谁就会被打倒"。[2]

2. 实现人民幸福是党的历史使命

党的十七大报告鲜明指出,"我们党自诞生之日起就勇敢担当起带领中国人民创造幸福生活、实现中华民族伟大复兴的历史使命"。[3] 人民幸福是共产党的历史使命,是共产党自诞生之日起就为之不懈奋斗的不变主题。党在任何时候都必须将实现人民幸福作为执政兴国的重要内容,完成好这个历史使命。

共产党 90 多年的历史就是为实现人民幸福创造条件的历史。在半殖民地半封建社会的旧中国,广大人民群众受到帝国主义、官僚资本主义和封建主义的三重压迫,民不聊生、苦不堪言,人民群众毫无幸福感可言。因此,要想实现人民幸福,首先必须实现民族独立和人民解放。随着俄国十月革命的胜利,马克思列宁主义传入中国,并同中国工人运动相结合,中国共产党便应运而生,并主动扛起民族独立和人民解放的大

---

[1] 文宏:《中国共产党执政合法性建设的总体回顾与基本经验》,《探索》2012 年第 3 期,第 35 页。
[2] 《邓小平文选》第 3 卷,人民出版社 1993 年版,第 370—371 页。
[3] 《胡锦涛在中国共产党第十七次全国代表大会上的报告》,http://cpc.people.com.cn/GB/64093/67507/6429857.html。

旗。在分析中国革命的基本形势后,共产党紧紧依靠人民最终开辟了农村包围城市的革命道路,先后经过北伐战争、土地革命战争、抗日战争、解放战争28年的浴血奋战,成功地打败了日本帝国主义侵略,推翻了国民党反动统治,建立了中华人民共和国。民族独立和人民解放任务的完成标志着中国人民从此站起来了,"彻底结束了旧中国半殖民地半封建社会的历史,彻底结束了旧中国一盘散沙的局面,彻底废除了列强强加给中国的不平等条约和帝国主义在中国的一切特权",[①] 为实现人民幸福创造了最为基础的独立条件。随后,共产党又紧紧依靠人民进行社会主义革命,确立了社会主义基本制度,为实现人民幸福创造了基本制度条件。党的十一届三中全会后,共产党紧紧依靠人民进行了改革开放新的伟大革命,成功开创、坚持、发展了中国特色社会主义,为实现人民幸福创造了良好条件。

十八大以来,习近平总书记多次论述了"中国梦"。他认为,"实现中华民族伟大复兴的中国梦,就是要实现国家富强、民族振兴、人民幸福"。[②] 说到底,"中国梦"的核心就是在共产党的领导下要完成实现人民幸福的历史使命,国家富强、民族振兴是实现人民幸福的坚实基础,国家富强和民族振兴都必须统一到人民幸福中来。一般来说,一个国家越富强就越有能力实现人民幸福,一个贫穷落后的国家难以有足够的能力为人民幸福创造充足的条件。国家富强既包括国家经济实力、科技实力、国防实力的强大,同时也包括文化软实力、文化创新力和民族凝聚力的强大,正是所有这些实力的共同强大,为更好地实现人民幸福提供了坚实基础。同时,一个民族是否真正振兴直接决定了该民族人民的幸福状况。任何人都希望自己的民族振兴,能够在世界民族之林立于不败之地。当然,在和平与发展的时代,民族振兴也一定是以和平方式进行,要以自身的发展为基础,不能以伤害其他民族的利益为前提。因此,中华民族振兴体现在以和平崛起的方式实现自身经济、政治、文化、社会和生态各方面的快速发展和进步上。

---

① 胡锦涛:《在庆祝中国共产党成立90周年大会上的讲话》,http://cpc.people.com.cn/90nian/GB/224164/15052970.html。

② 习近平:《在十二届全国人大一次会议上的讲话》,人民出版社2013年版,第3页。

3. 人民对美好生活的向往是党的奋斗目标

人民对美好生活的向往给人民自己一种巨大的精神鼓舞，对未来生活的向往是人民为之奋斗的动力所在，也是社会发展进步的重要推力。习近平在十八届中央政治局常委同中外记者见面上的讲话中指出："我们的人民热爱生活，期盼有更好的教育、更稳定的工作、更满意的收入、更可靠的社会保障、更高水平的医疗卫生服务、更舒适的居住条件、更优美的环境，期盼孩子们能成长得更好、工作得更好、生活得更好。人民对美好生活的向往，就是我们的奋斗目标。"①

共产党该如何执政？人民群众对未来美好生活的向往就是最好的答案。共产党执政是一个系统工程，人民对美好生活的向往和期待是各不相同的，是丰富多彩的。人民群众期盼自己能够接受更好的教育，能够找到更满意的工作，能够拿到更丰厚的报酬，能够住到更宽敞的房子，能够享受更高水平的公共服务等；盼望子女能够快乐地成长，能够愉快的工作；盼望父母能够平平安安，身体健康；盼望整个家庭都幸福美满，盼望整个社会都和谐进步。人民群众对美好生活的向往就构成了共产党执政的主要内容，这些向往多是人民群众最关心、最直接、最现实的利益问题。事实上，共产党制定的各项方针和政策就是人民群众的承诺，如果共产党不能解决这些萦绕在人民心头多年的难题，不能兑现对人民的承诺，人民群众就会对党产生怀疑，对党失去信心，就会削弱共产党的执政根基。因此，共产党执政要深入群众中，准确了解和把握人民对美好生活向往的主要内容，及时制定相应政策，并落到实处。只有"时刻把群众安危冷暖放在心上，及时准确了解群众所思、所盼、所忧、所急，把群众工作做实、做深、做细、做透"②，共产党才能长期执政，始终立于不败之地。

事实上，"在每一个人的意识或感觉中都存在着这样的原理，它们是颠扑不破的原则，是整个历史发展的结果，是无须加以论证的"。③ 这样

---

① 《习近平发表讲话》，http://news.163.com/12/1115/12/8GBOUFK90001124J.html。
② 习近平：《全面贯彻落实党的十八大精神要突出抓好六个方面工作》，《求是》2013 年第 1 期，第 6 页。
③ 《马克思恩格斯全集》第 42 卷，人民出版社 1979 年版，第 373 页。

的原理就是"每个人都追求幸福",都向往美好的生活。因此,每个社会成员都有向往美好生活的权利。共产党执政要充分尊重和保障人民向往美好生活的权利,从本质上来说就是要尊重和保障人权。人权不是资本主义社会的专利,但具有阶级、国界差别,中国特色社会主义人权强调的是人民的生存权和发展权。我们相信,尊重和保障人权的事业没有最好,只有更好。共产党执政"把群众呼声作为第一信号","始终把人民愿望和要求放在心上,采取切实有效的政策措施,大力促进社会公平、正义与和谐",[1] 使广大人民能更加自由地向往未来的美好生活,并拥有将梦想变为现实的平等机会。

(二) 社会主义必须是人民共享发展成果

社会主义为什么是比资本主义更高级的社会形态?其中一个根本区别就是,社会主义社会坚持人民主体地位,坚决不搞两极分化,并要消除两极分化,实现共同富裕。两极分化是社会主义的批判对象,"社会主义的原则,第一是发展生产力,第二是共同富裕"。[2] 这也就是说,"社会主义与资本主义不同的特点就是共同富裕,不搞两极分化"。[3] 资本主义的社会财富集中在少数人手中,虽然平均水平较高,但贫富两极分化是不可回避的社会问题。社会主义从一开始就反对搞两极分化,主张由人民共享社会财富。"社会主义最大的优越性就是共同富裕,这是体现社会主义本质的一个东西"[4],由人民共享改革发展成果是社会主义的本质要求。

1. 密切联系群众是党的最大政治优势

共产党是在同人民群众的密切联系中成长、发展和壮大起来的。没有人民持久的支持和拥护,共产党就不可能生存,也不可能发展壮大,就会一事无成。人民是党的力量之源和胜利之本。"全党同志必须牢记,密切联系群众是我们党的最大政治优势,脱离群众是我们党执政后

---

[1] 习近平:《在人权问题上没有最好,只有更好》,http://news.xinhuanet.com/world/2012-02-15/c_111528580.htm。

[2] 《邓小平文选》第3卷,人民出版社1993年版,第172页。

[3] 同上书,第123页。

[4] 同上书,第364页。

的最大危险。"① 共产党能领导人民完成一次又一次创举,"因为我们同群众在一起,不是用宗派主义的态度对待群众、对待党外人士,不是用官僚主义的态度对待群众,不是用主观主义的态度处理问题。如果我们党过去能领导好,今后还是能领导好。共产党有没有资格领导,这决定于我们党自己"。② 因此,这就要求我们任何时候都不能削弱和丢掉"密切联系群众"这个优势,否则,党的一切工作就会成为无源之水、无本之木。

共产党执政以后,党掌握了影响中国命运的主导权,一方面有利于党更好地联系群众、为人民服务,但另一方面也增加了党脱离群众的危险。在共产党"进京赶考"时,毛泽东就警觉到党执政后有脱离人民群众的威险,因而告诫全党"务必继续保持谦虚、谨慎、不骄不躁的作风,务必继续保持艰苦奋斗的作风"。改革开放以来,党的执政环境发生了巨大变化,"执政考验、改革开放考验、市场经济考验、外部环境考验是长期的、复杂的、严峻的。精神懈怠的危险,能力不足的危险,脱离群众的危险,消极腐败的危险,更加尖锐地摆在全党面前"。③ 其中,脱离群众是党执政兴国的最大危险。"历史和现实都表明,一个政权也好,一个政党也好,其前途与命运最终取决于人心向背,不能赢得最广大群众的支持,就必然垮台。"④ 如果一个政党脱离了群众,没有了广大群众的支持和拥护,这个政党的生命也将走向终结。

古人云:乐民之乐者,民亦乐其乐;忧民之忧者,民亦忧其忧。"人心向背,是决定一个政党、一个政权盛衰的根本因素。马克思主义政党的理论路线和方针政策以及全部工作,只有顺民意、谋民利、得民心,才能得到人民群众的支持和拥护,才能永远立于不败之地。"⑤ 因此,为了党的前途命运,人民群众反对什么、痛恨什么,

---

① 《胡锦涛在庆祝建党 90 周年大会发表讲话》,http://www.gov.cn/ldhd/2011-07-01/content_ 1897720_ 2. htm。
② 《邓小平文选》第 1 卷,人民出版社 1993 年版,第 274 页。
③ 《胡锦涛在庆祝建党 90 周年大会发表讲话》,http://www.gov.cn/ldhd/2011-07-01/content_ 1897720_ 2. htm。
④ 江泽民:《论"三个代表"》,中央文献出版社 2001 年版,第 72 页。
⑤ 《十六大以来重要文献选编》(上),中央文献出版社 2005 年版,第 370 页。

党就要坚决防范、予以打击。人民群众对形式主义、官僚主义、享乐主义和奢靡之风四股歪风邪气深恶痛绝。形式主义喊破嗓子，就是不做出样子，表面文章做到位，虚华口号喊到底，从不顾及人民群众的实际利益，严重损害了党和政府的形象。官僚主义装不下人民，以"高高在上"姿态俯视群众，脸难看、门难进、事难办，疏远了党群关系，削弱党的执政基础。享乐主义不顾人民利益追求一时的刺激和快乐，思想不进取、萎靡不振，严重败坏了党的廉政之风。奢靡之风漠视人民利益，攀比阔气、铺张浪费、挥霍无度，严重损害了党的机体健康。因此，共产党要想长期执政，就必须下决心反对"四风"，赢得人民的信任，继续保持与人民群众的血肉联系，着力打通联系和服务群众的"最后一公里"，形成人往基层走、钱往基层投、政策往基层倾斜的良好导向。

2. 人民群众是推动改革开放的主体力量

中国的改革开放是人类历史上的一次创举，是世界历史进程中的一件大事。现在来看，改革开放是决定中国命运的关键抉择，是中国特色社会主义的强国富民之路。我们之所以能够取得如此巨大成就的根本原因就是充分依靠人民群众，善于将"尊重人民首创精神同加强和改善党的领导结合起来"，充分发挥人民群众的积极性、创造性，用于突破陈旧体制和落后观念的束缚，从而进行了许多改革创新和发明创造，推动了整个社会的发展进步和人民生活水平的提高。历史经验证明，人民群众在任何时候都是改革开放的主体力量。

人民群众能够创造属于自己的历史，人既是历史的"剧中人"，又是历史的"剧作者"。因此，"人民，只有人民，才是创造世界历史的动力"。[①] 中国的改革最早从农村开始。1978年年底，安徽省凤阳县小岗村的18户农民的"生死契约"拉开了中国改革开放的序幕。"包产到户"后，农民的生产积极性大为提高，在交足国家、留足集体后，农民自己还有大量的粮食可供自己食用、交换和买卖，刷新了人民公社"集体饿肚子"的历史。后来，一些农民又开始搞乡镇企业，从就地取材、就地加工、就地销售到进军城市，大量吸收了农村剩余劳动力，维持了中国

[①] 《毛泽东选集》第3卷，人民出版社1991年版，第1031页。

社会的稳定,为城市改革创造了条件、赢得了时间。邓小平总结,"农村搞家庭联产承包,这个发明权是农民的。农村改革中的好多东西,都是基层创造出来,我们把它拿来加工提高作为全国的指导"。① 乡镇企业吸纳剩余劳动力,"那不是我们领导出的主意,而是基层农业单位和农民自己创造的"。② 这是党对农民创举的高度肯定。在城市,深圳市第一党委书记、市长吴南生,为了改变家乡汕头的落后面貌,集民众之意开创了"贸易合作区"(经济特区的前身)。人民的力量是无穷的,人民的力量是伟大的,人民群众的这些试验和创举有力地加速了改革开放的进程,共产党和人民群众站在一起共同发力,整个社会就会向更加美好的明天前进。

共产党充分发挥人民群众的主体力量,尊重人民群众的要求和意愿,认可人民群众的创举,鼓励人民群众的创新精神,才使得改革开放不断深化。"相信谁、依靠谁、为了谁,是否始终站在最广大人民的立场上,是区分唯物史观和唯心史观的分水岭,也是判断马克思主义政党的试金石。"③ 展望未来,共产党更应该尊重人民群众的主体地位,坚持"从群众中来,到群众中去"的基本原则,激发人民群众的积极性和创造性,"任何时候都要把人民利益放在第一位,始终与人民心连心、同呼吸、共命运,始终依靠人民推动历史前进"。④

3. 社会主义必须由人民共享改革发展成果

人民群众既是改革开放、社会财富的创造主体,同时,也是分享改革发展成果的主体,而且是唯一主体。共产党除了人民利益,没有自己的特殊利益,改革发展成果必须由人民共享。2000 年我国基尼系数首次突破 0.4,一直居高不下,2003 年至 2008 年,我国的基尼系数分别为 0.479、0.473、0.485、0.487、0.484、0.491,2009 年开始逐年回落,2009 年至 2015 年我国的基尼系数分别为 0.490、0.481、0.477、0.474、0.473、0.469、0.462。2016 年为 0.465,2017 年为 0.467,又有所上升。

---

① 《邓小平文选》第 3 卷,人民出版社 1993 年版,第 382 页。
② 同上书,第 252 页。
③ 《十六大以来重要文献选编》(上),中央文献出版社 2005 年版,第 369 页。
④ 《坚定不移沿着中国特色社会主义道路前进,为全面建成小康社会而奋斗》,http://www.xj.xinhuanet.com/2012-11-19/c_113722546_12.htm。

社会主义不能出现新的两极分化,社会财富就应该由人民共享,不能由某一个或几个利益集团掌握整个社会财富。共产党执政为民就必须要"尊重人民主体地位,发挥人民首创精神,保障人民各项权益,走共同富裕道路,促进人的全面发展,做到发展为了人民、发展依靠人民、发展成果由人民共享"。①

人民共享发展成果就是指社会改革和发展所带来的一切成果都应当由全体人民共同分享。由人民共享发展成果具体有丰富的内容,是对社会改革发展所有成果的分享,是一种全面的分享,而不是仅仅对某一方面的分享。当然,由人民共享发展成果绝不等于"平均主义",也不能把社会中的任何差别都理解为不平等。在社会主义初级阶段,共享只可能是有差别的共享,平均主义老路只会带来整个社会的普遍贫穷。即使在未来,也不可能绝对平均地分享社会发展成果。

在全面深化改革的今天,由人民共享改革发展的成果重要的就是要让全体社会成员共享"改变"的机会。社会主义是一个尊重劳动、尊重创造的社会,相信人世间一切美好的东西都可以通过辛勤劳动创造出来。由人民共享改革发展的成果并不是全体社会成员没有条件地来分享,而是希望每个社会成员能平等地参与到社会主义建设事业中来,用自己的双手创造属于自己的幸福。社会主义不搞两极分化,社会主义也不鼓励懒汉。这就对社会公平提出了更高的要求,不能让投机钻营者得利,不能让老实人吃亏,不能让英雄流血又流泪……因此,共产党执政就是要积极营造一个权利公平、机会公平和规则公平的社会,使"生活在我们伟大祖国和伟大时代的中国人民,共同享有人生出彩的机会,共同享有梦想成真的机会,共同享有同祖国和时代一起成长与进步的机会"。因为,我们始终相信"有梦想,有机会,有奋斗,一切美好的东西都能够创造出来"。②

---

① 《坚定不移沿着中国特色社会主义道路前进,为全面建成小康社会而奋斗》,http://www.xj.xinhuanet.com/2012-11-19/c_113722546_12.htm。
② 习近平:《中国人共同享有人生出彩机会》,http://news.cnfol.com/130317/101,1277,14635137,00.shtml。

结　语

民生是人类社会发展永恒的主题

保障生命及其延续是最基本的民生，而这个问题在任何社会形态中，即使在共产主义社会也同样会持续存在。"历史活动是群众的活动，随着历史活动的深入，必将是群众队伍的扩大。"[①] 人类社会的发展，从低级走向高级，从野蛮走向文明，从必然走向自由，无不是以民生问题的解决为前提的，越是在高级的社会形态中，民生内容就越广泛，民生价值就越丰富。在高级的社会形态中，低层次的民生问题得到了解决并不意味着这些低层次的民生问题不再重要，只是我们解决民生问题的能力有所提高。但我们不能否认它们存在的必要性，这也是不符合实际的。同时，民生发展体现了人与自然、人与人、人与社会的关系，而这些关系同"生命"和"生命的延续"一样在任何社会形态都会存在，只是在不同的时期有不同的具体体现，但永远都不会消失，改善民生之路任重而道远。因此，民生问题会贯穿人类社会的始终，民生是人类社会发展的永恒主题。

一　民生追求永无止境

民生是人类社会发展的永恒主题，人们的民生追求也会随着人类社会向前发展而发展。人类社会的实践永无止境，人们对民生需要的满足也没有终点，总是在满足了低层次的需要后又会产生新的、更高层次的要求。民生需求是人类社会向前进步的巨大动力，满足民生需求也是人类社会发展的重要目标。

[①] 《马克思恩格斯文集》第1卷，人民出版社2009年版，第287页。

(一) 人对需要的满足没有终点

无论是马克思的"三级阶梯"式的需要理论,还是马斯洛的需要层次理论,都向我们展示了人类对需求满足的不懈追求。在人类社会向前推进的实践过程中,在科学技术的推动和保障下,在遵循否定之否定的规律的基础上,总是会在满足前一个旧的、低层次的需求之后又会产生新的、更高层次的需求,如此循环往复,从而为社会进步提供动力。

1. 实践发展永无止境

马克思主义的根本特征在于其实践性,实践观是马克思主义哲学的核心,是马克思主义首要和基本的观点。实践观在马克思主义的理论体系中具有极为重要的地位。马克思实践观的创立并不是凭空而来的,是通过批判吸收康德、黑格尔和费尔巴哈等人的实践观的合理内核,并以当时人类社会现实为依托而建立起来的。标志着马克思科学实践观形成的天才萌芽文件是《关于费尔巴哈的提纲》。他从实践角度出发,对从前的一切唯物主义,包括费尔巴哈在内的唯物主义进行了批判。随后,马克思在《德意志意识形态》中系统地阐述了其实践观。

实践是人类世界和现存世界存在的根据和基础,同时人类又通过自己的实践活动,使世界成为一个更大规模、更多层次的开放体系。[①] 实践既不是一个凝固的点,也不是僵化封闭的实体,而是一种动态的关系、过程和活动的集合概念。换句话说,实践是不断变化发展的,并不是亘古不变的,发展是永无止境的。中国共产党把马克思主义基本原理作为其行动的指导思想、中国特色社会主义民生思想的理论渊源,坚信马克思主义是颠扑不破的科学真理,坚信马克思主义必须坚持随着实践发展而不断丰富和发展,决不能把马克思主义当作是空洞、僵硬、刻板的教条。"党和人民的实践是不断前进的","在新的历史条件下坚持和发展马克思主义,关键是要及时回答实践提出的新课题,为实践提供科学指导"。[②] 胡锦涛指出:"理论上的成熟是政治上坚定的基础,理论上的与时

[①] 《重读马克思》,http://politics.gmw.cn/2011-07-04/content_2171473_4.htm。
[②] 胡锦涛:《在庆祝中国共产党成立90周年大会上的讲话》,http://cpc.people.com.cn/90nian/GB/224164/15052972.html。

俱进是行动上锐意进取的前提"。① 中国特色社会主义民生事业的发展进步必须坚持"实践发展永无止境,认识真理永无止境,理论创新永无止境"的科学理念,以中国实践为基本依据,创新中国特色社会主义民生思想,从而更好地指导这一实践。

2. 需求满足没有终点

需要问题一直都是马克思所关注的重要问题。马克思关心的是现实社会中人的生存、解放与发展的问题,现实的个人在现实的世界中有许多现实的需要。他在《〈黑格尔哲学批判〉导言》中首次提出了人的物质需要的概念,他认为,人的需要有物质需要和精神需要,物质需要是精神需要的前提和基础,从根本上制约着精神需要,人的物质需要得到满足,才能生存,才有可能产生精神需要。而精神需要是物质需要的主导,保证着物质需要的方向,没有精神需要,物质需要就失去了人的需要的意义。后来,马克思在《德意志意识形态》中把需要引入社会生产领域,并科学评价了它在社会发展中的作用,即"为了生活,首先就需要吃喝住穿以及其他一些东西。因此第一个历史活动就是生产满足这些需要的资料,即生产物质生活本身"。② 从整个人类社会来看,人的需要总是具有重要的作用。马克思正是运用科学的实践观来审视人的需要问题,并把需要放置在社会历史领域加以考察,正确地回答了人的需要的一系列基本问题。如何才能满足人的需要?马克思认为,需要只有通过实践活动来满足,但需要的满足同时也要取决于现实生活条件。实践发展永无止境,需要满足也就没有终点。马克思指出,人的需要受主观能动性的影响,不论物质需要还是精神需要都是对周围事物的能动反映,因此,满足需要的内容和方式是客观的。因此,实践既是需要的来源,也是需要的动力,更是需要的满足方式。需要表现出了人的本性,需要的满足又发展了人的本性,发展了的人的本性进一步提出丰富化了的人的需要。人的需要是社会进步的动力,是社会关系、社会制度存在与发展的基础,也是一个不断变化的历史过程。就人类历史的发展历程来看,"已经得到

---

① 胡锦涛:《在庆祝中国共产党成立 90 周年大会上的讲话》,http://cpc.people.com.cn/90nian/GB/224164/15052972.html。

② 《马克思恩格斯选集》第 1 卷,人民出版社 1995 年版,第 79 页。

满足的第一个需要本身、满足需要的活动和已经获得的为满足需要而用的工具又引起新的需要",[1] "当旧的需要得到满足，人类就会产生新的需要，在不断满足需要和新需要不断产生的过程中，社会也会不断地走向前方，获得进步"。[2] 单就一个具体的需要来看，得到满足后就意味着到达了终点。但这个终点也就是新的需要的起点，如此循环往复。人的需要满足是一个动态变化的过程，没有指定的、唯一的终点。

(二) 科技发展为人的需求提供动力

科学技术的发展是人类社会进步的巨大推动力，每一项新的科技成果都为人们的需求提供了保障，同时也为新的民生需求提供了动力支持。电灯满足了人们在黑夜里向往光明的需求，汽车满足了人们在旅途中向往快捷的需求，手机满足了人们在异地向往交流的需求……民生需求的满足越来越依靠科技进步的力量，没有科技的发明和创造，民生建设就会止步不前，难以进步，难以超越。

1. 科学技术是第一生产力

邓小平作为一名坚定的马克思主义者，继承和发展了马克思"科学技术也是生产力"观点，进而提出了"科学技术是第一生产力"的著名论断。粉碎"四人帮"以后，1977年邓小平复出，立即提出实现现代化，关键是科学技术要能上去。1978年，他在全国科学大会上指出："现代科学技术正在经历着一场伟大的革命。近三十年来，现代科学技术几乎使各门科学技术领域都发生了深刻的变化，出现了新的飞跃，产生了并且正在继续产生一系列新兴科学技术。现代科学为生产技术的进步开辟道路，决定它的发展方向"。[3] 1988年，邓小平在同捷克斯洛伐克总统胡萨克谈话时进一步指出："马克思说过，科学技术是生产力，事实证明这话讲得很对。依我看，科学技术是第一生产力。"[4] 1992年，邓小平南方谈话中进一步说明："经济发展得快一点，必须依靠科技和教育，我说科学

---

[1] 《马克思恩格斯选集》第1卷，人民出版社1995年版，第79页。
[2] 房宁：《社会主义与人的需要——关于马克思主义需要理论的现实思考》，《马克思主义与现实》1995年第3期，第33—34页。
[3] 《邓小平文选》第2卷，人民出版社1994年版，第87页。
[4] 《邓小平文选》第3卷，人民出版社1993年版，第274页。

技术是第一生产力……要提倡科学,靠科学才有希望"。① 这一著名的论断既继承又发展了马克思主义,是一个新概括,为我国走上依靠科技进步加速发展生产力的正确道路,把经济建设转移到依靠科技进步和劳动者素质提高的轨道上来奠定了坚实的理论基础。

江泽民指出:"科学技术是第一生产力,而且是先进生产力的集中体现和主要标志",②"人类社会的发展,就是先进生产力不断取代落后生产力的历史进程",③ 推动确定了"科教兴国"发展战略。胡锦涛强调:"科学技术是第一生产力,是推动人类文明进步的革命力量",④"科技创新是提高社会生产力和综合国力的战略支撑,必须摆在国家发展全局的核心位置",⑤ 做出了建设"创新型国家"的重大决策,实施创新驱动发展战略。习近平总书记也十分重视科技力量,他在武汉光谷考察时就发问国家富强靠什么?"靠自主创新,靠技术,靠人才,科技是国家强盛之基。"⑥ 值得强调的是,"科学技术是第一生产力"是关于科学技术在生产力发展中的作用问题的科学论断,它准确地反映了当代生产力发展的特点和规律,我们切不可陷入科技决定论和技术万能论的泥团之中。⑦

---

① 《邓小平文选》第3卷,人民出版社1993年版,第377—378页。
② 江泽民:《在庆祝中国共产党成立八十周年大会上的讲话》,http://cpc.people.com.cn/GB/64184/64185/180139/10818605.html。
③ 同上。
④ 《胡锦涛在全国科学技术大会上的讲话》,http://news.xinhuanet.com/politics/2006-01-09/content_4031533.htm。
⑤ 《胡锦涛十八大报告(全文)》,http://www.xj.xinhuanet.com/2012-11-19/c_113722546.htm。
⑥ 习近平:《科技是国家强盛之基》,http://finance.qq.com/a/20130722/000757.htm。
⑦ 要正确理解"科学技术是第一生产力"就必须注意:(1)"第一生产力"中的"第一",不是一个哲学本体论概念,就是说不是哲学基本问题所涉及的、与世界观的性质相联系的思维与存在哪一个是决定性的方面这一意义上的"第一性",而是一个关于事物、现象的一般的地位、作用或性质的概念,有第一位、首要、主要、主导之意;(2)这终究是在可能的意义上讲的,是就科学技术所具有的潜在能力、作用讲的。科学技术要成为现实的生产力还需要一个转化过程,其中包括人们对科学技术作用的正确认识和与之相适应的政策、决策及其他具体条件;(3)科学技术无论是在生产力发展中还是在社会发展中的作用的发挥,都离不开一定的社会条件,特别是离不开一定的生产关系和社会制度条件。作为一种具有一定历史观意义的科技决定论,其要害在于离开人的生产关系,离开基本社会制度来认识和评价科学技术的社会作用。详见梁树发《"科学技术是第一生产力"与科技决定论辨析》,《思想理论教育导刊》2003年第3期,第42页。

2. 科技创新保障民生需求

从指南针、造纸术到以蒸汽机为代表的工业革命，从以电灯、电话、电视机为代表的科技革命，到以电脑、汽车、神舟飞船上天为代表的高科技信息革命，科学技术作为第一生产力，早已极大地改变了我们的生活方式，提升了我们的生活品质，描绘了人类发展的图景。科技进步与民生结合，既是科技发展的要求，更是现实生活的需要；科技创新服务民生，既是科技创新的价值，更是保障民生需求的条件。确切地说是，科技创新中的民生科技是保障民生需求的重要条件，民生科技正在改善民生问题，重视民生就必须重视民生科技。"民生科技"是一个新概念，但迅速成为中国科技发展的一个热门关键词。2007年，重庆市科委主任周旭在两会期间首次将"民生科技"这一概念带进了公众视野，呼吁政府和科研人员转变观念，要把更多目光投向民生需求。他说："对省级以下的科技部门来说，我认为目前主要应把精力放在民生科技上，也就是让先进的实用技术成为我们科研的主要方向。"[①] 2008年《中国科技论坛杂志》邀请相关专家就发展民生科技的意义、内涵和国外发展民生科技相关政策等进行专题笔谈。[②] 随后，科技部首次把"区域民生科技需求与发展战略研究"列为软科学重大项目。

当前，重视科技对保障民生需求的贡献，已成为世界科技发展的潮流与趋势。无论是发达国家还是发展中国家，民生科技都应围绕人民群众最关心、最直接、最现实的社会发展重大需求，开展的科学研究、产品研发、成果转化和科技服务与国民生活水平直接相关。发展民生科技已成为世界各国科技发展的重要内容之一。我国提出了建设"创新型国家"的发展战略，并制定了《国家中长期科学和技术发展规划纲要（2006—2020年）》，这就为民生科技工作指明了方向。经过多年的努力，民生科技发展也取得了巨大成果。有资料显示，2012年度国家科技奖励获奖项目中，关乎民生的科技成果占多数，惠及民生的科技成果和服务

[①] 《关注与我们息息相关的民生科技》，http://www.gmw.cn/01gmrb/2007-03-11/content_568537.htm。

[②] 周元、王海燕、曾国屏等：《中国应加强发展民生科技》，《中国科技论坛》2008年第1期，第3页。

大众的文化产业科学技术快速发展。① 这些项目在服务民生、改善民生中发挥了重要的支撑、保障和引领作用。但是，不得不承认国家科技奖励政策还只是从细微之处来惠及民生，力度还很不够大，因为"长期以来，我国的民生科技始终处于次要发展地位"。② 不得不承认，国外的确有很多成功的经验需要我们认真学习。国家要进一步完善民生科技发展的支持和奖励政策，加大投入力度，遵循创新导向、需求牵引的原则，坚持以人为本，把改善民生作为根本出发点和落脚点。同时，科技工作者要敏锐地把握民生需求点，大力提升科技改善民生的能力，让科技创新改变人民生活，走向更加美好的明天。

（三）满足人的需求是民生发展的目标

人类社会的最终目标是要实现共产主义，"在那里，每个人的自由发展是一切人的自由发展的条件"，③ 这也是中国特色社会主义民生建设的最终目标。我们一切工作的出发点和落脚点都要回到为人民服务上来，要想民之所想、急民之所急、办民之所需、干民之所盼，要以人为本，坚持以人民需求为导向，切实解决好人民群众最关心、最直接的民生问题。

1. 以人为本的基础是以民生为本

马克思恩格斯的经典著作中提出"以人为本"这个概念，但他们吸收了人本主义思想的合理因素，明确提出了人民群众是社会历史的创造者，是推动社会进步的决定力量等重要论断，为"以人为本"执政理念的提出提供了坚实的理论依据。胡锦涛同志在马克思主义中国化的进程中功勋卓越，创造性地提出了"以人为本"的执政理念，指明了我们前进的方向。早在2003年，党的十六届三中全会第一次正式提出"坚持以

---

① 《2012国家科技奖励获奖项目民生科技"唱主角"》，http://finance.ifeng.com/news/macro/20130118/7575196.shtml。

② 程萍：《重视民生必须重视民生科技》，《中国高新技术企业》2010年第17期，第105页。

③ 《马克思恩格斯选集》第1卷，人民出版社1995年版，第294页。

人为本,树立全面、协调、可持续的发展观"。① 2004 年,胡锦涛同志在中央人口资源环境工作座谈会上就明确指出了"坚持以人为本,就是要以实现人的全面发展为目标"②的要求。同年 12 月,胡锦涛在中央经济工作会议上的讲话中指出"坚持以人为本是科学发展观的本质要求",③突出强调了"以人为本"在科学发展观中的重要意义。十七大报告中指出科学发展观的核心是人为本,必须"要始终把实现好、维护好、发展好最广大人民的根本利益作为党和国家一切工作的出发点和落脚点"。④ 2012 年,胡锦涛在十八大报告中再次强调了"以人为本",丰富和发展了科学发展观。他指出:"必须更加自觉地把以人为本作为深入贯彻落实科学发展观的核心立场。"⑤

"以人为本是一个带有浓厚民生关切的价值理念并内含深厚的民生底蕴,改善民生是其本真精神的内在要求。"⑥ 以人为本与以民生为本密切相关,"以民生为本是以人为本的第一重含义,也是最基本、最基础的含义,若没有这重含义,就根本谈不上以人为本"⑦,"以人为本的主体本性要求确立民生为本的理念;以人为本的发展本性要求践行民生为本的发展宗旨;以人为本的价值本性要求坚持民生为本的价值标准。"⑧ 因此,在现阶段"以人为本"的基础就是要"以民生为本"。什么是民生为本?从根本上说,民生为本就是以满足广大人民群众的生命、生存、发展的

---

① 《中共中央关于完善社会主义市场经济体制若干问题的决定》(全文),http://cpc.people.com.cn/GB/64162/64168/64569/65411/4429165.html。

② 《胡锦涛在中央人口资源环境工作座谈会上的讲话》(全文),http://www.china.com.cn/chinese/2004/Apr/529870.htm。

③ 《科学发展观内涵论析》,http://theory.people.com.cn/GB/49150/49152/17544937.html。

④ 《胡锦涛在中国共产党第十七次全国代表大会上的报告》,http://cpc.people.com.cn/GB/64093/67507/6429844.html。

⑤ 《胡锦涛十八大报告》(全文),http://www.xj.xinhuanet.com/2012-11-19/c_113722546.htm。

⑥ 贺方彬:《以人为本:中国特色社会主义民生价值观》,《中共天津市委党校学报》2013 年第 6 期,第 23 页。

⑦ 胡敏中、肖祥敏:《"以人为本"的三重历史内涵》,《学习与探索》2012 年第 8 期,第 5 页。

⑧ 李仕文:《民生为本:科学发展观的本质诉求》,《毛泽东思想研究》2006 年第 3 期,第 108 页。

基本需要为根本出发点。民生为本既是实践范畴的问题,同样也包含了历史观和价值观的问题。以民生为本理应以最广大人民群众为主体,以解决人民群众最直接、最现实、最关心的利益问题为重点。当然,以民生为本既要保障必要的物质生活资料,还要更加关注精神文化需求。"没有文化的民生是不完整的民生,也是不健康的民生,文化需求也是民生需求。"①恩格斯说:"文化上的每一个进步,都是迈向自由的一步",② 物质贫乏不是社会主义,精神空虚也不是社会主义。总之,以民生为本是以人为本的基础,理应成为党执政兴国重要的价值理念,为实现伟大的"中国梦"保驾护航。

2. 人民需求是民生发展的风向标

人的需要是人全面发展的直接动力,是社会进步的重要源头。需要的满足既是人的全面发展的重要内容之一,同时也是其前提,为其提供直接动力。需要是人的一种本性,人的需要满足没有终点,贯穿于人的个性、能力、劳动和社会关系等发展过程。因而,在这个意义上来说,人的全面发展就是人的需要的全面发展与满足。人类不会形成自己不需要的需要,"任何人如果不同时为了自己的某种需要和为了这种需要的器官而做事,他就什么也做。"③ 人类正是在不断创造和满足丰富多样的需要过程中发展自身需要、个性、能力、劳动和社会关系等,最终实现全面发展。马克思主义始终都把人的发展与社会的发展紧密联系在一起,他认为,人的需要和私人利益是连接人与社会沟通的桥梁。在现实生活中,人的需要中具体表现为人的利益。人类社会的发展进步,最终都是通过人的行为来推动实现的,而人的需要会引发生产力与生产关系的矛盾、经济基础与上层建筑的矛盾,无疑是社会发展进步的源头活水。所以,正是人的需要构成了社会发展的原动力,这也为我们研究中国目前现实问题提供了重要的理论依据。

人类的需要总是动态的,不断变化的,具有巨大生命力,正是人类需求的不断生产和满足才创造了今天丰富多彩的现实世界。中国特色社

---

① 《文化需求也是民生需求》,http://theory.gmw.cn/2012-02-05/content_3498250.htm。
② 《马克思恩格斯选集》第3卷,人民出版社1972年版,第153—154页。
③ 《马克思恩格斯全集》第3卷,人民出版社1960年版,第286页。

会主义民生建设是一项复杂的系统工程，从人的需求的角度看就是如何认识、满足和发展人的需要的一项工程。因而，人民需求是中国特色社会主义民生事业发展重要的风向标，人民的需求在哪里，民生建设就应该覆盖到哪里。准确把握人民群众愿望和需要及其变化规律，是中国特色社会主义民生事业发展的首要条件。因此，胡锦涛总书记在党的十八大报告中再次强调"要多谋民生之利，多解民生之忧，解决好人民最关心最直接最现实的利益问题，在学有所教、劳有所得、病有所医、老有所养、住有所居上持续取得新进展，努力让人民过上更好生活"①。习近平总书记也高度尊重和重视人民的各种需求，上任伊始就给出了人民"期盼有更好的教育、更稳定的工作、更满意的收入、更可靠的社会保障、更高水平的医疗卫生服务、更舒适的居住条件、更优美的环境，期盼孩子们能成长得更好、工作得更好、生活得更好。人民对美好生活的向往，就是我们的奋斗目标"②的承诺。当前，加强社会治理，保障和改善民生必须要以人民需求为导向，一定要践行好群众路线，多深入基层、多到田间地头、多问民之所需，真正了解人民最关心、最直接、最现实的需求，对症下药，有的放矢，不断提升民生事业的水平和质量。

二 改善民生任重道远

民生建设需要协调人与自然、人与人以及人与社会的关系，这是一项系统工程。这些关系会伴随人类社会发展的始终，在不同的具体时期又会有不同的具体形式，一个民生问题的解决预示着下一个民生问题的开始，民生建设既需要细致入微，也需要顶层设计，改善民生没有固定的、唯一的终结点，需要一代又一代人始终坚持不渝的奋斗。

（一）民生体现人与自然的关系

人靠自然界生活，人是自然界的一部分。民生问题的改善需要充足

---

① 胡锦涛：《坚定不移沿着中国特色社会主义道路前进，为全面建成小康社会而奋斗》，人民出版社 2012 年版，第 34 页。

② 《习近平发表讲话》（全文），http://news.163.com/12/1115/12/8GBOUFK90001124J.html。

的资源作保障,首先体现了人与自然的关系。当人类从宗教的精神桎梏中解放出来后,人类就逐渐演变成为自然的主宰。人们将生产力定义为人们占有、使用和控制自然的能力,认为自然资源是取之不尽、用之不竭的,理应为人类服务。殊不知,在人定胜天、主宰万物的思维下,各种生态问题频频出现,人们正在遭受自然的惩罚。因此,当前要改善民生就必须尊重自然规律,重新理顺人与自然的关系,建设"美丽中国"。

1. 美丽中国:人与自然关系新体现

200多年的工业文明,人类奇迹般地创造了超过以往历史总和的物质财富,但是也严重削弱了生态系统自调节、自平衡的功能,各种生态危机日益突出,人类自身的生存受到严重威胁,使人类不得不反思自身行为。胡锦涛指出:"完善促进生态建设的法律和政策体系,制定全国生态保护规划,在全社会大力进行生态文明教育"是我国当前环境工作的重点之一。随后,胡锦涛又指出:"大量事实表明,人与自然的关系不和谐,往往会影响人与人的关系、人与社会的关系。如果生态环境受到严重破坏、人们的生产生活环境恶化,如果资源供应高度紧张、经济发展与资源能源矛盾尖锐,人与人的和谐、人与社会的和谐是难以实现的。"[①]党的十七大胜利召开,生态文明首次被写进党的报告之中。面对资源约束趋紧、环境污染严重、生态系统退化的严峻形势,站在新的历史起点上,党的十八大报告专门单列一个部分论述生态文明[②],必须"把生态文明建设放在突出地位,融入经济建设、政治建设、文化建设、社会建设各方面和全过程,努力建设美丽中国,实现中华民族永续发展"[③]。

生态文明建设是关系人民福祉、关乎民族未来的长远大计。努力建设"美丽中国"是马克思主义中国化最新成果的重要内容,是人与自然关系的全新表达,是我们生态文明建设的新尺度、新目标、新方向,这必将推动全社会形成善待自然、促进人与自然和谐发展的生态文明理念,

---

① 胡锦涛:《提高构建社会主义和谐社会的能力》,http://news.xinhuanet.com/newscenter/2005-06-28/content_3144628_4.htm。

② 十八大报告共有29次提到"生态",12次提到"生态文明",而十七大报告分别只有12处和2处。

③ 《胡锦涛十八大报告》(全文),http://www.xj.xinhuanet.com/2012-11-19/c_113722546_8.htm。

推动资源节约型和环境友好型社会建设,实现中华民族的永续发展。"美丽中国"以生态文明建设为突出特征,"体现了从'人定胜天'到'要金山银山,也要绿水青山',再到'要金山银山,更要绿水青山'的发展观念的转变,是历史发展的必然结果,反映了时代趋势,体现了人民呼声,凝结了民族与集体的智慧,具有深厚的社会基础"①,是国家"五位一体"发展战略与人民集体需求的统一。"美丽中国"首先解决的是人类与自然的关系,因此,自然之美、生态之美和环境之美是其基本内涵和根本特征。同时,也体现了融入生态文明理念后的物质文明的科学发展之美、精神文明的人文化成之美、政治文明的民主法制之美,以及社会生活的和谐幸福之美。②亿万同胞期待的"美丽中国"的画卷正在绘制,让我们共同努力,建设天更蓝、地更绿、山更青、水更净的幸福家园。

2. 改善民生必须尊重自然规律

把生态文明建设放在更加突出地位,是改善民生、满足人民群众需求的时代要求。党和国家领导人多次强调,我们改革发展的根本目的就是不断满足人民群众的需求,让广大人民共享改革发展的成果。随着经济社会的快速发展,人民生活水平的不断提高,人民的需求不仅包括各种物质文化需求,同时也包括了对清新空气、清洁水源等生态环境的需求,人民群众期待良好的生态环境越来越强烈,对环境质量、生存健康的关注也变得日益强烈。但是近年来,全国多地频发的雾霾、沙尘暴等恶劣天气,水污染、环境污染严重,中国生态红灯已经亮起,解决生态环境问题刻不容缓。四川大学"美丽中国"研究所调研发现,2011年全国200个城市地下水质监测结果显示,"较差—极差"级别比例达55%,15.2%的监测点水质比一年前差。2011年上半年,90%城市河段受到不同程度污染,约一半城市市区地下水污染严重,近2亿农村人口喝不上符合标准的饮用水。③ 2014年,接连发生的兰州市自来水苯超标和武汉市

---

① 《美丽中国,梦想还有多远?——关于美丽中国建设情况的调研报告》,http://politics.gmw.cn/2013-04-02/content_7186128.htm。
② 李建华、蔡尚伟:《"美丽中国"的科学内涵及其战略意义》,《四川大学学报》(哲学社会科学版) 2013年第5期,第137页。
③ 资料来源:《美丽中国,梦想还有多远?——关于美丽中国建设情况的调研报告》,http://politics.gmw.cn/2013-04-02/content_7186128_2.htm。

汉江水质氨氮超标事件再次向人们敲响了警钟。因此，改善民生，特别是生态民生，建设美丽中国的夙愿刻不容缓。

建设美丽中国是改善民生的美好愿景，是广大人民群众的共同期待，正确处理人与自然的关系是其中一个重要方面。面对当前出现的各种生态问题，我们必须按照客观规律办事，自觉树立"尊重自然、顺应自然、保护自然"为生态文明理念，不要再次走偏。因为，"人本身是自然界的产物，是在自己所处的环境中并且和这个环境一起发展起来的"[1]，人本身就属于自然界，存在于自然界，是自然界发展到一定阶段的产物，自然生态边界无法逾越，也不可逾越。马克思早就提醒人们："人越是通过自己的劳动使自然界受自己支配，神的奇迹越是由于工业的奇迹而变成多余，人就越是会为了讨好这些力量而放弃生产的乐趣和对产品的享受。"[2] 恩格斯在《自然辩证法》中深刻论述了人与自然的关系，并向人类发出了最早的生态警告："我们不要过分陶醉于我们人类对自然界的胜利。对于每一次这样的胜利，自然界都对我们进行报复。每一次胜利，起初确实取得了我们预期的结果，但是往后和再往后却发生完全不同的出乎预料的影响，常常把最初的结果又消除了。"[3] 因此，人类应该成为自然的朋友，要与自然和谐共存，要全方位、多层次、立体化地有效维护和推进经济社会发展与资源环境、保持生态系统的动态平衡，促使经济社会发展与资源环境有效供给的良性循环，为当代和后代留下更蔚蓝的天空、更葱绿的大地、更青翠的山林、更干净的水源，建设更加美好幸福的家园，实现中华民族的永续发展。

（二）民生反映人与人的关系

塑造人与人的关系是中国特色社会主义民生建设的重要方面。随着市场经济的飞速发展，原有的同志关系和差序格局正在悄然发生变化，"利益"已成为个体行动的重要选择，中国社会的个体化特征越来越明显。因此，民生建设还必须在尊重客观事实的基础上，尊重和保护正当

---

[1] 《马克思恩格斯选集》第3卷，人民出版社1995年版，第374—375页。
[2] 《马克思恩格斯选集》第1卷，人民出版社1995年版，第48页。
[3] 《马克思恩格斯选集》第4卷，人民出版社1995年版，第383—384页。

利益，尊重人们的自主选择，引导人们走向新的人际团结。

1. 主体合作：人与人关系的新反映

中国曾经试图建立了一种新型的人际关系模式——同志关系。在某种程度上来说，在乡村建立公社制，在城市建立单位制就是力图巩固和拓展这种人际关系。但是这种超越生产力的理想设计最终还是没能实现。1978年党的十一届三中全会以后，政治生活让位于经济生活。农村充当了改革的先锋队，1982年家庭联产承包责任制正式得到国家认可。1998年国有企业大规模裁员，大批员工因此失掉了"铁饭碗"。通过体制改革打破了人们的"组织性依附"，大部分人被迫从"单位人"或者"社员"转换成为"社会人""经济人"，人们必须为自己的生活精打细算，为自己的生存发展买单，必须考虑成本收益。随着国家改革开放的推进，市场经济体制的确立，市场经济利益导向机制的形成，这既创造了中国奇迹，同时也促生了中国社会的个体化特征，人际关系过渡成了一种基于个体的利益关系（同志关系已被遗忘）。"利益"概念也成为人际关系的关键词，是人们行动选择重要的调节机制。

然而，中国社会的个体会走向西方自由主义自私自利的魔咒吗？"我们越往前追溯历史，个人，从而也是进行生产的个人，就越表现为不独立，从属于一个较大的整体……"[1] 个体的力量在面对风险和灾害等诸多方面始终都是弱小的、无能为力的，只有组织起来的个体才会有力量。社会学家郑杭生发现，"社会成为日益分化和专业化的劳动分工体系，强化了人与人之间的相互依赖与合作"，[2] 个人会"因其在固有的对自身存在意义的寻求，在行动中与他人结为相互依赖关系，并不断增进这种相互依赖关系"，[3] 他把这一过程称之为个人丛化。其实，这就是一种个体间相互合作、实现双赢的过程。社会主义新型人际关系不应只是一种纯粹的利益博弈[4]，特别是经济利益博弈，而应该是一种广泛的主体合作关

---

[1] 《马克思恩格斯全集》第30卷，人民出版社1995年版，第25页。

[2] 郑杭生：《社会互构论——世界眼光下的中国特色社会学理论的新探索》，中国人民大学出版社2010年版，第376页。

[3] 同上书，第291页。

[4] 刘世定指出，当我们把眼光投向在经济和社会活动中的当事者互动时，纯利益博弈和社会规范博弈间的关系问题就摆在面前。

系。以乡村社会为例,不少研究表明,乡村社会人际关系的外围已高度利益化,而与之对应的是内核部分的高度情感化。[1] 因此,人们不仅有利益的需要,还有情感和价值的需要,各个主体都会基于这些自主地选择自己的行动,为了最大限度地获得和保障收益就必须走向新的合作,从而实现新的社会团结。我们称这种现象为主体合作,确切地说应该是个体合作,这是一种新型的人际关系。

2. 改善民生必须发挥人民主体作用

充分发挥人民主体作用,尊重人民首创精神是马克思主义的重要论点。毛泽东发现"人民,只有人民,才是创造世界历史的动力",[2] 从而确立了"从群众中来,到群众中去"的工作路线——"将群众的意见集中起来,又到群众中去作宣传解释,化为群众的意见,使群众坚持下去,见之于行动,并在群众行动中考验这些意见是否正确。然后再从群众中集中起来,再到群众中坚持下去。如此无限循环,一次比一次更正确、更生动、更丰富"。[3] 邓小平指出,"改革开放中许许多多的东西,都是由群众在实践中提出来的"。[4] 江泽民指出,理论创新必须要尊重人民群众的首创精神,要"不断从人民群众在实践中创造的新鲜经验中吸取营养"。[5] 胡锦涛指出:"最广大人民群众改造世界、创造幸福生活的伟大实践是理论创新的动力和源泉。脱离了人民群众的实践,理论创新就会成为无源之水,就不能对人民群众产生感召力、对实践发挥指导作用。"[6] 习近平也指出,要"坚持人民主体地位,时刻把群众安危冷暖放在心上,及时准确了解群众所思、所盼、所忧、所急,把群众工作做实、做深、

---

[1] 徐晓军:《内核—外围:传统乡土社会关系结构的变动——以鄂东乡村艾滋病人社会关系重构为例》,《社会学研究》2009年第1期,第64页。
[2] 《毛泽东选集》第3卷,人民出版社1991年版,第1031页。
[3] 同上书,第889页。
[4] 邓小平:《建设有中国特色社会主义论述专题摘编》,中央文献出版社1995年版,第30—31页。
[5] 《江泽民文选》第3卷,人民出版社2006年版,第89页。
[6] 胡锦涛:《"三个代表"重要思想理论研讨会上的讲话》,http://news.sina.com.cn/o/2003-07-02/1457307504s.shtml。

做细、做透"。① 人民主体作用，人民首创精神是我们事业前进的不竭动力。

中国奇迹源于改革开放的伟大实践，其社会心理动力就是对利益的追求，极大地激发了人民群众的主体性和创造性。实际上，这种主体性和创造性是基于个体化机制产生作用的。改革开放初期，中国农村充当了改革的先锋，从凤阳县小岗村农民以"包产到户"为雏形的农村家庭联产承包责任制，到浙江省温州市农民靠"剪刀闯天下"的乡镇企业的兴起等，中国创造了用世界上7%的土地养活世界上22%人口的奇迹，创造经济总量跃居世界第二、对外贸易总额跃居世界第一的骄人成绩等，这些都是人民主体作用和首创精神的体现，其中个体化的作用机制是不可忽视的力量。马克思主义经典作家从来都没有否认个人利益与整体利益的一致性，"共产主义并不剥夺任何人占有社会产品的权力，它只剥夺利用这种占有去奴役他人劳动的权力"。② 因此，在注重保障和改善民生的伟大事业中，一定要发挥人民主体作用，尊重人民的首创精神，注重发挥个体化机制的作用，尊重、保护、实现好人民群众的个体利益，让广大人民切实享受到改革发展的成果。

（三）民生表达人与社会的关系

人与社会的关系既是民生建设的内在要求，也是民生建设的外在环境。人与社会的关系直接影响了民生建设能否持续、稳定、健康、有序发展的问题。长期以来，个人与社会或多或少的存在某种对立，时不时地会出现"失谐"现象。因此，民生建设需要找到并利用个人与社会"和谐共变"的机制，在创新社会治理中促进民生事业的发展。

1. 互构共变：人与社会关系新表达

"个人与社会的关系是一切社会问题的根源。"③ 为巩固新生的政权，建立个人与社会高度统一的国家，我们确立了高度集中的计划经济体制，

---

① 习近平：《落实党的十八大精神要抓好六个方面工作》，http://www.gov.cn/ldhd/2013-01-01/content_2303402.htm。

② 《马克思恩格斯选集》第1卷，人民出版社1995年版，第288页。

③ [英] 鲍桑葵：《关于国家的哲学理论》，汪淑钧译，商务印书馆2010年版，第78页。

任何人都不允许（也不可能）对国家计划进行改动。这样一来，个人就被牢牢嵌入在单位共同体内，个人无法成为构建社会关系的基本单位和能动主体。并且单位之间的人员调动非常困难，各单位内部基本也没有人员流动。因此，人与社会的关系就转化为人与单位、人与计划的同一关系。在农村，国家威权利用乡村代理人建立了既是生产组织，又是政治组织的人民公社。农民按工分分配生活资料，干多干少一个样。因此，在乡村社会里人与社会的关系就转化为人与公社之间的同一关系。随着改革开放的推进，农村取消了人民公社，确立了家庭联产承包制，"国家从乡土情景中退场，农村社会出现了值得警惕的'社会原子化'趋向"[①]。国有企业改革，实行双轨制，城市社会也呈现碎片化现象。总之，人与社会统一的原初状态在一定程度上被打破了，"无论今天的人们报以何种心态，他们几乎每日每时都会体验到'个人与社会失谐'的事实"[②]。

　　个人和社会一直以来都是社会学家们讨论的核心问题，"个人是组成社会的基本单元，社会是个人的存在方式"[③]。但是，在社会主义和谐社会的背景下，我们该如何认识个人与社会的关系呢？社会运行学派根据中国的具体实践，提出了一个本土化概念——互构共变，打破了个人与社会二元对立的理论怪圈，旨在重建个人与社会之间的关系。目前中国个人和社会的关系具有突出的交互性建塑和型构的特征，"个人和社会形成相应的、协同的、共识的演变，从而使得个人与社会的行动关联得以构成一种新型的关系性状"，也就是说，"互构共变是当代关于个人与社会的行动关联和关系形态的基本趋向"[④]。互构共变分为正向谐变、反向递变和悖向同变三种类型，其中正向谐变乃是我们所追求的个人与社会和谐关系。所谓正向谐变就是"参与互构各方，其行动关联和关系相应

[①] 吕方：《再造乡土团结：农村社会组织发展与"新公共性"》，《南开学报》2013年第3期，第133页。

[②] 郑杭生、魏智慧、杨敏：《社会学的"个人"：意涵、问题及前景》，《河北学刊》2010年第3期，第150页。

[③] 郑杭生：《社会互构论——世界眼光下的中国特色社会学理论的新探索》，中国人民大学出版社2010年版，第97页。

[④] 同上书，第526页。

地朝着共识互信、合作协调、互惠双赢等和谐的向度与量级的发展、推进"①。这种新思想从根本上来说还是得益于马克思主义，是马克思主义关于个人与社会关系思想的中国本土化表达。

2. 改善民生必须创新社会治理机制

20世纪90年代以来，治理概念在国际社会逐渐流行起来，对我国的学术研究和社会实践也产生了日益广泛而深入的影响。党的十八届三中全会前，治理理论主要局限在乡村社会之中，"乡村治理"成为农村研究与实践的热点。虽然"治理"并不是一个新概念，但是在党的文件中把"社会治理"作为我国执政治国的理念，十八届三中全会还是第一次。这就意味着，我们从"社会管理"向"社会治理"过渡，其实质就是在执政治国方面从强调自上而下的"管理模式"转变为上下互动、国家与社会相结合的新的"治理模式"。新的治国理政的思路也就为我们改善民生赋予了新的启示，为中国特色社会主义民生建设提供了新的指导。社会治理要高度重视民生问题，牢牢把握改善和保障民生这一工作重点，以维护广大人民群众的合法利益为出发点，在保障社会经济不断发展的同时，加快社会各领域事业的快步发展从住房、就业、教育、医疗、收入分配以及社会保障等多方面为更多的群众做好服务。民生建设是社会治理的首要任务，是社会治理的根本出发点和落脚点，这是一个方向性问题。改善民生也必须创新社会治理。

党的十八届三中全会对创新社会治理作了全面部署，会议指出要"坚持系统治理，加强党委领导，发挥政府主导作用，鼓励和支持社会各方面参与，实现政府治理和社会自我调节、居民自治良性互动。坚持依法治理，加强法治保障，运用法治思维和法治方式化解社会矛盾。坚持综合治理，强化道德约束，规范社会行为，调节利益关系，协调社会关系，解决社会问题。坚持源头治理，标本兼治、重在治本，以网格化管理、社会化服务为方向，健全基层综合服务管理平台，及时反映和协调

---

① 郑杭生：《社会互构论——世界眼光下的中国特色社会学理论的新探索》，中国人民大学出版社2010年版，第530页。

人民群众各方面各层次利益诉求"。① 其中，系统治理、依法治理、综合治理、源头治理四大原则为创新社会治理方式，进一步保障和改善民生指明了方向和路径。"系统治理"明确了社会治理由谁领导、由谁主导以及社会治理主体间怎样互动的问题，因而既要具有"世界眼光"，又要坚持"中国特色"，既要发挥社会自调机制，又要坚持党委领导、政府主导。"依法治理"明确了社会治理主要依据什么、依靠什么来进行社会治理的问题，因而要树立法律权威，坚持把法律作为强制性的社会规范来处理国家与社会、国家与集体、国家与公民以及群体与群体、群体与公民、公民与公民的关系。综合治理要求我们综合运用除法律外的其他手段来进行社会治理，坚持道德"软治理"手段，不让老实人吃亏，不让投机倒把者得利。源头治理明确了不同社会治理方式的优先次序、轻重缓急、标本关系，坚持标本兼治，从源头上理顺治理体系。从根本上说，社会治理就是要实现好、维护好、发展好最广大人民根本利益。创新社会治理方式、激发社会组织的活力、理顺矛盾预防和化解体制、健全社会公共安全体系，民生建设就会在社会自调机制和党委领导、政府主导、多主体参与的格局下实现新的跨越。

三 民生价值与时俱进

实践发展永无止境，民生价值内涵需要与时俱进。当前，我们进入深化改革开放、加快转变经济发展方式的攻坚时期，世情、国情、党情都发生了深刻变化，民生价值内涵在复杂的环境中不得不进行扩充和丰富。民生价值的变化不可逾越社会主义初级阶段的基本国情，不可避免地要在多元价值的博弈中求得平衡，必须紧紧围绕"中国梦"的时代内涵。因此，民生价值的变化既要具有世界眼光，又要凸显中国特色，既要立足中国实际，又要超越现实约束，既要尊重价值多元，又要倡导核心主线。

---

① 《中共中央关于全面深化改革若干重大问题的决定》，http://cpc.people.com.cn/n/2013/1115/c64094-23559163-13.html。

（一）民生价值因条件而变化

从整个人类历史的发展来看，经济发展水平在任何时候都是带有根本性的。经济发展创造了人们赖以生存的物质基础，是人类社会得以延续的基本保障，也是民生价值内涵变化的基本条件。没有或者脱离经济的发展的基础，民生价值就会成为无源之水、无本之木，成为一种乌托邦式的想象。

1. 经济发展水平是民生价值变化的基本条件

经济活动是人类最基本的实践活动，是人类社会存在的基础；经济发展是民生价值变化的基本条件。马克思非常强调经济发展对人类社会的基础性作用，在他那里，经济发展就是物质生产的实践活动，这是一切社会变革与历史发展的基础。马克思指出：人类社会发展"需要有一定的社会物质基础或一系列物质生存条件，而这些条件本身又是长期的痛苦的历史发展的自然产物"。① 他通过对资本主义社会的批判，敏锐地指出生产力的发展是一切社会存在和发展的最终决定力量，是一切社会形态的物质基础。人类历史的发展实践证明，只有生产力水平的不断提高，经济发展水平才能走向新台阶，才能为整个社会创造丰富的物质财富。因此，马克思曾这样评价："资产阶级在它不到一百年的阶级统治中所创造的生产力，比过去一切世代创造的全部生产力还要多，还要大。"②

经济发展起来了，人民的生活水平才能得到保障，才能为民生价值的实现创造条件。邓小平指出，"贫穷不是社会主义，社会主义要消灭贫穷。不发展生产力，不提高人民的生活水平，不能说是符合社会主义要求的"③，"社会主义的特点不是穷，而是富，但这种富是人民共同富裕"④。在物资匮乏的年代，人们追求的是填饱肚子、保全性命，民生价值追求也处在较低层次。邓小平一再强调不改善人民生活只有死路一条，在他看来，解决温饱问题是当时最大的民生问题。改革开放以来，我们

---

① 马克思：《资本论》第1卷，人民出版社1975年版，第97页。
② 《马克思恩格斯选集》第1卷，人民出版社1995年版，第277页。
③ 《邓小平文选》第3卷，人民出版社1993年版，第116页。
④ 同上书，第265页。

取得了鼓舞人心的骄人成绩。国内生产总值由1978年的3645亿元，跃升至2017年的82.71万亿元；经济总量居世界位次从1978年的第十位，到2010年排名第二；人均GDP从1978年的381元，到2017年的59660元；外汇储备从1978年的1.67亿美元、居世界第三十八位，到2017年的31399亿美元、连续10年稳居世界第一位。改革开放中国经济创造的奇迹，使中国人民摆脱了贫困、解决了温饱、开始走向全面小康。同时，随着经济增长奇迹的发展，民生价值的内涵因素也在不断地得到丰富和发展。从温饱到基本小康，再到全面小康，民生事业的覆盖面越来越广，从粮食到就业、教育、医疗、卫生、住房、养老等，从物质满足到文化、政治和生态需求，从填饱肚子到追求尊严、体面和幸福，民生价值内涵得到了拓展。经济发展的丰硕成果，为保障和改善民生提供了强大的物质基础，贫穷已成为历史，但是精神空虚同样不是社会主义，需要社会主义文化大发展大繁荣。同时，随着综合国力的提升，国际威望的提高，"人民幸福"成为社会民生问题的重点议题。

2. 民生价值发展不能逾越初级阶段基本国情

改革开放40年来的成果的确鼓舞人心，民生建设也取得实实在在的进步，但这并不意味着我们已经进入世界先进国家的发展行列，各种经济社会发展的问题和矛盾不容忽视。再丰富的资源和成绩除以13亿也就显得微不足道，人均发展水平低，多项发展指标还不及世界平均水平，这是一个基本事实。在民生建设方面，我们还不能和发达国家从摇篮到坟墓的福利相媲美，社会主义初级阶段这一最大的国情不可逾越。

社会主义初级阶段理论是中国特色社会主义建设的首要基础，是马克思主义中国化的一个伟大创造。党的十一届三中全会后，社会主义初级阶段理论逐步得到确立。1987年，邓小平在接见外宾时指出，"我们党的十三大要阐述中国社会主义是处在一个什么阶段，就是处在初级阶段，是初级阶段的社会主义……一切都要从这个实际出发，根据这个实际来制订规划"。[①] 党的十三大把社会主义初级阶段作为立论基础，明确提出社会主义初级阶段"不是泛指任何国家进入社会主义都会经历的起始阶段，而是特指我国在生产力落后、商品经济不发达条件下建设社会主义

[①] 《邓小平文选》第3卷，人民出版社1993年版，第252页。

必然要经历的特定阶段"。① 随后,党的十四大通过的《中国共产党章程》(修正案) 和 1993 年八届人大一次会议通过的《中华人民共和国宪法修正案》作了相应修正,"社会主义初级阶段"的概念和理论以党和国家两个根本大法的形式确定下来。党的十五大报告全面论述了社会主义初级阶段的丰富内涵。

2008 年国际金融危机的阴霾至今还未散去,面对全球经济下滑的压力,虽然我们面临的困难要比想象的多,但取得的成绩也比预期的要好。在复杂的经济下滑环境中,党的十八大报告指出,"我们必须清醒认识到,我国仍处于并将长期处于社会主义初级阶段的基本国情没有变……在任何情况下都要牢牢把握社会主义初级阶段这个最大国情,推进任何方面的改革发展都要牢牢立足社会主义初级阶段这个最大实际"。② 民生价值的内涵是中国特色社会主义实践的反映,社会主义初级阶段的基本国情是民生价值变化的现实基础和最大实际,这一点不可逾越,不能简单地从表面上与发达国家进行比较。

(二) 民生价值因时代而变化

中国是开放的中国,世界是开放的世界;中国需要了解世界,世界也需要了解中国。时代变化的烙印会深刻在每一个国家的发展轨迹之上,中国也不例外。新中国成立以来,中国就开始了漫长的现代化探索之路,从片面的赶英超美的欧美现代化,到中国特色社会主义现代化。整个世界的现代化发生了转型,人们越发清醒地认识到经济发展并不能带给我们向往的幸福,现代化是一个多变的过程。在传统、现代和后现代时空压缩的中国,各种价值观大汇集、大碰撞、相互博弈。

1. 现代化的转型是民生价值变化的时代因素

从人类历史发展的规律来看,实现中华民族的伟大复兴,首先必须实现社会主义现代化,探索出一条"四个现代化"之路。1954 年,周恩

---

① 《沿着有中国特色的社会主义道路前进》,http://cpc.people.com.cn/GB/64162/64168/64566/65447/4526368.html。

② 《十八大报告》(全文),http://www.xj.xinhuanet.com/2012-11-19/c_113722546_2.htm。

来就指出,"如果我们不建设起强大的现代化的工业、现代化的农业、现代化的交通运输业和现代化的国防,我们就不能摆脱落后和贫困,我们的革命就不能达到目的"。① 这与后来的"四个现代化"存在内容上的差别,还只是一个雏形。1959 年,毛泽东在读苏联《政治经济学教科书》时说:"建设社会主义,原来要求是工业现代化,农业现代化,科学文化现代化,现在要加上国防现代化。"② 两位主要领导人达成一致的思想就标志着"四个现代化"比较完整的提法基本形成。邓小平高度重视四个现代化,"我们当前以及今后相当长一段历史时期的主要任务是什么?一句话,就是搞现代化建设。能否实现四个现代化,决定着我们国家的命运、民族的命运"。③ 对于如何实现四个现代化,以邓小平同志为核心的第二代领导集体根据历史经验和教训,确定了以经济建设为中心,坚持四项基本原则,坚持改革开放的基本路线,指出解放和发展生产力是社会主义现代化的基础,主张用经济办法为社会主义现代化开拓道路,这也是当时欧美现代化的普遍经验。但时至今日,以经济手段解决政治问题、社会问题、发展民生事业就显得捉襟见肘。

传统现代化理论认为,财富增加必将导致福利或幸福增加。但人们注意到,第二次世界大战后,西方国家的经济迅猛发展,但是物质财富的积累并没有拉动人们幸福感的同步提升。1960 年至 2000 年,美国人均收入按不变价格翻了三番,但美国人认为自己"非常幸福"的人却从 40% 左右下降到 30% 左右。我们不禁反问:为什么更多的财富并没有带来更大的幸福?这就是著名的"伊斯特林悖论",即一国的经济增长未必会换来生活满意度的提升。因此,"现代化"必须成功转型,人民才可能生活幸福。塞缪尔·亨廷顿在《变革社会中的政治秩序》中就指出,"现代化是一个多方面的变化过程,它涉及人类思想和活动的一切领域"。④ 改革开放 30 多年带来了经济的高速发展,蛋糕越做越大,但实事求是地说分蛋糕的规则没有定好,也没有分好,看病难、上学难、养老难、住

---

① 《建国以来重要文献选编》第 5 册,中央文献出版社 1993 年版,第 584 页。
② 《毛泽东文集》第 8 卷,人民出版社 1999 年版,第 116 页。
③ 《邓小平文选》第 2 卷,人民出版社 1994 年版,第 162 页。
④ [美]塞缪尔·亨廷顿:《变革社会中的政治秩序》,李盛平等译,华夏出版社 1998 年版,第 32 页。

房难、就业难等民生问题也没有得到有效解决。同时，人民对实现公平正义、过上美好生活、社会更加和谐有了新向往和新期待。中国现代化正处于新的历史转折时期，社会主要矛盾是社会与经济发展不协调的矛盾，突出表现在"经济发展成就显著，社会问题相对突出"等七个方面，因此"这一时期所要完成的历史任务是，再继续坚持以经济建设为中心的前提下，实行社会发展与经济发展并重的战略方针，遵循社会规律，加强社会建设，解决社会、经济发展不协调的矛盾，让社会更加'和谐起来'"。① 中国现代化转型赋予了民生价值新的时代内涵。

2. 民生价值发展不能回避多元价值相互博弈

一些社会学家习惯按照某种标准或特征将历史上曾经有过的或者目前的和未来的社会形态划分为传统、现代和后现代，并用以代替过去、现在和未来，认为这是一个线性发展的过程。然而传统、现代和后现代并不等于过去、现在和未来。"尤其是在当代中国，既有从传统社会转变为现代社会的问题，又有从计划经济转变为市场经济的问题，同时中国又面临着如何走向世界的问题，而世界已经出现了'后现代'的征象。这样，改革开放的中国就面对着传统性、现代性与后现代性的前所未有的大汇集、大冲撞、大综合。"② 这样，传统、现代性和后现代三个不同时代的东西就集中压缩到一个时空之中了。正如陆学艺所说："我们这一代知识分子，正遇上我们伟大祖国经济社会发生历史性变迁的时期……这些转变发生在拥有十多亿人口的大国之中，其规模之宏大，形式之多样，波澜壮阔，错综复杂，这是难逢的历史机遇。不仅我国的前代学人没有遇到过，就是欧美工业化国家的学者也没有遇见过，他们只经历了工业化过程中的某个阶段，而我们这一代人却经历了我们国家工业化的前期、初期，直到现在中期阶段的整个社会变迁的历史过程。"③总之，中国社会是一个复杂的社会，既不是传统的，也不是现代的和后现代的，但同时又是传统、现代和后现代并存的复杂社会。

---

① 陆学艺主编：《当代中国社会建设》，社会科学文献出版社 2013 年版，第 4 页。
② 景天魁：《中国社会发展的时空结构》，《社会学研究》1999 年第 6 期，第 58 页。
③ 陆学艺：《陆学艺文集》，上海辞书出版社 2005 年版，第 9 页。

传统、现代和后现代的三元对话，必然会引起社会价值取向的变化。大量的经验研究表明，传统、现代与后现代价值观时空压缩、多元发展、互相博弈是一个不争的现实。中国传统的"大同"思想，现代社会的福利国家，后现代社会的主观幸福与自我实现等，都在影响着中国民生价值的变迁。中国传统社会就有"有田同耕，有饭同食，有衣同穿，有钱同使，无处不均匀，无人不饱暖"的大同社会追求，在市场经济的今天，特别是底层群众，这样的社会对他们来说无疑是很有吸引力的。当谈到民生建设时，人们往往理解成"免费""白拿"，可能会情不自禁地与西方的福利国家作比较，并对某些方面的"平均主义"难以忘怀。由于西方媒体有意识的渲染，人们缺乏实际的考察，人们被西方表面的高福利所蒙蔽。殊不知，20世纪70年代后期以来，福利国家制度已经暴露出许多弊病，遭到了普遍的质疑，西方福利国家不再是人间天堂。随着对现代性的反思，民生价值被赋予了主观幸福和自我实践的内涵，在自由主义的唆使下，民生问题往往被政治（泛政治）化了。人们对平等、公平的期待越来越高，西方民粹主义就有了市场，"只有人民自己参与，而不是他们的代表的参与，才有真正的民主"[1]确实极具诱惑。对转型期的中国来说，"民粹主义的破坏性在于，它可能是民主崩溃和法治危机的根源之一，是阶级对立、精英与大众尖锐对抗的根源之一，它的非理性和不宽容会破坏民主政治的文化与价值基础"[2]。因此，在中国，民生价值不可避免地受到它们的影响，也就要求必须在价值博弈中寻求平衡，既要有世界眼光，又要有中国特色，将中国特色社会主义民生建设嵌入到传统、现代和后现代价值观中去。

（三）民生价值因实践而变化

社会主义初级阶段的中国，国家发展战略总有先后，必须抓住主要矛盾的主要方面，各个击破，不能四面出击，齐头并进。因此，民生价

---

[1] ［利比亚］穆阿迈尔·卡扎菲：《绿皮书》，世界绿皮书研究中心译，世界知识出版社1984年版，第10页。

[2] 林红：《驯服民粹：现代国家建设的漫漫征程》，《社会科学论坛》2013年第11期，第163页。

值内涵的变化要以改革开放和现代化建设的实际问题与我们现阶段正在做的事情为中心，紧紧围绕着"中国梦"的伟大实践而不断发展、不断丰富。

1. 国家阶段目标是民生价值变化的实践依据

从中国的发展实践来看，"国家不但具有较强的驾驭市场特征，而且直接成为投资主体，干预经济运行。因此，对中国经济增长的解读必然不能忽视国家对经济的架构"。[①] 改革开放之后，中国的发展都是按照"三步走"战略目标进行的。邓小平在1987年的一次讲话中首次系统阐述了"三步走"战略。随后，十三大接受了邓小平的建议明确指出，"党的十一届三中全会以后，我国经济建设的战略部署大体分三步走。第一步，实现国民生产总值比一九八〇年翻一番，解决人民的温饱问题。这个任务已经基本实现。第二步，到本世纪末，使国民生产总值再增长一倍，人民生活达到小康水平。第三步，到下个世纪中叶，人均国民生产总值达到中等发达国家水平，人民生活比较富裕，基本实现现代化。然后，在这个基础上继续前进"。[②] "三步走"战略就从党的高度得到了确定，解决温饱、实现小康就是国家在初级阶段的发展目标。我们在这里无须纠结具体数据，重要的是这个"三步走"发展战略为当代中国的发展进步明确了大致的时间规划。为了更好地实现"三步走"战略，江泽民在十五大报告中明确提出"两个一百年"目标，"展望下世纪，我们的目标是，第一个十年实现国民生产总值比二〇〇〇年翻一番，使人民的小康生活更加宽裕，形成比较完善的社会主义市场经济体制；再经过十年的努力，到建党一百年时，使国民经济更加发展，各项制度更加完善；到世纪中叶建国一百年时，基本实现现代化，建成富强民主文明的社会主义国家"。[③]

"三步走"战略是民生价值内涵变化的实践依据，随着国家阶段性目

[①] 刘长喜、孟辰：《政府投资驱动型增长模式的社会学分析：一个能力论的解释框架》，《社会学研究》2014年第3期，第81页。

[②] 《沿着有中国特色的社会主义道路前进》，http://cpc.people.com.cn/GB/64162/64168/64566/65447/4526368.html。

[③] 《高举邓小平理论伟大旗帜，把建设有中国特色社会主义事业全面推向二十一世纪》，http://cpc.people.com.cn/GB/64162/64168/64568/65445/4526285.html。

标的实现,民生价值都会被赋予新的时代内涵。第一步规划是要解决人民的温饱问题。面对当时薄弱的经济基础和人民生活水平贫困的现状,重点就是要解放和发展生产力,以改善人民的生活。此时的民生价值内涵也较为简单,主要关注点在吃饱饭、穿暖衣等物质层面以维持生命。第二步规划是到20世纪末要实现总体小康。"所谓小康社会,就是虽不富裕,但日子好过……国家总的力量大了,那时候办事情就不像现在这样困难了。"[1] 民生价值内涵也得到了扩充,从吃饱饭、穿暖衣到吃好饭、穿好衣,对于生活质量的提高有了新的期待,希望过上"好日子"。第三步规划是要全面建成小康社会,基本实现现代化。20世纪末的总体小康是低水平、不全面、不平衡的小康。全面建成小康社会时期,民生价值不仅要吃得好还要吃得健康,不仅要穿得好还要穿得有品位,对食品安全越来越关注,对缩小收入分配差距的要求越来越迫切,对个人价值实现的要求越来越强烈,人们对幸福生活的体验和要求也越来越高。总之,随着国家阶段目标的实现,民生价值的内涵也呈现出阶段性特征,并得到不断丰富,从低级到高级,从单一到多元,从"温饱"到"好日子"再到"幸福生活",内涵越来越丰富。

2. 民生价值变化应围绕"中国梦"与时俱进

当谈到"中国梦",人们自然而然会联想到"美国梦"。历史学家亚当斯在《美国史诗》最早提出"美国梦"。然而,"中国梦"一词由来已久,最早出自宋末诗人郑思肖的诗《德祐二年岁旦二首》其一中:"力不胜于胆,逢人空泪垂。一心中国梦,万古下泉诗。日近望犹见,天高问岂知。朝朝向南拜,愿睹汉旌旗。"这首诗表达了作者一心梦想着要收复中原,统一祖国的愿望。勤劳而伟大的中国人民,从来都没有放弃对梦想的追逐。习近平在参观复兴之路展览时明确提出"中国梦"——实现中华民族伟大复兴。随后,习近平多次谈到"中国梦"基本内涵,"实现中华民族伟大复兴,是近代以来中国人民最伟大的梦想,我们称之为'中国梦',基本内涵是实现国家富强、民族振兴、人民幸福"[2],"在新

---

[1] 《邓小平文选》第3卷,人民出版社1993年版,第161—162页。
[2] 《习近平在莫斯科国际关系学院的演讲》(全文),http://news.xinhuanet.com/world/2013-03-24/c_124495576_5.htm。

的历史时期,'中国梦'的本质是国家富强、民族振兴、人民幸福。我们的奋斗目标是,到 2020 年国内生产总值和城乡居民人均收入在 2010 年基础上翻一番,全面建成小康社会。到本世纪中叶,建成富强民主文明和谐的社会主义现代化国家,实现中华民族伟大复兴的中国梦"。①

"中国梦归根到底是人民的梦,必须紧紧依靠人民来实现,必须不断为人民造福。"② 中国梦为中国特色社会主义民生思想提供了新的话语表达方式,为丰富中国特色社会主义民生价值提供了新的养料,民生价值的变化必须围绕"中国梦"与时俱进。中国特色社会主义民生价值的变化必须坚持中国道路。找到一条正确的道路不容易,经过几百年的历史证明,我们必须坚定不移地沿着中国特色社会主义道路走下去。中国特色社会主义民生价值的变化必须展现中国自信。中国的民生建设在短短几十年内取得了巨大进步,人民生活水平有了较大提高,各项社会保障和社会福利进步明显,这是任何国家和地区都无法企及的,我们完全有理由、有信心坚持我们的中国特色,敢于跳出西方福利国家模式的思维局限。中国特色社会主义民生价值的变化必须弘扬中国精神。以爱国主义为核心的民族精神和以改革创新为核心的时代精神是中国精神的当代表达,民生价值理应体现中国人民自强不息、永远朝气蓬勃地迈向未来的气魄。中国特色社会主义民生价值的变化必须凝聚中国力量。说到底,民生建设的最大受益者是广大人民群众,民生价值的变化必须紧紧围绕 13 亿中国人民,凝聚广大人民的聪明才智,通过一代又一代中国人民的不懈努力把我们的国家建设得更好、把我们的民族发展得更好。"中国梦"是中国人民的梦,民生价值应紧紧围绕"中国梦"坚持中国道路、展现中国自信、弘扬中国精神、凝聚中国力量。

---

① 《习近平接受拉美三国媒体联合书面采访》,http://news.xinhuanet.com/world/2013-05-31/c_115991361_5.htm。
② 习近平:《在第十二届全国人民代表大会第一次会议上的讲话》,http://news.xinhuanet.com/2013lh/2013-03-17/c_115055434_2.htm。

参考文献

《马克思恩格斯全集》第1卷，人民出版社1956年版。
《马克思恩格斯全集》第2卷，人民出版社1957年版。
《马克思恩格斯全集》第3卷，人民出版社1960年版。
《马克思恩格斯全集》第19卷，人民出版社1963年版。
《马克思恩格斯全集》第21卷，人民出版社1965年版。
《马克思恩格斯全集》第31卷，人民出版社1972年版。
《马克思恩格斯全集》第32卷，人民出版社1974年版。
《马克思恩格斯全集》第46卷，人民出版社1980年版。
《马克思恩格斯全集》第47卷，人民出版社1979年版。
《马克思恩格斯文集》第1—10卷，人民出版社2009年版。
《马克思恩格斯选集》第1—4卷，人民出版社1995年版。
《列宁全集》第4卷，人民出版社1984年版。
《列宁全集》第28卷，人民出版社1991年版。
《列宁全集》第30卷，人民出版社1985年版。
《列宁全集》第34卷，人民出版社1985年版。
《列宁全集》第36卷，人民出版社1985年版。
《列宁全集》第37卷，人民出版社1986年版。
《列宁全集》第41卷，人民出版社1986年版。
《列宁全集》第43卷，人民出版社1987年版。
《列宁全集》第47卷，人民出版社1990年版。
《列宁选集》第1—4卷，人民出版社1972年版。
《列宁专题文集·论马克思主义》，人民出版社2009年版。

《斯大林全集》第 13 卷，人民出版社 1956 年版。

《斯大林选集》下卷，人民出版社 1979 年版。

《毛泽东选集》第 1—4 卷，人民出版社 1991 年版。

《毛泽东文集》第 1—2 卷，人民出版社 1993 年版。

《毛泽东文集》第 3—5 卷，人民出版社 1996 年版。

《毛泽东文集》第 6—8 卷，人民出版社 1999 年版。

《毛泽东著作选读》上、下册，人民出版社 1986 年版。

《刘少奇选集》上卷，人民出版社 1981 年版。

《邓小平文选》第 1、2 卷，人民出版社 1994 年版。

《邓小平文选》第 3 卷，人民出版社 1993 年版。

《江泽民文选》第 1—3 卷，人民出版社 2006 年版。

江泽民：《论"三个代表"》，中央文献出版社 2001 年版。

江泽民：《论科学技术》，人民出版社 2001 年版。

江泽民：《论党的建设》，中央文献出版社 2002 年版。

《江泽民论有中国特色社会主义》（专题摘编），中央文献出版社 2002 年版。

胡锦涛：《坚定不移沿着中国特色社会主义道路前进 为全面建成小康社会而奋斗》，人民出版社 2012 年版。

习近平：《习近平谈治国理政》，外文出版社 2014 年版。

中共中央文献研究室：《习近平关于实现中华民族伟大复兴的中国梦论述摘编》，中央文献出版社 2013 年版。

中共中央文献研究室：《习近平关于全面深化改革论述摘编》，中央文献出版社 2014 年版。

顾龙生：《毛泽东经济年谱》，中共中央党校出版社 1993 年版。

中共中央文献研究室：《邓小平思想年谱》（1975—1997），中央文献出版社 1998 年版。

中共中央文献研究室：《邓小平年谱（1975—1997）》上、下，中央文献出版社 2004 年版。

中共中央宣传部：《"三个代表"重要思想学习纲要》，学习出版社 2003 年版。

中央保持共产党先进性教育活动领导小组办公室编：《保持共产党先进性

教育读本》，党建读物出版社2005年版。

中共中央宣传部：《习近平总书记系列重要讲话读本》，学习出版社、人民出版社2014年版。

人民日报社评论部：《"四个全面"学习读本》，人民出版社2015年版。

中央档案馆：《中共中央文件选集》第1—18集，中共中央党校出版社1989年版。

《建国以来重要文献选编》第1册，中央文献出版社1992年版。

《建国以来重要文献选编》第5册，中央文献出版社1993年版。

《三中全会以来重要文献选编》上、下，人民出版社1982年版。

《十二大以来重要文献选编》上，人民出版社1986年版。

《十二大以来重要文献选编》下，人民出版社1988年版。

《十三大以来重要文献选编》上，人民出版社1991年版。

《十三大以来重要文献选编》中，人民出版社1991年版。

《十三大以来重要文献选编》下，人民出版社1993年版。

《十四大以来重要文献选编》上，人民出版社1996年版。

《十四大以来重要文献选编》中，人民出版社1997年版。

《十四大以来重要文献选编》下，人民出版社1999年版。

《十五大以来重要文献选编》上，人民出版社2000年版。

《十五大以来重要文献选编》中，人民出版社2001年版。

《十五大以来重要文献选编》下，人民出版社2003年版。

《十六大以来重要文献选编》上，中央文献出版社2005年版。

《十六大以来重要文献选编》中，中央文献出版社2006年版。

《十六大以来重要文献选编》下，中央文献出版社2008年版。

《十七大以来重要文献选编》上，中央文献出版社2009年版。

《十七大以来重要文献选编》中，中央文献出版社2011年版。

《十七大以来重要文献选编》下，中央文献出版社2013年版。

《十八大以来重要文献选编》上，中央文献出版社2014年版。

《孙中山全集》第9卷，中华书局1986年版。

《孙中山全集》第1卷，中华书局1981年版。

《孙中山全集》第2卷，中华书局1982年版。

《孙中山全集》第6—7卷，中华书局1985年版。

《孙中山全集》第9—10卷，中华书局1986年版。

孙中山：《三民主义》，岳麓书社2000年版。

杨伯俊：《孟子译注》第4卷，中华书局1986年版。

董仲舒：《春秋繁露》第八卷，上海古籍出版社1989年版。

徐超、王洲明译注：《贾谊文选译》，巴蜀书社1991年版。

谢浩范、朱迎平：《管子全译》，贵州人民出版社1996年版。

阎振益、钟夏校注：《新书校注》，中华书局2000年版。

宋晓梧：《中国社会保障体制改革与发展报告》，中国人民大学出版社2001年版。

吴兢：《贞观政要》，时代文艺出版社2001年版。

陈戍国点校：《四书五经》，岳麓书社2002年版。

陆南泉、姜长赋：《苏联兴亡史论》，人民出版社2002年版。

沈志华：《苏联历史档案选编》第28卷，社会科学文献出版社2003年版。

朱熹集注，陈戍国标点：《四书集注》，岳麓书社2004年版。

陆学艺：《陆学艺文集》，上海辞书出版社2005年版。

张觉：《商君书校注》，岳麓书社2006年版。

《国家"十一五"时期文化发展规划纲要》，人民出版社2006年版。

邓磊：《邓小平社会主义经济发展动力思想研究》，湖北人民出版社2008年版。

许维通：《吕氏春秋集释》上，中华书局2009年版。

王国轩、王秀梅：《孔子家语》，中华书局2009年版。

杨有礼注说：《淮南子》，河南大学出版社2010年版。

郑杭生：《社会互构论——世界眼光下的中国特色社会学理论的新探索》，中国人民大学出版社2010年版。

翟晓琳：《新时期邓小平改善民生思想研究》，人民出版社2011年版。

李慎明：《居安思危——苏共亡党二十年的思考》，社会科学文献出版社2011年版。

于慧颖：《中国共产党民生思想研究》，中国社会科学出版社2012年版。

陆学艺：《当代中国社会建设》，社会科学文献出版社2013年版。

胡鞍钢：《中国集体领导体制》，中国人民大学出版社2013年版。

[美] 摩尔根:《古代社会》(中译本)(第1册), 杨东莼等译, 商务印书馆1972年版。

[利比亚] 穆阿迈尔·卡扎菲:《绿皮书》, 世界绿皮书研究中心译, 世界知识出版社1984年版。

[德] 伽达默尔:《赞美理论》, 夏镇平译, 生活·读书·新知三联书店1988年版。

[美] 蕾切尔·卡逊:《寂静的春天》, 吕瑞兰、李长生译, 吉林人民出版社1997年版。

[美] 塞缪尔·亨廷顿:《变革社会中的政治秩序》, 李盛平等译, 华夏出版社1998年版。

[法] 安德烈·纪德:《从苏联归来》, 郑超麟译, 辽宁教育出版社1999年版。

[法] 马太·杜干:《比较社会学: 马太·杜干文选》, 李洁等译, 社会科学文献出版社2006年版。

[俄] 尼·伊·雷日科夫:《大国悲剧》, 徐昌翰等译, 新华出版社2008年版。

[英] 鲍桑葵:《关于国家的哲学理论》, 汪淑钧译, 商务印书馆2010年版。

李益:《论科技进步与休闲》, 广西大学, 2003年。

王涛:《中国特色社会主义民生建设研究》, 山东师范大学, 2010年。

王延隆:《中国特色社会主义民生理论研究》, 浙江农林大学, 2010年。

于爱涛:《和谐社会视阈下民生问题现实诉求和实践路径》, 上海交通大学, 2011年。

赵立永:《江泽民民生思想研究》, 湘潭大学, 2011年。

樊伟卫:《中国特色社会主义民生理论及价值探析》, 东北师范大学, 2011年。

宋瑞平:《胡锦涛民生思想研究》, 河南理工大学, 2012年。

张晓梅:《中国特色社会主义民生思想的发展历程及启示》, 江西师范大学, 2012年。

张恒:《中国特色社会主义民生思想研究》, 华中师范大学, 2012年。

宋丽的:《马克思人的全面发展理论视角下的中国特色社会主义民生建

设》，中南民族大学，2012年。

贺方彬：《中国特色社会主义民生观研究》，中共中央党校，2013年。

胡锦涛：《用"三个代表"重要思想武装头脑指导实践推动工作》，《求是》2004年第1期。

温家宝：《关于深入贯彻落实科学发展观的若干重大问题》，《求是》2008年第21期。

习近平：《始终坚持和充分发挥党的独特优势》，《求是》2012年第8期。

习近平：《全面贯彻落实党的十八大精神要突出抓好六个方面工作》，《求是》2013年第1期。

习近平：《在党的十八届三中全会第二次全体会议上的讲话》，《求是》2014年第1期。

房宁：《社会主义与人的需要——关于马克思主义需要理论的现实思考》，《马克思主义与现实》1995年第3期。

景天魁：《中国社会发展的时空结构》，《社会学研究》1999年第6期。

林毅夫：《后发优势与后发劣势——与杨小凯教授商榷》，《经济学》（季刊）2003年第4期。

杨小凯：《后发劣势》，《新财经》2004年第8期。

景天魁：《底线公平与社会保障的柔性调节》，《社会学研究》2004年第6期。

[美]大卫·科兹：《论苏联解体的原因和教训》，《马克思主义研究》2005年第1期。

李仕文：《民生为本：科学发展观的本质诉求》，《毛泽东思想研究》2006年第3期。

胡鞍钢：《就业是民生之本》，《国情报告》2007年第1期。

周元、王海燕、曾国屏等：《中国应加强发展民生科技》，《中国科技论坛》2008年第1期。

谭培文：《马克思主义与马克思主义民生思想中国化》，《衡阳师范学院学报》2008年第2期。

单孝虹：《中国共产党民生观演进探析》，《毛泽东思想研究》2008年第5期。

王浩斌：《民生社会主义与中国特色社会主义的理论分野》，《昆明理工大学学报》（社会科学版）2008 年第 10 期。

吴苑华：《关切"民生"：一个不能忽视的马克思传统》，《马克思主义研究》2008 年第 6 期。

徐晓军：《内核—外围：传统乡土社会关系结构的变动——以鄂东乡村艾滋病人社会关系重构为例》，《社会学研究》2009 年第 1 期。

孟朔等：《论中国特色社会主义民生观》，《河北师范大学学报》（哲学社会科学版）2009 年第 1 期。

陈兰芝：《论中国共产党的民生观》，《中共郑州市委党校学报》2009 年第 1 期。

潘玲霞：《"共同富裕"与"成果共享"——中国特色社会主义理论体系中的民生思想》，《社会主义研究》2009 年第 2 期。

魏建克：《改革开放三十年中国共产党的民生观话语》，《中共郑州市委党校学报》2009 年第 4 期。

董一冰、程守梅：《新中国成立以来中国共产党改善民生的历程及基本经验》，《理论探讨》2009 年第 4 期。

肖冬梅等：《解决中国民生问题：邓小平理论矢志不移的目标追求》，《探索》2009 年第 8 期。

张敏：《中国特色社会主义民生思想初探》，《湖南大众传媒职业技术学院学报》2009 年第 9 期。

高汝伟：《建国以来中国共产党民生思想的历史演进》，《求索》2009 年第 11 期。

郭华茹、张菊香：《中国共产党改善民生的伟大实践和基本经验》，《社会主义研究》2009 年第 6 期。

张弥：《论中国特色社会主义民生理论的初步形成》，《中国特色社会主义研究》2009 年第 12 期。

张顺昌：《论孙中山民生思想及当代价值》，《广东社会科学》2010 年第 1 期。

庞超：《生存型、发展型、和谐型—中国特色社会主义民生思想的形成、创新与完善》，《求实》2010 年第 1 期。

郑流云：《十六大以来中国共产党民生思想探析》，《兰州学刊》2010 年第 3 期。

张远新、庞超:《党领导我国民生建设的历史考察及经验启示》,《毛泽东邓小平理论研究》2010年第4期。

郑杭生、魏智慧、杨敏:《社会学的"个人":意涵、问题及前景》,《河北学刊》2010年第3期。

杨燕妮:《中国共产党民生思想的历史发展及主要特点论析》,《经营管理者》2010年第9期。

万泽民、王延隆:《中国特色社会主义的民生理论探析》,《山东省经济管理干部学院学报》2010年第12期。

程萍:《重视民生必须重视民生科技》,《中国高新技术企业》2010年第17期。

贺方彬:《论毛泽东的民生观》,《前沿》2011年第1期。

刘良军:《论建党九十年来中国共产党的民生观》,《中共贵州省委党校学报》2011年第2期。

蒋淑晴:《邓小平理论之民生关怀思想论略》,《江西科技师范学院学报》2011年第2期。

窦孟朔等:《论十六大以来中国特色社会主义民生观形成发展》,《科学社会主义》2011年第2期。

王贤斌:《马克思恩格斯民生思想的逻辑性解读》,《河海大学学报》(哲学社会科学版)2011年第3期。

李江凌:《列宁的民生思想及其当代启示》,《马克思主义与现实》2011年第3期。

康洪:《中国共产党民生思想的回顾与思考》,《湖南师范大学社会科学学报》2011年第3期。

窦孟朔等:《论十六大以来中国特色社会主义民生观形成发展》,《科学社会主义》2011年第4期。

吴波:《中国特色社会主义理论体系中的民生思想初探》,《经济与社会发展》2011年第7期。

周国平、孙志明:《新中国成立以来党对民生问题的实践探索与理论创新》,《党史文苑》2011年第8期。

张秀阁等:《中国共产党民生思想的历史演变及其基本经验》,《党史文苑》2011年第9期。

沙占华：《中国共产党民生思想的历史演进及其实践经验》，《理论导刊》2011年第9期。

钱昌照、周建华：《中国共产党解决民生问题的历史经验》，《赣南师范学院学报》2011年第10期。

周国平等：《孙中山的民生主义理想与中国共产党的现实跨越》，《求实》2011年第11期。

贺方彬：《论中国共产党民生观的基本特点》，《南都学坛》2011年第11期。

卢继元：《中国特色社会主义民生建设的历史进程及其基本经验》，《唯实》2011年第11期。

杨娜：《中国共产党民生建设的进程、经验及启示》，《广西社会科学》2011年第12期。

文宏：《中国共产党执政合法性建设的总体回顾与基本经验》，《探索》2012年第3期。

胡敏中、肖祥敏：《"以人为本"的三重历史内涵》，《学习与探索》2012年第8期。

韩文乾：《试论中国特色社会主义民生观的基本特征》，《河北大学学报》（哲社版）2012年第5期。

吴少进：《中国共产党解决民生问题路径的历史轨迹》，《湖北民族学院学报》（哲学社会科学版）2012年第6期。

卫兴华：《论社会主义共同富裕》，《经济纵横》2013年第1期。

马铁键：《孙中山民生思想与中国特色社会主义民生观之比较》，《青春岁月》2013年第2期。

吕方：《再造乡土团结：农村社会组织发展与"新公共性"》，《南开学报》2013年第3期。

景天魁：《民生建设的"中国梦"：中国特色福利社会》，《探索与争鸣》2013年第8期。

李建华、蔡尚伟：《"美丽中国"的科学内涵及其战略意义》，《四川大学学报》（哲学社会科学版）2013年第5期。

贺方彬：《以人为本：中国特色社会主义民生价值观》，《中共天津市委党校学报》2013年第6期。

王忠宏：《全球技术创新现状趋势及对中国的影响》，《发展研究》2013年第9期。

林红：《驯服民粹：现代国家建设的漫漫征程》，《社会科学论坛》2013年第11期。

孟立永：《中国特色社会主义民生观对孙中山民生思想的继承与超越》，《世纪桥》2013年第12期。

刘长喜、孟辰、桂勇：《政府投资驱动型增长模式的社会学分析：一个能力论的解释框架》，《社会学研究》2014年第3期。

邓磊、田桥：《马克思恩格斯民生思想》，《社会主义研究》2014年第4期。

郑功成：《中国社会保障改革：机遇、挑战与取向》，《国家行政学院学报》2014年第6期。

江泽民：《在中共中央党校省部级领导干部进修班毕业典礼上的讲话》，《人民日报》2002年6月1日。

胡锦涛：《在新进中央委员会的委员、候补委员学习"三个代表"重要思想和贯彻十六大精神研讨班结业时的讲话》，《人民日报》2003年2月19日。

胡锦涛：《深刻认识构建社会主义和谐社会的重大意义，扎扎实实做好工作大力促进社会和谐团结》，《人民日报》2005年2月20日。

习近平：《在十八届中央政治局常委同中外记者见面时的讲话》，《人民日报》2012年11月16日第1版。

习近平：《在十八届中央政治局第一次集体学习时的讲话》，《人民日报》2012年11月19日第1版。

习近平：《在参观〈复兴之路〉展览时的讲话》，《人民日报》2012年11月30日第1版。

习近平：《在首都各界纪念现行宪法公布施行30周年大会上的讲话》，《人民日报》2012年12月5日第1版。

习近平：《河北阜平看望慰问困难群众时的讲话》，《人民日报》2012年12月31日第1版。

习近平：《在中共中央政治局第十二次集体学习时的讲话》，《人民日报》2013年1月1日第1版。

习近平：《十八届中央纪委二次全会上的讲话》，《人民日报》2013年1月23日第1版。

习近平：《在十八届中央政治局第四次集体学习时的讲话》，《人民日报》2013年2月25日第1版。

习近平：《在十二届全国人大一次会议闭幕会上的讲话》，《人民日报》2013年3月18日第1版。

习近平：《在海南考察时的讲话》，《人民日报》2013年4月11日第1版。

习近平：《在十八届中央政治局第六次集体学习时的讲话》，《人民日报》2013年5月25日第1版。

习近平：《在党的群众路线教育实践活动工作会议上的讲话》，《人民日报》2013年6月19日第1版。

习近平：《在全国组织工作会议上的讲话》，《人民日报》2013年6月30日第1版。

习近平：《在湖北考察改革发展工作时的讲话》，《人民日报》2013年7月24日第1版。

习近平：《在会见世界卫生组织总干事陈冯富珍时的讲话》，《人民日报》2013年8月21日第1版。

习近平：《在辽宁考察时的讲话》，《人民日报》2013年9月2日第1版。

习近平：《在联合国"教育第一"全球倡议行动一周年纪念活动上发表的视频贺词》，《人民日报》2013年9月27日第1版。

习近平：《在亚太经合组织工商领导人峰会上的演讲》，《人民日报》2013年10月8日第1版。

习近平：《在十八届中央政治局第十次集体学习时的讲话》，《人民日报》2013年10月31日第1版。

习近平：《在湖南考察时的讲话》，《人民日报》2013年11月6日第1版。

习近平：《关于〈中共中央关于全面深化改革若干重大问题的决定〉的说明》，《人民日报》2013年11月16日第1版。

习近平：《在山东考察工作时的讲话》，《人民日报》2013年11月29日。

习近平：《在中央城镇化工作会议上的讲话》，《人民日报》2013年12月15日第1版。

习近平：《切实把思想统一到党的十八届三中全会精神上来》，《人民日报》2014年1月1日第2版。

习近平：《在省部级主要领导干部学习贯彻十八届三中全会精神全面深化改革专题研讨班开班式上的讲话》，《人民日报》2014年2月18日第1版。

习近平：《中国这头狮子已经醒了》，《绍兴晚报》2014年3月28日第1版。

习近平：《在中法建交五十周年纪念大会上的讲话》，《人民日报》2014年3月29日第1版。

习近平：《在十八届中央政治局第十四次集体学习时的讲话》，《人民日报》2014年4月26日第1版。

习近平：《在同各界优秀青年代表座谈时的讲话》，《人民日报》2014年5月5日第2版。

习近平：《在中阿合作论坛第六届部长级会议开幕式上的讲话》，《人民日报》2014年6月6日第1版。

习近平：《在中央民族工作会议暨国务院第六次全国民族团结进步表彰大会上的讲话》，《人民日报》2014年9月30日第1版。

习近平：《在庆祝中华人民共和国成立65周年招待会上的讲话》，《人民日报》2014年10月1日第1版。

习近平：《在党的群众路线教育实践活动总结大会上的讲话》，《人民日报》2014年10月9日第1版。

习近平：《在中共中央政治局第十八次集体学习时的讲话》，《人民日报》2014年10月14日第1版。

习近平：《关于〈中共中央关于全面推进依法治国若干重大问题的决定〉的说明》，《人民日报》2014年10月29日第1版。

习近平：《参加十二届全国人大三次会议江西代表团审议时的讲话》，《人民日报》2014年12月15日第1版。

习近平：《在云南考察工作时的讲话》，《人民日报》2015年1月22日第1版。

习近平：《羊年春节前夕赴陕西看望慰问广大干部群众代表时的讲话》，《人民日报》2015年1月23日第1版。

习近平：《坚持运用辩证唯物主义世界观方法论 提高解决我国改革发展基

本问题本领》,《人民日报》2015年1月25日第1版。

习近平:《在省部级主要领导干部学习贯彻十八届四中全会精神全面推进依法治国专题研讨班开班式上的讲话》,《人民日报》2015年2月3日第1版。

习近平:《全面贯彻党的十八届五中全会精神 落实发展理念推进经济结构性改革》,《人民日报》2015年11月11日第1版。

习近平:《关于〈中共中央关于制定国民经济和社会发展第十三个五年规划的建议〉的说明》,《人民日报》2015年11月14日第1版。

中共中央党史研究室:《正确看待改革开放前后两个历史时期》,《人民日报》2013年11月8日第1版。

孙正聿:《理论及其与实践的辩证关系》,《光明日报》2014年3月28日第1版。

胡锦涛:《"三个代表"重要思想理论研讨会上的讲话》,http://news.sina.com.cn/o/2003年7月2日/1457307504s.shtm。

胡锦涛在中央人口资源环境工作座谈会上的讲话(全文),http://www.china.com.cn/chinese/2004/Apr/529870.htm。

胡锦涛:《提高构建和谐社会能力》,http://news.xinhuanet.com/news-center/2005-06-28/content_31446 28_4.htm。

胡锦涛:《在全国科学技术大会上的讲话》,http://news.xinhuanet.com/politics/2006-01/09/content_4031533.htm。

胡锦涛:《在耶鲁大学的演讲》,http://www.gov.cn,2006年4月21日/2015年10月21日。

胡锦涛:《在全国抗震救灾表彰大会上的讲话》,http://www.chinanews.com,2008年10月8日/2015年10月21日。

习近平:《在人权问题上没有最好,只有更好》,http://news.xinhuanet.com/world/2012年2月15日/c_111528580.htm。

习近平:《落实党的十八大精神要抓好六个方面工作》,http://www.gov.cn/ldhd/2013年1月1日/content_2303402.htm。

习近平在莫斯科国际关系学院的演讲(全文),http://news.xinhuanet.com/world/2013年3月24日/c_124495576_5.htm。

习近平:《中国人共同享有人生出彩机会》,http://news.cnfol.com/

130317/101,1277,14635137,00. shtml。

习近平接受拉美三国媒体联合书面采访,http://news. xinhuanet. com/world/2013 年 5 月 31 日/c_ 115991361_ 5. htm。

习近平:《科技是国家强盛之基》,http://finance. qq. com/a/20130722/000757. htm。

《中共中央关于全面深化改革若干重大问题的决定》,http://cpc. people. com. cn/GB/64162/64168/64566/65447/4526368. html。

《中共中央关于制定国民经济和社会发展第十三个五年规划的建议》,http://finance. ifeng. com/a/20151103/14054229_ 0. shtml,2015 年 11 月 3 日/2015 年 12 月 15 日。

尚伟、李建华:《美丽中国,梦想还有多远?——关于美丽中国建设情况的调研报告》,http://politics. gmw. cn/2013-04-02/content_ 7186128. htm。

后　记

　　今年是我国改革开放40周年。40年里，我国变化最显著的领域就是民生领域。人民生活从贫困到温饱、再从总体小康逐步走向全面小康；民生建设从"两个文明"到"三个文明"、再从"四位一体"到"五位一体"。民生领域的巨大发展，体现了中国共产党执政为民的情怀，标志着中国共产党民生发展理论逐步走向成熟。六年前，我着手研究改革开放以来我国民生发展的课题，写作《中国特色社会主义民生思想研究》。由于党的十八大之后，党的民生思想处于重要发展时期，学术界对习近平民生思想研究还不多，本人对习近平同志民生思想把握不够准确，以至于写作过程中两易其稿，直至习近平新时代中国特色社会主义思想诞生才得以定稿。中国特色社会主义民生思想是一个开放的体系，还在不断地发展，拙作的研究仅限于党的十九大以前的内容，随着新时代中国特色社会主义实践的发展，中国特色社会主义民生思想还将不断完善。

　　清华大学的博士研究生田桥、武汉大学的博士研究生张业振参加了本课题的研究。他们进入课题组时还是本科生，在这个过程中成长为硕士生、博士生，研究锻炼了他们，他们为研究做出了巨大的贡献。他们利用节假日参加课题研究，几年的寒暑假都没有休息。资料的收集整理、文本的校改，无不凝结着他们辛劳的汗水。在此，特向田桥、张业振为本课题研究付出的辛勤劳动致以诚挚的谢意！

　　湖北民族学院民族学与社会学学院院长谭志满教授对拙作的出

版给予了大力支持。我的爱妻毛慧为课题研究提供了良好的后勤保障，独揽家务，让我能集中精力进行研究。在拙作付梓之际，一并致谢！

作　者
2018 年 7 月